NEW WCDP 新文京開發出版股份有限公司
新世紀 · 新視野 · 新文京 — 精選教科書 · 考試用書 · 專業參考書

中華民國憲法與立國精神

第六版

經觀榮 編著

序

憲法是國家的根本大法，並規定治理國家的基本國策、國民的基本權利和義務，以及國家機構的組織、職權和運作方式。因而如不學習憲法，不瞭解憲法所規定的內容，則就無法監督國家的基本制度和基本國策等重要內容在國家生活中獲得有效的實施。

本書並另列篇幅陳述憲法的原則：人民主權原則、基本人權原則、權力制約原則、法治原則、正義原則，其除表現在各國及我國憲法外，亦可配合憲法內容做為評價、監督立法機關立法或行政部門施政的準則。

各國往往有其本身的立國精神，而本書亦就我國憲法所依據的孫中山先生創立中華民國之遺教做一綜合陳述，以見其在憲法各相關部分中的具體呈現。

本書第六版，除對引用有關法律或法律條文有變更者逐一修改外，主要增改內容為我國憲法規定「司法院解釋憲法，並有統一解釋法律及命令之權。」，並定有大法官名額，而在司法院組織法內則設有大法官會議專司其職，並訂有「大法官審理案件法」。但在民國一〇九年司法院組織法將大法官會議改名為憲法法庭，而原大法官審理案件法亦改為「憲法訴訟法」。因此在民國一一一年一月四日起，大法官會議的組織與職權由憲法法庭取代。

編者謹識

目錄

第一章 緒論

第一節 憲法的意義 …… 一
第二節 憲法的種類 …… 四
一、成文憲法與不成文憲法 …… 五
二、剛性憲法與柔性憲法 …… 六
三、欽定憲法、協定憲法與民定憲法 …… 七
四、資本主義類型憲法與社會主義類型憲法 …… 七
五、三權憲法與五權憲法 …… 八
六、規範性憲法、名義性憲法、字義性憲法 …… 九
第三節 憲法的特性 …… 一〇
一、根本性 …… 一〇
二、最高性 …… 一一
三、固定性 …… 一一
四、適應性 …… 一二
五、妥協性 …… 一三

第四節　憲法的原則……一三
一、人民主權原則……一三
二、基本人權原則……一七
三、權力制約原則……一九
四、法治原則……二三
五、正義原則……二六
第五節　憲法的成長……三五
一、國會立法……三五
二、憲政習慣……三六
三、憲法解釋……三七
四、憲法修改……四一
第六節　憲法發展的趨勢……四六
一、權利保障日趨周密完備……四六
二、經濟生活的保障……四八
三、社會安全的設計……五〇
四、教育文化的重視……五二
五、政黨地位的規定……五四
六、憲法監督保障制度的設計……五五

七、政府穩定的設計……五五
八、國際和平的促進與絕對主權的限制……五七

第二章 我國憲政發展史

第一節 清末的君主立憲運動……六一
一、憲法大綱……六二
二、十九信條……六二
第二節 民國初年的制憲運動……六四
一、臨時政府組織大綱……六四
二、中華民國臨時約法……六五
三、天壇憲草……六六
第三節 北洋政府的制憲運動……六七
一、袁氏約法……六七
二、曹錕憲法……六八
三、十四年憲草……六八

第四節　國民政府的制憲運動……六九
一、中華民國訓政時期約法……六九
二、五五憲草……七〇
三、政協憲草……七二
四、中華民國憲法……七五
第五節　行憲後的憲法發展……七六
一、動員戡亂時期臨時條款……七六
二、憲法增修條文……七九

第三章　我國憲法與立國精神

第一節　基本精神……九一
一、主張民有、民治、民享……九二
二、主張自由、平等、博愛……九二
三、主張打不平……九二
四、主張救國……九三

第二節　內容主張……九三
一、民族主義……九三
二、民權主義……九四
三、民生主義……一〇三

第四章　前言與總綱

第一節　前　言……一一九
一、憲法的制定機關……一一九
二、憲法的制定權源……一二〇
三、憲法的制定依據……一二〇
四、憲法的制定目的……一二〇
五、憲法的效力……一二〇
第二節　總　綱……一二一
一、國體與政體……一二一
二、主　權……一二三
三、國　民……一二三

四、領　土……………………………………一二七
五、民　族……………………………………一二九
六、國　旗……………………………………一三〇

第五章　人民之權利義務

第一節　概　說……………………………………一三三
一、權利義務的演變……………………………………一三三
二、權利義務的意義……………………………………一三五
三、權利義務的規定方式……………………………………一三六
第二節　平等權……………………………………一三七
一、平等權的意義……………………………………一三七
二、平等權的種類……………………………………一三八
第三節　自由權……………………………………一四五
一、自由權的意義……………………………………一四五
二、人身自由……………………………………一四七
三、居住遷徙自由……………………………………一五五

四、意見自由……一五九
五、秘密通訊自由……一六四
六、信仰宗教自由……一六六
七、集會結社自由……一六七
第四節　受益權……一七一
一、生存權、工作權與財產權……一七一
二、請願權、訴願權與訴訟權……一八一
三、教育權……一八七
第五節　參政權……一八九
一、選舉權……一九〇
二、罷免權……一九六
三、創制權……一九八
四、複決權……一九九
五、公民投票……二〇一
六、應考試與服公職權……二〇五

第六節　人民自由權利的保障、限制與救濟 ………… 二〇六
一、自由權利的保障與限制 ………… 二〇六
二、自由權利損害的救濟 ………… 二〇九
第七節　人格權 ………… 二一一
第八節　人民的義務 ………… 二一四
一、納稅的義務 ………… 二一四
二、服兵役的義務 ………… 二一五
三、受國民教育的義務 ………… 二一六

第六章　國民大會

第一節　國民大會的性質 ………… 二一九
第二節　國民大會的組織 ………… 二二一
一、國民大會代表 ………… 二二一
二、國民大會的組織 ………… 二二五
三、國民大會的集會 ………… 二二六
四、國民大會的職權 ………… 二二八

第七章 總統

第一節 總統的類型 …… 二三一

第二節 總統的選舉、任期與責任 …… 二三三

一、總統的選舉 …… 二三三

二、總統的任期、繼任與代理 …… 二三五

三、總統的罷免與責任 …… 二三六

第三節 總統的職權 …… 二三八

一、有關外交方面的職權 …… 二三八

二、有關行政方面的職權 …… 二三九

三、有關軍事方面的職權 …… 二四二

四、有關立法方面的職權 …… 二四四

五、有關司法方面的職權 …… 二四五

六、其他職權 …… 二四六

第八章 行政院

第一節 行政院的地位與性質 …… 二四九
一、行政院的地位 …… 二四九
二、行政院的性質 …… 二五〇
第二節 行政院的組織 …… 二五一
一、行政院院長 …… 二五二
二、行政院副院長 …… 二五四
三、各部會首長及不管部會政務委員 …… 二五四
四、行政院會議 …… 二五五
五、行政院的機關 …… 二五六
六、行政院的幕僚機關 …… 二五八
第三節 行政院的職權 …… 二五九
一、提出法案權 …… 二五九
二、移請覆議權 …… 二五九
三、提出預算權 …… 二六〇

四、提出決算權……二六〇
五、重要政策決定權……二六一
六、行政事項執行權……二六一
七、監督所屬機關推動政務權……二六一
第四節　行政院的責任……二六二
一、負實際政治責任……二六二
二、對立法院負責……二六二

第九章　立法院

第一節　立法院的地位與性質……二六五
一、立法院的地位……二六五
二、立法院的性質……二六六
第二節　立法院的組織……二六八
一、立法委員……二六八
二、立法院院長、副院長……二七五
三、立法院的委員會……二七六

四、立法院會議……………………………………二七八
五、立法院的幕僚機關……………………………二八〇
六、黨團及黨團辦公室……………………………二八〇
第三節　立法院的職權………………………………二八一
一、立法權……………………………………………二八一
二、監督財政權………………………………………二八四
三、議決國家重要事項之權…………………………二八六
四、監督權……………………………………………二八六
五、決議領土變更權…………………………………二八九
六、聽取總統國情報告權……………………………二八九
七、罷免總統、副總統權……………………………二八九
八、彈劾總統、副總統權……………………………二九〇
九、提出憲法修正案領土變更案之權………………二九〇
十、解決中央與地方權限爭議之權…………………二九一
十一、議決國庫補助省經費之權……………………二九一
十二、任命同意權……………………………………二九一
十三、受理人民請願權………………………………二九二

十四、調閱文件權……二九二
十五、行政命令的審查權……二九四
十六、委員會公聽會的舉行……二九四

第十章 司法院

第一節 司法院的地位……二九七
第二節 司法院的組織……二九八
一、司法院院長、副院長……二九八
二、憲法法庭……二九九
三、普通法院……三〇六
四、行政法院……三一三
五、智慧財產及商業法院……三二〇
六、少年及家事法院……三二四
七、公務員懲戒委員會……三二五
第三節 司法院的職權……三二八

第十一章 考試院

第一節 我國考試制度的沿革 三三一
第二節 考試院的地位 三三三
第三節 考試院的組織 三三四
一、考試院院長、副院長……三三四
二、考試委員……三三五
三、考試院會議……三三六
四、考選部、銓敘部……三三七
五、典試委員會……三三七
六、公務人員保障暨培訓委員會……三三九
七、其他機關……三三九
第四節 考試院的職權 三四〇
一、考試權……三四一
二、銓敘權……三四五
三、提案權……三四八

第十二章　監察院

第一節　我國監察制度的沿革　三五一
第二節　監察院的地位　三五四
第三節　監察院的組織　三五五
一、監察委員……三五五
二、監察院院長、副院長……三五八
三、委員會……三五九
四、監察院會議……三五九
五、幕僚機構……三六〇
六、審計部……三六〇
第四節　監察院的職權　三六一
一、彈劾權……三六一
二、糾舉權……三六三
三、糾正權……三六四
四、調查權……三六五

五、審計權……三六六
六、公職人員財產申報……三六七
七、監試權……三六九
八、法律案提出權……三六九

第十三章 地方制度

第一節 中央與地方之權限……三七一
一、中央集權制與地方分權制……三七一
二、均權制……三七二
三、我國憲法的均權制……三七三
第二節 地方自治的演變……三七八
一、省縣自治的演變……三七八
二、直轄市自治的演變……三八一
第三節 現行地方制度……三八二
一、省……三八三
二、直轄市……三八五

三、縣（市）……三八九
四、鄉（鎮、市）……三九一

第十四章 基本國策

第一節、概　說……三九五
第二節、國　防……三九七
一、國防之目的……三九七
二、國防之組織……三九七
三、國防報告……三九八
四、軍隊國家化……三九九
五、文武分治……三九九
第三節、外　交……四〇〇
一、外交之精神……四〇〇
二、外交之原則……四〇〇
三、外交之方針……四〇一
四、外交之目標……四〇一

第四節　國民經濟……四〇二
一、國民經濟之基本原則……四〇二
二、平均地權……四〇二
三、節制資本……四〇三
四、金融機構的設立與管理……四〇六
五、其他國民經濟政策……四〇九
第五節　社會安全……四一一
一、保障工作機會……四一一
二、保護工農……四一三
三、勞資協調……四二五
四、社會保險與社會救濟……四二九
五、婦孺福利政策……四三四
六、增進民族健康……四四二
七、退役軍人的保障……四四三
第六節　教育文化……四四四
一、教育文化的宗旨……四四四
二、教育機會均等……四四五

三、教育文化之監督……四四六
四、教育之均衡發展……四四六
五、教育文化經費……四四七
六、教育文化工作者之保障……四四七
七、科學、教育、文化的獎勵……四四八
八、教育多元化……四四九
九、性別平等教育……四五〇
第七節　邊疆地區……四五三
一、邊疆民族的保障及自治事業的扶植……四五三
二、積極舉辦邊疆地區事業……四五三
三、原住民及金門馬祖人民之保障……四五四
四、華僑的政治參與……四五五

附錄

附錄一　中華民國憲法草案（五五憲草）……四五七
附錄二　政治協商會議「憲草修改原則」……四七五
附錄三　中華民國憲法……四七八

附錄四　動員戡亂時期臨時條款初次制定……五〇五
附錄五　動員戡亂時期臨時條款第一次修訂……五〇六
附錄六　動員戡亂時期臨時條款第二次修訂……五〇七
附錄七　動員戡亂時期臨時條款第三次修訂……五〇八
附錄八　動員戡亂時期臨時條款第四次修訂……五一〇
附錄九　中華民國憲法增修條文（第一條至第十條）……五一二
附錄十　中華民國憲法增修條文（第十一條至第十八條）五一六
附錄十一　中華民國憲法增修條文（八十三年）……五二一
附錄十二　中華民國憲法增修條文（八十六年）……五二八
附錄十三　中華民國憲法增修條文第一條、第四條、第九條、第十條修正條文（八十八年）……五三九
附錄十四　中華民國憲法增修條文（八十九年）……五四五
附錄十五　中華民國憲法增修條文（九十四年）……五五五
參考書目　五六二

第一章、緒論

第一節、憲法的意義

憲法一詞，我國古書中早已出現，如尚書：「監於先王成憲，其永無愆。」國語：「賞善罰姦，國之憲法也。」管子：「有一體之治，故能出號令，明憲法矣。」史記：「懷王使屈原造為憲令」。晉書：「稽古憲章，大厘制度。」唐書：「永垂憲則，貽範後昆。」這些憲、憲法、憲令、憲章、憲則，均指典章制度或普通法律而言，其意義並不同於現代的憲法。到十九世紀八十年代，我國改良主義思想家鄭觀應提出立憲與實行議會政治的主張，而在「盛世危言」一書中首次使用「憲法」一詞。一九〇八年，滿清政府為敷衍民意，頒布「欽定憲法大綱」，從此「憲法」一詞在我國才成為特定的法律用語。

而此現代意義的憲法，其淵源於拉丁文，原為解決紛爭、組織等意。英文(constitution)則意指組織、政體、制度，然就發展言，十七世紀前的憲法涵意，包括國王宣布的法律及各種宣言、議案，範圍廣泛。但十八世紀以來，憲法則僅指國家的根本大法，如一七八九年的美國聯邦憲法，一七九一年的法國憲法。

至於學者們對憲法的定義：

希臘學者亞里斯多德：「憲法是表示國家各種職務的組織，並規定何者是統治團體，何者為社會的目的。」

德國學者耶律芮克：「憲法是規定國家最高機關之組織產生，及其相互關係，活動之範圍，與各部門對於國家所處地位之法律。」

美國法官密勒：「憲法是一種成文之文件，用以建立、限制、與劃分政府之根本權力，並使其可以有效造福於國家。」

美國政治學家麥因托斯：「所謂國家之憲法，乃指規定高級官吏之最重要權力及人民最根本的特權的成文或不成文法律的全體。」

英國學者戴雪：「憲法是規定政府組織，及人民與政府間各種權利與義務的根本規律與法律。」（以上引自管歐，中華民國憲法論）

南斯拉夫學者捷沃爾杰維奇：「所謂憲法，是指公開的法令或文獻，是一個國家基本的和最高的法律，它調整本國的基本社會政治關係，尤其是解決政治權力的形成和職能的發揮。它同時規定社會特別是社會的某些行為與權力的界限，以作為保障人身不受侵犯和人的基本權利和限制公共權力的手段。」

蘇聯學者法爾別洛夫：「憲法是規定國家政治形成、國家機關體制、國家機關成立和活動的程序以及公民基本權利和義務的根本。」（以上引自何華輝，比較憲法學）

國父　孫中山先生則以：「憲法者，國家之構成法，亦即人民權利之保障書也。」（中華民國憲法史前編序）「憲法，就是支配人事的大機器，也是調和自由和專制的大機器。」（五權憲法）又言：「憲法就是把一國的政權分作幾部分，每部分都是各自獨立，各有專司的。」（五權憲法）「憲法是治國的根本大法」。（中華革命黨為討袁告同胞書）

總結以上說法，可謂「憲法為規定國家基本組織、國家與人民相互間基本權利義務及其他重要制度、政策的根本大法。」析言之，則憲法內容可包含如下：

一、**國家基本組織**。國家之構成要素有四，領土、人民、主權、統治組織。而領土、國民的界定，主權之歸屬及國家主要機關的組織與權限均須有所規定。如我國憲法，關於中央組織：國民大會的組織及職權，總統、副總統產生方法與職權，行政、立法、司法、考試、監察五院之組織及職權，均有原則性、綱要的規定。

二、**國家與人民相互間的基本權利義務**。近代憲法的產生，係基於對權利保障的要求而發生。如一七九一年的法國憲法將大革命時的「人權宣言」作為序言，肯定人權宣言的原則，宣布廢除一切封建制度，取消一切特權。但權利和義務乃相對而言，即國家在某種範圍內，固不得限制人民的權利以為保障，但人民在某種範圍內，對國家亦應負一定義務。前者如人身自由、參政權、經濟權等；後者如遵守法律、依法納稅、服兵役等。

三、**國家重要制度**。如國體為君主或共和、政體為總統制或內閣制、中央與地方之關係為中央集權或地方分權、地方自治之實行、直接民權之行使等。

四、規定基本國策。一次大戰後，各國在制定憲法時，通常將國家政策—即國防、外交、經濟、教育、社會等重要公共事務予以列入，以指引政府施政方針。如一九一九年德國的威瑪憲法，規定聯邦對人民「幸福之增進」、「公共秩序及安寧之保護」、「救貧制度及行旅之救護」、「人口政策」、「公共衛生制度」、「保險制度」、「天然資源與經濟企業之社會化政策」等均有立法權，此後各國憲法均仿效之，惟其範圍有所不同而已。如我國憲法第十三章則專設「基本國策」。

五、為根本法。憲法是國家的基本規範，規定國家生活中最根本、最重要的問題，而為一切法令直接間接產生的依據，占有主導的地位，具有最高的法律效力，凡是與憲法相牴觸的法律或其他規範性文件，都要失去效力或者修改。而一切國家機關的作為、企業活動、個人行為亦均以憲法為據。

第二節、憲法的種類

因為觀點的不同，對於憲法可為下列之分類：

一、成文憲法與不成文憲法

此係以憲法是否具備一部法典形式加以劃分。

1. **成文憲法**。有關國家基本組織及重要制度、政策事項，係以一部文書或少數文書明白規定者。如一七八七年的美國憲法、一九一七年的德國威瑪憲法、一九四六的日本憲法，我國憲法亦屬之。

2. **不成文憲法**。關於國家基本組織等事，並無一部獨立法典，而表現為單行法規、憲法慣例或法院的判例中。如英國憲法的構成，可分為五個部分：(1)歷史上的重要文件，是在政治改革時出現的，如一二一五年的大憲章、一六二八年的權利請願書、一六八八年的權利法案。(2)國會制定的法律，用以確定國王的權力、保障人民的權利、建立行政組織等。如一六七九年的人身保護法，一七〇一年的王位繼承法，一八三二年、一八六七年、一八八四年的選舉改革法，一八八八、一八九四、一九二九年的地方政府組織法，一九一一年的國會法，一九二八年的平等選舉法等。(3)法院的判例，往往也創造了新的法律，而在不斷援引下，漸有通行全國的效力。如一六七八年確立法官豁免權的賀威案。(4)憲法習慣，是由習慣逐漸形成，其雖未經國會通過，但法院認為有法律效力。如國王的特權、刑事案件的陪審制度、言論自由和集會自由等。(5)政治傳統，其雖為憲法的一部分，卻不是法律，而不可能由法院執行，如內閣的辭職。

成文憲法與不成文憲法互有優劣。前者規定明確，不致任意曲解，滋生爭議，人權易受保障；但其制定與修改較難，不易隨社會的變遷而演進，致未能適應國家與社會的事實需要。後者則富於彈性，能適應社會環境的變動，但因人民對本身權利與國家機關權限，不易有清晰的概念，致掌政權者，可從中玩弄、曲解，其採行需人民有較高的政治道德或政治知識。

二、剛性憲法與柔性憲法

此係以憲法的修改機關與程序加以劃分。

1. **剛性憲法**。指憲法的修改機關或修改手續不同於普通法律者。如(1)憲法的修改機關與普通立法機關不同，如我國修憲機關為國民大會，普通立法機關則為立法院。(2)普通立法機關雖有修憲權，但需得其他機關或人民之批准。如美國憲法修正案需經各州四分之三州議會或經四分之三州修憲會議的批准；瑞士則需經公民投票批准。(3)普通立法機關，雖可進行憲法之修改，但出席人數及表決人數必須為絕對多數。
2. **柔性憲法**。指憲法的修改機關或修改手續與普通法律相同，即由普通立法機關以多數決的方式進行，如英國憲法。又如一九四八年的義大利憲法，雖為成文憲法，但卻沒有規定特別的修改程序，而與普通法律相同。

剛性憲法與柔性憲法互有優劣。前者憲法條文明確完備，不易滋生疑義，其修改較難，具有固定性，足以使政局安定，人民權利獲得充分保障；唯其修改不易，較難針對社會經濟的變遷，作出及時適當的改革，甚或引起政爭或革命風潮。後者修改較易，富有彈性，可適應國家社會的需要，或消除激烈的政治鬥爭；但其缺乏固定性，不易建立憲政秩序，減損憲法的根本性。

三、欽定憲法、協定憲法與民定憲法

此係以憲法的制定機關加以劃分。

1. **欽定憲法**。憲法由君主以獨斷的權力制定，其目的大多為緩和國內革命，維繫既有政權。如一八八九年日本明治天皇所頒布的日本憲法或光緒三十四年（一九〇八年）的憲法大綱。
2. **協定憲法**。憲法由君主與人民或人民代表協議制定，如一八三〇年法國國王路易菲立普與國會的協定，一二一五年英國國王約翰與貴族協議的大憲章。
3. **民定憲法**。憲法由人民直接或由人民選出的代表間接制定，如我國憲法或美國憲法。其中欽定憲法已成歷史陳跡，協定憲法存在的國家亦為極少數，而民定憲法已成時代潮流。

四、資本主義類型憲法與社會主義類型憲法

此係以憲法制定的經濟基礎加以劃分。

1. **資本主義類型憲法**。強調「私有財產神聖不可侵犯」，其係建立在生產資料私有制的基礎上，重視對個人自由權利的保障。

2. **社會主義類型憲法**。強調發展全民所有制和集體所有制，保護社會主義制度下的公民個人財產，保證國民經濟有計劃地發展，國家權力機關在整個國家機構體系中，占有極其重要的地位，公民行使權利與履行義務的目的是為了鞏固社會主義制度（張慶福，憲法學研究述評）。如古巴共和國憲法（一九七六年）第一四條：「在古巴共和國境內，本於生產方法之人民社會主義所有權，及廢除人對人之剝削之社會主義經濟制度，居於支配地位。」第一五條：「社會主義國家之財產，為全體人民之財產。」第一六條：「國家應依社會主義經濟發展之中央計劃、組織、指導及控制全國之經濟生活」。

目前，絕對的資本主義或社會主義類型的憲法已逐漸減少，其一方面尊重私人財產權，但是也兼重社會整體利益。

五、三權憲法與五權憲法

此係以中央政府組織及職權的分配加以劃分。

1. **三權憲法**。將中央政府組織中立法、司法、行政三權分別三個機關行使，相互制衡，以防止政府權力的濫用，保障人民的權益免受不當侵害。如美國憲法即為第一個採取三權分立者，其規定國會行使立法權，但總統對國會立法有否決權，然國會又可在一定條件下推翻總統的否決；行政權屬於總統，但總統任命官吏和締結條約須經國會同意，並且國會有權對總統的違法失職行為進行彈劾；司法權由法院行使，司法獨立，法官終身職，但大法官由總統任命，國會批准。

2. **五權憲法**。將中央政府的職權分別由行政、立法、司法、考試、監察五種機關行使，並在人民有權、政府有能的原則下，使政府有能（充分的治權）為人民辦事，人民有權（充分的政權）監督政府，既可防止政府的獨裁，更能充分發揮功能成為一個為民造福的萬能政府。

三權憲法的立法權兼監察權，易形成議會專橫，政府動輒得咎；行政權兼考試權，易於結黨營私，提拔私人，無法確實選用人才；況且目的在於防止政府的專橫，而不在於建立一積極有為的政府。五權憲法之五院均屬治權機關，置於人民四種政權的監督下，符合主權在民的要求，並且「分立之中，仍相聯屬，不致孤立，無傷於統一」，足以形成分工合作，以造成一真正為人民服務的有能政府；況且考試獨立可防止濫選及濫用私人，監察權獨立可澄清吏治，防止議會專制。

六、規範性憲法、名義性憲法、字義性憲法

此係以憲法的本體性質或實施成果加以劃分。

1. **規範性憲法**。政治權力的形成與運作，皆須服從憲法的規範，凡法律、命令與憲法牴觸者皆告無效，其為現代民主憲政的常軌。
2. **名義性憲法**。政治權力的形成與運作，並未完全遵照憲法規範，即憲法在法律上雖然有效，但欠缺現實中的實行。如憲法雖已公布，但因人民缺少政治教育和訓練，或因社會、政治動亂等因素，致未能有效實行，部分開發中國家皆如是。

3. **字義性憲法**。憲法只是統治集團為維護政治權力，掌握國家利益的工具性文字，因此縱將憲法廢止，對政治權力的運作毫無影響。如社會主義國家的憲法往往強調無產階級專政的國家本質，並堅持無產階級政黨的領導。如中共憲法（一九九三年）第一條：「中華人民共和國是工人階級領導的，以工農聯盟為基礎的人民民主專政的社會主義國家。社會主義制度是中華人民共和國的根本制度。禁止任何組織或者個人破壞社會主義制度。」故雖有公民基本權利及民主選舉的規定，但第二八條則規定：「國家維護社會秩序，鎮壓叛國和其他反革命的活動，制裁危害社會治安、破壞社會主義經濟和其他犯罪的活動，懲辦和改造犯罪分子。」

第三節、憲法的特性

憲法是法律的一種，但又有自己的特殊性而區別於其他法律。

一、根本性

憲法是治理國家的根本大法，集中地、全面地、概括地規定國家生活最根本、最重要的問題。如國家的體制、人民的基本權利義務、國家機關的組織與活動的基本原則、基本國策等，以作為政府施政及進行立法工作的法律基礎，即立法機關必須按照憲法所規定的立法原則進行立法活動，故憲法又可稱為母法。

而一般法律則僅規定生活中某一方面或某個具體領域的內容，如刑法是規定構成犯罪和科處刑罰的條件和範圍的法律；國籍法是規定國籍之取得、喪失、回復之各項條件；兒童及少年福利與權益保障法在促進兒童及青少年身心健全發展，保障其權益，增進其福利。

二、最高性

憲法與一般法律一樣，都具有約束力和強制力，但因憲法是國家的根本法，故在整個國家的法律體系中，占主導地位，具有最高的法律效力。其他法律、法規的內容都必須符合憲法的精神和原則，而若與憲法牴觸，都要失去效力，或者進行修改，或者之廢止。如我國憲法第一七一條：「法律與憲法牴觸者無效。」第一七二條：「命令與憲法或法律牴觸者無效。」

三、固定性

憲法為國家根本大法，為一切法制的根源，故如輕易修改，必將造成政治、社會的不安，故為確立及保持根本制度的原則性、穩定性、最高性，各國憲法的修改往往較普通法律為難。普通法律的修改，係由立法機關依一般立法程序為之，但憲法的修改則由特別機關為之，或由普通立法機關以絕對多數通過，甚或尚需公民複決。如我國的立法機關為立法院，憲法的修改機關則為國民大會，其修改程序，需由國民大會代表總額五分之一的提議，三分之二的出席，及出席代表四分之三之決議，始得修改；其由立法院擬定的憲法修正案，須提請國民大會複決。（第一七四條）

四、適應性

憲法固然需要維持穩定性，但國家的社會、經濟、政治情況隨時代演進而變動，則憲法亦因應時而變，否則必將阻滯社會的進化。故一般憲法只作原則性、概括性的規定，而具有彈性，俾透過立法、判例、解釋、行政措施等以為補充、演繹。如我國憲法第一五五條：「國家為謀社會福利，應實施社會保險制度。人民之老弱殘廢，無力生活，及受非常災害者，國家應予以適當之扶助與救濟。」為貫徹之，乃有社會救助法、身心障礙者維護法、老人福利法、台北市急難救助金標準表、台灣省天然災害救助金核發標準表。

五、妥協性

參與憲法制定者來自不同階層，代表不同利益，並在制憲過程中，為時勢、傳統或其他因素所影響，不得不經過調和、折衷，制定為各方所能共同接受者，故憲法條文往往帶著妥協的痕跡。如一七八七年美國聯邦憲法制定時，產生各州代表權的爭執，大州認為國會議席應按各州人口比例分配，小州則主張以州為單位平均分配，最後為國會分設參眾兩院，參議院代表各州，每州一律兩席，眾議院代表各州人民，以選民為基礎，比例產生。又如美國總統的選舉方式，制憲時，大州主張應由人民直接選舉產生，小州則主張應由議會選舉，最後協議總統由總統選舉人選舉產生。而我國現行憲法的制定，也是經由政治協商會議，折衷各黨派意見的結果。

第四節、憲法的原則

憲法的基本原則，是指在制定和實施憲法過程中，必須遵循的一些最基本的原則，它是貫穿立憲和行憲的基本精神，也是調整政治、社會、經濟等制度與措施的具體原則。

一、人民主權原則

主權是一個國家獨立處理其國內和國際事務而不受他國干涉或限制的最高權力。人民主權原則是指此最高權力為國家中的最多數人所擁有，即國家權力來自人民，屬於人民。

主權的觀念是由法國的布丹所提出，但此最高的權力應該歸屬於何者來行使，布丹、霍布斯主張君主主權，洛克提出議會主權，盧梭則闡述了人民主權，盧梭認為國家是人民根據契約的方式建立起來的，因而政府的權力都是人民授與的，所以國家的主人不是君主，而是人民，治理者只是人民的委託者而已，故主權應永遠屬於人民，它的體現即公意，由於公意是社會全體成員共同利益的表現，是一個整體，是不能分割，也不能轉讓和被代表的。如果政府（執政者）濫用職權，不履行契約，侵犯人民權利的時候，人民可以取消原來成立國家的契約，重訂新契約，組織新政府。

這種人民主權的主張，在一七七六年的美國獨立宣言首先宣稱：「政府的正當權力得自被統治者的同意」。一七八九年的法國人權宣言則以「整個國家主權的本源寄托於國民，任何團體任何個人都不得行使主權未明白授與的權力。」時至今日，此項原則為各國憲法所確認和體現。其表現方式有三：

1. 明確規定人民主權原則

如法國憲法（一九九五年）第三條：「國家主權屬於國民全體，經由代議士及公民複決方式行使之。任何部分人或個人均不得擅自行使國家主權。」一九一九年的德國威瑪憲法第二條：「國權出自人民。」現德國基本法（一九九四年）第二四條：「所有國家權力來自人民。國家權力，由人民以選舉及公民投票，並由彼此分立之立法、行政及司法機關行使之。」「立法權應受憲法之限制，行政權與司法權應受立法權與法律之限制。」「凡從事排除上述秩序者，如別無其他救濟方法，任何德國人皆有權反抗之。」

義大利憲法（一九九三年）第一條：「主權屬於人民，人民依本憲法所訂方式及範圍行使。」葡萄牙憲法（一九八九年）第三條：「唯一且完整的國家主權屬於全體國民，並由其依憲法規定方式行使之。」「國家依法行使公權力並須具備民主的合法性。」西班牙憲法（一九七八年）第一條：「國家主權屬於賦予國家各項權力之西班牙人民。」

日本憲法（一九四七年）前言：「茲特宣示主權屬於國民，以確定本憲法。夫國政乃基於國民之嚴肅的信託，其權威源於國民，其權力由國民之代表行使，其福利由國民享受之。」菲律賓憲法（一九八七年）第二條第一項：「人民擁有最高主權，一切政府的權力皆由人們授予。」

俄羅斯憲法（一九九三年）第三條：「多種族的人民為俄羅斯聯邦主體的體現者與政權的唯一來源。」

2. 透過規定人民行使國家權力的方式以保障人民主權

人民既然是國家的主人，所以必須有效行使自己的權力，才能真正擁有作主的地位和作用，因而各國憲法透過兩種方式來實現之。

(1) 間接的代議制度。如瑞典政府組織法（一九八八年）第一條：「瑞典之一切公權力係來自人民。瑞典之民主制度係以意見自由及普遍平等選舉為基礎，並經由代議政治及地方自治而實現。公權力應依法行使。」第四條：「國會係人民之主要代表。……國會應監督國家之政府及行政機關。」芬蘭憲法（一九九一年）第二條：「芬蘭之主權屬於全體人民，由集合於國會之議員代行之。」

(2)直接的行使，即公民擁有創制權、複決權。如日本憲法（一九四七年）前言：「主權屬於國民」。第九六條：「憲法之修改，應經各議院全體議員三分之二以上之贊成，由國會提議，向國民提案，並經其承認。此項承認，應於特別之國民投票，或在國會所定選舉時所為之投票，獲得過半數之贊成。憲法之修改，在獲得前項之承認時，天皇應即以國民之名義作為係本憲法之一體，而公布之。」如義大利憲法（一九九三年）第一條：「主權屬於人民」。第七五條：「如有五十萬選舉人或五州議會之請求，應舉行全民複決投票，以決定法律或具有法律效力之法規之全部或一部分之廢止。」瑞士憲法（一九九三年）第一二〇條：憲法「有十萬有投票權之瑞士公民之要求全部修正時，其應否全部修正之問題應提交瑞士人民投票贊成或反對而決定之。」「經瑞士人民多數表示贊成修正時，聯邦議會兩院應為修正憲法之工作而改選。」第一二一條：「憲法之部分修正得用公民創制或依修正聯邦法律之規定程序行之。」

3. 透過規定公民廣泛的權利和自由以體現出人民主權

人民主權作為憲法的基本原則，一方面通過人民的委託表現為國家機關所享及所得行使的權力，另一方面，則表現為公民在政治、經濟、社會和文化生活中能享有廣泛的權利和自由。但「雖然憲法的內容主要包括公民權利的有效保障和國家權力的正確行使，但這絕非地位平行的兩大塊，保障公民權利始終處於核心的支配地位。因此規定人民享有廣泛的權利和自由是憲法實現人民主權的重要途徑。」（周葉中主編，憲法）

如葡萄牙憲法（一九八九年）第三條：「唯一且完整的國家主權屬於全體國民，並由其依憲法規定方式行使。」「國家依憲法行使公權力並須具備民主的合法性。」第九條：「國家有下列任務：(1)保障國家獨立，並為此創造必須的政治、經濟、社會、文化條件。(2)保障國民的基本權利與自由，遵行民主法治國的基本原則。(3)保障政治的民主並促進國民依民主方式參與解決國家事務。(4)透過經濟及社會結構的改造與現代化，增進國民福利及生活品質，促進葡萄牙國民之間真正的平等，以及實現經濟、社會及文化的權利。」

二、基本人權原則

人權是作為一個人滿足其生存和發展的需要所應當享有的權利。

歐洲在十四、十五世紀，因為城市新興中產階級的出現，為了維護和擴大經濟利益和政治利益，並伴隨著文藝復興的興起，故提倡人性反對神性、提倡人權反對神權、提倡個性自由以反對宗教桎梏，更進而打破君權神授，也因而有霍布斯、洛克的自然權利說、社會契約論及盧梭的天賦人權說。

霍布斯認為在國家產生之前，人類生活在自然狀態中，人人都是平等的，每個人對同一事物都具有同等的權利；同時，人人又都是自由的，每個人都有運用自己的權力以求保全自己的本性，即保全生命的自由。這種自由就是人的自然權利。

洛克認為在自然狀態中，人人都是自由的、平等的，因而每個人都享有生命、自由、財產之不可讓與、不可剝奪的自然權利，但是有些人因為利害關係而存偏私，常用強力去剝奪他人的自由，此時為了公正地裁判、解決人際間的紛爭，更好地保護自己的權利，便相互訂立契約，自願放棄自己懲罰他人的權利，而將其交給政府，所以保護自然權利，是政府最基本、最首要的職能，政府不享有支配任何個人之生命、自由或財產的專斷權力。如果政府違反約定，則人民有充分、合法的理由將其推翻。

盧梭以為每個人都生而自由，但要實現個人自由，就要實現平等，因為沒有平等，自由就不能存在，故又主張人人生而平等，財產占有應該盡可能地平等，以及在法律規定下人人權利平等的原則。

上述主張的基本重點，就是人權天賦，既不能剝奪，也不能轉讓。

到了十八世紀隨著美國獨立戰爭及法國大革命的爆發，這些主張被規範化。如一七七六年美國的獨立宣言：「人生而自由平等，人均由上帝賦與不可剝奪之天賦權利，其中有生存權、自由權，以及追求幸福的權利。為保障此種權利，人民乃組織政府，是以政府所具之權利，實基於被治者之同意。任何形式的政府，凡足以破壞此種目的時，人民即有權利予以更廢，並建立一新政府，以保障人民之安全與幸福。」一七八九年法國的人權宣言：「人類生而擁有並且永久享有自由平等之權利。」「人類之權利為自由、財產、安全及反抗壓制。」「法律只有權禁止對社會有害的行為。法律不禁止的行為，不受任何妨害。無論何人均不應受壓迫而作法律未命令的行為。」「法律的保護或處罰對所有人應一律平等。」「任何人除依法律規定秩序，不受公訴、逮捕或拘留，且禁止無償取得財產。」「任何人除非犯罪前有法律規定，所犯之罪不應受處罰。」

一七九一年美國憲法增修條文第一到第十條，對人民權利有所規劃，諸如對宗教、言論、出版、集會、請願、人身、居住諸自由，被告之權利及陪審制度等均有規定。如第一條：「國會不得制定關於下列事項之法律：設立宗教或禁止信教自由；限制或剝奪人民言論及出版之自由；削奪人民和平集會及向政府請求救濟的權利。」第四條：「人民有保護其身體、住所、文件與財物之權，不受無理拘捕、搜索與扣押，並不得非法侵犯。」

此後各國憲法都確認了基本人權原則，甚或在憲法中列有專章，如日本憲法（一九四七年），除在前言揭示：「確認全世界之國民均有免於恐怖及匱乏，並在和平中生存之權利。」並於第三章「國民之權利及義務」中規定人權基本內容。如阿根廷憲法（一九九四年）前言揭示：「增進今後吾國國民及居住於阿根廷國內各國人民之一般福祉，並保障其自由權利」，本文第一章即名為「宣言、權利及保障」。

唯最早憲法對於人權內容的規定多著重於在政治、人身及財產方面的權利，現代各國憲法又增加了人民在社會經濟和教育科學文化方面的權利，如勞動權、環境權、社會福利、保險及救濟權、著作權等。

三、權力制約原則

權力制約是指國家權力的各部分之間相互監督、彼此牽制，以保障人民權利的原則。

權力制約思想在歷史上出現甚早，如亞里斯多德從人性惡的角度分析權力制約的必要性，因為人性是惡的，故若聽其任性行事，難免不施展其內在的惡性，故在執政時引起偏差，而相互制約則是防止惡性膨脹的根本途徑。古希臘學者波比利阿則通過考察羅馬的歷史，認為羅馬的強盛，是因為將執政官、元老院和平民會議三者的權力既相互箝制，又互相支持與合作，從而實現相互間的制約與均衡，使其中任何一者所擁有的權力都不是絕對的，如果有一個想要打破這種均衡，以追求更多、更優勢的權位，就會遭遇到其餘兩種力量的抵制，因而最好的方法就是各安其位。如執政官掌有軍政大權，可召集平民會議，向元老院提名駐外使節，提出法案及執行法案，指揮軍隊，賞罰官員等；元老院具有決定內外政策，審查和批准法案，管理國家財政，控制國家預算，支配國家財產，領導公職人員選舉，監督執政官行動，確定執政官職責及影響執政官對繼承人的挑選等權力；平民會議則有立法權，決定戰爭與和平的權力等。這三種權力機構間的權力雖有分工，卻又相互制約，如執政官提出的法案，需由平民會議通過及元老院的審查批准，而其本身則由元老院任命；元老院權力本身又受平民會議的立法限制；平民會議的活動不僅受到執政官的控制，而且元老院還可通過決定稅收、訴訟裁判等途徑對平民會議及其成員進行制裁等。

近代的英國學者洛克以國家有三種權力，即立法權、行政權和對外權，但如果立法權和行政權交由同一人或同一機關掌握，就會給人以極大的誘惑，使人去攫取權力而不受法律的限制，故不但主張權力應由不同機關掌握行使，並且要把分立的權力限制在適當範圍以達到權力的平衡。如立法機關是最高的權力機關，但立法權是人民的委託權力，必須以為人民謀福利的目的來制定法律，否則人民有權收回它；行政機關必須嚴格按照立法機關所制定的法律行事，而不得排除法律獨行其是、濫用權力，不得用強力侵犯或剝奪法律所規定的人民權力，否則人民有權推翻它，另建新的政府。

法國的孟德斯鳩是近代分權學說的完成者，他認為一切有權力的人都容易濫用權力，以至其極限，故如將一個國家的權力集中於某一機關或某一個人之手，必將發生濫用，並使人民的權利受到侵犯，因此要保障人民的政治自由，就要將國家權力分為立法權、行政權和司法權三個部分，並分別由不同的機關和人來行使，這三種權力既是獨立的，又是相互制約的，以保持權力間的相互平衡。所以他的結論是無分權即無自由，因為人民感到的安全就在於不必懼怕一個大權在握者，否則專制權力將毀滅每一個人民。

一七八七年美國憲法起草人之一的漢彌爾頓則將洛克、孟德斯鳩的分權理論以闡述美國政府的建制，並進一步提出政府各種權力分立和互相牽制、平衡的主張，並對每種權力的權限都作了詳細的說明。國會由參眾兩院組成，職司立法、審查預算，對總統有彈劾權；總統獨享行政權，對國會無提案權，但可將國會通過的法律要求國會覆議；司法獨立，最高法院法官由總統任命，但須經國會同意，並為終身職，法院得解釋法律是否違憲。另開國元勳並曾任兩屆總統的傑弗遜則認為政府權力的自我膨脹是政府腐化和產生暴政的主要原因，因此，只有立法、行政和司法三權分開並相互平衡，才能防止暴政。此外又把人民監督視為人民參政行使權力的重要手段。

上述學者們對權力制約問題的主張，有一個共同點，即建立、健全權力制約機制是建設民主國家的基本環節，而憲法既然是民主制國家的根本法，自應將權力制約作為其基本原則。如：

1. 立法權。美國憲法第一條：「憲法所授予之立法權，均屬於參議院與眾議院所組成之美國國會。」並詳列其各項權限，同時「參議院有審判一切彈劾案之權，……美國總統受審時，最高法院院長應為主席。」對總統交還覆議的法案，得以三分之二的多數使成為法案。

2. 行政權。美國憲法第二條：「行政權屬於美國總統。」「有權對於違犯美國法律者頒賜減刑而赦免，惟彈劾案不在此限。」有締結條約權，但須經參議院出席議員三分之二贊成，「總統提名大使、公使、領事、最高法院法官及其他未另作規定之美國官員，經參議院之咨議及同意任命之。」「總統應時時向國會報告美國國務情形，並以本人所認為必要而便宜之政策咨送於國會，以備審議。」

3. 司法權第三條：「美國之司法權，屬於最高法院及國會隨時制定與設立之下級法院。最高法院與下級法院之法官忠於職守者皆受保障」，法院得審理法律是否違憲。

英國為不成文憲法國家，其運用分權原則的特點，在於立法權勝過行政權，下議院勝於上議院，立法權為三權之重心，並建立以國會為中心的責任內閣制，內閣由下議院多數黨黨魁組閣，內閣對國會無提案權，內閣成員對下議院負連帶責任，如下議院對內閣通過不信任案，不是內閣總辭，就是解散下議院改選。

如日本憲法（一九四七年）第四一條：「國會為國權之最高機關，並為國家唯一之立法機關。」第六五條：「行政權屬於內閣。」第七六條：「一切司法權屬於最高裁判所及依法設置之下級審判所。」國會有權提名內閣總理大臣（第六七條），提請天皇任命（第六條）；國會（眾議院）有權通過不信任案迫使內閣總辭，內閣在眾議院通過不信任案時，可在十天內提請天皇解散眾議院（第六九條）；內閣總理大臣代表內閣，向國會提出議案、報告一般國務及外交關係（第七二條）。最高裁判所有權決定一切法律、命令、規則或處分是否違憲（第八一條），而國會為裁判受罷免追訴之法官，可設立彈劾裁判所（第六四條）。

四、法治原則

法治也稱為依法治國，是把國家事務法律化、制度化，並嚴格地依法進行管理的一種治國理論、制度體系和運行狀態。其基本含義是：國家和公民的活動準則是法律，任何國家機關、社會團體和人民，包括國家最高領導人在內都必須毫無例外的遵循法律，依照法律的規定活動；只能按照法律的規定追究刑事責任，法律沒有規定的不為罪；法律之前人人平等，無論誰犯罪違法都要受到相同的制裁；反對任何組織或個人享有法律之外的特權。而法治與人治的區別，在於當法律權威與個人或少數權威發生衝突時，是法律權威高於個人權威，還是個人權威凌越法律之上，如為前者是法治，如為後者即人治。

對於法治的強調，遠在一二一五年英國大憲章即規定「任何自由民，非依其同級貴族之合理裁判或依該地之法律，不得逮捕、監禁、或扣押其財產、棄其於法律保護之外、流放國外、或以任何方法殺害之，亦不得由國王或派遣人員執行之。」（第三九條）「國王不得向任何人出賣正義或裁判」（第四〇條），「任何人未經同級貴族之合法裁判，其土地、城堡、特權或權利等遭受吾人沒收或剝奪時，應立即歸還之。」（第五二條）一六二八年權利請願書規定：「國王陛下之臣民，如無議會全體一致通過，有不受強制賦課任何稅金、年貢金、或其他類似負擔金之自由。」（第一條）「國會依其權限制定法律並規定，不管其階級或身分如何，任何人如不依法律之適正手續，給予答辯之權利，不得強制驅離其居住地或其借地，亦不得逮捕、拘禁、廢嫡或剝奪其生命。」（第四條）

後來近代思想家在反對封建專制的運動中，提出了法律至上的理論，如洛克認為：「誰握有國家的立法權或最高權力，誰就應該以既定的、向全國人民公布周知的、經常有效的法律，而不是以臨時的命令來實行統治。」「法律一經制定，任何人也不能憑自己的權威逃避法律的制裁；也不能以地位優越為藉口，放任自己或任何下屬胡作非為，而要求免受法律的制裁。」盧梭則以「凡是實行法治的國家－無論其形式如何－我都稱之為共和國；因為惟有在這裏才是公共利益在統治著，公共事務才是作數的。」「不管一個國家的政體如何，如果在他的管轄範圍內有一個人不遵守法律，其他所有的人就必然會受到這個人的任意支配。」（引自周葉中主編，憲法）

現代學者海耶克認為：「法治意味著政府的全部活動應受到預先確定並加以宣布的規則的制約－這些規則能夠使人們明確地預見到在特定情況下當局將如何行使強制力，以便根據這種認知規劃個人的事務。」（引自張文顯主編，法理學）

所以法治既然是治國的原則，也是憲法中應體現的原則，故憲法通常包括以下的規定：

1. 憲法具有最高性，而其它任何法律、命令、規章均不得與之牴觸，而一切個人、團體、公私機構都必須以其作為基本行動準則。
2. 法律之前人人平等，不因性別、種族、膚色、職業、信仰、社會地位等，致產生基本權力和義務上的差別待遇。
3. 未經正當法律程序，不得剝奪任何人的權利和自由，不得逮捕、拘禁、審問、處罰。
4. 凡是法律未禁止的行為，都是合法和被允許的，只要不侵犯他人自由權利和公共利益。

5. 不論來自個人或國家機關的侵害，都能取得公正、合理的及時補救或補償。
6. 各國家機關的職權由憲法所授與，必須依法行使。
7. 司法獨立。

法治原則在憲法中的實際規定，如一七九一年法國第一共和憲法將一七八九年的人權宣言作為序言：「法律是共同意志的表現。所有市民有親自或透過市民代表參與法律制定的權利。法律的保護或處罰對所有人應一律平等。」「法律只有權禁止對社會有害的行為。法律不禁止的行為，不受任何妨害。無論何人不應受壓迫去作法律不命令的行為。」「任何人除依法律規定程序，不受公訴、逮捕、或拘留，且禁止無償取得財產。」「任何人除非犯罪前有法律規定，所犯之罪不應受處罰。」一九九五年修正後之憲法，於序言中仍然鄭重宣告恪遵以上所有明定之原則，並規定：「任何部分人民或個人均不得擅自行使國家主權。」（第三條）「總統維護憲法之遵守。」（第五條）「共和國總統保障司法機關之獨立。」（第六四條）如美國憲法（一七八九年）第一條第一項：「人身保護令狀之特權不得停止之。」「公權剝奪令或溯及既往之法律不得通過之。」增補條文第四條：「人民有保護其身體、住所、文件與財物之權，不受無理拘捕、搜索與扣押，並不得非法侵犯。」

義大利憲法（一九九三年）第一三條：「任何方式之監禁、檢查或身體搜索，或其他對人身自由之限制，須有法律明文規定，非依司法機關之正當授權，且在法定場合，依循法定程序，不得為之。」日本憲法（一九四七年）第一四條：「所有國民，在法律之下一律平等，不因人種、信仰、性別、社會身分或門第，而在政治、經濟、社會關係上設有差別。」第九八條：「本憲法為國家之最高法規，違反其規定之法律、命令、詔敕及關於國家事務之其他行為之全部或一部，均為無效。」

五、正義原則

美國學者羅爾斯在其名著「正義論」中以：「正義是社會制度的首要價值，正像真理是思想體系的首要價值一樣。一種理論，無論它多麼精緻和簡潔，只要它不真實，就必須加以拒絕和修正；同樣，某些法律和制度，不管它們如何有效率和有條理，只要它們不正義，就必須加以改造或廢除。」其又以：「所有的社會基本善─自由和機會，收入和財富及自尊的基礎─都應被平等地分配，除非對一些或所有社會基本善的一種不平等分配有利於最不利者。」

有關正義的追求，始終是人類社會的努力目標，如柏拉圖的理想國一書即圍繞著什麼是正義與公正的主題。亞里斯多德也以正義是人類至善的美德，人以正當的方式行事，並希望取得正當的東西，而正當的行動也就是合法、公正的。其並進一步就正義分為分配正義和校正正義二種，分配正義係指在對財富、榮譽、權利等有價值的東西作分配時，對不同的人給予不同的對待，對相同的人給予相同對待，就是正義；校正正義是指對受侵害之財富、榮譽和權利的恢復和補償，即不管誰是傷害者，也不論誰是受害者，傷害者補償受害者，受害者從傷害者處得到補償，就是正義。

羅馬的西塞羅將「法」分為人定法和自然法，自然法是人定法的基礎，而自然法的本質是唯一正確的理性，是永恆不變和普遍適用的，正義是符合自然的，所以成為人定法的基礎，即法不僅淵源於理性，而且具有正義的美德，因為理性使人類能夠推測、論證、反駁、論述和完成預定計劃，並且讓我們懂得正當，即要相互享有各種物品，滿足相互需求。至於正當則是相對於不正當而言，因純粹意義的自然使人正當地行動，但是邪惡的習俗會破壞自然，引起不正當。為了逃避和糾正不正當，自然給予人類以正確的理性，而法就是正確的理性，它規定什麼是善與惡，並禁止邪惡。正確的行為是人有權利去做的，而法律上規定人們有權利做的事都應當是正確的、正當的。

至於一般而言，正義具有公平、公正、公道、合理、公理等含義，並且還具有法律制裁、司法審判的含義。此外正義與平等關係是非常密切的，因沒有平等即無正義，而平等是正義的最主要內容，因為正義總是指某種平等，總是要求平等的對待。基於以上的觀點，故正義對憲法的制定與內容有積極的推動作用。

1. 政治正義

此係要求政府是產生於民眾、服從民意、並保障人民基本人權的，同時要防止政府的濫權、脫離民意及走向腐化，所以透過憲法規定政府的結構與權力來限制政府的作為，並出現專針對國家機關的憲法解釋和行政訴訟，以糾正不良立法和行政。而任何人都不能以任何非法定的理由對公民的基本政治自由進行限制。

如西班牙憲法（一九七八年）第九條：「1.所有公民與政府機關均受憲法與法律之約束。2.政府機關應保障個人及團體之自由與平等之實現，並應鏟除阻擾及妨礙自由平等充分發揚之障礙，促進全體公民參與政治、經濟、文化與社會生活。3.本憲法保障法律合法性原則、法律位階、立法公開化，對個人權利不利或限制之懲罰措施無追溯效力，確保法律規範之普遍實施，政府機關之有責性，並禁止其獨斷行為。」

第五三條：「本篇第二章所承認之權利與自由有約束政府各機關之效力。……且需以尊重其實質內容之法律規定之。」第六六條：「國會代表西班牙人民，……執行國家立法權，通過國家預算，監督政府施政」。第九七條：「政府主持對內與對外政策，……並根據憲法和法律行使執行權與法定職權。」第九八條：「政府成員不得行使國會授權以外的代表性職能。」第一〇三條：「政府部門應客觀地為全民利益服務，完全服從正義與法律，依效率、科層制度、權力分立、中央分權及協調之原則行事。」第二九條：「所有西班牙人有權以文字或其他方式，在法律規定的情況下提出個人或團體之請願書。」

義大利憲法（一九九三年）第七六條：「除經規定指導原則及授權，並僅在限定期間及為特定目的，立法權之行使不得授權政府為之。」第九七條：「公共機關之組織應依法律之規定，以確保行政之充分正當與公正。官員之權限、職務與責任，以機關之組織法規定之。」第九八條：「公務員唯為國家服務。」

2. 法律正義

將人民的權利義務具體的規定在憲法中，而在一個民主國家中並由人民選出的立法機關以法律進一步補充。因為人民的基本權利和義務牽涉到人民的財產、人身自由和人格與國家權力的關係，故國家在何種情況下才能剝奪、限制人民的基本權利，並課以義務與責任，仍成為重心問題，至其在被個人或政府不法侵害時，如何進行補救或補償，每個國民在主張此等權利及承擔義務時，其地位應是平等的，並應做到司法獨立、審判公開、當事人權利平等、上訴權利、判決依據事實的保障。

如美國憲法增補條文第五條（一七九一年）：「非經大陪審團提起公訴，人民不受死罪或其他不名譽罪之審判」，「不得強迫刑事犯自證其罪，亦不得未經正當法律手續剝奪其生命、自由或財產。非有公正賠償，不得將私產收為公有。」第六條（一七九一年）：「在一切刑事訴訟中，被告應享受下列之權利：發生罪案之州或區域之公正陪審團予以迅速之公開審判，其區域當以法律先確定之；要求通知告發事件之性質與理由；准與對造證人對質；要求以強制手段取得有利於本人之證人，並聘請律師辯護之。」

加拿大憲法（一九八二年）第七條：「每個人都有生命、自由、人身安全的權利，以及除非符合基本正義的原則，不得剝奪的權利。」第一〇條：「每個人都有權在被捕或拘留時：1.立刻被告知其原因；2.沒有耽擱地延聘和通知律師，並且被告知有這一項權利；3.經由人身保護法的方式，來決定扣留的合法性，且若拘留不合法，則予以釋放。」第一一條：「任何人被控違法，有權：1.在合理時間內被告知所觸犯的法律；2.在合理的時間內受審；3.在自己所觸犯的法律進行審判的時候，不被強迫擔任自己的證人；4.在由獨立及公正的法庭根據法律作公平及公開的聽證前，被假定無罪；5.除非有正當的原因，不得對合理的交保加以拒絕。」

瑞士憲法（一九九三年）第四條：「瑞士國民在法律上一律平等，無因階級、出生、身分或家庭而來之特權。」日本憲法（一九四七年）第一四條：「所有國民，在法律之下一律平等，不因人種、信仰、性別、社會身分或門第，而在政治、經濟、社會關係上設有差別。」

3. 實質正義

實質正義是從內容上追求結果公正的正義，即某種或某些制度可能是不正義的，但是其實行卻可能用來補償另一種或另一些不正義，結果對社會全體而言，卻可能是正義的。所以平等本身並不絕對排斥差別的存在，因為合理的差別對待，雖在形式上似有別於平等，但實質上卻是為達到更高層次的平等，如對婦女、兒童、老人的特別保護，對少數民族和殘疾人的特殊關懷，失業救濟及最低工資等。故只要不平等的設定，是為達到結果平等的目的，就是正義的，因此為了平等地對待所有的人，提供真正同等的機會，就必須更關注那些天賦較低和出生或生活於較不利社會地位的人。

如德國威瑪憲法（一九一九年）第一六一條：「為維持健康及勞動力，保護產婦，及防護因年齡、病弱、與生活變化，以致經濟上結果惡劣起見，聯邦應設置社會保險制度」。第一五五條：「所有德國人均獲健康之住居，所有德國家庭，尤其子女眾多之家庭，均得應其需要，獲得住居，及家庭所需之家產。」

加拿大憲法（一九八二年）第一五條：「每一個人在法律之前都平等，並且有權在沒有歧視下得到法律平等的保護和平等的利益，特別是不因種族、國家或民族的起源、膚色、宗教、性別、年齡、或智力或身體殘疾而有所歧視。」但前項「不排除任何以改善居於弱勢的個人或團體為目的之法律、計劃或活動，這包括因為種族、國家或民族起源、膚色、宗教、性別、年齡、或智力或身體殘疾而處於弱勢者。」

尼加拉瓜憲法（一九九五年）第六二條：「國家有責任照顧殘障人士，制定方案讓他們在身體復健、社會參與與工作上得到保障。」第七七條：「老年人享有家庭、社會與國家保護措施的權利。」

4. 平等正義

即平等利用的機會平等和平等起點的機會平等。平等利用的機會平等，是指每個人都有相同的進取機會，靠自己的努力能取得一定的利益，因而雖每個人的能力因為先天差異或後天修養的不同是有差別的，但它關心的不是差別如何造成和解決，而是要給同一級別的人以相同的對待，如在升學考試中，只要達到錄取標準即為錄取，未達標準者不會因為階級、背景、性別等因素而獲錄取。平等起點的機會平等，是指為讓每一個人都有平等的利用機會，因而從一開始就讓每一個人有足夠的權利（條件），以便能取得相同的能力而與其他人並駕齊驅，即提供每個人相同的機會，以平等地發揮其潛力。如義務教育即是典型的平等起點的機會平等，使每個人都位於相同的起跑點，以保障能平等地利用機會。

所以一旦每個人都被給予最大可能的公正起點，允許其發揮全部潛力，而在這個起點之後，就應該讓每個人透過本身的努力，獲得報償。因此平等起點與平等利用的機會平等，都是符合正義的。

在平等利用的機會平等方面，如美國憲法增補條文第六條（一七九一年）：「宗教條件則永不能為美國政府下任何官職或公共職務之資格限制。」德國威瑪憲法（一九一九年）第一二八條：「所有公民，均得依法律之所定，按其才能及職務上之性質就任公職。」

尼加拉瓜憲法（一九九五年）第八二條：「工人的工作條件獲下列各項保障：1.人民無分男女、政治、宗教、社會或其他因素，享有同工同酬之待遇，確保其社會福利與尊嚴。」「保障其工作之穩定及同等升遷之機會，不得以工作性質、時間、效率或職務予以限制或區別。」丹麥憲法（一九五三年）第七五條：「應給予每一有能力者工作機會，使能維持其生存。」

古巴憲法（一九七六年）第四二條：「所有國民，無分種族、膚色或祖籍族裔」，「均得依其品格與能力，擔任所有職位、國家及行政職務、及生產與服務之工作」。第四三條：「女性在經濟、政治及社會領域中，及在家庭內，享有與男性相同之權利。國家為確保此等權利之行使，尤其為使女性加入社會組織工作，應重視其得依體能適度工件；其得在生產前、後休產假，仍受報酬；國家並應設立托兒中心、半寄宿學校及寄宿學校；並應努力創造所有助於實現平等原則之條件。」

在平等起點的機會平等方面，如德國威瑪憲法（一九一九年）第一四五條：「就學為一般之義務。就學義務之履行，應以在小學修業八年以上，及畢業後至滿十八歲止，在補習學校修業為原則。小學及補習學校之授課暨學業用品，完全免費。」第一四六條：「於一般國民教育之基礎之上，應設置中等及各種高等學校。此等學校之組織，應以適應各種職業之需要為標準。使兒童在特定學校就學與否，應專依兒童之性質及傾向而定，不因兩親經濟上及社會上之地位，或宗教信仰而定。」「為使資力貧乏者，得入中等及高等學校修業，聯邦、各邦及公共團體，應為必要之處置。於認為應受中等及高等學校之教育者，應補助其學費，至畢業止。」

日本憲法（一九四七年）第二六條：「所有國民均有依法律之規定，按其能力接受均等教育的權利。」西班牙憲法（一九七八年）第四〇條：「政府應制定政策及保障職業培訓與轉業訓練。」

5. **經濟正義**

(1) 首先要求身分平等的保障，即在就業、升遷時，不得因為出身、性別、地域、種族、語言、婚姻、宗教等身分因素而出現不平等的待遇。

如葡萄牙憲法（一九八九年）第五八條：「任何人有工作權。」「職業及職位的選擇應機會平等；不因性別差異而使就業平等遭限制或阻礙。」第五九條：「任何勞工，不論其年紀、性別、種族、國籍或其宗教觀、世界觀，均有下列權利：1.基於同工同酬原則，並依工作種類、內容及質量計算工資，以確保其適當的生計。」第五三條：「勞工的工作職位應受保障；無法定原因不得解僱，亦不得因政治立場或意識形態理由予以解僱。」

義大利憲法（一九九三年）第三七條：「婦女勞動者享有與男性勞動者相同之權利及對同等工作享受同等報酬。……共和國以特別法規保護未成年人之勞動，並保障其同工同酬之權利。」

(2) 在市場經濟中，必須有充分公平的競爭，即競爭機會的平等。其又包括起點的競爭平等和過程的競爭平等，前者指所有參與市場競爭的主體必須能處在大致相同的起跑點上，即所有參與者都應具有相等的法律地位、具有同等的權利和義務，不受歧視性待遇。後者則為競爭過程與競爭手段的平等，即要求競爭市場必須向所有市場主體平等地開放，一律按照嚴格平等的競爭規則與手段參與競爭，並按照嚴格統一的競爭來評價其成敗。因此要進行防止獨占及不正當競爭。

如葡萄牙憲法（一九八九年）第八〇條：「經濟勢力應居於民主的國家權力之下。」第八一條：「在經濟及社會政策中，國家有下列任務……5.防止並禁止私人獨占事業、濫用經濟勢力及違反公共利益。6.確保企業間平衡的競爭。」瑞士憲法第三一條：「為防止濫行制定價格，聯邦立法規定監督與建議企業及在市場有舉足輕重之組織所提供物品、勞務之價格，尤其對於卡特爾及其類似之公、私法上之團體所制定之價格。」德國威瑪憲法（一九一九年）第一五一條：「經濟生活之秩序，以使個人得到人類應得之生活為目的，並須適合正義之原則。各人之經濟自由，在此限度內，予以保障。」「通商及營業自由，依聯邦法律之規定，予以保障。」

(3)分配的正義。在市場經濟活動中，必須要在收入和財富分配層面解決平等和自由的協調問題，政府必須對個人在市場活動中獲得的收入進行調節和再分配，把不同個人的收入之差別，調節、控制在社會上大多數人都能接受的合理範圍內，並對於生活陷於困境者則應補助其生活費用。

如大韓民國憲法（一九八七年）第三四條：「身體障礙者，及因疾病、年老和其他理由，而無生活能力之國民，依法律規定，受到國家保護。」古巴憲法（一九七六年）第四七條：「國家應以社會救濟之方法，保護欠缺財力，無家可靠或無人照顧之年老國民，及任何無工作能力，且無親屬可予協助之人。」

宏都拉斯憲法（一九八八年）第一四二條：「在沒有工作能力或無力獲得工作報酬之情況下，任何人均有獲得維持其生存之經濟方法之權利。」義大利憲法（一九九三年）第三八條：「無工作能力且無維持生活必要資料之國民，有受社會扶養與援助之權利。勞動者因災變、疾病、殘廢、老耄及意外失業時，有要求供給及確保適當生計之權利。」瑞士憲法（一九九三的）第三四條：「聯邦採取有關足以增進老年、死亡者之遺族與殘障者互濟。聯邦鼓勵殘障者之調適，支持對於老年人、遺屬及殘障者之有利努力。聯邦得在此使用聯邦保險之金錢來源。」

（以上有關各項原則意義的敘述，參1.呂世倫、文正邦主編，法哲學論。2.張慶福主編，憲法學基本理論。3.周葉中主編，憲法。4.張文顯主編，法理學。）

第五節、憲法的成長

憲法是制憲時各種環境因素及思潮的反映，而環境因素與思潮又在變化中，故憲法雖具固定性、根本性，亦須隨時變遷、成長。

一、國會立法

憲法的規定需要國會的立法加以補充，方能具體地實現，並使憲法的內涵趨於充實。即國會的每一項立法都在解釋、適用、擴張憲法，而將憲法推至一新的境界。如美國聯邦憲法僅規定聯邦政府組織職權之大綱，至於各部門權力應如何運用，只能由國會立法補充，如聯邦法院組織法、州際通商法。又如我國憲法第一七五條：「本憲法規定事項，有另定實施程序之必要者，以法律定之。」第三四條：「國民大會之組織，國民大會代表之選舉罷免，及國民大會行使職權之程序，以法律定之。」故有國民大會組織法、國民大會同意權行使法、國民大會創制複決兩權行使辦法、公職人員選舉罷免法。為貫徹第八五條：「公務人員之選拔，應實行公開競爭之考試制度」，故有公務人員考試法、公務人員考試法施行細則、典試法、監試法之制定。

二、憲政習慣

憲法本文對某一事項未作明白規定，但因反覆實際的政治運作，而經一般人承認具有憲法的效力。如美國憲法並未規定總統可否連任，但自華盛頓和傑弗遜拒絕三選後，總統只能連任一次，就成為憲政習慣，後羅斯福因二次大戰發生而四選，但至一九五一年，憲法第二二條增補條文正式規定：「任何人被選為總統者，不得超過兩任。」又英國許多有關政府的職務與權力，執行權力的方法，各機關間的關係等都是隨著習慣成長的，如自查理一世以後，雖然議會一切議案，非經國王同意，不能生效，不過國王對一切議案，均照例同意，從未拒絕批准；又如首相是下議院多數黨的黨魁，若下議院對內閣投票不信任時，必須辭職。如我國憲法並未明白規定行政院正、副院長，政務委員及各部首長之任期，但民國四十三年五月第二任總統就職，同日行政院長陳誠辭職，提名俞鴻鈞繼任，咨請立法院同意，而形成行政院隨總統當選就職而改組的慣例。

三、憲法解釋

憲法解釋是指由法定機關對憲法條文所作具體效力的說明，以正確理解和執行憲法，俾維持其最高性、根本性。

1. 憲法解釋的必要

(1) 憲法多採取概括性的規定，故要準確地實施這些規定，有時就需作出具體解釋，或者由於制憲時的疏忽造成某些遺漏和用語不確切的地方，也需加以解釋和補充說明。如國民大會代表是否可兼任官吏，大法官會議釋字第七五號：「查制憲國民大會，對於國民大會代表不得兼任官吏，及現任官吏不得當選為國民大會代表之主張，均未採納。而憲法第二八條第三項，僅限制現任官吏，不得於其任所所在地之選舉區當選為國民大會代表。足見制憲當時，並無限制國民大會代表兼任官吏之意，故國民大會代表非不得兼任官吏。」

(2) 憲法、法律、命令具有上下的位階性，故法律、命令不得牴觸憲法，而對其是否牴觸憲法有疑義時，即需作一解釋。如大法官會議釋字第一七〇號解釋以行政訴訟法第一四條第一項：「行政法院審查訴狀，認為不應提起行政訴訟或違背法定程序者，應附理由以裁定駁回之」之規定，與憲法第一六條的「人民有請願、訴願及訴訟之權」，並無牴觸。

(3) 由於政治社會情況的變化，致某些條文已不能適應新的環境，則藉解釋憲法的方法以為適應。如我國過去尚在動員戡亂時，國民大會無法改選，致代表人數日減，但又必須繼續執行憲法賦予的職權，但憲法之修改須國大代表總額五分一的提議，三分之二的出席及出席代表四分之三之決議，故大法官會議釋字第八五號解釋：「憲法所稱國民大會代表總額在當前情形應以依法選出而能應召集之國民大會代表人數為計算標準。」

2. 憲法解釋的機關

大致可分為三種：

(1) **立法機關**。即由國會行使解釋憲法的職權，如比利時憲法（一九二一年）第二八條：「法律的權威解釋，僅屬於立法權。」其一九九四年最新修正憲法第八四條，於聯邦立法權中規定：「由權力機關解釋法律」。

(2) **司法機關**。即由普通法院行使解釋憲法的職權，但法院通常並不主動解釋憲法，而只在案件的審判過程中，遇到有關憲法疑義問題時才進行解釋。如美國只許在聯邦各州之憲法法律侵犯聯邦權力，或各州以聯邦法律侵犯各州權力；或人民以其憲法上所保障之權利，遭到聯邦或各州侵害時，方得請求聯邦法院解釋憲法。此時法院對涉案雙方所提有關憲法條文規定的各種不同含義，就需決定何者為真意所在，此時憲法乃隨判決解釋的增加而不斷孳長。如日本憲法（一九四七年）第八一條：「最高裁判所為有權決定一切法律、命令、規則或處分是否符合憲法之終審裁判所。」巴拿馬憲法（一九九四年）第二〇三條：「法院得依國家檢察總長或行政法院檢察長之審訊結果判定法律、命令、協定、判決或任何人實質或形式上之違憲。執行司法審查之公務人員於發現任何法律措施或規章有牴觸憲法之疑義時，……均應呈報最高法院全體法官。遇憲法適用疑義，應按程序提出釋憲聲請。」

(3) **專門機關**。如由憲法法院行使解釋憲法的職權，由於其地位超然，可對憲法作較公正客觀的解釋。此種方式最早為一九二〇年的奧地利憲法採行，至今採用者頗多。如德國、法國皆設憲法法院，義大利憲法（一九九三年）則專設憲法法院一節，規定設大法官十五人，審理：A.國家與地方制定之法律和有法律效力之命令，合憲性之爭議；B.國家各機關間、國家與地方間，各地方間之權限爭議。此外，並對大法官資格限制自高等普通法院及高等行政法院之現任和退休法官、大學專任法學教授和有至少二十年實務經驗之律師中選任之。

我國憲法解釋權則屬於司法院大法官會議。

3. 憲法解釋的原則

(1) **依據憲法的根本精神**。即必須採求制憲當時的環境及原意。如美國憲法以「增進全民福利，使我們自己和後代子孫，永享自由的幸福」為目的，而採取聯邦制度、三權分立等基本原則。日本憲法以「國政乃基於國民之嚴肅的信託，其權威源於國民，其權力由國民之代表行使，其福利由國民享受之。此乃人類之普遍原理，本憲法即基於此原理者。」我國則以孫中山先生創立的遺教為立憲的基本精神，以鞏固國權、保障民權、奠定社會安寧，增進人民福利。

(2) **探究制憲的過程**。制憲的時空環境、制憲的真意及當時各方的主張、意見，以找出每一條文、字句之正確、合理的含義。

(3) **適應時代社會的需要**。政治、社會、文化的環境不斷變動，國家、人民的需要今昔不同，故對憲法的解釋應考慮當前的需要及時代變遷的現實面。

4. 憲法解釋的方法

(1) **文理解釋**。依條文的文句結構及字義，以闡明其意義，否則如任意解釋，則憲法將失去公證力。如大法官會議釋字第三八號解釋憲法第八十條所規定：法官應依據法律獨立審判，其「所謂依據法律者，係以法律為審判之主要依據，並非除法律以外，與憲法或法律不相牴觸之有效規章，均行排斥而不用。」

(2) **論理解釋**。以邏輯的推理方式，觀察全部條文，以確定該條文的意義。如大法官會議釋字第七六號解釋：「我國憲法係依據孫中山先生之遺教而制定，於國民大會外並建立五院，與三權分立制度本難比擬。國民大會代表全國國民行使政權。立法院為國家最高立法機關，監察院為國家最高監察機關，均由人民直接間接選舉之代表或委員所組成。其所分別行使之職權，亦為民主國家國會重要之職權。雖其職權行使之方式，如每年定期集會、多數開議、多數決議等，不盡與各民主國家國會相同，但就憲法之地位，及職權之性質而言，應認國民大會、立法院、監察院共同相當於民主國家之國會。」

(3) **類推解釋**。憲法未規定的事項，援引有關條文類似規定予以解釋。如我國憲法第八七條：「考試院關於所掌事項，得向立法院提出法律案。」但憲法卻未規定監察院、司法院對立法院是否亦有提案權，故大法官會議釋字第三四號類推解釋：五院「本憲法原始賦與之職權，各於所掌範圍內，為國家最高機關，獨立行使職權，相互平等，初無軒輊；以職務需要者，監察、司法兩院，各就所掌事項，需向立法院提案，與考試院同。考試院對於所掌事項，既得向立法院提出法律案，憲法對於司法、監察兩院，就其所掌事項之提案，亦初無有意忽略，或故予排除之理由。法律案之議決，雖為專屬立法院之職權，而其他各院關於所掌事項，知之較稔，得各向立法院提出法律案，以為立法意見之提供者，於理與法均無不合。」故認監察院及司法院均得向立法院提出法律案。

四、憲法修改

憲法為適應社會、政治環境的劇烈變遷，其修改自屬必要，以賦與新的生命與內容，故對憲法的全部或部分內容予以變更、刪除、追加或補充。

如美國聯邦憲法制定後，在提請各州批准時，各州以無保障人民權利之專章，而不願批准，其後獲得協議，各州以憲法加入人民權利專章，作為批准之條件。故聯邦政府成立後，即迅速由國會通過憲法第一條至第十條增補條文，增加保護人民權利的規定。又如美國建國後，黑種人民深受歧視，政治參與的權利慘遭剝奪，仍在一八六八年增補第一四條：「凡出生或歸化於合眾國，並受其管轄之人，皆為合眾國及所居之州之公民。無論何州，不得制定或執行剝奪合眾國公民之特權或豁免之法律。」一八七〇年增補第一五條：「合眾國或任何一州，對於合眾國任何公民之投票權，不得因種族、膚色、或曾為奴隸之關係，否定或剝奪之。」一九六四年增補第二十四條：「合眾國或各州不得因未納人頭稅或其他捐稅，而否定或剝奪合眾國國民，在任何初選或選舉總統、副總統、國會參議員或眾議員之其他選舉之投票權。」

我國目前對於憲法修改則採取增修條文方式，而對憲法中原規定，則予凍結適用。如增修條文第七條有關監察院部分規定：憲法第一〇一條（監察委員在院內所為之言論及表決，對院外不負責任），第一〇二條（監察委員除現行犯外，非經監察院許可，不得逮捕或拘禁）之規定，停止適用。又如增修條文第一〇條則對憲法第一三章基本國策的內容予以充實。

1. 憲法修改的限制

各國對於憲法的修改，有的未做限制，甚至有如瑞士憲法（一九九三年）第一一八條明白規定：「聯邦憲法於任何時得為全部分或一部分之修正。」至於有限制者，對象可分兩種：

(1) **事項的限制**。規定對某些事項不得修改，如法國憲法（一九九五年）第八九條：「凡損害領土完整之憲法修正案不得提出或進行審議。共和政體不得修改。」德意志聯邦共和國基本法（一九九四年）第七九條：「基本法之修改影響聯邦制度，影響各邦參與立法，或影響第一條（確保人之尊嚴不可侵，一切國家機關均有尊重及保護此尊嚴之義務）及第二〇條（A.德意志聯邦共和國為民主社會聯邦國家。B.一切國權均來自國民。C.立法應受憲法之拘束。）所規定之基本原則者，不得為之。」如土耳其共和國憲法（一九九五年）第四條：「本憲法第一條有關國體為共和國之規定，以及第二條之共和國特性（為民主、政教分離及社會的法治國家）和第三條之規定（國家之完整性、國語、國旗、國歌及國都），均不得修改且不得提議修改。」

(2) **時間的限制**。即在某時間內不得修改：A.一定期間內，不得修改，如希臘一九二七年的憲法第一二五條：「自憲法公布之日起，未滿五年，不得修改。」其一九七五年修訂後憲法第一一〇條：「憲法經修改尚未滿五年者，不得再予修改。」B.不限定期限，只以某事故存在期間，憲法不得修改，如一八三一年比利時憲法第八四條：「國家設置攝政時，憲法任何條文均不得修改。」法國第四共和憲法（一九四六年）第九四條：「在本部領土一部或全部被外國武力侵佔時，任何修改憲法之程序，不得開始或進行。」西班牙憲法（一九七八年）第一六九條規定在戰時、緊急狀態與戒嚴狀態期間不得提議修改憲法。

2. 憲法修改的程序

一般分為提案、議決、公布。

(1) **提案**。提案機關，各國不同：A.為人民者。如瑞士憲法（一九九三年）第一二一條規定有十萬以上有投票權公民之連署可以創制方式要求全部或部分修正。B.為國會者。如美國憲法第五條規定：國會遇兩院議員三分之二人數認為必要時，得提出憲法之修正案。C.為地方議會者。如美國諸州三分之二州議會之請求，國會應召集會議以提修正案。D.為行政機關者。如西班牙憲法（一九七六年）

第一六六條：政府有提案權；法國憲法（一九九五年）第八九條：「憲法修改案得由共和國總統依總理之建議提出。」E.為特別機關者，如我國國民大會。

(2) **議決**。憲法條正案的議決機關：A.國會議決。唯國會議決時，須經特別程序或提高議決法定人數，如西班牙憲法（一九七八年）第一六七條：「憲法修正案應由兩議院五分之三多數通過。」德意志聯邦共和國憲法（一九九四年）第七十九條，基本法之修正「需要聯邦議會議員三分之二及聯邦參議院投票權三分之二之同意。」又義大利憲法（一九九三年）第一三八條：憲法之修正，「應經國會各院相隔三個月以上之二次繼續會議通過，並於第二次投票時獲得各院絕對多數之通過。」巴拿馬憲法（一九九四年）第三〇八條：憲法修改，「由立法議會以全體議員之絕對多數經三讀通過一立法案，並由行政機關公布於官方公報及在立法機關進行改選後首次常會召開之五日內送交議會，以對其重行討論，由議會全體議員之絕對多數在一次讀會中原文通過之。」B.公民複決。將憲法修正案交付公民投票表決，如瑞士憲法（一九九三年）第一二三條：「修正之聯邦憲法或聯邦憲法之修正部分，經參加投票之多數瑞士公民及多數邦接受時才發生效力。」日本憲法（一九四七年）第九六條：「憲法之修改，應經各議院全體議員三分之二以上之贊成，由國會提議，向國民提案，並經其承認。此項承認，應於特別之國民投票，或在國會所定選舉時所為之投票，獲得過半數之贊成。」C.地方議會複決。如美國憲法修正案需經四分之三州議會的批准。D.特設機關批准。如我國由國民大會議決，而印尼憲法（一九四五年）第三七條，憲法的修改必經由人民協商會議代表的通過。

(3) **公布**。公布為憲法修改程序定案的宣告，通常由國家元首為之，並且除極少數外，元首不得拒絕公布，或延緩公布—即使憲法沒有限定公布日期。如日本憲法（一九四七年）第九六條，憲法修改依法通過後，「天皇應即以國民之名義作為係本憲法之一體，而公布之。」其他國家雖未有明文規定，但總統有公布法律之權，故亦由總統公布之。

3. 我國憲法修改

其程序見於憲法第一七四條，方式有二：

(1) **國民大會自行修改**。「憲法由國民大會代表總額五分之一提議，三分之二出席，及出席代表四分之三之決議，得修改之。」又依照民國四三年「國民大會議事規則」第四五條：「修改憲法之議案，均須經過讀會之程序。」

(2) **國民大會複決立法院的修憲提議**。憲法「由立法院立法委員四分之一之提議，四分之三之出席，及出席委員四分之三之決議，擬定憲法修正案，提請國民大會複決。此項憲法修正案，應於國民大會開會前半年公告之。」至於複決是否也需四分之三的多數，憲法及國民大會議事規則皆未作特別規定，一般學者認為只要過半數即可。

現憲法的修改方式，則依憲法增修條文第十二條規定，「須經立法院立法委員四分之一提議，四分之三出席，及出席委員四分三決議，提出憲法修正案，並於公告半年後，經中華民國自由地區選舉人投票複決，有效同意票過選舉人總額之半數，即通過之。」

第六節、憲法發展的趨勢

有關憲法發展趨勢的討論，本單元以較多的篇幅引用各國憲法作說明，並藉此對其內容有較完整的認知。

一、權利保障日趨周密完備

把自由權列入憲法，以一七九一年美國憲法增補條文前十條為起源，對於確保宗教、言論、出版、集會、請願、人身、居住諸自由，被告之權利與陪審制度等均有規定。此後各國有關各種權利保障的規定日趨完備，並且大都在憲法列有專章。而其最突出者為一九一九年的德國威瑪憲法，其第二編為「德意志人民之基本權利及基本義務」，內分五章。第一章保障個人的平等權，遷徙、營業、人身、住所、行為、書信、著作、出版等自由。第二章保障共同生活，如婚姻、家庭生活、兒童、產婦、非婚生子女的權利及集會、結社、選舉、請願、訴願、任公職的權利。第三章保障信教及良心之自由。第四章規定教育及學校有關事項，以保障學術自由、義務教育的施行及獎助資力貧乏，無力就學者。第五章規定經濟生活的保障。

至一九九四年最新修訂的德意志聯邦共和國基本法第一章即為基本權利，其第一條：「1.人之尊嚴不可侵犯，尊重及保護此項尊嚴為所有國家機關之義務。2.因此，德意志人民承認不可侵犯與不可讓與之人權，為一切人類社會以及世界和平與正義之基礎。」並確認憲法所列「基本權利拘束立法、行政及司法而為直接有效之權利。」

日本憲法（一九四七年）第十一條則明定：「國民享有之一切基本人權，不得妨礙之。本憲法所保障之國民基本人權，不得妨礙之。本憲法所保障之國民基本人權，係賦予現在及將來之國民不可侵犯之永久權利。」

然為保障每個國民皆能同享權利，則對權利行使亦必有所限制。如日本憲法（一九四七年）第一二條：「本憲法所保障國民之自由之權利，……國民不得濫用此種自由及權利。」第一三條：「對於生命、自由及追求幸福的國民權利，於不違反公共福祉之限度下，在立法及其他國政上」，始獲最大之尊重。德國憲法（一九九四年）第二條：「人人有自由發展其人格之權利，但以不侵犯他人之權利或不違犯憲法秩序或道德規範者為限。」第一八條：「凡濫用言論自由，尤其是出版自由，講學自由、集會自由、結社自由、書信、郵件、與電訊秘密、財產權、或庇護權，以攻擊自由、民主之基本秩序者，應剝奪此等基本權利。」大韓民國憲法（一九八七年）第三七條：「國民之所有的自由和權利，在為保障國家安全，維持社會秩序或公共福利所必要者，得以法律限制之。」

我國憲法第二章專列人民之權利義務，但第二三及二三條也規定為防止妨礙他人自由、避免緊急危難、維持社會秩序或增進公共利益必要者，可限制個人權利之行使。最後，為落實對權利的保障乃有冤獄賠償與國家賠償制度。即人民因受國家司法權的錯誤，而蒙受冤獄，或公務人員有不法侵害人民權利時，應負行政、刑事及民事的責任，並由國家擔負賠償。如日本憲法第四十條：「任何人於被拘禁或已羈押後，受無罪之判決時，得依法律之規定，請求國家賠償。」大韓民國憲法第二八條：「涉嫌刑事案件或刑事被告而受到拘禁者，依法律規定不起訴處分或判決無罪時，得向國家請求正當賠償。」第二九條：「因公務員職務上之不法行為而受到損害之國民，得向國家或公共團體請求正當的補償。」義大利憲法（一九九三年）第二四條：「裁判錯誤之救濟方法與程序，以法律定之。」第二八條：「國家或公共機關之公務員與職員就其侵權行為，依刑法、民法及行政法之規定，負直接責任。在此情形，國家及公共機關亦須負民事責任。」

我國憲法第二四條確立：「凡公務人員違法侵害人民之自由及權利者，除依法律受懲戒外，應負刑事及民事責任，被害人就其所受損害，並得依法向國家請求賠償。」

二、經濟生活的保障

在十八世紀個人主義盛行的時代，著重的是自由權及由此延伸之財產權的絕對，但卻造成貧富懸殊、階級對立，因而現代憲法對私有財產，一面加以保障，以維持個人生存與合理利益；一面加以限制，以增進公共利益。

一八三一年的比利時憲法第十一條即曾規定：「除為公共目的依照法定程序，並予以公平補償外，任何人之財產均不應予以剝奪。」即為公共目的，可限制私人財產。至一九一九年德國的威瑪憲法更可視為經濟入憲的範例，其第五一條：1.「經濟生活之秩序，以使各人得到人類應得之生活目的，並須符合正

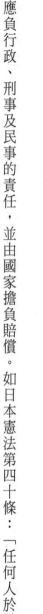

義之原則。各人之經濟自由在此限度內，予以保障。」2.「法律上之強制，限於防止侵害權利，或公共福利上之重大必要時，始得為之。」第五二條：1.「經濟上之交易，在法律規定之範圍內，適用契約自由之原則。」2.「禁止高利貸。違反善良風俗之法律行為無效。」第一五三條：「所有權受憲法之保障，其內容及限界，由法律規定之。……所有權包含義務，所有權之行使，應同時顧及公共福利。」第一五五條：「土地之分配及利用，應由聯邦及邦加以監督，以防止其濫用。……土地之開拓與利用，為土地所有人對公眾所負之義務。不因勞力資本而致之土地價格之增加，其利益應歸於社會。」

至於現今德意志聯邦共和國基本法（一九九四年）第一四條：「1.財產權及繼承權應予保障，其內容與限制由法律定之。2.財產權負有義務，財產權之行使應同時有益於公共福利。3.財產之徵收，必須為公共福利始得為之。」第一五條：「土地與地產、天然資源與生產工具，為達成社會化之目的，得由法律規定轉移為公有財產或其他形式之公營經濟」。

義大利憲法（一九九三年）第四一條：「企業之營運，不得牴觸公共利益或侵害安全自由或人類尊嚴。法律應規定適當之計劃和監督，俾使公私經濟活動導向社會目的」。第四二條：「私有財產受法律之承認及保障，為確保其社會機能並使人人得享有私有財產，法律應規定取得與享有之方式及其限制。」第四三條：「法律基於公共利益之理由，得將有重要公益性之某種或某類公用事業，能源事業或獨占性之企業，以有償徵用方法，預先保留，或移轉於國家公共機構，或勞動者或消費者之團體。」

葡萄牙憲法（一九八七年）第八〇條：「生產工具、土地及天然資源，依公共利益原則，為全體國民所有。」第八一條：「防止並禁止私人獨占事業、濫用經濟勢力及違反公共利益。」「實行土地改革，排除土地的寡占」。

巴拿馬憲法（一九九四年）第一二一條：「農地的正確利用，為土地所有人對社會之義務，並應由法律依其生態分類規定之，以避免土地遭到過度使用及產能降低。」第二七七條：「經濟活動之經營，主要屬於私人。但國家應依社會之需要及本篇所規定之準則內，指導、指揮、規範、接替或創設此種活動，俾增加國家之財富及確令國內最大多數之居民獲益。」

我國憲法則規定「財產權應予保障」（第一五條），但應「實施平均地權，節制資本，以謀國計民生之均足」（第一四二條），並妨止公用事業之獨占（第一四四條）及私人財富與企業之妨害國計民生之平衡發展。

三、社會安全的設計

經濟發展與社會生活密切相關，而在工業革命以機器進行生產後，原本大眾的生活理應獲得顯著的改善，但事實上受惠者只是極少數人，致社會問題層出不窮，乃有憲法社會化的發展，而主要關於社會保險、社會救助、婦嬰福利、衛生保健、婚姻及家庭維護的規定，以健全社會生活，實行社會安全的目的。這種保障首見德國威瑪憲法。

一九一九年的德國威瑪憲法第七條：「聯邦政府對左列事項有立法權……5.救貧制度及行旅之救護。……7.人口政策。孕婦、嬰兒、幼童、及少年之保護制度。8.公共衛生制度。……9.勞工法。工人及被雇傭人之保險及保護，與職業介紹。……17.保險制度。」第一六一條：「為維持健康及勞動能力，保護產婦，及防護因年齡、病弱、與生活變化，以致經濟上惡劣起見，聯邦應設置社會保險制度，並使被保險人參與其事。」第一六三條：「所有德國人民，均應與以依其經濟勞動，取得其生活資料之機會。對於未與以適當之勞動機會者，應支給必要之生活費用。」第一一九條：「婚姻為家庭生活、及保持與增殖民族之基礎，受憲法之特別保護。……保持家庭之純潔及健康，予以社會的獎勵，為聯邦各邦及公共團體之任務。有多數兒童之家庭，有請求相當扶助之權利。產婦，有請求聯邦及各州保護及扶助之權利。」

日本憲法（一九四七年）第二五條：「所有國民均享有健康及文化的最低限度之生活的權利。國家就一切生活方面，應致力於提高與增進社會福祉、社會保障及公共衛生。」第二四條：「婚姻應基於男女雙方合意而成立，夫婦基本上有相等之權利，以相互協力而維持之。」

宏都拉斯憲法（一九八八年）對於兒童權利、勞動、社會保險、衛生保健各設專章。如一二〇條：「對未成年人、智能不足或殘廢者、精神病患、孤兒及棄兒，應視情況，特別立法予以保護或監護，以協助其復健。」第一二一條：「父母或監護人在經濟上無力撫養及教育未成年之子女時，國家應提供特別保護。」第一二三條：「兒童有在良好健康情形下成長發展之權利。因此，自懷孕期起，即應對母體及嬰兒多特別照顧。彼等享有食物、住宅、教育、娛樂、運動及適當醫療服務之權利。」第一二八條：「規定勞資關係之法律為公法。凡涉及摒棄、縮減、限制或歪曲下列保障之行為，契約或條約一律無效」，如工時、工酬、保健衛生設備，工作安全、休假、罷工及停工、自由結社之權利等。第一四二條：「在沒有工作能力或無力獲得工作報酬之情況下，任何人均有獲得維持其生存之經濟方法之權利。社會保險業務由宏都拉斯社會保險局負責，保險之範圍包括疾病，生育，家庭補助，老弱，孤兒，失業，工作不幸事件，職業病及其他影響生產能力之意外事故。」第一四五條：「國家應採取適當措施，以保護人民健康。」

瑞士憲法（一九九三年）第三四條：「聯邦有權對工廠之童工、成年工人之工作時間，有礙健康或有危險之工業工人之保護，作統一規定。」「聯邦制定法律建立意外與疾病保險制度，此項保險應注意現有補助金之利用。」「聯邦以法律制定維護全民之強制性老人保險、遺屬保險及殘障保險。此項保險支付金錢及物質。年金必須能抵償維持生活所必須費用。」「對家庭之需要給予考慮。聯邦有權立法規定家庭補償基金。」「聯邦以法律建立婦產保險制度。」「聯邦立法規定失業保險。聯邦得規定資助失業者之辦法。失業保險對於工作者是強制性的。」

大韓民國憲法（一九八七年）第三四條：「國家負有實施為提高老人及青少年福祉政策。身體障礙者，及因疾病、老年及其他理由，而無生活能力之國民，依法律規定，受到國家保護。第三六條：「婚姻及家庭生活，應於個人尊嚴及兩性平等之基礎下成立並維持，國家應予保護之。國家應努力保護母性。所有國民有關保健衛生受到國家之保護。

我國則在憲法第十三章「基本國策」中設「社會安全」一節，對有關勞工、農民、勞資關係、社會保險、社會救助、婦女、兒童、衛生保健等均作原則性的規定。

四、教育文化的重視

憲政的實行，以教育文化為基礎，因此各國憲法對於教育文化事業都頗為重視，如義大利憲法（一九九三年）第二一條：「所有人皆有以言論、著作及其他傳播方式自由發表意見之權利。」「違背公共道德之出版物、展覽及其他一切表演，應禁止之。」第二三條：「藝術及科學皆屬自由，其教授亦自由為之。共和國規定教育之一般規則，並設立各種及各級國立學校。私人團體及個人有設立不受國家支援之學校及教育機構之權利。」「各類各級學校之入學許可、畢業及從事專門職業之資格應經國家考試。」第三四條：「國民得享教育權。初級教育為強迫及免費教育，其時間至少八年。能力強而成績優良之學生，雖無資力，仍得有受最高教育之權。前項權利之實現，共和國依競爭考試賦予獎學金、家庭補助金及其他方式為之。」

又如德意志聯邦共和國基本法（一九九四年）第五條：「藝術與科學、研究與講學均屬自由，講學自由不得免除對憲法之忠誠。」第七條：「整個教育制度應受國家之監督。」希臘憲法（一九八六年）第一六條：「1.藝術、科學、研究教學應一律自由，其發展及進步係國家之義務。學術及教學之自由，不妨害每個人對憲法之忠誠義務。2.教育構成國家之基本任務。教育之目的應包括國家之基本任務。教育之目的應包括對希臘人民給予道德、智能、職業及體格上之訓練，發展民族及宗教之意識及完成其作為自由及負責之公民。3.受強迫教育之年限，不得低於九年。4.希臘人民均享有在國家各個階段教育設施，接受教育之權利。國家對於優秀或清寒之學生，應給予資助，對於能力低者，應給予特別保護。」

大韓民國憲法（一九八七年）第三一條：「1.所有國民具有依其能力，均等接受教育之權利。2.所有國民對其保護之子女，最少負有使其接受初等教育，及法律規定之教育的義務。3.義務教育免費為之。……國家應振興終身教育。」

我國憲法則對學術自由、教育宗旨、教育機會、各地區教育文化事業的均衡發展皆有所規定。

五、政黨地位的規定

民主政治即是政黨政治，政黨在民主政治的實施過程中扮演著不可缺少的重要角色，因而現代憲法不但正視政黨組織存在的事實，並為確定其成立與行為的規範，而予以憲法條文的規範。如德國憲法第二一條：「1.政黨應參與人民政見之形成。政黨得自由組成。其內部組織須符合民主原則。政黨應公開說明其經費與財產之來源與使用。2.政黨依其目的及其黨員之行為，意圖損害或廢除自由、民主之基本秩序或意圖危害德意志聯邦共和國之存在者，為違憲。至於是否違憲，由聯邦憲法法院決定之。」大韓民國憲法（一九八七年）第八條：「1.政黨之目的、組織及活動應屬民主性，並應具有形成國民參與政治意思所必要之組織。2.政黨依法律規定受到國家保護，國家應依法律規定，對政黨運作所必要之資金，給予補助。3.政黨之目的或活動違背民主性之基本秩序時，政府得向憲法裁判所提出解散之訴，政黨依憲法裁判所之判決解散之。法國憲法（一九九五年）第四條：「政黨及政治團體得參與競選，自由組織並從事活動，但需恪遵國家主權及民主原則。」

我國則於憲法增修條文（一九九七年）第五條規定「政黨之目的或其行為，危害中華民國之存在或自由民主之憲政秩序者為違憲。」並由司法院大法官「組成憲法法庭審理政黨違憲之解散事項。」

六、憲法監督保障制度的設計

憲法一頒布，因它的根本性、最高性，便要求一切法律、法規、命令、措施及國家機關、政黨、企業事業和全體國民的行為都不得與憲法牴觸，如果發生違憲行為，即需由特定機關按照特定程序進行合憲性審查，並對是否違憲作出裁決。故現今許多國家都建立司法審查制度，由最高法院解釋、監督憲法的實施，並審查法律是否違憲，如美國、日本、加拿大、澳州、墨西哥等，內中日本憲法（一九四七年）第八一條：「最高裁判所為有權決定一切法律、命令、規劃或處分是否適合憲法之終審裁判所。」另有設立憲法法院、憲法委員會、憲法裁判所來監督、解釋憲法及違憲審查的，如德國、義大利、法國、奧地利等。如法國憲法（一九九五年）第六二條：「經宣告為違憲之條款，不得公布，或付諸實施。憲法委員會之裁決，不得上訴，並對公權機關及一切行政、司法機關具有拘束力。」德國憲法（一九九四年）第九二條規定設憲法法院。大韓民國憲法（一九八七年）專設第六章「憲法裁判所」，第一〇七條規定：「法律是否違反憲法成為裁判之前提時，法院得提請憲法裁判所審判，並依其判決裁決之。」

我國則設司法院大法官會議解釋憲法。

七、政府穩定的設計

各國為求政局的穩定，避免政府（內閣）更迭頻繁，如法國在第四共和的十二年間，內閣更為二十七次之多，故在憲法中乃有種種設計。

法國憲法（一九九五年）第四九條：「國民議會得通過不信任案追究政府之責任。此項不信任案須經國民議會至少十分之一議員之連署，始得提出。動議提出四十八小時之後，始得舉行表決。不信任案僅就贊成票核計，並須國民議會總席次之絕對多數始能通過。……國民議會議員在同一常會會期中簽署不信任案不得超過三次，在臨時會中則不得超過一次。」又針對議會否決政府所提法案，視為不信任政府，導致內閣辭職一事，復規定：「總理得就通過某項法案為由，經部長會議討論後，向國民議會提出信任案。在此情形下，除非在二十四小時內，有不信任案之動議提出，並依本條前項之規定進行表決，否則政府所提法案即視同通過。」

德國憲法（一九九四年）第七六條：「1.聯邦議會僅得以議員過半數選舉一聯邦總理繼任人並要求聯邦總統免除現任聯邦總理職務，而對聯邦總理表示其不信任。聯邦總統應接受其要求並任命當選之人。2.動議提出與選舉，須間隔四十八小時。」此即建設性的不信任投票制。此外對國會的否決政府所提的信任案時，也予政府對抗方法，故第六八條規定：「1.聯邦總理要求信任投票之動議，如未獲得聯邦議會議員過半數之支持時，聯邦總統得經聯邦總理之請求，於二十一日內解散聯邦議會。聯邦議會如以其議員過半數選舉另一聯邦總理時，此項解散權應即消滅。」

我國則於憲法增修條文（一九九七年）第三條第三項規定：立法院得對行政院院長提出不信任案，並於「提出七十二小時後，應於四十八小時內以記名投票表決之。如經全體立法委員二分之一以上贊成，行政院院長應於十日內提出辭職，並得同時呈請總統解散立法院；不信任案如未獲通過，一年內不得對同一行政院院長再提不信任案。」

八、國際和平的促進與絕對主權的限制

絕對主權往往是引起國際糾紛的主因，而現代國家互動頻繁，為圖國際和平，謀求共同利益，乃對主權有所限制，並將遵守國際條約或國際法等字句納入憲法中。如義大利憲法（一九九三年）第一一條：「義大利放棄以戰爭作為侵犯他民族自由之工具或解決國際爭端之手段；並在與他國同等條件下，為保障國際和平與正義之組織所必需，同意限制其主權，且協助並促進為此項目的而建立之國際組織。」德國憲法（一九九四年）第二四條：「1.聯邦得以立法將主權讓與國際組織，2.為維護和平，聯邦得加入互保之集體安全體系；為此，聯邦得同意限制其主權，以建立並確保歐洲及世界各國間之持久和平秩序。3.為解決國際爭端，聯邦得加入普遍性、概況性、強制性國際公斷協定。」

希臘憲法（一九八六年）第二條：「希臘依照一般承認之國際法原則，致力於和平、正義之增進，及各國家與各人民間友好關係之發展。」西班牙憲法（一九七八年）第九六條：「有效簽訂之國際條約於西班牙正式公布後，將成為國內法律體制之一部分，條約內容的廢除、修改或中止須根據國際條約本身規定之方式或國際法普遍準則辦理。」

我國憲法第一四一條則規定外交政策在敦睦邦交，尊重條約及聯合國憲章，以促進國際合作，提倡國際正義，確保世界和平。

習題

1. 說明憲法內容可包括哪些項目。
2. 說明成文憲法與不成文憲法的區別及其優劣。
3. 說明剛性憲法與柔性憲法的區別及其優劣。
4. 說明三權憲法與五權憲法的區別及其優劣。
5. 說明憲法有哪些特性，大要內容如何。
6. 說明憲法的成長有哪些方式。
7. 說明憲法解釋的必要性，有哪些原因。
8. 說明憲法解釋的原則有哪些，大要內容如何。
9. 說明憲法的修改有兩項限制，大要如何。
10. 說明我國目前對憲法修改的方式及其修改程序有哪兩種，大要內容如何。
11. 列舉憲法發展的趨勢有哪些項目。
12. 憲法有關權利的保障日趨周密，但為何又需有所限制，說明之。
13. 憲法基於對經濟生活的保障，一方面保障財產權，但為什麼對財產權又需加以限制，或要求其善盡社會的義務，試列舉五項理由。
14. 說明為何憲法要進行社會安全的設計。

15. 憲法為何對政黨地位有所規定，通常政黨不得為哪些行為，大要說明之。
16. 說明憲法設計監督保障制度的理由。
17. 說明正義原則的意義。
18. 說明政治正義的意義。
19. 說明法律正義的意義。
20. 說明經濟正義的意義。

第二章、我國憲政發展史

第一節、清末的君主立憲運動

光緒二十一年（一八九五年）中日甲午戰爭失敗後，以康有為、梁啟超為首的維新派舉起「變法」、「維新」的旗幟，提出「伸民權，爭民主，開議院，定憲法」的政治綱領，揭開了我國憲政運動的序幕。在憲政問題上，他們主張實行以三權分立為基礎的君主立憲政體，並認為這是使國家強盛的根本。如康有為給光緒皇帝的「請定立憲開國會折」中說：「臣竊聞東西各國之強，皆以立憲法開國會之故。國會者，君與國民共議一國之政法也。」「立行憲法，大開國會，以庶政與國民共之，行三權鼎立之制，則中國之治強可計日待也」。梁啟超則說：「君主立憲，政體之最良者也。」他們都主張在保留君主的前提下，實行政治的改良。光緒二十四年（一八九八年）六月，光緒正式下詔變法維新，頒布維新法令，但不過百日即告失敗，光緒被幽禁，康、梁逃亡海外。此時孫中山先生到檀香山創立革命團體—興中會。

一、憲法大綱

光緒三十年（一九〇四年），日俄戰後，朝野皆以日本所以戰勝俄國，皆因日本明治維新實行君主立憲之故，滿清為緩和民情、鞏固政權，乃派五大臣出國考察憲政，並於回國後奏請立憲：「憲法所以安國內，禦外敵，固邦基，保人民，濫觴英倫，踵行法美，今則環球君主國無不次第舉行。」清廷於是在光緒三十二年（一九〇六年）下詔預備立憲，最後在光緒三十四年（一九〇八年）八月頒布憲法大綱，確定預備立憲期為九年。

憲法大綱凡二十三條，大抵以日本一八八九年憲法為藍本。內容分為兩部分：1.正文為「君上大權」，共十四條，確定皇帝仍然握有至高無上的大權。主要內容為：「大清皇帝統治大清帝國萬世一系，永永尊戴。」「君上神聖尊嚴，不可侵犯。」皇帝集立法、行政、司法、外交、軍事大權於一身。2.附錄為「臣民權利義務」，除要履行納稅、當兵及服從法律的義務外，在權利方面，則於法律所行範圍內有言論、著作、出版、集會、結社、呈訴等自由，然而皇帝有權「以詔令限制臣民自由」。

二、十九信條

清廷雖公布憲法大綱，但並無真正實行之意。宣統元年（一九〇九年）各省成立諮議局，次年九月，清廷復成立資政院，而各省諮議局紛紛請求縮短預備立憲期。宣統三年（一九一一年），革命軍起義於武昌，各省響應。面臨覆滅的清廷，匆忙下詔罪己，釋放國事犯，承認革命黨，命資政院立即起草憲法，九月十三日公布「重大信條十九條」，簡稱「十九信條」，但為時已晚，終為革命浪潮所湮沒。

十九信條其內容係模仿英國的內閣制，主要為：1.限制君權。「皇帝之權以憲法規定者為限。」「皇帝得直接統率海陸軍，但對內使用時，須依國會議決之特別條件。」2.國會為立法機關。「修法改正提案之權屬於國會。」「國際條約，非經國會之議決，不得締結」，預算由國會議決。3.責任內閣。總理大臣由國會公選，其他國務大臣，由總理大臣推舉，「總理大臣受國會之彈劾時，非解散國會即內閣總理解職，但一次內閣不得為兩次國會之解散。」此外並規定皇族不得為總理大臣，其他國務大臣，並各省行政長官，唯絲毫未提人民的權利。

十九信條公布後，資政院選舉袁世凱為總理大臣，並與革命軍在上海進行和談，袁世凱為謀取臨時大總統，轉而支持民主共和，清帝退位，專制告終，民國成立。

第二節、民國初年的制憲運動

一、臨時政府組織大綱

辛亥革命成功後，各省代表集會於武昌，議決臨時政府組織大綱二十一條，此為民國成立後第一部臨時憲法。其與美國憲法頗為相似，主要為1.採總統制，不設國務總理。2.臨時大總統由參議院選舉，統率海陸軍。惟有關宣戰、媾和、締約、任用各部部長、外交使節、設中央裁判所等職權，需經參議院同意。3.立法機關採一院制，設參議院，由督代表會組成。4.臨時政府組織大綱施行期限至中華民國憲法成立之日為止。

但大綱對於人民的權利義務、政府與人民的關係、總統與國務員對參議院的責任關係、司法機關組織等，則均未規定。

大綱公布的次日，南京光復，十七省代表抵達南京，選舉孫中山先生為臨時大總統。

二、中華民國臨時約法

民國元年一月二十八日參議院成立，認為組織大綱無國民基本權利義務的規定，同時規定臨時政府成立後六個月內召集國會，其期限過於急迫，乃擬議修改。到二月上旬，清帝遜位之議已成熟，袁世凱將繼任臨時大總統，為抑制其野心，參議院於三月通過「中華民國臨時約法」，由臨時大總統公布。

臨時約法共七章五十六條。第一章總綱，確認「中華民國之主權，屬於國民全體。」第二章規定人民的權利和義務，規定中華民國人民一律平等，並享有人身和住宅不受侵犯的權利、基本自由權、選舉和被選舉權以及其他的政治自由。第三、四、五和六章以三權分立學說為基礎，分別規定了參議院、臨時大總統、國務員和法院的組織及職權。其中1.參議院為立法機關，對臨時大總統有叛亂行為或國務員有違法、失職時，得彈劾之，並有言論及身體的保障。2.行政組織採取內閣制，總統由參議院選舉產生，總統提出法律案、公布法律及發布命令時，須國務員副署之。3.法院審判應採公開方式為原則，法官則有獨立審判及保障的規定。第七章規定臨時約法的效力及修改程序問題。

臨時約法公布後，孫中山先生辭臨時大總統職，參議院選舉袁世凱為第二任臨時大總統，並議決將政府遷至北京。

三、天壇憲草

政府遷北京後，先制定國會組織法及參眾議員選舉法。民國二年四月八日國會成立，由參眾兩院各選議員三十人為憲法起草委員會，並擇北京天壇祈年殿集會起草，至十月三十一日完成「中華民國憲法草案」，即通稱之「天壇憲草」。天壇憲草共十一章一一三條，主要內容為：1.對人民權利規定甚詳，除自由權與政治權之列舉外，並規定：「人民被羈押，得依法律以保護狀請求法院，提至法庭審查其理由。」2.國會以參、眾兩院構成之。「參議院以法定最高級地方議會及其他選舉團體選出之議員組織之。」「眾議院以各選舉區比例人口選出之議員組織之。」此外，有關國會之開議、程序、議員之保障，皆有較詳細的規範。3.設國會委員會，於每年常會閉會前，由兩院各於議員中選出二十名委員組成。4.採取責任內閣制。「中華民國之行政權，由大總統以國務員之贊襄行之。」「國務總理之任命，須經眾議院之同意。」「國務員贊襄大總統，對於眾議院負責任。大總統所發命令及其他關係國務之文書，非經國務員之副署不生效力。」國務員受國會不信任決議時，大總統得依規定解散眾議院，並即免國務員之職。5.總統由國會選舉。6.法院除審理民事、刑事案件，並受理行政訴訟，並對法官地位予以保障。7.規定國會通過法律的公布及大總統覆議的提出。8.設審計院，審核國家的歲入歲出。

天壇憲草沒有採納袁世凱提出的總統制，而是採用責任內閣制，使國會對總統及國務院牽制過大，難以滿足其野心，於民國三年十一月四日下令解散國會。天壇憲草胎死腹中。

第三節、北洋政府的制憲運動

一、袁氏約法

袁世凱解散國會後，指使親信組織「約法會議」，起草、審查、討論新憲法，並於民國三年五月一日公布，即所謂「袁氏約法」。

袁氏約法共十章六十八條，其根本目的乃在無限擴大總統權力，並削減議會的牽制力量，即仿效美、英、日、德各國的憲制，集行政權力之大成。主要內容：1.取消責任內閣制，實行總統制。2.總統總攬統治權，制定官制官規、任免文武職官、開戰、媾和、締結條約等無需國會同意，並有立法、財政、司法的權限。3.國會採取一院制的立法院，另設參政院，為大總統的諮詢機關，總統可經參政院同意解散立法院或拒絕法律的公布，立法院未成立前，則以參政院代行其職權。

六月二十九日申令以參政院代立法院職權，十二月二十九公布修正的大總統選舉法，把任期由五年改為十年，期滿參政院得議決繼續連任，並無連任次數的規定，如需改選，現任大總統得推薦三人為候選人，這等於把終身總統制和世襲總統制合法化。但袁世凱仍不以此為滿足，於民國四年十二月十二日宣布帝制，自稱中華帝國皇帝，並以民國五年為洪憲元年，然而在全國的討袁聲中，迅歸失敗，袁世凱病故。

二、曹錕憲法

袁世凱死後，軍閥擁兵割據，直系軍閥曹錕以「恢復法統」為護身符，舊國會在北京集會，繼續討論天壇憲草。十二年二月五日，曹錕用武力包圍國會，以每票五千元的代價賄賂議員當選為大總統，並趕製「中華民國憲法」，於三讀通過後，於十月十日公布，世稱「曹錕憲法」。

曹錕憲法共十三章一四一條。大要內容：1.中央政府採取三權分立的議會內閣制，國會採參、眾兩院制。國務總理之任命，須經眾議院同意，國務員對眾議院負責，總統所發命令，非經國務員副署，不生效力。2.大總統由國會議員選舉之，並明定就職誓詞。3.列舉中央與省之權限，而如有未列舉事項發生時，其性質關係國家者，屬之國家，關係各省者，屬之各省；遇有爭議，由最高法院裁決之。4.地方劃分為省、縣兩級，省得制定省自治法。

三、十四年憲草

民國十三年，發生直奉戰爭，曹錕失敗退職，段祺瑞組臨時政府，取消曹錕憲法，組織國憲起草委員會，於十四年十二月完成草案，即十四年憲法草案。十四年憲草共十四章一六〇條，主要為：1.總統由各縣選民代表選舉。2.採取責任內閣制，相當提高了國會干涉政府的權力，並將立法重心置諸眾議院。3.規定罷免、創制、複決諸權。

但專責制憲的國民代表會議未召開，而段祺瑞的臨時政府已瓦解，致草案無由討論。

第四節、國民政府的制憲運動

一、中華民國訓政時期約法

民國十四年七月，國民政府於廣州成立，依照革命方略，在十五年誓師北伐，是為軍政時期。十七年北伐成功，全國統一，奠都南京，訓政時期開始，先後公布「訓政綱領」、「國民政府組織法」，並於二十年六月一日公布「中華民國訓政時期約法」。

訓政時期約法共八章八十九條，其主要內容：

1. **第一章前文**。說明國民政府本三民主義、五權憲法以建設中華民國。
2. **第二章總綱**。規定領土、主權、國民、國體、國旗、國都。
3. **第三章人民之權利義務**。除列舉基本權利義務外，在完全自治之縣，國民享有選舉、罷免、創制、複決之權。並規定人民財產所有權之行使，在不妨害公共利益之範圍內，始受法律之保障，同時因公共利益所必要時，國家得依法律徵用或徵收私人財產。
4. **第三章訓政綱領**。依據建國大綱推行地方自治，訓練人民行使政權，國民政府則行使五種治權。
5. **第四章國民生計**。獎勵生產，開發實業，協調勞資關係。最重要的是出現有關社會安全的規定，如「為預防及救濟因傷病廢老而不能勞動之農民工人等，國家應施行勞動保險制度。」（四二條）「婦女兒童從事勞動者，應按其年齡及身體狀態，施以特別之保護。」（四一條），此外，「人民生活必需品之產銷及價格，國家應調正或限制之。」（四四條）

6. 第五章國民教育。以三民主義為教育的基本原則，保障男女教育機會平等，實施兒童義務教育及成人補習教育。

7. 第六章中央與地方之權限。採取均權制度，而在一省達到憲政開始時期，中央及地方權限則應依建國大綱以法律詳細定之。

8. 第七章政府組織。國民政府設主席一人，委員若干人，並設行政、立法、司法、考試、監察五院及各部會。

9. 第八章附則。規定約法的效力及解釋，憲法的草擬與制頒程序。

二、五五憲草

民國二十一年十二月，中國國民黨第四屆三中全會通過孫科等提案：「擬二十四年三月開國民大會，議決憲法，立法院應速起草憲法發表之，以備國民之研究」，俾早日還政於民。立法院乃組織憲法起草委員會，先決定原則二十五項，並登報徵求各方意見予以修正。二十五年五月一日經立法院三讀通過，五月五日由國民政府明令公布中華民國憲法草案，史稱「五五憲草」。

五五憲草共分八章，一四七條。其主要內容：

1. **第一章總綱**。規定「中華民國為三民主義共和國」，以標明政府的中心理念。對於領土則採用列舉方式。

2. **第二章人民之權利義務**。大致與訓政時期約法相同，但規定為保障國家安全，避免緊急危難，維持社會秩序，或增進公共利益所必要時，得制定限制人民自由或權利之法律。至人民權利或自由受到公務員違法侵害時，得依法律向國家請求賠償。

3. **第三章國民大會**。規定國民大會和代表產生的方式、職權的行使，並為最高政權機關。

4. **第四章中央政府**。規定總統為國家元首，其職權、產生與五院之關係。並設立五院分掌五種治權，行政院長由總統自行任免，對總統負責；而總統與其他四院院長則均對國民大會負責。

5. **第五章地方制度**。中央與地方之關係，採均權制度。地方分為省縣二級，市準用縣之規定。縣為自治單位，縣民得直接行使四種政權；省非自治團體，設省長一人，由中央政府任免，執行中央法令，及監察地方自治，另設參議會，由各縣市議會選舉一人。

6. **第六章國民經濟**。規定經濟制度應以民生主義為基礎，採取平均地權、節制資本、社會福利措施，以謀國民生計之均足。如土地所有權人，對所有土地負充分使用之義務；土地價值非施以勞力資本而增加者，應徵收土地增值稅，收歸人民共享；對私人財富及私營企業，認為有妨害國民生計平衡者，得以法律限制之；公用及獨占性企業，以公營為原則；實施保護勞工政策；老弱殘廢無力生活者，國家應給予適當之救濟。

7. **第七章教育**。明定教育宗旨，在發揚民族精神，培養國民道德，訓練自治能力，增進生活智能，以造成健全國民。其他並規定各級政府教育經費之最低限度、各地區文化之平衡發展、基本教育、補習教育及教育文化事業的獎勵、補助。

8. **第八章憲法之施行及修正、解釋**。

三、政協憲草

五五憲草公布後，國民政府於二十六年五月又公布國民大會組織法及國民代表選舉法，擬召集國民大會，完成制憲，卻因抗日戰爭發生而停頓。三十四年，對日戰爭勝利，繼續進行立憲工作，並於三十五年一月十日邀集各黨各派暨社會賢達舉行政治協商會議，達成修改五五憲草的十二項原則：

1. **國民大會**。(1)全國選民行使四權，名之曰國民大會；(2)在未實行總統普選以前，總統由省級及中央議會合組選舉機關選舉之；(3)總統之罷免，以選舉總統同樣方法行之；(4)創制複決兩權之行使，另以法律定之。（附註：第一次國民大會之召集，由政治協商會議協議之。）
2. 立法院為國家最高立法機關，由選民直接選舉之，其職權相當於各民主國家議會。
3. 監察院為國家最高監察機關，由各省級議會及各民族自治區議會選舉之，其職權為行使同意、彈劾及監察權。

4. 司法院即為國家最高法院，不兼管司法行政，由大法官若干人組織之。法官由總統提名，經監察院同意任命之。各級法官須超出黨派以外。

5. 考試院用委員制，其委員由總統提名，經監察院同意任命之，其職權著重於公務人員及專業人員之考試。考試院委員須超出黨派以外。

6. **行政院**。(1)行政院為最高行政機關，行政院長由總統提名，經立法院同意任命之，行政院對立法院負責。(2)如立法院對行政院全體不信任時，行政院長或辭職，或提請總統解散立法院，但同一行政院長，不得再提解散立法院。

7. **總統**。(1)總統經行政院決議，得依法發布緊急命令，但須於一個月內，報告立法院；(2)總統召集各院院長會商，不必明文規定。

8. **地方制度**。(1)確定省為地方自治之最高單位；(2)省與中央權限之劃分，依照均權主義規定；(3)省長民選；(4)省得制定省憲，但不得與國憲牴觸。

9. **人民之權利義務**。(1)凡民主國家人民應享之自由及權利，均應受憲法之保障，不受非法之侵犯；(2)關於人民自由，如用法律規定，須出之於保障自由之精神，非以限制為目的；(3)工役應規定於自治法內，不在憲法的規定；(4)聚居於一定地方之少數民族，應保障其自治權。

10. 選舉應列專章，被選年齡，定為二十三歲。

11. 憲草上規定基本國策章，應包括國防、外交、國民經濟、文化教育各項目：(1)國防之目的，在保障國家安全，維護世界和平，全國陸海空軍，須忠於國家，愛護人民，超出個人、地方及黨派關係以外；(2)外交原則，本獨立自主精神，敦睦邦交，履行條約義務，遵守聯合國憲章，促進國際合作，確保世界和平；(3)國民經濟，應以民生主義為基本原則，國家應保障耕者有其田，勞動者有職業，企業者有發展之機會，以謀國計民生之均足；(4)文化教育，應以發展國民之民族精神，民主精神與科學智識為基本原則，普及並提高一般人民之文化水準，實行教育機會均等，保障學術自由，致力科學發展。

（附註：以上四項之規定，不宜過於繁瑣。）

12. 憲法修改權，屬於立監兩院聯席會議，修改後之條文，應交選舉總統之機關複決之。

由於修憲原則與五五憲草出入甚大，尤其是國民大會性質的改變，立法院與行政院關係的重大調整，因此在政治協商會議閉幕後，另設憲草審議委員會，委員二十五人，由協商會議五方面各推五人，另公推會外專家十人組成，繼續進行協商，獲得協議三點：(1)國民大會為有形組織；(2)取消憲草修改原則第六項中之立法院的不信任權與行政院的解散權；(3)省憲改為省自治法。

憲法審議委員會根據前述各原則，通過「政協會議對五五憲草修正草案」，共十四章一百一五二條。此草案經立法院通過後，由國民政府提交國民大會。

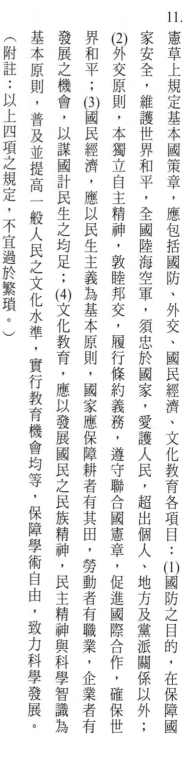

四、中華民國憲法

民國三十五年十一月十五日，制憲國民大會正式在南京召開，先後舉行預備會議四次，憲草審查會十二次，大會二十次，而在十二月十五日完成三讀，在場代表一四八五人，全體起立一致通過。並於三十六年一月一日由國民政府公布，十二月二十五日正式施行。中華民國憲法全文共十四章，一七五條，除首列前言外，其大要內容：

1. **第一章總綱**。規定國體、主權、國民、領土、民族、國旗。
2. **第二章人民之權利與義務**。規定平等、自由、受益、參政等權利及納稅、服兵役、受國民教育之義務。
3. **第三章國民大會**。規定國民大會的組織、職權及會議之召開。
4. **第四章總統**。規定總統副總統之選舉、任期、職權。
5. **第五章至第九章**，分別規定行政、立法、司法、考試、監察五院的組織與職權。
6. **第十章中央與地方之權限**。規定中央與地方政府之權限及其相互關係，其未列舉事項採均權制度。
7. **第十一章地方制度**。規定省縣自治及組織，中央與省、縣之關係。
8. **第十二章選舉、罷免、創制、複決**、規定其行使方式。
9. **第十三章基本國策**。包括國防、外交、國民經濟、社會安全、教育文化、邊疆地區等基本國策。
10. **第十四章憲法之施行及修改**。

第五節、行憲後的憲法發展

一、動員戡亂時期臨時條款

民國三十七年三月，第一屆國民大會在南京召開，當時中共已稱兵作亂，情勢逆轉，憲法體制不足以應付亂局，故在不變動憲法本文下，制定「動員戡亂時期臨時條款」，既可維護現行憲政體制，又可賦與政府緊急應變的權力，此後並四次修訂，而於八十年四月由國民大會議決廢止，並經總統於五月一日公布。

1. 臨時條款初次制定

民國三十七年四月十八日經國民大會通過，五月十日由國民政府公布，其全文為：「茲依照憲法第一百七十四條第一款程序，制定動員戡亂時期臨時條款如左：「總統在動員戡亂時期，為避免國家或人民遭遇緊急危難，或應付財政經濟上重大變故，得經行政院會議之決議，為緊急處分，不受憲法第三十九條或第四十三條所規定程序之限制。

前項緊急處分，立法院得依憲法第五十七條第二款規定之程序，變更或廢止之。動員戡亂時期之終止，由總統宣告，或由立法院咨請總統宣告之。

第一屆國民大會應由總統至遲於民國三十九年十二月二十五日以前召集臨時會，討論有關修改憲法各案，如屆時動員戡亂時期，尚未依前項規定宣告終止，國民大會臨時會應決定臨時條款應否延長或廢止。」

臨時條款預為規定國民大會臨時會召集時間，但因大陸情勢逆轉，無法召集。至四十三年三月十一日，第一屆國民大會第二次會議決議：「動員戡亂時期臨時條款在未經正式廢止前，繼續有效。」

2. 臨時條款第一次修訂

民國四十九年三月十一日，國民大會第三次會議決議修改臨時條款，主要內容為增加：「動員戡亂時期，總統、副總統得連選連任，不受憲法第四十七條連任一次之限制。」

「國民大會創制複決兩權之行使，於國民大會第三次會議閉會後，設置機構，研擬辦法，連同有關修改憲法各案，由總統召集國民大會臨時會討論之。」

「臨時條款之修訂或廢止，由國民大會決定。」

3. 臨時條款第二次修訂

民國五十五年二月七日，國民大會臨時會第三次大會決議修改臨時條款，主要為：「四、動員戡亂時期，國民大會得制定辦法，創制中央法律原則與複決中央法律，不受憲法第二十七條第二項之限制。」

「五、在戡亂時期，總統對於創制案複決案認為有必要時，得召集國民大會臨時會討論之。」

4. 臨時條款第三次修訂

民國五十五年三月十九日，國民大會第四次會議決議修改臨時條款，主要增加：「四、動員戡亂時期，本憲政體制，授權總統得設置動員戡亂機構，決定動員戡亂有關大政方針，並處理戰地政務。」「五、總統為適應動員戡亂需要，得調整中央政府之行政機構及人事機構，並對於依選舉產生之中央公職人員，因人口增加或因故出缺，而能增選或補選之自由地區及光復地區，均得訂頒辦法實施之。」

5. 臨時條款第四次修訂

民國六十一年三月十七日，國民大會第五次會議決議修改臨時條款，以充實中央民意機構，辦理立法委員與監察委員的增額選舉。主要增加內容：「動員戡亂時期，總統得依下列規定，訂頒辦法充實中央民意代表機構，不受憲法第二十六條、第六十四條及第九十一條之限制：

(1) 在自由地區增加中央民意代表名額，定期選舉，其須由僑居國外國民選出立法委員及監察委員，事實上不能辦理選舉者，得由總統訂定辦法遴選之。

(2) 第一屆中央民意代表，係經由全國人民選舉所產生，依法行使職權，其增選、補選者亦同。大陸光復地區次第辦理中央民意代表之選舉。

(3) 增加名額選出之中央民意代表，與第一屆中央民意代表，依法行使職權。增加名額選出之國民大會代表，每六年改選，立法委員每三年改選，監察委員每六年改選。」

6. 臨時條款的實施

臨時條款自公布施行，先後引用二十餘次。如民國三十七年八月，為應付財政經濟上的重大變故，發布財政經濟緊急處分令；民國四十八年八月發生八七水災，為統籌運用預算進行重建，發布水災緊急處分令；民國五十六年八月令由行政院擬訂九年國民教育條例，完成立法程序，並自五十七學年度起實施；民國六十七年十二月十六日，中美斷交，發布緊急處分，增額中央公職人員選舉延期舉行，軍事單位採取全面加強戒備的必要措施。此外，並依臨時條款，成立國家安全會議，人事行政局等機關。

7. 臨時條款的廢止

民國八十年四月二十二日，國民大會第二次臨時會第六次大會議決廢止動員戡亂時期臨時條款，並經總統於五月一日公布，同時總統並明令依據臨時條款規定，宣告動員戡亂時期亦同一天終止。

二、憲法增修條文

動員戡亂時期既須宣告終止，臨時條款亦將議決廢止，但國家仍未統一，而憲法全部條文，亦難無礙的完全適用，乃決定在不修改憲法本文的原則下，對憲法原所規定的事項，為適時適度的增修條文，而對憲法本文的規定，則凍結適用。

1. 第一階段修憲

民國八十年四月二十二日，第一屆國民大會第二次臨時會通過憲法增修條文十條。主要為：

(1) 規定第二屆中央民意代表（國民大會代表、立法委員、監察委員）產生之法源、名額、選舉方式、選出時間及任期，並特別在名額方面，增加「全國不分區名額」，以政黨得票數比例產生。

(2) 授與總統發布緊急命令權，但須於發布後十日內提請立法院追認。

(3) 原僅適用於動員戡亂時期之法律未完成修訂者，得繼續適用至八十一年七月三十一日止。

(4) 總統為決定國家大計方針，得設國家安全會議及所屬國家安全局，行政院得設人事行政局。

(5) 自由地區與大陸地區間人民權利義務關係及其他事務之處理，得以法律為特別之規定。

2. 第二階段修憲

民國八十年年底，資深民代集體退職，第二屆國代選出，繼續進行第二階段修憲工作，總統並根據前增修條文第六條規定：「國民大會為行使憲法第二十七條第一項第三款（修改憲法）之職權，應於第二屆國民大會代表選出後三個月內由總統召集臨時會。」乃於八十一年三月二十日召集國民大會臨時會，於五月二十七日三讀通過憲法增修條文第十一條至第十八條。其大要內容：

(1) 國民大會對總統提名的司法、考試、監察三院正副院長、大法官、考試委員及監察委員行使同意權；國民大會集會時，得聽取總統國情報告，並檢討國是，提供建言；國民大會代表自第三屆起，每四年改選一次。

(2)自民國八十五年第九任總統、副總統起，由中華民國自由地區全體人民選舉產生，任期四年，連選得連任一次；其選舉方式，於民國八十四年五月二十日前，由總統召集國民大會臨時會，以憲法增修條文定之；總統、副總統均缺位時，由立法院長於三個月內通告國民大會臨時會集會補選總統，繼任至原任期屆滿為止。

(3)規定司法院正副院長及大法官之任命程序，並由大法官組成憲法法庭審理政黨違憲的解散事項，而政黨之目的或行為，危害中華民國之存在或自由民主之憲政秩序者為違憲。

(4)規定考試院正副院長及考試委員之任命程序，並調整考試院的職權，有關公務人員任免、考績、級俸、陞遷、褒獎等事項，只保留有關法制部分的權限，至於實際執行權限，則不再歸考試院。

(5)規定監察院正副院長、監察委員之任命程序，並調整其職權，取消對考試與司法兩院重要人事的同意權，同時取消對監察委員的特殊保障，即免責、免訴特權。

(6)地方自治法制化。規定省、縣自治組織之法源及有關事項，排除必須依據中央立法的「省憲自治通則」召集省（縣）民代表大會，制定省（縣）自治法的限制。

(7)充實基本國策內容。獎勵科學技術發展及投資，促進產業升級，並對環境與生態保護並重。保障婦女、殘障者、原住民、金馬地區人民及僑民的權益。

3. 第三階段修憲

民國八十三年四月，國民大會臨時會集會。因為第一、二次修憲所增加的十八條增修條文，有的因憲改方向轉變而失效，有的因屬程序條款，也因時效而成具文，乃將前述十八條條文擇要歸納，並另行增添而重新整理成增修條文十條，於七月二十八日由國民大會三讀通過。其增加內容主要為：

(1) 國民大會自第三屆國民大會起設議長、副議長各一人，由國民大會代表互選之，議長對外代表國民大會，並於開會時主持會議；國民大會行使職權之程序，由國民大會自定之。國民大會代表，每四年改選一次。

(2) 總統、副總統由中華民國自由地區全體人民直接選舉；在國外之中華民國自由地區人民返國行使選舉權，以法律定之。

(3) 總統發布依憲法經國民大會或立法院同意任命人員之任免命令，無需行政院院長之副署。

(4) 行政院長之免職命令，須新提名之行政院院長經立法院同意後生效。

(5) 總統、副總統之罷免案，須經國民大會代表總額四分之一之提議，三分之二之同意後提出，並經中華民國自由地區選舉人總額過半數之投票，有效票過半數同意罷免時，始為通過。

(6) 總統、副總統均缺位時，由行政院院長代行其職權，並由全體人民直接補選。

(7) 國民大會代表及立法委員之報酬或待遇，應以法律定之。除年度通案調整者外，單獨增加報酬或待遇之規定，應自次屆時實施。

4. 第四次修憲

民國八十六年七月十八日，國民大會三讀通過憲法增修條文十一條，其中第一、二條及第四、十一條係就第三階段修憲的十條內容進行增改，並新增第三條有關行政院院長之任命、負責對象與行政院各機關之組織的規定。其主要增改內容：

(1) 總統於立法院通過對行政院院長之不信任案後十日內，經諮詢立法院院長後，得宣告解散立法院。

(2) 行政院院長由總統任命，不需經立法院同意。

(3) 行政院對於立法院決議之法律案、預算案、條約案，如認為有窒礙難行時，得經總統之核可，移請立法院覆議，覆議時，如經全體立法委員二分之一以上決議維持原案，行政院院長應即接受該決議。

(4) 立法院得經全體立法委員三分之一以上贊成，對行政院院長提出不信任案，此時行政院院長應提出辭職，並得同時呈請總統解散立法院。

(5) 明定立法院立法委員自第四屆起定為二百二十五人。

(6) 司法院設大法官十五人，任期八年，不得連任，唯中華民國九十二年總統提名之大法官，其中八位大法官，含院長、副院長，任期四年，其餘大法官任期八年。

(7) 司法院所提年度司法概算，行政院不得刪減，但得加註意見，編入中央政府總預算案，送立法院審議。

(8) 省的虛級化，省設省政府，置委員九人，其中一人為省主席；並設省諮議會，置省諮議會議員若干人，均由行政院長提請總統任命之。同時凍結省級選舉。

(9) 臺灣省政府之功能、業務與組織之調整，另以法律規定。

(10) 取消各級政府在教育、科學、文化之經費於預算中的下限，但規定對上項經費，尤其是國民教育之經費應優先編列。

5. 第五次修憲

民國八十八年九月四日清晨，國民大會三讀通過對憲法增修條文第一、四、九、十條的修正。其主要修改內容為：

(1) 國民大會代表名額作定額規定：第四屆為三百人，自第五屆起為一百五十人。

(2) 國民大會代表不再經由選舉，而以立法委員選舉，各政黨所推薦及獨立參選之候選人得票數之比例分配當選名額。

(3) 第三屆國民大會代表任期至第四屆立法委員任期屆滿之日止。

(4) 第四屆立法委員任期至中華民國九十一年六月三十日止。第五屆立法委員任期自中華民國九十一年七月一日起為四年。

(5) 社會福利工作支出經費應優先編列，並注重軍人對社會之貢獻。

6. 第六次修憲

民國八十九年四月二十四日，國民大會三讀通過對憲法增修條文第一、二、四、五、六、七、九、十條的修正，我國中央政府的體制，又出現重大變化，即國民大會的虛級化。

其主要修改內容為：

(1) 國民大會不再為常設組織，而在立法院提出憲法修正案、領土變更案或總統、副總統彈劾案時，採比例代表制選出，其任期與集會期相同，名額定為三百人。

(2) 總統、副總統之罷免案的提出，不再經由國民大會，而是由全體立法委員四分之一的提議，全體立法委員三分之二之同意後提出，並經中華民國自由地區選舉人總額過半數之投票，有效票過半數同意時，即為通過。

(3) 立法院對總統、副總統彈劾案之提出，不限於犯內亂或外患罪。

(4) 立法院在每年集會時，得聽取總統國情報告。

(5) 司法院、考試院、監察院重要人事案，由總統提名，經立法院同意任命之。

7. 第七次修憲

民國九十三年八月二十三日，立法院第五屆第五會期第一次臨時會第三次會議通過憲法增修條文第一條、第二條、第四條、第五條及第八條條文，並增訂第十二條條文。繼於民國九十四年六月七日經由選出的任務型國民代表大會複決通過。

此次修憲主要內容為：

(1) 憲法第二十五條至第三十四條，即第四章「國民大會」的有關條文停止適用。

(2) 因國民大會的不復存在，故於立法院提出的憲法修正案、領土變更案，經公告半年後，應於三個月內由中華民國自由地區選舉人投票複決。

(3) 立法院提出總統、副總統彈劾，須經全體委員三分之一以上之提議，全體委員三分之二以上之決議，聲請司法院大法官審理，經憲法法庭判決成立時，被彈劾人應即解職。

(4) 立法院立法委員自第七屆起，名額定為一百一十三人，任期四年，連選得連任，於每屆任滿前三個月內選出。其中，A.自由地區直轄市、縣市七十三人，每縣市至少一人。B.自由地區山地及平地原住民各三人。C.全國不分區及僑居國外國民共三十四人。

(5) 中華民國領土，依其固有疆域，非經全體立法委員四分之一之提議，全體立法委員四分之三之出席，及出席委員四分之三之決議，提出領土變更案，並於公告半年後，經中華民國自由地區選舉人投票複決，有效同意票過選舉人總額之半數，不得變更之。

憲法之修改，須經立法院立法委員四分之一之提議，四分之三之出席，及出席委員四分之三之決議，提出憲法修正案，並於公告半年後，經中華民國自由地區選舉人投票複決，有效同意票過選舉人總額之半數，即通過之。

習題

1. 說明五五憲草的大要內容。
2. 說明動員戡亂時期臨時條款制定的原因？例舉三個引用臨時條款的事例。
3. 說明民國八十年第一階段修憲的大要內容。
4. 說明民國八十一年第二階段修憲的大要內容。
5. 說明民國八十三年第三階段修憲的大要內容。
6. 說明民國八十六年第四次修憲的大要內容。
7. 說明民國八十九年第六次修憲的大要內容。
8. 說明民國九十四年第七次修憲的大要內容。

第三章、我國憲法與立國精神

本書在第一章以專節敘述憲法的基本原則及憲法發展的趨勢，其基本內涵如本書以後諸章所將逐一介紹的我國憲法具體內容所一一體現。但各國的憲法在追求上述內涵的具體化中又有本身文化、政治、經濟、社會等背景因素的影響，而有其本身立國精神的存在，以作為整體國家和人民所堅持、奮鬥的理想標的，故各國憲法又有在前言中先揭示該國立憲、行憲的精神之所在。

如宏都拉斯憲法（一九八八年）前言：「祈求神的保護及崇尚偉人之典範，本復興中美洲聯盟之信念，忠誠履行人民賦予吾人之願望、決議並批准本憲法，以加強並永保一個法治國家，並確保一個法治國家、並確保一個政治的、經濟的、公平競爭的社會，以鞏固國風，使人民充分享受正義、自由、安全、穩定、多數主義、和平、民主代表制及公共福祉。」

美國憲法（一七八九年）：「我們美國人民，為了建立一個更完善的聯邦，樹立公平的司法制度，保障國內的治安，籌設共同防衛，增進全民福利，使我們自己和後代子孫，永享自由的幸福，乃制定並確立了這一部美國憲法。」

巴拿馬憲法（一九九四年）：「吾等為求祖國之鞏固，保障自由，確保民主與體制之穩定，提升人民尊嚴，促進社會正義、全民福祉及區域整合，並祈求上帝之庇佑，制定巴拿馬共和國憲法。」

西班牙憲法（一九七八年）序言：「西班牙為確立正義、自由與安全，以及增進人民福祉，依其主權宣示：保障符合公義的社會經濟秩序與民主共存方式在憲法與法律的制度下並行不悖。成立一個確保以法律規範作為人民意志表達方式之法治國。保護所有西班牙人民及其各民族在人權、文化傳統、語言制度方面之運行。增進文化與經濟之進步，以確保全民均能享有良好生活品質。建立民主先進之社會。為加強世界各國人民間的和平關係和有效合作而努力。」

捷克憲法（一九九三年）前言：「在獨立的捷克共和國新生之際，忠於過去捷克王朝及捷克斯洛伐克國所有優良傳統，決定依享有不可侵犯價值之人性尊嚴與自由的精神，建立、保護與發展捷克共和國，做為平等、自由人民之家園，熟知對彼此之義務與對全體之責任，做為植基於尊敬人權與文明社會原則之自由與民主國家，做為歐洲與世界民主國家之一員，決定共同保障與開發所繼承之自然、文化、物質與智慧財富，決議遵守法治國所有已成立之原則」。

菲律賓憲法（一九八七年）前言：「建立一個公平的和人道的社會，以及建立一個能體現我們的思想和願望、促進共善、維護和發展我們祖傳的財產、保證賜給我們及我們的子孫在法治下和在一個真誠的、正義的、自由的、慈愛的、平等的與和平的政權下的獨立和民主的政府」。

日本憲法（一九四六年）：「為了我等及我等子孫，確保與各國國民協和而得之成果，及自由在我國全國各地普及帶來之澤惠，並決意防止不致因政府之行為而再度引發戰爭之慘禍。茲特宣示主權屬於國民，以確定本憲法。夫國政乃基於國民之嚴肅的信託，其權威源於國民，其權力由國民之代表行使，其福利由國民享受之。此乃人類之普遍原理，本憲法即基於此原理者。故凡有違反此項原理之一切憲法、法令及詔敕，我等當予排除之。」

在我國憲法前言，則指：「中華民國國民大會受全體國民之付託，依據孫中山先生創立中華民國之遺教，為鞏固國權，保障民權，奠定社會安寧，增進人民福利，制定本憲法，頒行全國永矢咸遵。」憲法第一條又定：「中華民國基於三民主義，為民有民治民享之民主共和國。」是即我國制憲之精神，在實踐孫中山先生的遺教，以建立一個以鞏固國權、保障民權、奠定社會安寧、增進人民福利的民有、民治、民享的民主共和國為最終理想，因此孫中山先生的許多理念，在我國憲法條文中也得到相當地呈現。故本章謹就孫中山先生有關立國、建國、為民的思想介紹如後。

第一節、基本精神

孫中山先生的思想主要分為民族、民權、民生三個部分，其綜合之意為：

一、主張民有、民治、民享

「三民主義的意思，就是民有、民治、民享，……就是國家是人民所共有，政治是人民所共管，利益是人民所共享。」（民生主義第二講）

二、主張自由、平等、博愛

「三民主義，……與自由、平等、博愛無異。」（黨員須宣傳革命主義）「法國的自由和我們的民族主義相同，因為民族主義是提倡國家自由的。平等和我們的民權主義相同，因為民權主義是提倡人民在政治之地位都是平等的，要打破君權，使人人都是平等的，所以說民權是和平等相對待的。此外還有博愛的口號，這個名詞的原文，是兄弟的意思，和中國的同胞兩個字是一樣解法，普通譯成博愛。當中的道理，和我們的民生主義是相通的。因為我們的民生主義，是圖四萬萬人幸福的，為四萬萬人謀幸福，就是博愛。」（民權主義第二講）

三、主張打不平

「三民主義，都是一貫的。一貫的道理，便是在打不平。民族主義，是對外打不平的；民權主義，是對內打不平的；民生主義，是對於誰打不平的呢？是對富人打不平的。如果三民主義能夠真實行，中國便是極公平的世界，大家便是很安樂的國民。但是現在民窮財盡，沒有那一件事是公平的，所以大家便受非常的痛苦。我們要把這種痛苦世界，超渡到安樂世界。」（革命軍不可想升官發財）

四、主張救國

「三民主義就是救國主義」，「係促進中國國際地位、政治地位、經濟地位平等。使中國永久適存於世界。」（民族主義第一講）

為貫徹、實現以上的諸目的，孫中山先生在民族、民權、民生三方面，仍進而有各項主張的提出。

第二節、內容主張

一、民族主義

「民族主義就是國族主義。」（民族主義第一講）也「是國家圖發達和種族圖生存的寶貝。」（民族主義第三講）因為「鑑於古今民族生存的道理，要救中國，想中國民族永遠存在，必要提倡民族主義。……結合四萬萬人為一個堅固的民族。」（民族主義第二講）它的方法則在於恢復民族精神和民族地位。

民族主義在於追求民族平等，即「一則中國民族自求解放，二則中國境內各民族一律平等。」前者是「要中國和英國、法國、美國那些強盛國家都一律平等」（女子要明白三民主義），其方法在「務保持吾民族之獨立地位，發揚吾固有之文化，且吸收世界之文化而光大之，以期與諸民族並驅於世界」（中國革命史），並且「對於弱小民族要扶持他，對於世界的列強要抵抗他。」（民族主義第六講）以謀求世界各民族的平等。後者即國內各民族在國內法上受同樣保護，同享權利，同盡義務。

二、民權主義

1. 民權主義就是人民管理政事的主義

「民權就是人民的政治力量。甚麼是叫做政治的力量呢？……政治兩字的意思，淺而言之，政就是眾人的事，治就是管理，管理眾人的事便是政治。有管理眾人之事的力量，便是政權，今以人民管理政事，便叫做民權。」（民權主義第一講）「現在是民國，是以民為主的，國家的大事，人人可以過問；這就是把國家變成大公司，人人都是這個公司內的股東，公司內的無論甚麼事，大家都有權去管理。這便是民權主義的精義。」（女子要明白三民主義）

2. 民權主義就是主權在民的主義

「民權者，民眾之主權也。」（三民主義文言本）「民權主義，是以人民為主人」，「中國自革命以後，成立民主政權，凡事都是應該由人民作主的，所以現在的政治，又可以叫做民主政治，換句話說，在共和政體之下，就是用人民來作皇帝。」（民權主義第五講）並且「我們人民徒有政治上主權之名，沒有政治上主權之實，還是不能治國。必須把政治上的主權，實在拿到人民手裡來，才可以治國，才叫做民治。這個達到民治的道理，就叫做民權主義。」（三民主義為造成新世界之工具）

3. 民權主義就是全民政治的主義

「所主張的民權，是和歐美的民權不同。……是用我們的民權主義，把中國改造成一個『全民政治』的民國。」（民權主義第四講）因「帝國是以皇帝一個人為主，民國是以四萬萬人為主。我們要想是真正以民為主，……必須要國家的政治，做成一個『全民政治』。」（國民以人格救國）「要人民能夠直接管理政府，便要人民能夠實行這四個民權。才叫做全民政治。」「至於民權之實情與民權之行使，當待選舉法、罷免法、創制法和複決法規定之後，乃能悉其真相與底蘊。……閱者欲知此中詳細情形，可參考廖仲愷君所譯之全民政治。」（民權主義第六講）全民政治即欲藉直接民權之行使，以救代議制度之敝。

此因「間接民權就是代議政體，用代議士去管理政府，人民不能直接去管理政府。」其流弊在於：

(1)「代議制不是真正民權」（三民主義之具體辦法）。因為人民只有一個選舉權，只能選出代表去管理國家大事，而不能直接去過問眾人之事。並且「只能夠把民權推出去，不能夠把民權拉回來，……選舉出來的人，究竟是賢與不肖，便沒有別的權去管他。」（民權主義第六講）

(2)為資本家所操縱。「近世各國所謂民權制度，往往為資產階級所專有，適成為壓迫平民之工具。」（第一次全國代表大會宣言），此因選舉本身須要花費大筆費用，遂使有貲財者較有機會競選及當選或支持特定候選人（當選人），所以「他們用金錢勢力操縱全國政權，遇事都是居於優勝地位，試看那一國的法律政治制度不是為資本家而設的？」（三民主義為造成新世界之工具）

(3)無法有效監督政府。「若今日人民惟持選舉權以與踞國家機關者抗。彼踞國家機關者，其始藉人民之選舉，以獲此資格，其繼則悍然違反人民之意思以行事，而人民亦莫如之何。此今日政治現象所可為痛心疾首者」（中華民國建設之基礎）。

因而實現全民政治之手段的「直接民權有四個：一個是選舉權，二個是罷免權，三個是創制權，四個是複決權。」（五權憲法）「人民而有此四大權也，乃能任用官吏，役使官吏，駕馭官吏，防範官吏，然後始得稱為一國之主而無愧色也。」（三民主義文言本）「人民對於官吏有權可以選舉，對於法律也應該有權可以創制修改。創制權和複決權便是對於法律而言的。」（民權主義第四講）

4. 民權主義是地位平等的主義

(1) **政治地位平等**。「民權主義是對本國人爭平等的，不許有軍閥官僚的特別階級，要全國男女的政治地位，都是一律的平等。」（女子要明白三民主義）「民權主義者，打破政治上不平等之階級也。……如君王政治、貴族政治，皆為獨裁政治，人民無與焉」（軍人精神教育）。「實行普遍選舉制，廢除以資產為標準之階級選舉」（第一次全國代表大會宣言）。「中華民國人民一律平等，無種族階級宗教之區別。」（中華民國臨時約法）並強調：「當立法之際，一以國民多數之幸福為標準。」（臨時大總統告友邦書）

(2) **保障起點的平等**。「說到社會上地位的平等，是始初起點的地位平等，後來各人根據天賦的聰明才力，自己去造就，因為各人的聰明才力有天賦的不同，所以造就的結果，當然不同；造就既是不同，自然不能有平等，像這樣講來，才是真正平等的道理。……平等是人為，不是天生的」（民權主義第三講）。因而：「凡在自治區域之少年男女，皆有受教育之權利。」（地方自治開始實行法）俾「凡為社會之人，無論貪賤，皆可入公共學校，不特不取學膳等費，即衣履書籍，公家任其費用，盡其聰明才力，各分專科，即資質不能受高等教育者，亦按其性之所近，授以農工商技藝，使有獨立謀生之材，卒業後，分送各處服務，以盡所能，庶幾教育之惠，不偏為富人所獨取，貧困不能造就者，亦可以免其憾矣。」（社會主義之派別及方法）

5. 民權主義的多數幸福自由觀

「一個人的自由，以不侵犯他人的自由為範圍，才是真自由，如果侵犯他人的範圍，便不是自由。歐美人講自由，從前沒有範圍，到英國彌勒氏才立了自由的範圍，有了範圍，便減少了很多自由了。由此可知彼中學者已漸知自由不是一個神聖不可侵犯之物，所以也要立一個範圍來限制他了。」（民權主義第二講）自由有了限制，明顯表示相對於自由權利的是有義務的存在，並且在團體生活日益發達後，個人行動隨時與社會發生關係，自需視公益重於私益，故「令人民得有法律內之自由」（勉湘西各軍應團結合作致廖湘藝函）。「共和與自由，全為人民全體而講。」（自由的真諦）「確定人民有集會、結社、言論、出版、信仰之完全自由。」（第一次全國代表大會宣言）。

6. 民權主義的政治體制採取權能區分

「想造成的新國家是要把國家的政治大權，分開成兩個：一個是政權，要把這個大權，完全交到人民的手內，要人民有充分的政權，可以直接去管理國事。這個政權，便是民權。一個是治權，要把這個大權，完全的交到政府的機關之內，要政府有很大的力量，治理全國事務，這個治權，便是政府權。人民有了很充分的政權，管理政府的方法很完全，便不怕政府的力量太大，不能夠管理。」（民權主義第六講）因此「如果政府是好的，我們四萬萬人便把他當作諸葛亮，把國家的全權都交到他們。如果政府是不好的，我們四萬萬人可以行使皇帝的職權，罷免他們，收回國家的大權。」（民權主義第五講）但區分後的權，能要維持其平衡，「在一方面要政府的機器是萬能，無論甚麼事都可以做；又在他一方面人民的工程師也有大力量，可以管理萬能的機器。那麼在人民和政府的兩方面，彼此要有一些甚麼的大權，才可以彼此平衡呢？在人民一方面的大權，……是要有四權。這四個權是選舉權、罷免權、創制權、複決權。在政府一方面的，是要有五個權，這五個權是行政權、立法權、司法權、考試權、監察權。用人民的四個政權，來管理政府的五個治權，那才算是一個完全的民權政治機關。有了這樣的政治機關，人民和政府的力量，才可以彼此平衡。」「像有這種情形，政府的威力便可以發展，人民的權力也可以擴充。有了這種政權和治權，才可以達到美國學者的目的，造成萬能政府，為人民謀幸福。」（民權主義第六講）

7. 民權主義的政府制度為五權分立

良好的政治體制才能保障人民的幸福，但西方三權憲法，卻有著監察、考試兩權不能獨立的缺點，而我國過去所行的考試、監察制度，正足以救其弊，因而在權能區分下的政府職能應分為五個部門配合進行。故「要集合中外的精華，防止一切的流弊，便要採用外國的行政權、立法權、司法權加入中國的考試權和監察權，連成一個很好的完璧，造成一個五權分立的政府。」五權憲法就好像是「一個極大的機器，發生了極大的馬力，要這個機器所做的工夫很有成績，便要把他分成五個做工的門徑。」（民權主義第六講）

8. 民權主義的中央與地方為均權關係

在廣土眾民的我國，無論實施中央集權、地方分權皆未能符合實際需要，故為維持國家的統一、全國的和協又符合各地需求，故關於中央及地方之權限，採均權主義。政府「權力的分配，不當挾一中央或地方之成見，而惟以其本身之性質為依歸。事之非舉國一致不可者也，以其權屬於中央；事之因地制宜者，以其權屬於地方。易地域的分類為科學的分類。」即「權之宜屬於中央者，屬之中央可也；權之宜屬於地方者，屬之地方可也。例如軍事外交，宜統一不宜分歧，此權之宜屬於中央者也。教育、衛生，隨地方情況而異，此權之宜屬於地方者也。更分析以言，同一軍事也，國防固宜屬之中央，然警備隊之設施，豈中央所能代勞，是又宜屬之地方矣。同一教育也，濱海之區，宜側重水產，山谷之地，宜側重礦業或林業，是固宜予地方以措置之自由，然學制及義務教育年限，中央不能不為之畫一範圍，是中央亦不能不過問教育事業矣。是則同一事實，猶當於某程度以上屬之中央，某程度以下屬之地方。」唯上述「權力分配，乃國家權力分配於中央及地方之問題」（中華民國建設之基礎），而非主權的分配。

9. 民權主義的政治建設以地方自治為基礎

「民權者民眾之主權也」（三民主義文言本），是由人民自己去管理政治，但民治萬端，「自治不立，則民權無自而生，淺之如戶籍無法，雖選舉亦偽，他何論也。」（為討伐曹錕賄選總統告國人文）此所以「民國建設後，政治尚未完善，政治之所以不完善，實由於地方自治未發達。若地方自治已發達，則政治即可完善，而國即可鞏固。」（辦理地方自治是人民之責任）故若能「先以縣為自治之單位，於一縣之內，努力於除舊布新，以深植人民權力基本，然後擴而充之，以及於省。如是則所謂自治，始為真正之人民自治，異於委託自治之名，以行割據之實者，而地方自治已成，則國家組織，始臻完密，人民亦可本其地方上之政治訓練以與聞國政矣。」（制定建國大綱宣言）故「地方自治者，國之礎石也。礎不堅，則國不固」（自治制度為建設之礎石）。至「地方自治之範圍，當以一縣為充分之區域。如不得一縣，則聯合數鄉村，而附有縱橫二三十里之田野者，亦可為一試辦區域。」（地方自治開始實行法）其中心工作則為清戶口、立機關、定地價、修道路、墾荒地、設學校。

10. 民權主義的政黨政治

孫中山於一八九六年六月赴美，停留的三個月期間，正是麥金萊(Max Kinley)與貝恩(Bryan)競選美國總統期間，而對實際選舉活動的觀察，使他瞭解在一個民主國家，無需經過戰爭、流血或其他暴力，亦可取得政權，並且當時在台上的克利夫蘭(Clereland)之民主黨政府，亦無須使用國家權力，來壓迫反對黨和輿論，而兩黨均可公開向廣大群眾宣傳他們的政綱，以爭取支持，這些均使其對政黨政治留下深刻印象。故以「民國初建，應辦之事甚多，如欲積極進行，不能不賴政黨。政黨者，所以鞏固國家，即所以代表人民心理，能使國家鞏固，社會安寧」（政黨之目的在鞏固國家安寧社會）。此因「人民之中為職業所阻，無此閒時來管事。倘人人不問政事，於國家則極危險。」（黨爭乃代流血之爭）蓋「直接發動其合成心力之作用，而實際左右其統治權力者，亦恆在優秀特出之少數國民。在法律上，則由此少數優秀特出者，組織為議會與政府，以代表全部國民。在實事上，則由此少數優秀特出者集合為政黨，以領導全部之國民。而法律之議會與政府，又不過藉法力，俾其意思與行為，為正式有效之器械，其真能發縱指示為議會或政府之腦海者，則乃為實事上之政黨也。是故政黨在共和立憲國，實可謂直接發動其合成心力作用之主體，亦可謂為實際左右其統治權力之機關。」（國民黨宣言）唯「政黨之要義，在為國家造幸福、人民謀樂利。」所以，「從前之黨與黨，所持宗旨，背道而馳，故相視如仇讎。今日之黨與黨，均以國家目的，雖分而數黨，究竟同此四萬萬人，同此立在共和政體之下，均以國家為本位，所謂百慮而一致，殊途而同歸。……彼此助政治之發達，兩黨互相進取，得國民贊成多數者為在位黨，起而爭握政治之權。國民贊成少數者為在野黨，居於監督之地位，研究政治之適當與否，凡一黨秉政，不能事事皆臻完善，必有在野黨從旁觀察以監督其舉動，可以隨時指明。國民見在位黨之政策不利於國家，必思有以改弦更張，因而贊成在野黨之政策者必居多數，在野黨得多數國民之信仰，即可起而代握政權，變而為在位黨。……必須兩黨在位在野互相替代，國家之政治方能日有進步。」（政黨之要義在為國家造福為人民謀樂利）「是故立憲之國，時有黨爭，爭之以公理法律，是為文明之爭，圖國事進步之爭也。若無黨爭，勢必積成亂，逼為無規則之行為耳。」（黨爭乃代流血之爭）

因此，「一國之政治，必賴有黨爭，始有進步。」（政黨宜重黨綱黨德）而黨爭能有一定之常規，能嚴守文明，「在政見上爭，不可在意見上爭」（政黨之要義在為國家造福為人民謀樂利）。「非爭勢力，乃爭公道」（政黨宜重黨綱黨德）。所以「主張將來憲法上仍采用責任內閣制，並主張正式政府由政黨組織內閣，實行負責任。」（國民黨政見宣言）

三、民生主義

1. 民生主義是養民的主義

「民生主義和資本主義，根本上不同的地方，就是資本主義是以賺錢為目的，民生主義是以養民為目的。有了這種以養民為目的的好主義，從前不好的資本主義便可以打破。」「我們要實行民生主義，還要注意分配問題。我們所注重的分配方法，目標不是在賺錢，是要供給大家公眾來使用。」（民生主義第三講）「故對於全國人民之食、衣、住、行四大需要，政府當為人民協力，共謀農業之發展，以足民食，共謀織造之發展，以裕民衣；建築大計畫之各式屋舍，以樂民居；修治道路、運河，以利民行。」（建國大綱）

2. 民生主義就是物產合理分配的主義

「惟民生主義之意義維何？吾人所主張者，並非如反動派所言，將產業重新分配之荒謬絕倫；但欲行一方策，使物產之供給，得按公理而互蒙利益耳。此即余所主張之民生主義的定義。」「余將使勞工得其勞力所獲之全部。……對於待開發之產業，人人皆得按其應得之比例，以分沾其利益，享受其勞力結果之全部，獲得較優良之工作狀態，並有餘暇之機會，可以思及其他工作以外之事件。」（中國之鐵路計劃與民生主義）即「要做全國大生利的事」，但「所得富足的利益不歸少數人，有窮人富人的大分別；要歸多數人，大家都可以平均收益處。」（女子要明白三民主義）

3. 民生主義就是打破不平等的主義

「若夫民生主義，則為打破社會上不平等之階級也。此階級為貧富階級，如大富豪、大資本家，在社會壟斷權利，一般人民日受其束縛馳驟，陷於痛苦。故常有富者田連阡陌，而貧者地無立錐之歎」（軍人精神教育），此因「工業革命之結果，其施福惠於人群者，為極少之數；而加痛苦於人群者，為極大多數也。」所以引「進步與貧困」一書的作者，喬治亨利語：「現代之文明進步，仿如以一尖錐從社會上下階級之間，突然插進。其在尖錐之上者，即資本家少數人，則由尖錐推之上升；其在尖錐之下者，即勞動者大多數人，則由尖錐推之下降，此所以有富者愈富，貧者愈貧也。」（孫文學說第二章）所以用機器代替人力所產生的豐盛成果，並不是由社會普遍的來分享，因此在進步的過程中，「文明有善果，也有惡果」，而當時文明進步的結果是：「歐美各國善果被富人享盡，貧民反食惡果，總由少數人把持文明幸福。」（三民主義與中國民族之前途）然而「我人處旁觀之地位，當知世界一切之產物，莫不為工人血汗所構成；故工人者，不特為發達資本之功臣，亦即人類世界之功臣也。以世界人類之功臣，不受強有力者之蹂躪虐待，我人已為不平。況有功於資本家而反受資本家之戕賊乎？」（社會主義之派別及方法）故「余平心思之，資本家所獲甚豐，皆由工人之勞力而來，工人爭其應得之權利，亦理所當然也」（中國之鐵路計劃與民生主義）。故「民生主義是對於貧富爭平等的，不許全國男女有大富人和大窮人的分別，要人人都能夠做事，人人都有飯吃。」（女子要明白三民主義）

4. 民生主義就是防患貧富懸殊於未然的主義

「民生主義，則為思患而預防，及今不圖，後將為患。」「民生主義為預防政策，但須研究對於將來之資本家加以如何之限制，而不必遽學各國將資本家悉數掃除。因吾國現時尚鮮大富豪，將來縱或有之，果使先事預防其弊，亦不如歐美之甚。」（軍人精神教育）「英美內部，還有很大的問題。……他們社會有兩種絕大階級：一級是極大的富人，一級是極苦的窮人。富人的財產過多，總是用資本的勢力操縱全國政權，來壓制窮人；多數窮人不情願受少數富人的壓制，便想種種方法來反抗富人。那種窮人反抗富人的舉動，便叫做社會革命。社會革命的原因，便是由於社會上貧富太不均。極富的人雖然安樂，但多數人還是痛苦，所以他們生活上的幸福還是不平等。多數窮人要求平等，因之便合起來，共同去推翻富人，釀成社會革命的結果。他們社會有今日這種結果的道理，便是由於從前不講究民生主義的原因。預防這種社會革命，以達到生活上幸福平等的道理，便是民生主義。」（打破舊思想要用三民主義）

同時民生主義的防患未然，亦要防止資本家以其財力進入政治圈，並進而透過或影響政府政策及立法措施來保障既得利益，而窮人則哭訴無門，「歐美人當時以為政治平等，人民自由，工業發達，便是黃金世界，甚麼問題都沒有了。不料到了工商業發達之後，便生出大資本家來。他們用金錢勢力操縱全國政權，遇事都是居於優勝地位，試看那一國的法律政治制度不是為資本家而設的？」（三民主義為造成新世界之工具）因為「富人的財產過多，總是用資本的勢力操縱全國的政權，來壓制窮人」（打破舊思想要用三民主義），甚至「議員亦為資本家所收買」（提倡國家社會主義），遂致「法律上又保護資本家與地主之專制，故地主益壟斷其地權，資本家益壟斷其利權」（社會主義之派別及方法）。所以「富人因為有了那樣多財產，便壟斷國家大事，無惡不作；窮人因為沒有生活，便不得不去做富人的牛馬奴隸。」（女子要明白三民主義）而這種現象可進一步擴大貧富差距，或間接促成民主政治的各種腐敗現象。

5. 民生主義建設的基本原則

民生建設，不只是追求經濟的成長，同時也追求國民生活水準的全面提高，因此在統合運用資源時，必須先立基本原則：

(1) **工業化與社會化並重**。「歐美經濟之患在不均，中國之患在貧，貧則宜開發富源以富之。惟富而不均，則仍不免於爭，故思患預防，宜以歐美為鑑，力謀社會經濟之均等發展。」（中國國民黨宣言）故「民生主義，是做全國大生利之事，要中國像英國、美國一樣富足。所得富足的利益，不歸少數人，有窮人富人的大分別，要歸多數人，大家均可以平均受益。」（民生主義第二講）

(2) **國營與民營並進**。「中國實業之開發，應分兩路進行；A.個人企業；B.國家經營是也。凡夫事務之可以委諸個人，或其較國家經營為適宜者，應任個人為之，由國家獎勵，而以法律保護之。……至其不能委諸個人及有獨占性質者，應由國家經營之。」（實業計畫）

(3) **農業與工業兼顧**。「民生主義定了兩個辦法：第一個是平均地權；第二個是節制資本。只要照這兩個辦法，便可以解決中國的民生問題。」（民生主義第一講）並以「將來民生主義真是達到目的，農民問題真是完全解決，是要耕者有其田，那才算是我們對於農民問題的最終結果。」（民生主義第三講）其中平均地權、耕者有其田都是針對農業的。而節制資本即是針對工商業的，並且主張「要趕快用國家的力量來振興工業，用機器來生產」（民生主義二講）

6. 民生主義主張平均地權

「釀成經濟組織之不均者，莫大於土地權之為少數人所操縱。故當為國家規定土地法、土地使用法、土地徵收法及地價稅法。私人所有土地由地主估價，呈報政府，國家就價徵稅，並於必要時依報價收買之，此則平均地權之要旨也。」（民生主義第一講）其項目有：

(1) **規定地價**。由地主自行申報地價，以作為進一步徵收地價稅及增值稅，或照價收買時的依據。因為地主以少報多，則照價徵稅，會吃重稅的虧，如以少報多，則照價收買，會吃地價的虧。如此「在利害兩方面互相比較，他一定不情願多報，也不情願少報，要定一個折中的價值，把實在的市價報告到政府。」（民生主義第二講）同時「所報之價，則永以為定。原主無論何時，只能收回此項所定之價。」（地方自治開始實行法）

(2) **照價徵稅**。「地是天然的，非人為的，就地徵稅，義所應有」（地權不均則不能達多數幸福之目的），而在以地價高低來徵稅後，「地價高則納稅多，地價低則納稅少，地價高之地，常在繁盛商場，地主必富厚，故可以納重稅而不為苛；地價低者常居鄉間，遠離商場，多為貧民所有，彼等所納稅宜輕。……如地稅照價高低而定，則不公平者可免矣。」（中國之第二步）但地價稅之徵收

「是單指素地來講，不算人工之改良及地面之建築」（民主主義第二講），另再配以荒地稅，則可促進土地有效利用及遏止土地投機。

(3) **照價收買**。政府於必要時，得照地主原報之價，進行收買，其價格同樣以素地為限，如有改良物需另予補償。其作用：A.對「希圖少納地稅，抑價矇報」者，可進行照價收買。（軍人精神教育）。B.從事建設之用，「地不必盡歸國有，收取其需用之地，斯亦可矣。」（地權不均則不能達多數幸福之目的）「若修路道，若闢市場，其所必經之田園廬墓，或所必需之地畝，即按照業戶稅契時之價格，國家給價而收用之。」（民生主義之實施）對「凡山林、沼澤、水利、礦場等天然富源地，原屬私人者，亦可由國家照價收買，而悉歸公家所有，由國家管理開發，其利自歸公民。」（地方自治開始實行法）

(4) **漲價歸公**。地價的上漲，是「因為社會上大家要用那處地來做工商事業的中心點，便去把他改良，那塊地方的地價，才逐漸增加到很高。……可見土地價值之能夠增加的理由，是由於眾人的功勞，眾人的力量；地主對地價漲跌的功勞，是沒有一點關係的。」（民生主義第二講）「故此種致富，乃非人力經營所致，不過得此好機會而已，然彼之有好機會，又由國家路政礦政而致，實非彼有絲毫之力。而鄉村力作之農，乃致終身困窮，故此為不平之道。」（遊贛雜談）所以，由於社會、政治、經濟的「改良和進步之後，所漲高的地價，應該歸之大眾，不應該歸之私人所有」，「以酬眾人改良那塊地皮周圍的社會，和發達那塊地皮周圍的工商業之功勞。」（民生主義第二講）因此

「其現有之地價，仍屬原主所有。其革命後社會改良進步之增價，則歸於國家，為國民所共享。」（同盟會革命方略）

7. 民生主義主張耕者有其田

「照道理來講，農民應該是為自己耕田，耕出來的農品，要歸自己所有。現在的農民，都不是耕自己的田，都是替地主來耕田，所生產的農品，大半是被地主奪去了。這是一個很重大的問題。」這個問題造成一方面是地主的坐享利益，另一方面是農民辛苦所得不歸自己，「所以許多農民便不高興去耕田，許多田地便漸成荒蕪，不能生產了」（民主主義第三講）。故主張「夫不稼者不得有尺寸耕地」（論均田之法），也就是「要解決農民的痛苦，歸結是要耕者其田。這種意思，就是要農民得到自己勞動的結果，要這種勞動的結果，不令別人奪去了。」（耕者有其田）其方式有：

(1) **授田**。由國家直接把土地授予人民。「農民之缺乏田地淪為佃戶者，國家當給以土地，資其耕種，並為之整頓水利，移植荒徼，以均地力。」（第一次全國代表大會宣言）

(2) **租田**。國家取得之荒地，於開墾後，如「其為一年收成者，如植五穀、菜蔬之地，宜租與私人自種」（地方自治開始實行法）。如蒙古、新疆移民之「土地應由國家買收，以防專占投機之家，置土地於無用，而遺毒害於社會。國家所得土地，應均為農莊，長期貸諸移民」（實業計畫）。

(3) **限田**。「一段時期以後，私有之土地所有權，不得超過法定限度。」（民生主義第二講）而必須售出。

8. 民生主義主張節制私人資本

節制私人資本，並不是要消滅私人資本的存在，而只是要防止少數資本家壟斷財富，進而操縱國民生計。所以是「研究對於將來之資本家加以如何之限制，而不必遽學各國將資本家悉數掃除。」（軍人精神教育）其方法有：

(1) **限制私人企業經營的範圍**。對於事業「有獨占的性質，或規模過大為私人之力所不能辦者，如銀行、鐵道、航路之屬，由國家經營管理之。使私有資本制度不能操縱國民之生計」（第一次全國代表大會宣言）；但就事業之性質，「可以委諸個人，或其較國家經營為適宜者，應任個人為之」，並「由國家獎勵，而以法律保護之。」（實業計畫）

(2) **直接徵稅**。「就是累進稅率，多徵資本家的所得稅和遺產稅。」「實行直接稅，增加了大財源，所以更有財力來改良種種社會事業。」（民生主義第一講）

(3) **社會與工業之改良**。「要用政府的力量改良工人的教育；保護工人的衛生；改良工廠和機器，以求極安全和極舒服的工作。」（民生主義第一講）對「工人之失業者，國家當為之謀救濟之道。尤當為之制定勞工法，以改良工人之生活。」（第一次全國代表大會宣言）

(4) **分配的社會化**。「我人知社會貧困，當求生產發達，何生產既多而社會反致貧困乎？其中原因，實由於生產分配之不適當耳。」（社會主義之派別及方法）對於商人分配制度，「加以改良，可以不必由商人分配，可以由社會組織團體來分配，或是由政府來分配。譬如英國所發明的消費合作社，就是由社會組織團體來分配貨物。歐美各國最新的市政府，供給水電煤氣以及麵包、牛奶、牛油等食物，就是用政府來分配貨物，像用這種分配的新方法，便可以省去商人所賺的佣錢，免去消耗者所受的損失。就這種新分配方法的原理講，就可以說是分配之社會化。」（民生主義第一講）

9. 民生主義主張發達國家資本

國父為何要主張發達國家資本？「因為外國富，中國貧；外國生產過剩，中國生產不足。所以中國不單是節制私人資本，還要發達國家資本。」（民生主義第一講）否則「單是節制資本，仍恐不足以解決民生問題」。然「何謂製造國家資本呢？就是發展國家實業是也。」（民生主義第二講）如國營事業以「其財產屬之國有，而為全國人民利益計，以經理之」，則其所從事者，「必應國民之所最需要。」（第一次全國代表大會宣言）如「把電車、火車、輪船以及一切郵政、電政、交通的大事業，都由政府辦理。用政府的大力量去辦理那些大事業，然後運輸才是很靈便。」（民生主義第一講）又「凡天然之富源，如煤鐵、水力、礦油等，及社會之恩惠，如城市之地、交通之要點等，與夫一切壟斷性質之事業，悉當歸國家經營，以所獲利益，歸之國家公用。如是，則凡現之種種苛捐雜稅，概當免除，而實業陸續發達，收益日多，則教育、養老、救災、治病及夫改良社會，勵進文明，皆由實業發展之利舉辦；以國家實業所獲之利，歸之國民所享」（中國實業當如何發展）。

10. 民生主義建設的基本內容

(1) **交通建設**。「實業之範圍甚廣，農工商礦，繁然待舉而不能偏廢者，指不勝屈。然負之而可舉者，其作始為資本；助之而必行者，其歸結為交通。」（鐵路計畫）故「富強之道，莫如擴張實行交通政策。世人皆知農工商礦為富國之要圖，不知無交通機關以運輸之，則著著皆失敗」（救中國之貧弱必自擴充鐵路始）「故國家之有交通，如人有手足四肢，人有手足始可以行動，始可以作事；是以人而無手足，是為廢人；國而無交通，是為廢國。」（政見之表示）

A. 鐵路。「鐵路建築與實業固有極大關係，而於軍事上，國防上亦屬緊要，應酌量現狀，審其緩急，極辦國有鐵道。」（國民黨政見宣言）

B. 公路。基於經濟效益，「在窮鄉僻壤的地方，便不能夠築鐵路，只能築車路；有了車路，便可以行駛自動車」，並且「築車路比築鐵路的成本是輕得多」（民生主義第三講），公路比鐵路宜成，短距離也特別有利。

C. 修濬及開闢運河。「水運是世界上運輸最便宜的方法」，所以「已經有了的運河，便要修理，沒有開闢運河的地方，更要推廣去開闢。」（民生主義第三講）此外要「設立製造自動車之工場」，並「開發中國所有之煤油礦」（實業計畫）

(2) **開發產業**。「苟欲圖強，必先致富。以國內貧乏之狀況，則目前最極之舉，莫若開發產業。」（實業計畫）如礦產、電力、國有山林、製鹽等。

(3) **提倡機器生產**。「用機器以代人力，所得結果，事半功倍。」（三民主義之具體辦法）如煤、茶、蠶絲等之生產機械化，可增加產量、降低價格、提高工資、挽回國際市場、減少貿易逆差。

(4) **加速農業發展**。

A. 使農民得到耕地所有權，提高生產意願。

B. 防止水旱蟲災。（實業計畫）

C. 廢地復耕及填充新地。（實業計畫）

D. 以科學方法生產、製造、保存及運送。（實業計畫）

11. **其他相關民生建設工作**

(1) **建立適當稅制**

A. 修訂法律。「當更張法律，改訂民刑商法及採礦規則；改良財政，蠲除工商各業種種之限制。」（臨時大總統布告友邦書）

B. 採取保護稅法。外國貨品大舉侵奪本國貨物市場時，「馬上加極重的稅來壓制外國貨，壓制外國貨，就是保護本國貨，這種稅法，就叫做保護稅法。」（民生主義第四講）

C. 獎勵商品輸出。「今世界列強，皆以工商立國，商戰日烈，吾國當其旋渦中，輸入之額，超過輸出之額」，當制定法律，積極「獎勵輸出商品」（國民黨政見宣言）

(2) 提供公共財。「要解決民生問題，不但是要把這四種需要（衣食住行）弄到很便宜，並且要全國的人民都能夠享受。……要大家對於這四種需要，都不可短少，一定要國家來擔負這種責任。如果國家把這種需要供給不足，無論何人都可以來向國家要求。」（民生主義第三講）

(3) 維持社會秩序，保障生產、交換行為。「國不治，不能發大財，即發大財亦不能持久。……大學謂『生財有大道』，能將國家措於治安之域，即吾人生財有大道也。」（自治制度為建設之礎石）另主張：「須有自由農法以保護、獎勵農民，使其獲得己力之結果」，對實業「之可以委諸個人，或其較國家經營為適宜者，應任個人為之，由國家獎勵，而以法律保護之。」（實業計畫）

(4) 提供發展用地及有關服務設施。對工商事業的發展，於實業計畫第二計畫第一部「東方大港」中曰：「吾之計畫，乃在未開闢地，規劃城市，發展實業，皆有絕對自由，一切公共營造，及交通計畫，均可以最新利之方法建設之。」其土地來源，一則為照價收買；一則為新生地，如「現在上海前面繚繞瀠洄之黃浦江，則填塞之以作廣馬路及商店地也。此所填塞之地，當然為國家所有。」（實業計畫）

(5) 發展教育。現代實業之發展，需要各類人材，因此：A.「學校之目的，於讀書、識字、學問、智識之外，當注重於雙手萬能，力求實用」（地方自治開始實行法）。B.學校教育，應注意「按其性之所近，授以農工商技藝」（社會主義之派別及方法）。C.皆有受教育的機會，「凡為社會之人，無論貧賤，皆可入公共學校，不特不取學膳等費，即衣履書籍，公家任其費用，盡其聰明才力，各分專科，即資質不能受高等教育者，亦按其性之所近，授以農工商技藝，使有獨立謀生之材」（社會主義之派別及方法）。

(6) **政府推行社會事業**。政府以直接經營事業所得，從事社會事業，保障弱者。如「凡天然之富源，如煤、鐵、水力、礦油等，及社會之恩惠，如城市之地、交通之要點等，與夫一切壟斷性質之事業，悉當歸國家經營，以所獲利益，歸之國家公用。……而實業陸續發達，收益日多，則教育、養老、救災、治病及夫改良社會、勵進文明，皆由實業發展之利益舉辦；以國家實業所獲之利，歸之國民所享」（中國實業之發展）。如自來水、電廠、瓦斯、森林等之「各種收入，將供給國家政費需要而有餘，然後舉其餘額，以興辦教育及最重要之慈善事業，如養老恩俸、收養殘廢跛瞎之人。」（中國之鐵路計畫與民生主義）

(7) **以稅收方式進行所得再分配及公益事業**。「實行直接稅，增加了大財源，所以更有財力來改良種種社會事業」，「多徵資本家的所得稅和遺產稅，增加國家的財富，更用這種財富，來把運輸和交通收歸公有，以及改良工人的教育、衛生和工廠的設備，來增加社會上的生產力。」（民生主義第一講）如可以「土地之稅收，地價之增益，……用以經營地方人民之事業，及育幼、養老、濟貧、救災、醫病與夫種種公共之需。」（建國大綱）

(8) **改善工人生活**。「工人之失業者，國家當為之謀救濟之道」（第一次全國代表大會宣言），如「壯年沒有職業的人，報告政府，政府便要代他找工做」（革命成功始得享國民幸福）。又如「用政府的力量改良工人的教育；保護工人的衛生，改良工廠和機器，以求極安全和極舒服的工作」（民生主義第一講），並使其除「獲得較優良之工作狀態，並有餘暇之機會，可以思及其他工作以外之事件。如此，勞工必能知識日進，獲得充分之娛樂與幸福。此種娛樂與幸福，本為一切人類所應享」（中國之鐵路與民生主義）。

(9) **改善農人生活。**「農民之缺乏田地淪為佃戶者，國定當給以土地，資其耕作，並為之整頓水力，移植荒徼，以均地力。農民之缺乏資本至於高利借貸以負債終身者，國家當為之籌設調劑機關，如農民銀行等，供其匱乏，然後農民得享人生應有之樂。」（第一次全國代表大會宣言）同時「要把農民的地位抬高，並且要把農民在從前所受官吏和商人的痛苦，都要消除。」因此要發展農人運動，組織農民團體，因「多數農民如果能夠結成團體，就有力量可以講話」（農民大聯合），來爭取本身的幸福。

就作為我國立國精神的孫中山先生的思想而言，對照第一章之「憲法的原則」與「憲法發展的趨勢」兩個標題所作的內容敘述，在基本精神上是切合的，並反映在我國憲法相關條文中。

習題

1. 說明民權主義就是主權在民的主義之意義。
2. 說明間接民權的流弊。
3. 說明民權主義是地位平等主義的意義。
4. 說明為何民權主義的政治建設以地方自治為基礎。
5. 說明民生主義就是物產合理分配主義的意義。
6. 說明民生主義的建設工作中，在建立適當稅制方面的主張。
7. 說明民生主義的建設工作中，在發展教育方面的主張。
8. 說明民生主義的建設工作中，在推行社會事業方面的主張。

第四章、前言與總綱

第一節、前言

自從一七八九年的美國憲法在憲法全文前冠以前言後，各國在制定憲法時，大都亦循此例。我國憲法前言則為：「中華民國國民大會受全體國民之付託，依據孫中山先生創立中華民國之遺教，為鞏固國權，保障民權，奠定社會安寧，增進人民福利，制定本憲法，頒行全國，永矢咸遵。」其雖然只有六十六字，但已明示我國憲法的制憲機關、權源、依據、目的、效力。

一、憲法的制定機關

國民大會為惟一的制憲機關。而中華民國憲法係於民國三十五年十二月二十五日由制憲國民大會制定。

二、憲法的制定權源

國民大會受全體國民之付託，制定本憲法，而國民大會代表是由全民選舉產生，因此國民大會制憲的權力源於全體國民。

三、憲法的制定依據

憲法前言說明係依據孫中山先生創立中華民國之遺教，制定本憲法。因此國父遺教為中華民國憲法之依據，主要為三民主義、五權憲法、建國大綱、建國方略等。

四、憲法的制定目的

為鞏固國權，保障民權，奠定社會安寧，增進人民福利，制定本憲法。說明憲法的制定目的在追求國家的獨立自主，保障國民的各項政治權利，建設均富安樂的社會，以貫徹民族、民權、民生三個主義。

五、憲法的效力

頒行全國，永矢咸遵。憲法制定的權源來自全體國民，故無論何人均需遵守，在範圍上及於全國，在時間上及於後代，也因此憲法具有根本性與最高性。

第二節、總綱

一、國體與政體

國體是指國家形式，以國家元首的身分加以區分，凡元首為世襲君主的是君主國，凡元首是由人民選舉的是共和國。

政體是指政府的形式，以實現國家統治權的行使方式加以區分，凡統治權的行使不需以民意為依歸的是獨裁政體，凡統治權的行使必須以民意為依歸，並以法律為規範的是民主政體。

但君主國並非必為獨裁政體，共和國也並非必為民主政體。各國憲法中規定國體或政體者頗多，如奧地利共和國憲法（一九九五年）第一條：「奧地利為民主共和國」；德意志聯邦共和國基本法（一九九四年）第二〇條：「德意志聯邦共和國為民主、社會之聯邦國家。」沙烏地阿拉伯王國基本法第五條：「沙烏地阿拉伯王國之政體為君主制。」泰國憲法（一九九五年）第一條：「泰國是一個統一而不可分割的王國。」第二條：「泰國實施以國王為國家元首的民主政體。」

我國憲法第一條規定：「中華民國基於三民主義，為民有民治民享之民主共和國。」此標明中華民國的國體為共和國，政體為民主政體，並以三民主義為立國的基本精神，實現國家為人民所共用，政治為人民所共管，利益為人民所共享之民有、民治、民享的最終目標。

二、主　權

1. 主權的意義

(1) **國內法上的主權**。為一國之內最高的支配權，而不再受其他權力的支配，其具有絕對性、普遍性、不可分性及永久性。

(2) **國際法上的主權**。表示一國對外能保持獨立自主的地位，除受國際法的約束外，不受他國之干涉。

2. 主權的歸屬

(1) **君主主權說**。主權屬於君主，故君主之權力對內為最高，可發布命令以約束其人民，其本身則不受約束；對外則為獨立。

(2) **國家主權說**。主權屬於國家，而國家是法律上的權威主體，具有人格與意志。但國家是抽象的，需要一個機關或自然人來代表，結果易成專制獨裁。

(3) **人民主權說**：其係以自然法及國家契約說為基礎，如洛克以為人在自然社會中，同受自然法的支配，亦同享諸種自然權利，其後為確保此等權利，乃相與訂立契約，締造國家，成立政府，故政府權力來自人民，所以主權在於人民，全民全體之意向即主權。

現代國家大都均將主權規定於憲法，並採用人民主權說。如土耳其憲法（一九九五年）第三條：「主權，無條件屬於全體國民。土耳其國民，依照憲法所訂定之原則，透過所授權機關行使主權。」日本憲法

（一九四七年）序言：「茲特宣示主權屬於國民，……夫國政乃基於國民之嚴肅的信託，其權威源於國民，其權力由國民之代表行使，其福利由國民享受之。」德國基本法（一九九四年）第二〇條：「所有國家權力來自人民。國家權力，由人民以選舉及公民投票，並由彼此分立之立法，行政及司法機關行使之。」

我國憲法第二條規定：「中華民國之主權屬於國民全體。」主權屬於全體國民，故一切政府機關的成立及權力，必須直接或間接由國民產生。如1.國民得直接選舉、罷免總統、副總統、國民大會代表、立法委員、縣市長、縣市議會議員、鄉鎮長、鄉鎮民代表等。2.司法院院長副院長、大法官、考試院院長、副院長、考試委員、監察院院長、副院長、監察委員均由總統提名，經國民大會同意任命之。3.憲法由國民選出之國民大會修改，國家法律由國民選出之立法院制定、修改。

三、國　民

1. 人民、國民、公民

(1) **人民**。是國家的構成要素之一，凡一國統治權所管轄領土內之自然人皆屬之，包括居住本國境內之外國人或無國籍人。

(2) **國民**。是人民之具有國籍者，為國家總體的構成分子，需服從國家的統治權，並與國家發生權利義務關係。

(3) **公民**。是國民之享有國家公法上之權利及負擔公法上之義務者。因國民並非人人均享有公權或負擔公法上的義務，如未成年人，被褫奪公權之人、禁治產人，故國民未必為公民。

我國憲法第三條規定：「具有中華民國國籍者，為中華民國國民。」

2. 規定國籍的立法例

(1) **憲法直接規定**。國籍之取得與喪失，在憲法中直接規定。如美國憲法增補條文第十四條：「凡出生或歸化於美國並受管轄之人，皆為美國及其所居之州之公民。」如德國基本法（一九九四年）第一一六條：「前德國國民一九三三年一月三十日至一九四五年五月八日期間，因政治、種族或宗教理由，被剝奪國籍者及其後裔，得申請恢復其國籍。此等人如於一九四五年五月八日以後在德國設有住所並未表示相反意思者，視為未喪失其國籍。」

(2) **民法規定者**。如比利時憲法（一九九四年）第八條：「比利時國籍之取得、保留及喪失，依民法規定為之。」又如一八一一年法國民法、一八四四年義大利民法。

(3) **單行法規定者**。即以單行法規對國籍之取得或喪失作一規定，現在許多國家均採此一方式，如荷蘭、日本等。

我國國籍之得喪則以國籍法規定，該法於民國十八年二月五日公布施行，全文五章二十條。

3. 國籍之取得

(1) 固有國籍

A. 決定固有國籍之主義：a.屬人主義：無論出生何地，子女皆以父母之國籍為國籍。b.屬地主義：無論血統如何，以出生地為取得國籍之依據。c.合併主義：兼採上述兩種以決定其國籍，有以屬人主義為主，屬地主義為輔，亦有相反者。

B. 我國國籍法則以屬人主義為主，屬地主義為輔。下列各人具有固有國籍：a.生時父為中國人者。b.生於父死後，其父死時為中國人者。c.父無可考或無國籍，其母為中國人者。d.生於中國地，父母均無可考，或均無國籍者。

(2) 取得國籍

是由出生以外的原因而取得國籍者。

A. 婚姻。為中國人妻者，但依其本國法保留國籍不在此限。

B. 認知（認領）。父為中國人，經其父認知者；父無可考或未認知，母為中國人，經其母認知者。

C. 收養。為中國人之養子者。

D. 歸化。外國人或無國籍人申請歸化中華民國國籍，經內政部許可者。同時歸化人之妻及其依本國法未成年之子，隨同取得中華民國國籍。

E. 國際關係。領土割讓、合併時，承認割讓地人民有國籍決定權，欲保留原國籍者，限期退出。

4. 國籍之喪失

中國人有下列情形之一者，喪失中華民國國籍。

(1) 為外國人妻，自請脫離國籍，經內政部許可者。

(2) 父為外國人，經其父認知者。

(3) 父無可考，或未認知，母為外國人，經其母認知者。

(4) 自願取得外國國籍者，經內政部之許可，得喪失中華民國國籍，但以年滿二十歲以上，依中國法有能力者為限。

5. 國籍之回復

喪失中華民國國籍又回復之謂。其條件有二：

(1) 因婚姻關係喪失國籍者，因婚姻關係消滅後，經內政部許可，得回復中華民國國籍。

(2) 自願取得外國國籍，而喪失中華民國國籍者，若於中國有住所，品行端正，有相當之財產或藝能，足以自立者，經內政部許可，得回復國籍。但歸化人及隨同取得國籍之妻子喪失國籍者，不在此限。

四、領土

1. 領土的意義。領土為國家的構成要素，也是國家統治權所及的區域。國家在其領土內，可以積極的行使統治權，亦可消極的排除他國統治權的行使。

2. 領土的範圍。(1)領陸：國境內所有土地，包括地面與地下，及河川、湖泊、海港等。(2)領海：國家海岸線向外伸張若干距離以內的海面，為國家得行使統治權者。舊說以距海岸線三海里之內的海域為領海，現今國家則都以十二海里內之海域為領海，並自測算領海寬度之基線起，至外側二百海里之海域為經濟海域。(3)領空：領陸和領海的垂直上空。(4)延伸的領土：本國的船舶、航空器、駐外使館。

3. 領土的規定

(1) **列舉式**。將構成國家領土的各個地域，一一列舉於憲法中，如瑞士、比利時，而我國的五五憲草亦採列舉式。其優點1.使國內及國際社會明瞭領土範圍，以喚起國民愛國之情，兼以塞他國的覬覦，並獲國際社會的尊重；2.領土如有變更，則變更前後之領土位置，易於勘察。但缺點則為1.國家地域繁多，一一列舉，恐有遺漏；2.如領土因行政需要，重新區劃時，往往即需修改。

(2) **概括式**。對國家領土的範圍，憲法只作簡單概括的規定。如大韓民國憲法（一九八七年）第三條：「大韓民國之領土，在於韓鮮半島及其附屬島嶼。」其優缺點則與前述列舉式相反。

我國憲法第四條規定：「中華民國之領土，依其固有之疆域」，即採概括式的規定，以歷史的事實為國家領土疆域勘定的標準，凡曾列入我國版圖，而未表示放棄者均是。

但我國憲法目前僅有效實行於台澎金馬等地區，其「固有疆域，究為何指，大法官會議釋字第三二八號以：「中華民國領土，憲法第四條不採列舉方式，而為『依其固有之疆域』之概括規定，並設領土變更之程序，以為限制，有其政治上及歷史上之理由，其所稱固有疆域範圍之界定，為重大之政治問題，不應由行使司法權之釋憲機關予以解釋。」

4. 領土的變更

(1) 領土變更的原因。A.自然原因：沿海地帶泥沙堆積而取得領土，島嶼沈沒而喪失領土等。B.人為原因：因割讓、占領、合併、贈與、買賣、交換、脫離等原因，而取得或喪失領土的一部分。一般所指的領土變更是指人為造成的領土變更。

(2) 領土變更的限制方式。領土變更是國家的重要事項，故各國對領土的變更都有所限制；A.憲法限制主義：領土的變更，必須由修憲機關依修憲程序為之。如捷克共和國憲法（一九九二年）第十一條：「捷克共和國疆域為不可區分之整體，疆界惟有透過憲政法律才可變更。」B.法律限制主義：領土的變更，必須由立法機關依立法程序為之。如比利時憲法（一九九四年）第一六七條：「領土之讓與，交換及擴增，非依法律不得為之。」

我國憲法第四條規定：「中華民國領土，依其固有之疆域，非經國民大會之決議，不得變更之。」國民大會為修憲機關，以修憲機關議決領土之變更，故為憲法限制主義。

但依據民國九十四年六月第七次修憲條文，因取消國民大會，故有關領土變更的方式，改為「中華民國領土，依其固有疆域，非經全體立法委員四分之一之提議，全體立法委員四分之三之出席，及出席委員四分之三之決議，提出領土變更案，並於公告半年後，經中華民國自由地區選舉人投票複決，有效同意票過選舉人總額之半數，不得變更之。」（增修條文第四條）此與第十二條修憲程序相同，故仍為「憲法限制主義」。領土及伴隨領海的界定，除影響政治、軍事利益外，更涉及龐大的經濟利益，故現代國家無不錙銖必較。

五、民　族

世界上的國家大都是複合民族國家，為了民族間的共存共榮，甚致欲經由血統、生活、語言、宗教、風俗習慣的相融合，形成共同民族意識，以同化為新的民族，故均需保障其地位的平等。如南非共和國憲法（一九九四年）前言：「所有的南非人都有資格在一個主權及民主憲法國家之下，獲得共同的南非公民權，男女及各種族的人民完全平等，使所有公民皆能享受並行使他們的基本權利和自由。」波蘭共和國憲法（一九九二年）之一九五二年憲法繼續有效之條文的第八十一條：「波蘭共和國人民，不分民族、種族或宗教，在公共、政治、經濟、社會與文化生活各方面，應享有平等權利。凡因民族、種族或宗教，以任何直接或間接賦予特權或限制權利而違反本原則者，皆應予處罰。鼓因民族、種族或宗教之不同，而散播仇恨或輕蔑，激起爭端或侮辱者，皆應予禁止。」

我國主要為合漢、滿、蒙、回、藏五族成立的國家，為貫徹三民主義之民族平等的原則，泯除各民族間之歧見，促進中華民族的形成，故憲法第五條規定：「中華民國各民族一律平等。」此平等包括法律、政治、經濟、文化上的各種平等。如中華民國人民無分種族一律平等（第七條）；對各民族在邊疆地區選出之國民大會代表、立法委員之名額以法律定之（第二十六、六十四條）；國家對邊疆地區各民族之教育、文化、交通、水利、衛生、及其他經濟社會事業，應積極舉辦，並扶助其發展（第一六九條）。民國八十九年第六次修憲時，並增列：「國家肯定多元文化，並積極維護發展原住民語言及文化。」（增修條文第一〇條）

六、國旗

國旗為國家之標幟，象徵立國之精神，而在國際社會則以國旗為國家之代表，故各國均甚重視，並以憲法作一規定。如奧地利共和國憲法（一九九五年）第八條：「奧地利共和國國旗之顏色為紅白紅。該國旗由三條廣度相同，平行之線條所組成。中間線條為白色，上下皆為紅色。」比利時王國憲法（一九九四年）第一九三條：「比利時國旗採紅、黃、黑三色。」菲律賓憲法（一九八七年）第一六條第一項：「菲律賓國旗的顏色是紅、白和藍，有一個太陽和三顆星，它是神聖的，應得到人民的尊敬和法律的承認。」

我國憲法第六條規定：「中華民國國旗定為紅地，左上角青天白日。」青天象徵純潔和平，以示民族自由之意；白日表徵光明磊落，大公無私，以示民權平等之意；紅地表徵熱烈奮發，以示民生康樂及博愛之意。（管歐，中華民國憲法論）

國旗為代表國家之象徵，自需加以尊敬、愛護，而不容許任意損壞、侮辱。故我國另訂有「中華民國國徽國旗法」，規定國旗之制式、使用、製造及管理，並禁止將國旗式樣作為商業上專業標記，或製為一切不莊嚴用品。另刑法第一六〇條則規定：「意圖侮辱中華民國，而公然損壞、除去或汙辱中華民國之國徽國旗者，處一年以下有期徒刑、拘役或三百元以下罰金。」

習題

1. 就我國憲法前言，作一簡要闡述。
2. 申述我國憲法第一條的意義。（中華民國基於三民主義，為民有民治民享之民主共和國。）
3. 就主權的歸屬言，有哪幾種學說？我國憲法規定主權在民，如何落實。
4. 根據我國的國籍法，如何取得中華民國國籍。
5. 我國憲法對領土如何規定？領土的變更有哪些限制方法？我國憲法對領土的變更採取何種方式？
6. 我國憲法對民族平等有哪些方法進行保障。
7. 何謂國旗？刑法對汙辱國旗者有何規定。

第五章、人民之權利義務

第一節、概　說

一、權利義務的演變

在昔日由於以天賦人權的思想解釋權利的來源，以排除國家權力的干涉，故強調的權利係指不受政府侵犯的權利，如一七七六年的美國獨立宣言：「所有的人，生而平等，造物者賦予他們若干不可割讓的權利，其中包括著生命、自由以及追求幸福的權利。為了保障這些權利，人們才在他們之間組織政府；而政府的正當權力，是從被統治者的同意中產生出來的。任何形式的政府，當它對於達致上述的目標有害無利時，人民有權力去把它改變，或者把它加以廢除」。故一七八七年聯邦憲法在第一條規定：除遇內亂外患而公共治安有需要時，「人身保護令狀之特權不得停止之。」「公權剝奪令或溯及既往之法律不得通過之。」其在一七九一年所增修憲法條文第一至第九條有關人民權利保障的部分，亦基於同一原則。又如法國在一七八九年的人權宣言亦謂：「人之出生及生存，有自由及平等之權利。社會之差別，除為公共利益所必要者外，不得認許之。」「所有政治結合之目的，在於保護人之天賦不可讓與之權利。此等權利，為自由、所有權、安全、及對於專制之反抗。」

然對個人權利的消極保障，難以適應社會的急劇變化，因而出現積極人權，由國家的積極參與以求人民實際上自由平等的實現、生存之維持。如對二十世紀憲法具有領導性的德國威瑪憲法（一九一九年）第七條：「聯邦政府對下列事項有立法權……五、救貧制度及行旅保護。……七、人口政策、孕婦、嬰兒、幼童、及少年之保護制度。……九、勞工法。工人及被雇傭人之保護與職業介紹。……十三、天然資源與經濟企業之社會化政策，及社會公共使用之經濟貨物的生產、供給、分配與定價。……十七、保險制度。」第一六一條：「為維持健康及勞動能力，保護產婦及防護因年齡、病弱與生活變化，以致經濟上結果惡劣起見，聯邦應設置社會保險制度，並使被保險人參與其事。」第一六三條：「所有德國人民，均應與以依其經濟勞動，取得其生活資料之機會。對於未與以適當之勞動機會者，應支給必要之生活費用。其詳，以聯邦之特別法律定之。」

此外，為對各個人權利保障的需要，現代憲法往往本於公益大於私益的原則，對各個人的自由權利加以限制，如德國威瑪憲法（一九一九年）第一五一條：「經濟生活的秩序，以使各人得到人類應得生活為目的，並須適合正義之原則。各人之經濟自由，在此限度，予以保障。」日本憲法（一九四六年）第一二條：「本憲法所保障之國民自由及權利，應以國民不斷之努力，而保持之。國民尤不可濫用，且負為公共福祉而利用之責任。」同時享有權利，必有義務，如義大利憲法（一九九三年）第二條：「共和國無論對個人或對個人在發展其人格之社會組織中為成員，均承認並保障其不可侵犯之人權；並要求其履行政治、經濟及社會連帶之基本義務。」第四條：「共和國承認全體國民皆有工作權，並促進使此權利發生實效之條件。國民皆有義務依其能力及選擇從事一項有助於社會物質或精神發展之活動或職務。」如德國威瑪憲法第一五三條：「所有權包含義務，所有權之行使，應同時顧及公共福利。」義大利憲法第三〇條：「父母有扶養、教導及教育子女之義務與權利」。第三四條：「國民得享教育權。初級教育為強迫及免費教育，其時間至少八年。」

二、權利義務的意義

1. 權利是指國家通過憲法、法律為人民提供合法手段和可能條件，使人民有為達到某種目的而實現某種行為的可能；同時也指人民在獲得國家提供的合法手段和可能條件後，並非一定要實現某種行為，仍有自行抉擇是否實現某種行為的可能。
2. 義務是指國家憲法、法律所規定的人民從事某種行為，或不從事某種行為的必要性。即國家要求人民對某種行為的作為或不作為帶有強制性，是由國家運用強制力量保障其貫徹實施的（何華輝，比較憲法學）。

憲法對權利義務的規定衍生出一般的法律規章，如財產權衍生出民法中的債權、繼承權；服兵役的義務，衍生出兵役法、軍人保險條例、軍人撫恤條例、陸海空軍懲罰法、十八歲男子志願提前入營服役實施規定。人民有受國民教育之權利與義務則衍生出大學法、空中大學設置條例、強迫入學條例、私立學校法、教師法、高級中等以上學校學生就學貸款辦法等。

三、權利義務的規定方式

1. **列舉規定**。將人民的權利義務，一一列舉規定於憲法中。其優點為權利義務範圍明確，能作有效保障及規範；缺點則為權利義務種類繁多，並隨時代演進，欲完盡列舉實無可能。
2. **概括規定**。在憲法中僅概括規定人民權利的保障及義務的負擔，而不列舉其種類。其優點在適用靈活，可隨時代環境增減；缺點則為內容有欠明確，必須再藉法律或解釋予以補充規定。
3. **折衷規定**。將人民的基本權利義務作一列舉，未舉者則概括規定，此種方式，兼具上述兩種方式之優點而無其缺。如葡萄牙憲法（一九八九年）第一篇「基本權利及基本義務」，總計以六十八條條文進行詳細的規範，但第一六條同時規定：「憲法對於基本權利的規定，並不排除依法律或依有效的國際規章所規定的權利。」

我國憲法則採取折衷規定，除在第七條至第二二條詳列人民的權利義務外，復在第二二條為概括規定：「凡人民之其他自由及權利，不妨害社會秩序公共利益者，均受憲法之保障。」此其他自由及權利，如智慧財產權、婚姻自由等。

第二節、平等權

一、平等權的意義

平等權的提出，係針對人類的不平等而出現的，人類的不平等，可分為二種：一為天生的不平等，是因天賦才能，體力等差異所造成的；一為人為的不平等，如因貴族制度造成的政治、法律、社會上的差別待遇，而憲法上所說的平等，就是要打破人為的不平等，使人人在法律上一律平等；皆獲同等待遇，享受同等權利，負擔同等義務。如法國憲法（一九九五年）第一條：「確保所有公民不分出身、種族、宗教、在法律之前人人平等。」奧地利憲法（一九九五年）第七條：「所有聯邦公民在法律上一律平等。由於出生、性別、身分、階級及信仰之特權，應予排斥。」

唯過去平等權的提出是基於政治、階級的不平等而發生，故強調法律地位的平等，然而這不能同時也促進人類現實生活的幸福，因事實上因背景、資質、機遇的不同，往往形成人與人間極大的差距，如何縮小這些差距，如何經由法律的規定、政策的採行，來減少因天賦資質等因素而發生的體力、知識、職業、生活上之事實差異，則為現代憲法所重視者，故對弱勢者，如勞工、農民、老年、兒童、婦女、殘障等都採取保護措施。而我國憲法除在第七條規定人民在法律上平等權的保障，在第十三章「基本國策」之第四節「社會安全」，又規定對勞工、老年、兒童的特別保護。

二、平等權的種類

平等權固然是一項重要的基本人權，如美國獨立宣言揭示：「人人生而平等」，世界人權宣言第七條：「法律之前人人平等，並有權享受法律的平等保護，不受任何歧視。」第一條：「人人生而自由，在尊嚴和權利上一律平等。」但這種平等權的實際擁有時，是有其特徵的。殷嘯虎主編的憲法學一書，以：

1. 平等權所指是相對平等，而非絕對平等，因為人人生而自由平等，只是描述一種理想狀態，而非一種事實，因為無視人的先天和後天的各種差異，以追求絕對平等，實無可能，所以平等權在實質上只能是相對的平等，即承認人人在本質上平等，在法律上受到平等待遇，但同時承認人人差異的存在。在承認差異的前提下，將差異控制在合理範圍內，並逐步縮小其差異。
2. 平等權所指是比例平等，而非機械平等。機械平等，是無視個人在事實上的差異，要求一律絕對平等對待。但因公民權利的實現在客觀上存著各種事實上的不平等，因而必須根據具體條件，以求得最大可能的「衡平」，而不是「無差別」。如所得稅法的累進稅率或社會救助法的生活扶助。
3. 平等權所指是權利平等，而非事實平等。即法律保證公民享有平等的權利，但並不保障在任何方面都是完全平等的。事實上法律對某些合理的差異，予以承認和保護，對某些特殊群體予以特殊保護。
4. 平等權所指是機會平等、過程平等，而非結果平等。即人們有平等參加社會生活和自由競爭的機會，其在參與時的起點和過程是完全平等的，但因為每個人所處的環境和能力等各方面的差異，又決定其結果是不可能完全一樣的。故法律只保證每個人有平等的機會，而不保證每個人的結果完全平等。（殷嘯虎主編，憲法學，頁三一二—三一三。）

因而因年齡的差別可形成責任、權利等方面的合理差別，因生理差異或特定工作與職業亦可形成合理差別。

如大法官會議釋字第二一一號，即指出「憲法第七條所定的平等權，係為保障人民在法律上地位的實質平等，並不限制法律授權主管機關，斟酌具體案件事實上之差異及立法目的，而為合理之不同處置。」因以「聲明異議案件，如為扣押物或扣押物不足抵付罰緩或追繳稅款者，海關得限期於十四日內繳納原處分或不足金額二分之一保證金或提供同類擔保，逾期不為繳納或提供擔保者，其異議不予受理」之規定，旨在授權海關審酌具體案情，為適當之處分，以防止受處分人藉故聲明異議，拖延或逃避稅款及罰緩之執行，為貫徹海關緝私政策，增進公共利益所必要，與憲法第七條及第十六條尚無牴觸。

我國憲法第七條規定：「中華民國人民，無分男女、宗教、種族、階級、黨派，在法律上一律平等。」

1. 男女平等

男女平等係指人民不分男女性別，在法律、政治、經濟、社會、教育上均立於平等地位。如(1)為保障女性的參政權，憲法第一三四條規定：「各種選舉，應規定婦女當選名額。」憲法增修條文第四條並規定立法委員選舉中，婦女應當選名額。(2)在經濟上，兄弟姊妹對父母遺產有相同繼承權（民法一一三八條）。如民國七十四年六月修正前之第一〇一七條規定夫妻之聯合財產中，「夫之原有財產及不屬於妻之原有財產部分，為夫所有。」「由妻原有財產所生之孳息，其所有權歸屬於夫。」，而基於男女平等的考量，該條文現仍為：「夫或妻之財產分為婚前財產與婚後財產，由夫妻各自所有。不能證明為婚前或婚後財產者，推定為婚後財產；不能證明為夫或妻所有之財產，推定為夫妻共有。夫或妻婚前財產，於婚姻關係存續中所生之孳息，視為婚後財產。」後大法官會議釋字第四〇一號以該條文，未設特別規定，致使在修正前已發生現尚存在之聯合財產，仍然由夫繼續享有權利，「未能貫徹憲法保障男女平等之意旨。對於民法親屬編修正前已發生現尚存在之聯合財產中，不屬於夫之原有財產及妻之原有財產部分，應如何處理，俾符男女平等原則，有關機關應儘速於民法親屬編施行法之相關規定檢討修正。」故現民法親屬編施行法第六條規定在民國七十四年六月以前結婚，並適用聯合財產制之夫妻，在婚姻關係存續中以妻之名義在同日以前登記的不動產為妻所有。(3)在社會生活中，「婦女兒童從事勞動者，應按其年齡及身體狀態，予以特別之保護。」（第一五三條）「國家應維護婦女之人格尊嚴，保障婦女之人身安全，消除性別歧視，促進兩性地位之實質平等。」（增修條文第十條）如父母對子女的管教問題，大法官會議釋字第三六五號以原民法第一〇八九條，關於父母對於未成年子女權利之行使意思不一致時，由父行使之規定部分，與憲法第七條人民無分男女在法律上一律平等，及憲法增修文第九條第五項消除性別歧視之意旨不符，應予檢討修正，現民法該條仍改為：「父母對於未成年子女重大事項權利之行使意見不一致時，得請求法院依子女之最佳利益酌定之。」又大法官會議釋字第四五二號以民法第一〇〇二條：「妻以夫之住所為住所」，但約定以妻之住所為住所者，從其約定，唯如約定或協議不成，即需以夫方設定住所為住所。

此未能兼顧他方選擇住所及具體個案之特殊情況，與憲法上平等及比例原則尚有未符，於本解釋公布之日起，一年後應失其效力。故現民法該條乃修正為：「夫妻之住所，由雙方共同協議之；未為協議或協議不成時，得申請法院定之。」又如為保障兩性工作權之平等，貫徹憲法消除性別歧視，促進兩性地位實質平等之精神，因而性別工作平等法第七條：「雇主對求職者或受僱者之招募、甄試、進用、分發、配置、考績或陞遷等，不得因性別或性傾向而有差別待遇。」第八至第一〇條復規定除非工作性質僅適合特定性別者，雇主為受僱者舉辦或提供教育訓練或各項福利措施，及薪資給付不得因性別而有差別待遇。第一一條則明定：「雇主對受僱者之退休、資遣、離職及解雇，不得因性別或性傾向而有差別待遇。工作規則、勞動契約或團體協約，不得規定或事先約定受僱者有結婚、懷孕、分娩或育兒之情事時，應行離職或留職停薪；亦不得以其為解僱之理由。」(4)男女受教育機會一律平等。民國九十三年六月公布的性別平等教育法，其立法目的即在「促進性別地位之實質平等，消除性別歧視，維護人格尊嚴，厚植並建立性別平等之教育資源與環境」（第一條）。在「學習環境與資源」章中規定：A.學校應提供性別平等的學習環境（第一二條）。B.學校之招生及就學許可不得有性別、性別特質、性別認同或性傾向之差別待遇。除非基於歷史傳統、特定目標或其他非因性別因素之正當理由，經主管機關核准而設置的學校、班級、課程者，不在此限。（第一三條）。C.學校不得因學生之性別、性別特質、性別認同或性傾向而給予教學、活動、評量、獎懲、福利及服務上之差別待遇，但性質僅適合特定性別、性別性質、性別認同或性傾向者，不在此限。（第一四條）

2. 宗教平等

宗教平等係指不論何種宗教在法律上一律平等。此因在過去的歐洲，不同宗教間壁壘分明，特別是人民的信仰如與統治階級信仰不同，常遭迫害，故現代國家乃保障宗教信仰，如義大利憲法（一九九三年）第八條：「一切宗教信仰在法律上享有平等之自由。天主教之外之各種教派，在不違反義大利法律制度之範圍內，有依其本身之教規，組織團體之權利。」如一九一九年的德國威瑪憲法第一三七條：「國教不得設立。」

並因宗教平等，故我國憲法第一三條復規定：「人民有信仰宗教之自由。」並為保障信仰特殊宗教的少數民族之參政權，第一三五條再規定：「內地生活習慣特殊之國民代表名額及選舉，其辦法以法律定之。」至為實現宗教平等，大法官會議釋字第四九〇號，以「國家不得對特定之宗教加以獎勵或禁制，或對人民特定信仰畀予優待或不利益。」

3. 種族平等

種族平等係指國內各族在法律上地位平等，不受歧視或壓迫。現代國家大都為複合民族國家，在一國之內有幾個民族、種族的人民同時存在，其血統、語言、宗教、風俗習慣，皆有所差異，極易形成對立、歧視、衝突。故美國在南北戰爭結束後，在一八六八年的憲法增補條文第一四條規定：「凡出生或歸化美國並受其管轄之人，皆為美國及其所居之州之公民。無論何州……不得否定管轄區內任何人法律上平等保護之權利。」繼在一八七〇年增補條文第一五條，再規定：「美國或其他任何一州，對於美國任何公民之投票權，不得以種族，膚色或曾為奴隸而否定或削奪之。」此後，各國憲法乃將種族平等紛紛列入。

為確實保障種族平等，我國憲法第二六條、第六四條乃規定國民大會代表及立法委員選舉，在蒙古、西藏、各民族在邊疆地區選出代表，其名額以法律定之。增修條文則規定自由地區平地原住民及山地原住民，在國民大會代表選舉中，名額各三人（第一條）；在立法委員選舉中，名額各四人。又對邊疆地區各民族之地位，應予合法保障；地方自治事業，特別予以扶植（第一六八條）；各民族之教育、文化、交通、水利、衛生及其他經濟、社會事業，應積極舉辦，並扶助其發展（第一六九條）。

4. 階級平等

階級平等是指人民在享有權利或克盡義務時，沒有身分地位的差別。其發生在於反對貴族階級的特權，但現今民主社會，貴族特權已不復存，故今日所謂階級，多指因為經濟因素所形成的資本家與勞工而言，對此我憲法第二章「人民之權利義務」中所列舉的各項權利與義務，勞資雙方皆立於平等地位享權利、盡義務。又第一五三條規定：「國家為改良勞工及農民之生活，增進其生產技能，應制定保護勞工及農民之法律，實施保護勞工及農民之政策。」此皆在消除階級不平等。

5. 黨派平等

黨派平等係指：(1)**政黨平等**。各政黨在法律上立於平等地位，在政治上不得享有特權或優待，亦不受歧視和壓迫。(2)**黨員平等**。人民不論屬於任何政黨，均不得享受特別優待或受歧視。如我國政黨是由「人民團體法」加以規範，其第五十條規定：「政黨依法令有平等使用公共場地及公營大眾傳播媒體之權利。」此外憲法復規定法官、考試委員、監察委員須超出黨派之外，依據法律獨立行使職權，以防偏頗之出現。

至於政黨平等固在保障政黨及黨員的平等，但在選舉時也應保障無黨候選人相等待遇，故大法官會議釋字第三四〇號以公職人員選舉罷免法原第三八條規定：「政黨推薦之區域、山胞候選人，其保證金減半繳納。但政黨撤回推薦者，應全額繳納」，其「無異使無政黨推薦之候選人，須繳納較高額之保證金，形成不合理之差別待遇，與憲法第七條之意旨有違，應不再適用。」

第三節、自由權

一、自由權的意義

自由權是指人民的行為自由，不受國家或他人非法限制或侵犯的權利。自由權的保障，可溯源於英國一二一五年的「大憲章」第三九條：「自由民除經合法判決以外，不能任意逮捕、監禁或沒收其財產、或排斥受法律保護、或將其放逐、或加以傷害。」一六二八年「權利請願書」第五條：「人民因無任何理由而遭受拘禁，彼等為了聲請釋放，依國王所頒布之人身保護法，在法院命令下呈請法官裁定時，監獄官理應提出的拘留理由之證明」。第七條：「任何人若不依王國之習慣、議會之法令或王國所明令制定之法律，不得科以死刑。又任何人無論犯何種罪，均不能免除王國法律及規則之訴訟手續與刑罰。」但此類文書的目的主要在限制王權，而非宣示天賦人權。

後洛克、孟德斯鳩、盧梭在十七、八世紀倡天賦人權說，認為個人自由先於國家而存在，為天賦而不可讓與的權利，而非法律所賦與的，此種思想見於美國獨立宣言：「人生而自由平等，人均由上帝賦與不可剝奪之天賦權利，其中有生存權、自由權，以及追求幸福的權利。」其後美國憲法第一條第九項：「人身保護令狀之特權不得停止之。惟遇內亂外患而公共治安有需要時，不在此限。」一七九一年憲法增補條文第四條：「人民有保護其身體、住所、文件與財物之權，不受無理拘捕、搜索與扣押，並不得非法侵犯。除有正當理由，經宣誓或代誓宣言，並詳載搜索之地點、拘捕之人或收押之物外，不得頒發搜索票、拘票或扣押狀。」又如一七八九年法國「人權宣言」：「人類生而並且永久享有自由平等的權利。」「任何人除依法律規定秩序，不受公訴、逮捕、或拘留，且禁止無償取得財產。」「任何人除非犯罪前有法律規定，所犯之罪不應受處罰。」此後各國憲法乃紛紛將自由權納入。

但到十九世紀末，產生社會法學派強調社會公益，並將社會公益置於個人私益之上，認為法律是社會生活的規範，其須以生存在社會的人們之禍福與共、利害相關的共同意識為基礎，故提倡由權利到職分的觀念，即將權利建立於注重社會連帶關係，尊重大我的整體思想上，而認為個人是社會的一份子，和別人有分工合作的關係，各有應盡的職分，為使其善盡職分，故乃承認其權利。因此權利是由國家、社會所給與的，其行使必須符合社會公益。如德國威瑪憲法（一九一九年）第一五三條：「所有權包含義務，所有權之行使，應同時顧及公共福利。」義大利憲法（一九九三年）第二條：「共和國無論對個人或對個人在發展其人格之社會組織中為成員，均承認並保障其不可侵犯之人權；並要求其履行政治、經濟及社會連帶之基本義務。」德國基本法（一九九四年）第二條：「1.人人有自由發展其人格之權利，但以不侵害他人之權利或不違犯憲法秩序或道德規範者為界。2.人人有生命與身體之不可侵犯權。個人之自由不可侵犯。此等權利唯根據法律始得干預之。」

二、人身自由

人身自由是指人民身體不受國家權力的非法侵犯，並為一切自由權的基礎，因若無人身自由，則其他自由權將失其依附。關於人身自由的保障，說明如下：

1. 法定程序原則

即國家對人民的逮捕、拘禁、審問、處罰均必須依照法定程序。故憲法第八條規定：「人民身體自由應予保障。除現行犯之逮捕由法律另定外，非經司法或警察機關依法定程序，不得逮捕拘禁。非由法院依法定程序，不得審問處罰。非依法定程序之逮捕、拘禁、審問、處罰，得拒絕之。」所謂法定程序，按照刑事訴訟法，如傳呼犯人，應用傳票；拘提被告，應用拘票；通緝被告，應用通緝書；羈押被告，應用押票等。所謂現行犯，刑事訴訟法第八八條規定「犯罪在實施中或實施後即時發覺者，為現行犯。有左列情形之一者，以現行犯論：(1)被追呼為犯罪人者。(2)因持有凶器、贓物或其他物件於身體、衣服等處露有犯罪痕跡，顯可疑為犯罪人者。」現行犯，不論何人得逕行逮捕之。

另為例外者是刑事訴訟法第八八條之一，所謂的逕行拘提，但亦有所限制：檢察官、司法警察官或司法警察偵查犯罪，有左列情形之一而情況急迫者，得逕行拘提之：

(1) 因現行犯之供述，且有事實足認為共犯嫌疑重大者。

(2) 在執行或在押中之脫逃者。

(3)有事實足認為犯罪嫌疑重大，經被盤查而逃逸者。但所犯顯係最重本刑為一年以下有期徒刑、拘役或專科罰金之罪者，不在此限。

(4)所犯為死刑、無期徒刑或最輕本刑為五年以上有期徒刑之罪，嫌疑重大，有事實足認為有逃亡之虞者。

前項拘提，由檢察官親自執行時，得不用拘票；由司法警察官或司法警察執行時，以其急迫情況不及報告檢察官者為限，於執行後，應即報請檢察官簽發拘票。如檢察官不簽發拘票時，應即將被拘提人釋放。

檢察官、司法警察官或司法警察，依第一項規定程序拘提之犯罪嫌疑人，應即告知其本人及其家屬，得選任辯護人到場。

而為尊重人身自由，同法第八九條又規定：「執行拘提或逮捕，應注意被告之身體及名譽。」另為保護被告權益，刑事訴訟法又規定，在訊問被告時，應告知：「(1)犯罪嫌疑及所犯所有罪名。罪名經告知後，認為應變更者，應再告知。(2)得保持緘默，無須違背自己之意思而為陳述。(3)得選任辯護人。如為低收入戶、中低收入戶、原住民或其他依法令得請求法律扶助者得請求之。(4)得請求調查有利之證據。」（第九五條）「對於被告之請求對質，除顯無必要者外，不得拒絕。」（第九七條）「訊問被告應出以懇切之態度，不得用強暴、脅迫、利誘、詐欺、疲勞訊問或其他不正之方法。」（第九八條）「訊問被告，應全程連續錄音；必要時，並應全程連續錄影。」（第一〇〇之一條）司法警察官或司法警察除(1)經受詢問人明示同意；(2)於夜間經拘提或逮捕到場而查驗其人有無錯誤者；(3)經檢察官或法官許可者；

(4)有急迫之情形者外。犯罪嫌疑人請求立即詢問者，應即時為之。稱夜間者，為日出前，日沒後。（第一〇〇之三三條）

至於在犯罪證據上，「被告未經審判證明有罪確定前，推定其為無罪。」故「犯罪事實應依證據認定之，無證據不得認定犯罪事實。」（第一五四條）「被告或共犯之自白，不得作為有罪判決之唯一證據，仍應調查其他必要之證據，以察其是否與事實相符。」「被告陳述其自白係出於不正之方法者，應先於其他事證而為調查。該自白如係經檢察官提出者，法院應命檢察官就自白之出於自由意志，指出證明之方法。」「被告未經自白，又無證據，不得僅因其拒絕陳述或保持緘默，而推斷其罪行。」（第一五六條）另大法官會議釋字第二四九號，為有利於發掘事實真相，保障被告權益，如「告發人為刑事訴訟當事人以外之第三人，法院如認為有命其作證之必要時，自得依刑事訴訟法第一百七十八條關於證人之規定傳喚之，無正當理由而不到場者，並得加以拘提，強制其到場作證，以達發現真實之目的。」

2. 罪刑法定主義

罪刑法定主義是指人民的何種行為係屬犯罪，犯何種罪行應處何種刑罰，必須行為當時法律有明文規定，否則不受處罰。罪刑法定主義的原則最早見於法國人權宣言：「任何人除非犯罪前有法律規定，所犯之罪不應受處罰。」其後各國在憲法中或在法律中均規定此原則，如美國憲法第一條：「公權剝奪令或溯及既往之法律不得通過之。」葡萄牙憲法（一九八九年）第二九條：「非依行為時有效法律規定，任何人不負刑事法律責任或保安處分；該行為時有效法律並應明確規定構成要件。」「刑事責任及保安處分以行為時之法律有明文規定者為限。」我國刑法第一條則規定：「行為之處罰，以行為時之法律有明文規定者，為限。」

罪刑法定主義適用於刑法時，應注意下列原則：(1)不得溯及既往；(2)以成文法為法源；(3)不得類推解釋；(4)禁止有絕對不定期刑。

3. 提審制度

提審制度是指人民被法院以外機關，因犯罪嫌疑而遭逮捕或拘禁時，本人或親友得要求管轄法院向執行逮捕拘禁的機關發出令狀，於一定時間內將被拘禁者提交法院，依法審理，有罪者治罪，無罪者釋放。提審制度與人身自由關係密切，其最早為英國在一六七九年制定的「人身保護法」，今日各國憲法則多採用。如加拿大憲法（一九八二年）第十條：「每個人都有權在被捕或拘留時……經由人身保護法的方式來決定拘留的合法性，以及如果拘留是不合法，則予以釋放。」葡萄牙憲法（一九八九年）第三一條：「(1)遭非法逮捕或拘禁者，得基於濫用公權力而向法院或軍事法庭請求人身保護。(2)人身保護之請求得由遭非法逮捕或拘禁者提出，或由任何其他擁有政治權力之國民提出。(3)法官在八天之內，依兩造辯論的訴訟程序，對人身保護之請求作出決定。」

我國憲法對提審制度的規定，其內容可包括(1)限期移審：「人民因犯罪嫌疑被逮捕、拘禁時，其逮捕拘禁機關應將逮捕拘禁原因，以書面告知本人及其本人指定之親友，並至遲於二十四小時內，移送該管法院審問。」(2)聲請提審：「本人或他人亦得聲請該管法院，於二十四小時內向逮捕之機關提審。」(3)強制提審：「法院對於前項聲請不得拒絕，並不得先令逮捕拘禁之機關查覆，逮捕拘禁之機關，對於法院之提審，不得拒絕或遲延。」（第八條）

根據「提審法」，聲請提審以書狀為之（第三條）；法院接受聲請書狀，依法律之規定，認為顯無理由者，應於二十四小時內以裁定駁回；如認為有理由者，應於二十四小時內向逮捕拘禁機關發「提審票」，並即通知逮捕拘禁機關之直接上級機關（第五條）。法院審查逮捕、拘禁之合法性後，認為不應逮捕、拘禁者，應即裁定釋放，認為應予逮捕、拘禁者，以裁定駁回之，並將逮捕、拘禁人解返原解交之機關（第九條）。至於逮捕拘禁機關之人員，如未在二十四內，將逮捕拘禁之原因，以書面告知本人及其本人指定之親友，或接到提審票後，未在二十四小時內將被逮捕拘禁人解交，前者科新台幣十萬元以下罰金，後者則處三年以下有期徒刑、拘役或科或科新台幣十萬元以下罰金（第一一條）。

憲法固然規定逮捕拘禁機關，應至遲於二十四小時內，將當事人移送該管法院審問，但大法官會議釋字第一三〇號解釋文也指出：「憲法第八條第二項所定『至遲於二十四小時內移送』之時限，不包括因交通障礙，或其他不可抗力之事由所生不得已之遲滯，以及在途解送等時間在內。惟其間不得有不必要之遲延，亦不適用訴訟法上關於扣除在途期間之規定。因而提審法第七條現明訂：「因特殊情況致解交或迎提困難，被逮捕、拘禁人所在與法院間有聲音及影像相互傳送之設備而得直接詢問，經法院認為適當者，得以該設備訊問，逮捕、拘禁之機關免於解交。」

4. 司法一元主義

司法一元主義係指人民「非由法院依法定程序，不得審問處罰」。即只有普通法院，依刑事訴訟法之程序，才可審問或處罰犯罪者，而所謂普通法院是指法院組織法所規定的地方法院、高等法院、最高法院。故為貫徹司法一元主義，憲法第九條復規定：「人民除現役軍人外，不受軍事審判。」

就「非由法院依法定程序，不得審問處罰」部分，大法官會議釋字第三九二號解釋文，以此處所謂「審問」，「係指法院審理之訊問，其無審判權者不得為之。」而法院「當指有審判權之法官所構成之獨任或合議之法院之謂。法院以外之逮捕拘禁機關，依憲法第八條第二項規定，應至遲於二十四小時內，將因犯罪嫌疑被逮捕拘禁人民移送該管法院審問。是現行刑事訴訟法第一百零一條、第一百零二條第三項準用第七十一條第四項及第一百二十條等規定，於法院外賦予檢察官羈押被告之權；同法第一百二十一條第一項、第二百五十九條第一項賦予檢察官撤銷羈押、停止羈押、再執行羈押、繼續羈押暨其他有關羈押被告各項處分之權，與前述憲法第八條第二項規定之意旨均有不符。」因而現刑事訴訟法第一〇一條修正規定：被告經法官訊問後，認為犯罪嫌疑重大，而有左列情形之一，「非予羈押，顯難進行追訴、審判或執行者，得羈押之。」至「法官為前項之詢問時，檢察官得到場陳述聲請羈押之道理及提出必要之證據。」

就「人民除現役軍人外，不受軍事審判」部分，大法官會議釋字第四三六號，以憲法第八條規定人民身體之自由應予保障，非由法院依法定程序不得審問處罰；憲法第十六條並規定人民有訴訟之權。現役軍人亦為人民，自應同受上開規定之保障。又憲法第九條規定：「人民除現役軍人外，不受軍事審判」，乃因現役軍人負有保衛國家之特別義務，基於國家安全與軍事需要，對其犯罪行為得設軍事審判之特別訴訟程序，非謂軍事審判機關對於軍人之犯罪有專屬之審判權。至軍事審判之建制，憲法未設明文規定，雖得以法律定之，惟軍事審判機關所行使者，亦屬國家刑罰之一種，其發動與運作，必須符合正當法律程序之最低要求，包括獨立、公正之審判機關與程序，並不得違背憲法第七十七條、第八十條等有關司法建制之憲政原理；規定軍事審判程序之法律涉及軍人權利之限制者，亦應遵守憲法第二十三條之比例原則。本於憲法保障人身自由、人民訴訟權利及第七十七條之意旨。在平時經終審軍事審判機關宣判有期徒刑以上之案件，應許被告直接向普通法院以判決違背法令為理由請求救濟。軍事審判法第十一條、第一百三十三條第一項、第三項，第一百五十八條及其他不許被告逕向普通法院以判決違背法令為理由請求救濟部分，均與上開憲法意旨不符，應自本解釋公布之日起，至遲於屆滿二年時失其效力。

5. 冤獄賠償制度

冤獄賠償制度係指人民為刑事被告，而審判結果認定為冤獄，則可向國家請求賠償的制度。此制度源於英國一六七九年人身保護法第五條：各級官吏及其部屬，對人身保護令遲延或拒絕移交人犯者，「或於羈押之被告本人或他人聲請之際，拒絕交付依本法所規定收押或拘留被告押票之明確謄本，或不於六小時內交付該謄本時，該管典獄長、看守所長及拘留該被告者，初犯時，應科以罰金一百鎊，再犯時，科以罰金二百鎊，而將該罰金充給該被告或被害者，並依本法免除其任官及執行該職務之資格。」此後各國也大多採用此制度，如葡萄牙憲法（一九八九年）第二九條第六項：「受枉法裁判之國民有權依法聲請重新審判，並要求補償。」

我國原定有「冤獄賠償法」，但在民國一〇〇年七月修訂時，並將法規名稱改為「刑事補償法」。依刑事訴訟法、軍事審判法或少年事件處理法受理之案件，具有下列情形之一者，受害人得依本法請求國家補償：

(1)因行為不罰或犯罪嫌疑不足而經不起訴處分或撤回起訴、受駁回起訴裁定或無罪之判決確定前，曾受羈押、鑑定留置或收容。

(2)依再審、非常上訴或重新審理程序裁判無罪、撤銷保安處分或駁回保安處分聲請確定前，曾受羈押、鑑定留置、收容、刑罰或拘束人身自由保安處分之執行。

(3)因無付保護處分之原因而經不付審理或不付保護處分之裁定確定前，曾受鑑定留置或收容。

(4)因無付保護處分之原因而依重新審理程序裁定不付保護處分確定前，曾受鑑定留置、收容或感化教育之執行。

(5)羈押、鑑定留置或收容期間，或刑罰之執行逾有罪確定裁判所定之刑。

(6)羈押、鑑定留置或收容期間、刑罰或拘束人身自由保安處分之執行逾依再審或非常上訴程序確定判決所定之刑罰或保安處分期間。

(7)非依法律受羈押、鑑定留置、收容、刑罰或拘束人身自由保安處分之執行。（第一條）

至於其補償金額，對於羈押、鑑定留置、收容及徒刑、拘役、感化教育或拘束人身自由保安處分執行之補償，依其日數，以新臺幣三千元以上五千元以下折算一日支付之。

至於死刑執行之補償，除其羈押依前項標準補償外，並應按受刑人執行死刑當年度國人平均餘命計算受刑人餘命，以新臺幣五千元折算一日支付撫慰金。但其總額不得低於新臺幣一千萬元（第六條）。補償經費由國庫負擔。但法律執行職務之公務員，因故意或重大過失而違法，致生補償事件者，補償機關於補償後，應依規定，對該公務員求償全部或部分（第三四條）。

三、居住遷徙自由

我國憲法第十條：「人民有居住及遷徙之自由。」

1. 居住自由

居住自由係指人民居處住所，不受非法侵害。包括：

(1) **不得無故侵入**。如刑法第三〇六條：「無故侵入他人住宅、建築物或附連圍繞之土地或船艦者，處一年以下有期徒刑、拘役或三百元以下罰金。無故隱匿其內，或受退去之要求而仍滯留者亦同。」但人民之生命、身體、財產危害迫切，非侵入不能救護者例外。

(2) **不得無故搜索**。如美國憲法增補條文第四條：人民有保護其住所，不受無理搜索，並不得非法侵犯。除有正當理由，經宣誓或代誓宣言，並詳載搜索之地點、拘捕之人或收押之物外，不得頒發搜索票。我國刑事訴訟法第一二二條則規定：對於被告或犯罪嫌疑人之身體、物件、電磁紀錄及住宅或其他處所，必要時得搜索之；對於第三人之身體、物件、電磁紀錄及住宅或其他處所，以有相當可信為被告或應扣押之物或電磁紀錄存在時為限，得搜索之，至搜索犯罪嫌疑人或應有檢察官簽名之搜索票。搜索票應記載A.案由。B.應搜索之被告、犯罪嫌疑人或應扣押之物。但被告或犯罪嫌疑人不明時，得不予記載。C.應加搜索之處所、身體、物件或電磁紀錄。D.有效期間，逾期不得執行搜索（刑事訴訟法第一二八條）。若「不依法令搜索他人身體、住宅、建築物……處二年以下有期徒刑、拘役或三百元以下罰金。」（刑法第三〇七條）但如因追躡現行犯或逮捕脫逃人者，或有事實足信為有人在內犯罪而情形急迫者，或戒嚴地區則為例外。

(3) **不得無故禁錮**。禁錮住所不但妨礙人民居住自由，且侵犯人民的財產權，故應按照強制執行法由法院行之。

2. 遷徙自由

遷徙自由係指人民可自由選擇其居住處所或隨意來往各地。如日本憲法（一九四六年）第二二條：「任何人在不違反公共福祉之範圍內，有居住、遷徙……之自由。任何人有移住外國或脫離日本國籍之自由，不得侵犯之。」但遷徙自由也有限制。

(1) 國內遷徙的限制

A. 如受保護管束人（交付感化教育，緩刑或假釋者等），「其住居所遷移時，應經執行保護管束者轉請檢察官核准之。」（保安處分執行法第六十九之一條）。

B. 「破產人非經法院許可，不得離開其住居地。」（破產法第六九條）

C.山地管制區非經許可，不得進入。國家安全法施行細則第三一條，人民入出山地經常管制區，應向內政部警政署或該管轄警察局、警察分局、分駐所、派出所或國家公園警察隊、小隊申請許可，經查驗證明文件或查證確有入山之必要者，得予許可。

D.人民入出重要軍事管制區如軍用飛機場，飛彈基地、永久性國防工事，軍用固定性重要通信電子設施，具危險性之軍事訓練、試驗場地或阻絕設施等，應向該管軍事機關申請許可（國家安全法施行細則第三四、三五條）。

E.為杜絕傳染病之發生、傳染及蔓延，人民的遷徙自由，亦得限制。如傳染病防治法第三七條規定傳染病發生時，地方主管機關應視實際需要，會同有關機關，採取以下措施，a.管制上課、集會、宴會或其他團體活動。b.管制特定場所之出入及容納人數。c.管制特定區域之交通。d.撤離特定場所或區域之人員。e.限制或禁止傳染病或疑似傳染病病人搭乘大眾運輸工具或出入特定場所。f.其他經各級政府機關公告之防疫措施。而各機構、團體、事業及人員對於前項措施，不得拒絕、規避或妨礙。第四五條：「傳染病病人經主管機關通知指定隔離治療機構實施隔離治療時，應依指示於隔離病房內接受治療，不得任意離開。」

(2)國外遷徙的限制

A.依「入出國及移民法」第四條規定：「入出國者，應經內政部入出國及移民署查驗，未經查驗者，不得入出國。」但國民有下列情形之一者，入出國及移民署應禁止其出境：a.經判處有期徒刑以上之刑確定，尚未執行或執行未畢。b.通緝中。c.因案經司法或軍法機關限制出國。d.有事實足認有妨害國家安全或社會安定之重大嫌疑。e.涉及內亂罪、外患罪重大嫌疑。f.役男或尚未完成兵役義務者，但依法令得准其出國者，不在此限。g.護照、航員證、船員服務手冊或入國許可證件係不法取得、偽造、變造或冒用（第六條）。

B. 個人或營利事業，「其已確定之應納稅捐逾法定繳納期限尚未繳納完畢，所欠繳稅款及已確定之罰鍰單計或合併，個人在新臺幣一百萬元以上，營利事業在新臺幣二百萬元以上者；其在行政救濟程序終結前，個人在新臺幣一百五十萬元以上，營利事業在新臺幣三百萬元以上，得由財政部函請內政部入出國及移民署限制其出境；其為營利事業者，得限制其負責人出境。但已提供相當擔保者，應解除其限制。」此外，限制出境之期間，由限制出境之日起，不得逾五年（稅捐稽徵法第二四條）。然是否適宜以欠稅原因，限制人民出境？大法官會議釋字第三四五號；針對行政院發布之「限制欠稅人或欠稅營利事業負責人出境實施辦法」，係以稅捐稽徵法第二四條第三項及關稅法第二五條之一第三項之授權所訂定，其第二條第一項之規定，並未逾越上開法律授權之目的及範圍，且依同辦法第五條規定，有該條所訂六款情形之一時，應即解除其出境限制，已兼顧納稅義務人之權益。「上開辦法為確保稅收，增進公共利益所必要」，與憲法所規定的「人民有居住及遷徙之自由」，並無牴觸。

另臺灣地區與大陸地區人民關係條例第九條規定：「臺灣地區人民進入大陸地區，應經一般出境查驗程序。主管機關得要求航空公司或旅行相關業者辦理前項出境申報程序。」「臺灣地區公務員，國家安全局、國防部、法務部調查局及其所屬各級機關未具公務員身分之人員，應向內政部申請許可，始得進入大陸地區。」臺灣地區人民為政務人員、直轄市長。(1)於國防、外交、科技、情治、大陸事務或其他經核定與國家安全相關機關從事涉及國家機密業務之人員。(2)受前款機關委託從事涉及國家機密公務之個人或民間團體、機構成員。(3)前三款退離職未滿三年之人員。(4)縣(市)長。其進入大陸地區都應經申請，並經內政部會同國家安全局、法務部及行政院大陸委員會組成之審查許可。

四、意見自由

我國憲法第一一條：「人民有言論、講學、著作及出版之自由。」

1. 言論自由

係指人民得自由對外以口頭發表意見而不受國家非法干涉。但言論自由並非絕對的權利，故為防止妨礙他人自由、維持社會秩序或增進公共利益所必要時可限制之（憲法第二三條）。如美國聯邦最高法院的判決書中曾先後指出：「最嚴格的言論自由保障，也不會保障一個人在戲院中騙人叫失火造成混亂。」「以武力或暴亂來推翻政府的主張，構成政府要限制言論自由的充分的實質理由。」我國刑法則分別規定不得有下列行為：(1)公然煽惑他人犯罪、違背法令或抗拒合法命令者（第一五三條）；(2)煽惑軍人不執行職務，或不守紀律，或逃叛者（第一五五條）；(3)意圖漁利，挑唆或包攬他人訴訟者（第一五七條）；(4)公然侮辱人者（第三〇九條）；(5)意圖散布於眾，而指摘或傳述足以毀損他人名譽之事者，為誹謗罪（第三一〇條）。但以善意對於可受公評之事，而為適當之評論者，得免其責（第三一一條）。

另對於誹謗之事，能證明其為真實者，不罰。但涉及私德而與公共利益無關者，不在此限（第三一〇條）。對此條大法官會議釋字第五〇九號以「言論自由為人民之基本權利，憲法第十一條有明文保障，國家應給予最大限度之維護，俾其實現自我、溝通意見、追求真理及監督各種政治或社會活動之功能得以發揮。惟為兼顧個人名譽、隱私及公共利益之保護，法律尚非不得對言論自由依其傳播方式為合理之限制。刑法第三百十條第一項及第二項誹謗罪即係保護個人法益而設，為防止妨礙他人之自由權利所必要，符合憲法第二十三條規定之意旨。至刑法同條第三項前段以對誹謗之事，能證明其為真實者不罰，係針對言論內容與事實相符者之保障，並藉以限定刑罰權之範圍，非謂指摘或傳述誹謗事項之行為人，必須自行證明其言論內容確屬真實，始能免於刑責。惟行為人不能證明言論內容為真實，但依其所提證據資料，認為行為人有相當理由確信其為真實者，即不能以誹謗之刑責相繩」。

其實言論自由，不但是指每人有說話傳布訊息的權利，也包括每人有獲取訊息的權利。而現代社會獲取訊息的主要管道為大眾傳播媒介，因而大法官會議釋字第三六四號，以廣播及電視方式表達意見，「屬於憲法第十一條所保障言論自由之範圍」。為保障此項自由，國家應對電波頻率之使用為公平合理之分配，對於人民平等「接近使用媒體」之權利，亦應在兼顧傳播媒體編輯自由原則下，予以尊重，並均應以法律定之。然而各種團體，特別是政府或政黨總思掌控媒體，為有利於己之報導，更加以政府擁有豐沛資源及工具足以操控箝制媒體。因而民國九十三年一月公布的通訊傳播基本法第三條規定「應設通訊傳播委員會，依法獨立行使職權。」第五條：「通訊傳播應維護人性尊嚴、尊重弱勢權益、促進多元文化均衡發展。」第六條：「政府應鼓勵通訊傳播技術及服務之發展；無正當理由，不得限制之。」第九條：「通訊傳播事業對於消費之必要資訊應予公開並提供公平合理之服務，以保障消費者權益。」第十條：「通訊傳播稀有資源之分配及管理，應以公平、效率、便利、和諧及技術中立為原則。」另於民國九十二年十二月修正公布的廣播電視法第三條，即明定：「廣播電視事業之主管機關為國家通訊傳播委員會，獨立超然行使職權。」其第三十四之一條：「廣播、電視事業不得播送有候選人參加，且由政府出資或製作之節目、短片及廣告；政府出資或製作以候選人為題材之節目、短片及廣告，亦同。」第二四條：「廣播、電視評論涉及他人或機關、團體，致損害其權益時，被評論者，如要求給予相等之答辯機會，不得拒絕。」

2. 講學自由

係指人民得自由研究學術，並發表其研究而不受非法干涉。其內容可包括：(1)設校講學的自由：除由國家設置各種學校外，私人亦得依法設校；(2)研究學術的自由：基於研究學術的目的，對各種學說皆可進行研究；(3)發表研究成果的自由；(4)國家對學術研究應積極鼓勵，以使學者能獲得充分研究的自由，我國憲法第一六五條規定：「國家應保障教育、科學、藝術工作者之生活，並依國民經濟之進展，隨時提高其待遇。」義大利憲法（一九九三年）第九條：「共和國鼓勵學術、科學及技術研究之發展。」

但講學自由並非絕對自由，如德國基本法（一九九四年）：(1)「人人有自由發展其人格之權利，但以不侵害他人之權利或不違犯憲法秩序或道德規範者為限。」（第二條）(2)「藝術與科學、研究與講學均屬自由，講學自由不得免除對憲法之忠誠。」（第五條）(3)「凡濫用言論自由、尤其是出版自由、講學自由……書信、郵件與電訊秘密……以攻擊自由、民主之基本秩序者，應剝奪此等基本權利。」（第一八條）(4)「宗教教育在不妨害國家監督權之限度內，得依宗教團體之教義施教」（第七條）。而在我國則於「防止妨礙他人自由，避免緊急危難，維持社會秩序，或增進公共利益所必要」時，對講學自由亦可限制（第二三條）。

3. 著作自由

著作自由係指人民可藉文字、圖畫等方式表達意見而不受干涉。但就著作自由的積極面言，則為對自由創作權的保障，即對著作權的保障。

著作權法所稱著作，包括語文、音樂、戲劇、舞蹈、美術、攝影、圖形、視聽、錄音、建築、電腦程式等著作（第五條），而「著作人於著作完成時享有著作權」（第一〇條），並得終身享有公開發售、重製之權利。「對於侵害其權利者，得請求排除之，有侵害之虞者，得請求防止之。」（第八四條）故擅自重製、意圖銷售或出租而擅自重製他人著作者，皆科以有期徒刑，併得科以罰金。而據憲法第二三條規定，凡違背國家利益、煽動暴亂、敗壞善良風俗的著作，自不屬於著作自由的範圍。

至於對侵害著作權之罰則：(1)擅自以重製之方法侵害他人之著作財產權者，處三年以下有期徒刑、拘役，或科或併科新臺幣七十五萬元以下罰金。(2)意圖銷售或出租而擅自以重製之方法侵害他人之著作財產權者，處六月以上五年以下有期徒刑，得併科新臺幣二十萬元以上二百萬元以下罰金（第九一條）。(3)因被害人或其他有告訴權人之聲請，得令將判決書全部或一部登報，其費用由被告負擔（第九九條）。

4. 出版自由

出版自由係指人民有權將其表達的意見，以文字、圖畫等方式自由的加以印刷刊行。但各國對於出版自由皆有一定的管理方法：(1)預防制：一切出版物在出版前，應經政府之特許或檢查；(2)追懲制：出版物在出版前，不需任何機關之特許或檢查，但出版後，如發現有違法情事，即依法追懲。

我國對出版物的管理則制定有出版法：(1)報紙、雜誌的出版，在首次發行前，應填具登記申請書，轉由新聞局發給登記證（第九條）。(2)出版品之為學校或社會教育各類教科圖書發音片者，應經教育部審定後，方得印行（第二一條）。(3)發行書籍或其他出版品之出版業，須聲請登記，但對出版品本身，則無需先經許可或檢查（第一六條）。但現出版法已廢止。

此外，出版自由固受憲法保障，但據憲法第二三條，出版法亦曾規定出版品對下列事項不得登載：(1)觸犯或煽動他人觸犯內亂罪、外患罪、妨害公務罪、妨害投票罪、妨害秩序罪、褻瀆祀典罪或妨害風化罪（第三二條）。(2)對於尚偵查或審判中之訴訟事件，或承辦該事件之司法人員，或與該事件有關之訴訟關係人，不得評論，並不得登載禁止公開訴訟事件之辯論（第三三條）。(3)戰時或遇有變亂，或依憲法為急速處分時，得依中央政府命令之所定，禁止或限制出版品關於政治軍事外交之機密，或危害地方治安事項之記載（第三四條）。

目前有關出版自由的限制，則回歸各相關法律。如(1)洩漏國防以外之秘密罪。非公務員因職務或業務知悉或持有公務員洩漏或交付關於中華民國國防以外應秘密之文書、圖書、消息，而洩漏者，處一年以下有期徒刑、拘役或三百元以下之罰金（刑法第一三二條）。(2)妨害秩序罪。以文字、圖書，煽惑他人犯罪、違背法令，或抗拒合法之命令者，處二年以下有期徒刑、拘役或一千元以下罰金（刑法第一五三條）。(3)妨害風化罪。散布或販賣猥褻之文字、圖畫者，處二年以下有期徒刑、拘役或科或併科三萬元以下罰金（刑法第二三五條）。(4)誹謗罪。意圖散布於眾，而以文字、圖書指摘或傳述足以毀損他人名譽之事者，處二年以下有期徒刑、拘役或一千元以下罰金（刑法第三一〇條）。

五、秘密通訊自由

我國憲法第一二條規定：「人民有秘密通訊之自由。」秘密通訊自由係指人民得以秘密方式，用書函、電報、電話等傳達其意思，而不受國家或他人的侵犯。進言之，通訊自由的涵義有二：1.人民的通訊，不被無故扣押或隱匿；2.通訊的內容，不被無故拆閱。如我國郵政法規定：郵中華郵政公司或其服務人員，不得開拆他人郵件，除非有事實足認內裝之物為郵政禁寄物品，不適用優惠資費或違反郵政法規，並經寄件人或件人同意開拆（第一〇條）；從事郵務人員因職務知悉他人情形者，均應嚴守秘密（第一一條）；誤收他人之郵寄，故意不返還者，處新臺幣二千元以上一萬元以下罰鍰（第三九條）。刑法第三一五條：「無故開拆或隱匿他人之封緘信函或其他封緘文書者，處拘役或三千元以下罰金。」

秘密通訊自由同樣也有限制，如：破產宣告後，寄與破產人之郵件、電報、法院得囑託郵局或電報局送交破產管理人（破產法第六七條）；管束羈押之被告，其通信、受授書籍，押所得監視或檢閱之，如認其情事有足致其脫逃或湮滅、偽造、變造證據或勾串共犯或證人之虞者，並得禁止或扣押之（刑事訴訟法第一〇五條）。此外，如父母得代未成年子女拆閱書信，監獄長官得檢閱受刑人書信、戒嚴時期的最高司令長官得拆閱郵信或電報等。

另為保障人民秘密通訊自由不受非法侵害，同時又能確保國家安全，維持社會秩序，我國並在民國八十八年七月公布「通訊保障及監察法」。其明定：1.通訊監察，除為確保國家安全、維持社會秩序所必要者外，不得為之，同時此項監察，不得逾越所欲達成目的之必要限度，且應以侵害最少之適當方法為之（第二條）。2.通訊監察以截收、監聽、錄音、錄影、攝影、開拆、檢查、影印或其他類似之必要方法為之。但不得於私人住宅裝置竊聽器、錄影設備或其他監察器材（第一三條）。3.監察通訊所得資料，應加封緘或其他標識，由執行機關蓋印，保存完整真實，不得增、刪、變更，除為監察目的有必要長期留存著外，保存五年，逾期銷毀（第一七條）。4.監察通訊所得資料，不得提供其他機關、團體或個人，除非法律另有規定（第一八條）。5.如有違反本法或其他法律之規定監察他人通訊或洩漏、提供、使用監察通訊所得之資料者，須負損害賠償責任。被害人雖非財產上之損害，亦得請求賠償相當之金額；其名譽被侵害者，並得請求回復名譽之適當處分（第一九條）。6.公務員或曾任公務員因職務知悉或持有依本法或其他法律之規定監察通訊所得應秘密之資料，而無故洩露或交付之者，處三年以下有期徒刑（第二七條），至非公務員因職務或業務知悉或持有上述資料而無故洩露者，處二年以下有期徒刑、拘役或新臺幣二萬元以下罰金（第二八條）。7.有協助執行通訊監察義務之電信事業及郵政機關違反本法規定，不協助執行機關使用該事業之通訊監察相關設施並提供人員協助者，由交通部處以新臺幣五十萬元以上二百五十萬元以下罰鍰；經通知限期遵行而仍不遵行者，按日連續處罰，並得撤消其特許或許可（第三一條）。

六、信仰宗教自由

我國憲法第一三條規定：「人民有信仰宗教之自由。」宗教自由應包括：人民在內心有信仰或不信仰任何宗教的自由、人民有參加或不參加宗教儀式的自由、信教人有結社集會及宣傳教義的自由。而為保障宗教的自由，各國往往採取政教分離的原則：1.國家不得設立國教；2.政府不得由國庫資助任何一種宗教或全部宗教；3.國家不能因人民信仰或不信仰某一宗教，而予以優待或歧視；4.學校不得強迫實施宗教教育。如美國憲法增補條文第一條規定國會不得制定設立宗教或禁止信教自由的法律；憲法本文第六條：「宗教條件永不能為美國政府下任何官職或公共職務之資格限制。」德國基本法（一九九四年）第四條：「1.信仰與良心之自由及宗教與世界觀表達之自由不可侵犯。2.宗教儀式應保障其不受妨礙。」義大利憲法（一九九三年）第八條：「一切宗教信仰在法律上享有平等之自由。」第一九條：「所有人無論以個別或集體方式，皆有自由公開表示其宗教信仰、自由變更其宗教信仰及自由舉行公私禮拜儀式之權利。但以其儀式不違背公共道德者為限。」又如日本憲法（一九四七年）第二〇條：「1.對於任何人均保障其信教之自由。任何宗教團體均不得由國家獲取特權，或行使政治上之權力。2.任何人不受強制參加宗教上行為、慶典、儀式或其他行事。3.國家及機關，不得實施宗教教育及其他任何宗教活動。」

而我國刑法規定對於壇廟、寺觀、教堂、墳墓或公眾紀念處所，公然侮辱者或妨害喪、葬、祭禮、說教、禮拜者，處六月以下有期徒刑、拘役或三百元以下罰金（第二四六條），此亦為對信仰自由的具體尊重。

七、集會結社自由

我國憲法第一四條規定：「人民有集會及結社之自由。」

1. 集會自由

集會自由係指人民於公共場所或公眾得出入之場所舉行會議、演說或其他聚眾活動，而不受國家非法干涉。但集會自由並非絕對而無限制的，其管理有二：(1)預防制：在集會前需向主管機關履行一定手續，提出報告或獲得許可。(2)追懲制：在集會前不必履行一定手續，但有違法行為發生時，則依照相關法律懲罰之。一般國家對室內集會採追懲制，室外集會採預防制。如比利時憲法（一九九四年）第二六條：「比利時人依規定行使集會權之法律，得和平、不持武器，且不須先經核准而集會。本條文不適用依違警法規定之露天集會，露天集會應完全適用違警法律。」德國基本法（一九九四年）：「(1)所有德國人均有和平及不攜帶武器集會之權利，無須事前報告或許可。(2)露天集會之權利得以立法或根據法律限制之。」

我國有關集會規範則有集會遊行法，其大要規定如下：

(1) **集會的種類與許可**：A.室內集會無須申請許可。但使用擴音器或其他視聽器材足以形成室外集會者，以室外集會論。B.室外集會應向主管機關申請許可。但依法定規定舉行者，或學術、藝文、旅遊、體育競賽或其他性質相類之活動，及宗教、民俗、婚、喪、喜、慶等活動，可無需申請（第八條）。

(2) **集會的限制**：A.不得主張共產主義與分裂國土（第四條）。B.有事實足認為有危害國家安全、社會秩序或公共利益之虞者，及有危害生命、身體、自由或對財物造成重大損壞之虞者，得不予許可（第一一條）。C.為維護重要地區、設施或建築物安全及維持交通秩序或公共衛生等，可為必要限制（第一四條）。D.集會之負責人、其代理人或糾察員及參加人均不得攜帶足以危險他人生命、身體、自由或財產安全之物品（第二三條）。E.防疫地區，衛生機關得限制或禁止集會（傳染病防制條例第二七條）。

(3) **集會的責任**：集會行為如有符合犯罪要件者，需負法律責任。如A.集會經主管機關命令解散而不解散，或仍繼續舉行經制止而不遵從者（第二九條）。B.集會時，以文字、圖畫、演說或他法，侮辱、誹謗公署、依法執行職務之公務員或他人者（第三〇條）。C.集會時，糾察員不法侵害他人之權利者，由負責人與行為人連帶負損害賠償責任。但行為人基於自己意思之行為而引起損害者，由行為人自行負責（第三二條）。D.以加害生命、身體、財產之事恐嚇公眾，致生危害於公安者（刑法一五一條）。E.意圖施強暴脅迫者（刑法第一五〇條）。F.以文字、圖畫、演說或他法，公然煽惑他人犯罪、違背法令或抗拒合法命令者（刑法第一五三條）。

(4)集會的保障：A.對於妨害合法集會遊行之人，負責人或糾察員得予以排除。受排除之人，應立即離開現場（集遊法第二一條）。B.以強暴脅迫或詐術，阻止或擾亂合法之集會者，處二年以下有期徒刑（刑法第一五二條）。

2. 結社自由

結社自由係指特定的多數人，為實現共同目的，而為長期組織團體的權利。但結社自由同樣亦非絕對自由，也受憲法第二三條之約束。如葡萄牙憲法（一九八九年）第四六條：「(1)任何國民有權成立人民團體，不須任何許可；但不得主張暴力或違反刑法。(2)人民團體依其宗旨自由活動，不受行政機關干涉；國家僅得依法定要件及法院裁判予以解散或暫停活動。(3)任何人不負加入某一人民團體的義務，亦不得被迫繼續為某一團體的成員。(4)擁有武器的人民團體、具軍事性質或類似性質的人民團體以及主張法西斯主義的人民團體將受取締。」德國基本法（一九九四年）第九條：「(1)所有德國人均有結社之權利。(2)結社之目的或其活動與刑法牴觸或違反憲法秩序或國際諒解之思想者，應禁止之。」

對於結社的管理亦可分為預防制（報告或許可）及追懲制兩種，我國並訂有「人民團體法」，其大要內容如下：

(1) 人民團體（結社）的種類。A.職業團體：係以協調同業關係，增進共同利益，促進社會經濟建設為目的，由同一行業之單位、團體或同一職業之從業人員組成之團體（第三五條）。B.社會團體：係以推展文化、學術、醫療、衛生、宗教、慈善、體育、聯誼、社會服務或其他以公益為目的，由個人或團體組成之團體（第三九條）。C.政治團體：係以共同民主政治理念，協助形成國民政治意志，促進國民政治參與為目的，由中華民國國民組成之團體（第四四條）。D.政黨：符合下列條件之一者為政黨，a.全國性政治團體以推薦候選人參加公職人員選舉為目的，依規定設立政黨，並報請中央主管機關備案者。b.已立案之全國性政治團體，以推薦候選人參加公職人員選舉為目的（第四五條）。

(2) 結社自由的限制。A.人民團體有違反法令、章程或妨害公益情事，主管機關得予警告、撤銷其決議，停止其業務之一部或全部，並令限期改善，最重可作出解散處分。對於政黨之處分，以警告、限期整理及解散為限，政黨之解散由主管機關檢同相關事證移送司法院大法官組成憲法法庭審理之（第五八條）。B.不得參與以犯罪為宗旨之結社（刑法第一五四條）。

第四節、受益權

受益權係指人民有要求國家行使統治權，藉以享受一定利益的權利。

一、生存權、工作權與財產權

我國憲法第一五條規定：「人民之生存權、工作權及財產權，應予保障。」

1. 生存權

生存權係指人民有要求國家採取各種措施以維持其基本生活的權利。如國父主張：「人民有向政府要求食衣住行的權利，政府有為人民提供食衣住行的義務。」而所以要保障生存權，乃因其為一切權利的基本，倘人不能生存，則其他一切權利皆成幻影。故義大利憲法（一九九三年）第三八條：「(1)無工作能力且無維持生活必要資料之國民，有受社會扶養與援助之權利。(2)因災變、疾病、殘廢、老耄及意外失業時，有要求供給及確保適當生計之權利。……本條所定之各項任務由國家所設置或資助之機關與機構實行之。」巴拿馬憲法（一九九四年）第一〇九條：「凡無工作能力或無法獲得有報酬之工作者，均有獲得維持其生存所需經濟保障之權利。社會保險事業，應由各自主機構興辦及管理，並應包括疾病、生產、殘障、家庭補助、老年、孤寡、被迫停工、工作傷害、職業疾病……事項。」

我國憲法則規定人民之老弱殘廢，無力生活，及受非常災害者，國家應予以適當之扶助與救濟（第一五五條）。並制定國民年金法、社會救助法、身心障礙者權益保障法、老年福利法等進一步予以規範。

另如大法官會議釋字第四二二號，以憲法規定人民生存權應予保障，而第一五三條復明定，國家為改良農民之生活，增進其生產技能，應制定保護農民之法律，實施保護農民之政策，明確揭示國家負有保障農民生存及提升其生活水準之義務。耕地三七五減租條例即屬憲法所稱保護農民之法律，其第十九條第一項第三款規定，出租人因收回耕地，致承租人失其家庭生活依據者，耕地租約期滿時，出租人不得收回自耕，目的即在保障佃農，於租約期滿時不致因出租人收回耕地，嚴重影響其家庭生活及生存權利。

生存權固然要積極的予以保障，但在當事人於得重大疾病無法復原或病情危殆，而步向死亡一事已不可逆轉時，其精神、身體上必然是極端痛苦，此時在對當事者人格尊嚴的尊重下，應容許當事者有權選擇安樂死。

安樂死是指病人患有痛苦不堪無法治療的疾病，且瀕臨死亡，為了減輕其死亡前的痛苦，出於人道的考量，基於患者本人明確的自主意願，採用適當方法，使其在安逸的情況下結束其生命。安樂死主要有兩種型態：(1)主動安樂死，指醫務員或其他具有一定資格條件的人員採取某種措施加速病人死亡。(2)被動安樂死，指醫務人員中止維持病人生命的措施而任其死亡。

我國對於安樂死的規範，則制定「安寧緩和醫療條例」，採取被動安樂死的方式。其制定目的在「尊重末期病人之醫療意願及保障其權益」（第一條），具有完全行為能力者二人以上在場見證，末期病人得立意願書選擇安寧緩和醫療或作維生醫療的選擇（第四條）。故罹患嚴重傷病，經醫生診斷認為不可治癒，且有醫學上證據，近期內病程進行至死亡已不可避免者，可選擇為減輕或免除末期病人之生理、心理及靈性痛苦，可選擇緩解性、支持性之醫療照護，以增進生命品質，而放棄心肺復甦術（指對臨終、瀕死或無生命徵象之病人，施予氣管內插管、體外心臟按壓、急救藥物注射、心臟電擊、心臟人工調頻、人工呼吸等標準急救程序或其他緊急救治行為）及維生醫療（指用以維持末期病人生命徵象，但無治療效果，而只能延其瀕死過程的醫療措施）（第三條）。

為貫徹「尊重病人醫療自主，保障其善終權益」，在民國一〇五年一月由立法院通過，總統公布「病人自主權立法」。

具完全能力人得預立醫療決定（並得隨時以書面撤回或變更之），即事先立下之書面意思表示，指在處於特定臨床條件時，希望接受或拒絕之維持生命治療、人工營養及流體餵養或其他與醫療照護、善終等相關意願之決定。（第三條）

為使意願人能做出明確抉擇，必須對醫療過程有清楚的認知，因此對於「病情、醫療選項及各選項之可能成效與風險預後，有知情之權利。」以對於醫師提供之醫療選項有選擇與決定之權利（第四條）。病人就診時，醫療機構或醫師應以其所判斷之適當時機及方式，將病人之病情、治療方針、處置、用藥、預後情形及可能之不良反應等相關事項告知本人。（第五條）。

至於預立醫療決定，(1)應經醫療機構提供預立醫療照護諮商，並經其於預立醫療決定上核章證明。但有事實足認意願人具心智缺陷或非出於自願者，不得為核章證明。(2)經公證人公證或有具完全行為能力者二人以上在場見證。(3)經註記於全民健康保險憑證（第九條）。

意願人有預立醫療決定者，在病人符合下列臨床條件之一時，醫療機構或醫師得依其預立醫療決定終止、撤除或不施行維持生命治療或人工營養及流體餵養之全部或一部：

(1) 末期病人。
(2) 處於不可逆轉之昏迷狀況。
(3) 永久植物人狀態。
(4) 極重度失智。
(5) 其他經中央主管機關公告之病人疾病狀況或痛苦難以忍受、疾病無法治癒且依當時醫療水準無其他合適解決方法之情形（第十四條）。

2. 工作權

工作權係指人民選擇適當工作並要求保障工作的權利。前者為消極的擇業自由，後者為積極的工作權保障，現代憲法所著重的乃在後者。如德國基本法（一九九四年）第十二條：「(1)所有德國人均有自由選擇其職業、工作地點及訓練地點之權利，業務之執行得依法律管理之。(2)任何人不得被強制為特定之工作，但習慣上一般性而所有人均平等參加之強制性公共服務，不在此限。」日本憲法（一九四七年）第二七條：「所有國民均有勞動之權利與義務。」葡萄牙憲法（一九八九年）第五八條：「(1)任何人有工作權。(2)工作義務須結合工作權利，除非其工作能力，因老年退休、疾病或殘障而減退。(3)國家應制定經濟或社會政策以保障工作權，其方式為：A.實行全民就業政策。B.職業及職位的選擇應機會平等；不因性別差異而使就業平等遭限制或阻礙。C.勞工的文化、專業及職業教育。」

我國憲法中有關工作權進一步的規定皆屬於積極的工作權保障方面，如第一五二條：「人民具有工作能力者，國家應予以適當之工作機會。」第一五三條：「國家為改良勞工及農民之生活，增進其生產技能，應制定保護勞工及農民之法律，實施保護勞工及農民之政策。婦女兒童從事勞動者，應按其年齡及身體狀態，予以特別之保護。」並有勞動基準法、勞工保險條例、勞工安全衛生法，就業服務法等的相繼制定。其中就業服務法的制定在協助國民就業及雇主徵求員工（第二條），故政府應依就業與失業狀況相關調查資料，策訂人力供需調節措施，促進人力資源有效運用及國民就業（第二一條）；並保障國民有選擇職業之自由（第三條）；及為保障國民就業機會平等，雇主對求職人或所雇用員工，不得以種族、階級、語言、思想、宗教、黨派、籍貫、性別、容貌、五官、殘障或以往工會會員身分為由，予以歧視（第五條）。

勞動基準法規定勞工非有下列情形之一者，雇主不得預告終止勞動契約，(1)歇業或轉讓時。(2)虧損或業務緊縮時。(3)不可抗力暫停工作在一個月以上時。(4)業務性質變更，有減少勞工之必要，又無適當工作可以安置時。(5)勞工對於所擔任之工作確不能勝任時（第一一條）。

就業保險法的立法宗旨則在「提昇勞工就業技能，促進就業，保障勞工職業訓練及失業一定期間之基本生活」（第一條）。參加保險勞工之保險給付，分為五種：失業給付，提早就業獎助津貼，職業訓練生活津貼，育嬰留職停薪津貼，失業之被保險人其全民健康保險費補助（第一〇條）。其中(1)失業給付：被保險人於非自願離職辦理退保當日前三年內，保險年資合計滿一年以上，具有工作能力及繼續工作意願，向公立就業服務機構辦理求職登記，自求職登記日起十四天內仍無法推介就業或安排職業訓練。(2)提早就業獎助津貼：符合失業給付請領條件，於失業給付請領期限屆滿前受僱工作，並參加本保險三個月以上。(3)職業訓練生活津貼：被保險人非自願離職，向公立就業服務機構辦理求職登記，經公立就業服務機構安排參加全日制職業訓練。(4)育嬰留職停薪津貼：被保險人之保險年資合計滿一年以上，子女滿三歲前，依性別工作平等法之規定，辦理育嬰留職停薪（第一一條）。

工作權中的擇業自由，亦非絕對的權利，如從事某些專門職業（律師、醫師、會計師等）必須考試及格，或不得從事販賣毒品、槍砲彈葯，收受贓物等。

對於工作權的限制，大法官會議曾作出有關解釋，如釋字第一九一號，認行政院衛生署（現衛福部）於六十九年七月十八日所發衛署藥字第二八六四〇三號函，關於藥商開設藥局從事調劑外，並經營藥品之販賣業務者，應辦理藥商登記及營利事業登記之命令，旨在管理藥商，健全藥政，對於藥師之工作權尚無影響，與憲法第一五條並無牴觸。另釋字第五一〇號，以憲法第一五條規定人民之工作權應予保障，人民從事工作並有選擇職業之自由。惟其工作與公共利益密切相關者，於符合憲法第二三條比例原則之限度內，對於從事工作之方式及必備之資格或其他要件，得以法律或視工作權限制之性質，以有法律明確授權之命令加以規範。如民用航空法第二五條規定，航空人員經學、術科檢定合格，由民航局發給檢定證後，方得執行業務，並應於執業時隨身攜帶。第二六條，航空器駕駛員、飛航工程師、飛航管制員之體格應經民航局定期檢查，並得為臨時檢查；經檢查符合標準者，由民航局核發體格檢查及格證，經檢查不合標準者，應停止其執業。另依「航空人員體格檢查標準」，民用航空運輸業之駕駛員應每十二個月檢查一次；但年逾四十歲者，應每六個月檢查一次；年逾六十歲者，應每六個月檢查一次（第九條）。如航空人員自知體能衰弱或體能缺陷加劇，致不能符合所持有體檢證規定之標準時，應及時主動向服務單位請求停止執行飛航職務（第十二條）。其檢查範圍包括：精神及神經系統檢查、外科、內科、眼科、耳、鼻、喉科、聽力及口腔檢查。此均係為維護公共利益，基於航空人員之工作特性，就職業選擇自由個人應具備條件所為之限制，非涉裁罰性之處分，與首開解釋意旨相符，於憲法保障人民工作權之規定亦無牴觸。

3. 財產權

財產權係指人民對自己所有財產，在法律規定範圍內，得自由使用、收益與處分的權利。英國學者洛克以生命、自由、財產為人類的自然權利，法國大革命時的人權宣言則以財產權神聖不可侵犯，然過分保障私有財產與交易自由的結果，形成財富集中與貧富懸殊，且因經濟地位的不平等，致社會成員間，少數人過於自由，多數人則不甚自由，號稱平等，實際上甚不平等，又因貧窮失業，導致社會的不安。故在十九世紀末出現社會法學派強調社會公益的存在，並將社會公益置於個人私益之上，即在保障私人財產的同時又課責私人必須運用其財產，使能發揮財產的社會功能，另一方面又限制私人財產，發展國有或公有財產，以充實人民的經濟生活。此種轉變最早見於一九一九年德國威瑪憲法，第一五一條：「經濟生活之秩序，以使各人得到人類應得之生活為目的，並須適合正義之原則。各人之經濟自由，在此限度內，予以保障。」第一五五條：「土地之分配及利用，應由聯邦及邦加以監督，以防止其濫用。……土地之開拓與利用，為土地所有人對公眾所負之義務。不因勞力資本而致土地價格之增加，其利益應歸於社會。一切土地埋藏物，及可供經濟上利用之自然力，均受聯邦及邦之監督。」

其後義大利憲法（一九九三年）第四二條：「私有財產受法律之承認及保障，為確保其社會機能並使人人得享有私有財產，法律應規定取得與享有之方式及其限制。」第四四條：「為達土地之合理開發及建立公平之社會關係，法律應對私有土地之所有權課以義務與限制、限制其面積，促進並要求土地之開墾」。葡萄牙憲法（一九八九年）第八十條：「生產工具、土地及天然資源，依公共利益原則，為全體國民所有。」第八一條：「防止並禁止私人獨占事業、濫用經濟勢力及違反公共利益。」德國基本法（一九九四年）第一四條：「財產權負有義務。財產權之行使應同時有益於公共福利。」第一五條：「土地與地產、天然資源與生產工具，為達成社會化之目的，得由法律規定轉移為公有財產或其他形式之公營經濟。」

我國憲法則保障人民有財產權，但對財產的擁有、使用、收益、處分皆有限制。

(1) **財產擁有的限制**。A.「附著於土地之礦，及經濟上可供公眾利用之天然力，屬於國家所有，不因人民取得土地所有權而受影響。」（第一四三條）故礦業法第二條：「中華民國領域、專屬經濟海域及大陸礁層內之礦，均為國有，非依本法取得礦業權，不得探礦及採礦。」第一二條：「探礦權以四年為限，期滿前一年至六個月間，得申請展限一次；展限不得超過二年。」第十三條則規定採礦權以二十年為限。期滿前得申請展限，每次展限不得超過二十年。水利法則規定：「水為天然資源，屬於國家所有，不因人民取得土地所有權而受影響。」（第二條）B.「國家對於土地之分配與處理，應以扶植自耕農及自行使用土地人為原則，並規定其適當經營之面積。」（憲法第一四三條）如土地法規定各級政府為創設自耕農場需用土地時，經行政院核定，得按以下順序進行徵收，a.私有荒地；b.不在地主之土地；c.出佃之土地而面積超過中央地政機關核定最高額的部分（第三四條）。出租人出賣或出典耕地時，承租人有依同樣條件優先承買或承典之權（第一〇七條）。耕地租約期滿時，出租人不能自任耕作者，不得收回自耕（耕地三七五減租條例第一九條）。

(2) **財產使用的限制**。A.「國家對私人財富及私營事業，認為有妨害國計民生之平衡發展者，應以法律限制之。」（第一四五條）如公平交易法規定獨占事業不得以不公平之方法，直接或間接阻礙其他事業參與競爭（第九條）。事業因結合而使其市場占有率達三分之一者，應先向主管機關提出申報（第一一條）。B.財產行使應注意公益，如民法規定「權利行使，不得違反公共利益，或以損害他人為主要目的。」（第一四八條）故土地所有人經營事業及行使其他之權利，應注意防免鄰地之損害（第七七四條）。土地所有人，不得設置屋簷或其他工作物，使雨水直注於相鄰之不動產（第七七七條）。土地所有人開掘土地成為建築時，不得因此使鄰地之地基動搖或發生危險，或使臨地之工作物受其損害（第七九四條）。

(3) **財產收益的限制**。A.人民有納稅的義務（憲法第二十條），如所得稅、營利事業所得稅、地價稅。B.「土地價值非以施以勞力資本而增加者，應由國家徵收土地增值稅，歸人民共享之。」（第一四三條）

(4) **財產處分的限制**。私有土地，政府得照價收買（憲法一四三條），土地法進一步說明國家因公共事業之需要（第二〇八條），或因實施國家經濟政策，得徵收私有土地（第二〇九條）。此外農地限制自由買賣。

在財產權的使用、處分上，經常引起爭執的是既定巷道為私人土地的問題。此時為兼顧人民的財產權與通行的權益，應由政府進行徵收。大法官會議釋字第四〇〇號，以「憲法第十五條關於人民的財產權應予保障之規定，旨在確保個人依財產之存續狀態行使其自由使用、收益及處分之權能，並免於遭受公權力或第三人之侵害，俾能實現個人自由、發展人格及維護尊嚴。如因公用或其他公益目的之必要，國家機關雖得依法徵收人民之財產，但應給予相當之補償，方符憲法保障財產權之意旨。既成道路符合一定要件而成立公用地役關係者，其所有權人對土地既已無從自由使用收益，形成因公益而特別犧牲其財產上之利益，國家自應依法律之規定辦理徵收給予補償，各級政府如因經費困難，不能對上述道路全面徵收補償，有關機關亦應訂定期限籌措財源逐年辦理或以他法補償。」

二、請願權、訴願權與訴訟權

我國憲法第一七條規定：「人民有請願，訴願及訴訟之權。」

1. 請願權

請願權係指人民對國家政策措施、公共事務或對權益之維護，得向職權所在機關表達意願以要求作為或不作為的權利。有關人民的請願事項，我國訂定有「請願法」，大要內容如下：

(1) **請願事項**。國家政策，公共利益或其權益之維護（第二條）。

(2) **請願對象**。職權所屬民意機關或主管行政機關（第二條）。

(3) **不得請願事項**。A.不得牴觸憲法或干預審判；B.依法應提起訴訟或訴願事項（第三、四條）。

(4) **請願程序**。A.應具備請願書；B.向各機關面遞請願書（第五、六條）。

(5) **請願案之處理**。各機關處理請願案件，A.得通知請願人或請願人所推代表備答詢；B.應將結果通知請願人；C.對於請願人不得有脅迫行為或因其請願而有所歧視（第七、八、九條）。

(6) **請願禁止行為**。人民請願時，不得有聚眾脅迫、妨害秩序、妨害公務或其他不法情事；違者除依法制止或處罰外，受理請願機關得不受理其請願（第一一條）。

2. 訴願權

係指人民對於中央或地方機關之行政處分，認為違法或不當，致損害其權利或利益者，得向職權所在機關以書面提出訴願，請求撤銷或變更原處分的權利。對於訴願，我國訂有「訴願法」，其大要內容如下：

(1) **訴願事項**。人民對於中央或地方機關之行政處分，認為違法或不當，致損害其權利或利益者。而此處所稱行政處分，係指中央或地方機關基於職權，就特定之具體事件所為發生公法上效果之單方行政行為（第一、三條）。

對於行政處分之範圍，大法官會議釋字第四二三號以行政機關行使公權力，就特定具體之公法事件所為對外發生法律上效果之單方行政行為，皆屬行政處分，不因其用語、形式以及是否有後續行為或記載不得聲明不服之文字而有異。若行政機關以通知書名義製作，直接影響人民權利義務關係，且實際上已對外發生效力者，如以仍有後續處分行為，或載有不得提出訴願，而視其為非行政處分，自與憲法保障人民訴願及訴訟權利之意旨不符。因此，凡能發生法律效果的行政處分，皆為提起訴願對象。但依行政法院六十二年裁字第四十一號判例：「官署所為單純的事實敘述或理由說明，並非對人民之請求有所准駁，既不因該項敘述或說明而生法律上之效果，非訴願法上之行政處分，人民對之提起訴願，自非法之所許。」因而大法官會議釋字第二三〇號，以此項對訴願法條文的當然解釋，與憲法保障的訴願權並無牴觸。

對於發生法律效果的行政行為，如兵役體位之判定，係徵兵機關就役男及應服何種兵役所為之決定，而對外直接發生法律效果的單方行政行為，對役男在憲法上之權益有重大影響，應為訴願法上之行政處分。受判定之役男，如認為其判定有違法或不當情事，自得依法提起訴願（大法官會議釋字第四五九號）。

(2) **訴願對象**。原處分之上級機關，但不服中央各部、會、署之行政處分者，向原部、會、署提出訴願，如不服其決定，向主管院提出訴願；至不服中央各院之行政處分者，向原院提出訴願（第四條）。

(3) **訴願期間**。自機關之行政處分書達到或公告期滿之次日起，應於三十日內提起之（第一四條）。至若中央或地方機關對人民依法聲請之案件，於法定期限內應作為而不作為，致損害人民權益者，亦得提出訴願，前項期間法律未規定者，自機關受理申請之日起為二個月（第二條）。法律有規定者，從其規定。如商業登記法第二二條規定主管機關辦理商業登記案件之期間，除依規定通知補正期間，不計在內外，自收件之日起至核准登記之日止，不得逾七日。建築法第三三條規定直轄市、縣主管建築機關收到起造人申請建照或雜項執照書件之日起，應在十日內審查完竣，合格者即發給執照。但對供公眾使用或構造複雜者，得視需要予以延長，但最長不得超過三十日。

(4) **訴願程序**。應具訴願書，除由訴願人或代理人簽名蓋章外，應載明下列事項：A.訴願人或代理人基本資料。B.原行政處分機關。C.訴願請求事項。D.訴願之事實及理由。E.收受或知悉行政處分之年、月、日。F.受理訴願之機關。G.證據，其為文書者，應添具繕本或影本（第五六條）。

(5) **訴願案之處理**。訴願就書面審查決定之，必要時，得為言詞辯論（第六五條）。A.訴願之決定，自收受訴願書之次日起，應於三個月內為之；必要時得予延長一次。但不得逾二個月，並通知訴願人（第八五條）。B.訴願決定後應附記如不服決定，得於決定書達到之次日起二個月內，向行政法院提出行政訴訟（第九〇條）。

(6) **訴願決定之效力**。訴願之決定確定後，就其事件，有拘束各關係機關之效力（第九五條）。

(7) **再審**。如A.適用法顯有錯誤者。B.決定理由與主文顯有矛盾者。C.決定機關之組織不合法者。D.依法令應迴避之委員參與決定者。E.參與決定之委員關於該訴願違背職務，犯刑事上之罪者。F.訴願之代理人，關於該訴願有刑事上應罰之行為，影響於決定者。G.為決定基礎之證物，係偽造或變造者。H.證人、鑑定人或通譯就為決定基礎之證言、鑑定為虛偽陳述者。I.為決定基礎之民事、刑事或行政訴訟判決或行政處分已變更者。J.發現未經斟酌之證物或得使用該證物者。則得向原訴願決定機關申請再審（第九七條）。

3. **訴訟權**

訴訟權係指人民權利受到私人或政府機關不法侵害時，得向司法機關提出訴訟，請求國家保障或救濟的權利。訴訟權可分為民事訴訟、刑事訴訟、行政訴訟與選舉訴訟四種。

(1) **民事訴訟**。係指私權遭到侵害時，得依民事訴訟法，向法院提出訴訟、請求為一定的裁判。民事訴訟以三級三審為原則，對地方法院第一審判決不服者，得向第二審的高等法院上訴，對第二審判決不服者，得向第三審的最高法院再上訴，第三審也稱終審上訴。法院判決後，如當事人並未上訴，或是經過上訴已判決確定後，即有約束當事人的效力。但民事訴訟有救濟制度，即依該法第四九六條規定，如判決基礎之證物係偽造或變造者、適用法規顯有錯誤者等，可向原法院提出再審之訴。另對於法院裁定，得為抗告（第四八二條），但對訴訟程序進行中所為之裁定，除別有規定外，不得抗告，如上訴人有律師為訴訟代理人，而未繳納裁判費者，法院得不定期間命其補正，此係訴訟程序進行中所為之裁定，不得抗告（大法官會議釋字第一九二號）。

(2) **刑事訴訟**。係指人民權利受他人犯罪行為的侵害時，得依刑事訴訟法，向法院提出訴訟，請求國家科犯罪者刑罰的權利。A.國家執行刑罰權，以檢察官提出公訴及擔當自訴。B.刑事訴訟的被告，即有犯罪嫌疑者，受到限制，如a.經傳喚後，無正當理由而不到場者，可以拘提（第七五條）；b.犯罪嫌疑重大有逃亡之虞者，可以拘提（第七六條）；c.對被告的身體、物件、住宅等，可依法進行搜索，若發現可作證據的物品，可予扣押（第一三三條）。C.可附帶提出民事訴訟，即因被告犯罪而受損害者，得要求被告依民法負賠償責任者，請求回復其損害（第四八七條）。D.採三級三審制，但對輕罪者，二審終結，其救濟方法有抗告、再抗告、再審及非常上訴。

抗告。A.當事人對於法院之裁定有不服者，除有特別規定外，得抗告於直接上級法院。證人、鑑定人、通譯及其他非當事人受裁定者，亦得抗告（第四〇三條）。B.對判決前關於管轄或訴訟程序之裁定，不得抗告，但關於羈押、具保、責付、限制住居、搜索、扣押或扣押物發還、因鑑定將被告送入醫院或其他處所之裁定等，及對於證人、鑑定人或通譯科罰緩之處分，得聲請所屬法院撤銷或變更之（第四一六條）。如受處分人因道路交通處罰條例第八七條規定，而不服主管機關所為之處罰，得向管轄地方法院聲明異議；不服地方法院對聲明異議所為之裁定，得為抗告（大法官會議釋字第四一八號）。

再審。有罪之判決確定後，有下列情形之一者，為受判決人之利益，得申請再審。A.原判決所憑之證物已證明其為偽造或變造者。B.原判決所憑之證言、鑑定或通譯已證明其為虛偽者。C.受有罪判刑之人，已證明其係被誣告者。D.原判決所憑之通常法院或特別法院之裁判已經確定裁判變更者。E.參與原判決或前審判決或判決前所行調查之法官，或參與偵查或起訴之檢察官，因該案件犯職務上之罪已經證明者，或因該案件違法失職已受懲戒處分，足以影響原判決者。F.因發現確實之新證據，足認受有罪判決之人應受無罪、免訴、免刑或輕於原判決所認罪名之判決者（刑事訴訟法第四二〇條）。

非常上訴。判決確定後，發現該案件之審判係違背法令者，最高法院檢察署檢查總長得向最高法院提起非常上訴（第四四一條），非常上訴，應以原判決確認之事實為基礎，以判斷其適用法律有無違誤，至非常上訴審所得調查之事實，僅以關於訴訟程序、法院管轄、免訴事由及訴訟之受理者為限。如認上訴無理由則以判決駁回（第四四六條），如認有理由者則：A.原判決違背法令者，將其違背之部分撤銷，但原判決不利於被告者，應就案件另行判決。B.訴訟程序違背法令者，撤銷其程序（第四四七條）。

(3) **行政訴訟**。係指人民因中央或地方機關之違法行政處分，認為損害其權利或法律上之利益，經依訴願法提出訴願而不服其決定，或提出訴願逾三個月不為決定，或延長訴願決定期間逾二個月不為決定者，得向行政法院提起撤銷訴訟（行政訴訟法第四條）。有關行政訴訟，對高等行政法院之判決，得上訴最高行政法院（第二三八條）。但如適用法規顯有錯誤；為判決基礎之證物，係偽造或變造者；當事人發現未經斟酌之重要證物者等，得向原行政法院，提出再審之訴（第二七三條）。

(4) **選舉訴訟**。係指人民對有選舉違法或當選違法情事發生時，得向法院提出選舉訴訟，請求判決選舉無效或當選無效之謂。

三、教育權

教育權係指人民有向國家要求，在教育方面有享受平等機會與特殊利益的權利。但受教育不只是一種受益權，也是一種國民的義務。故我國憲法第二一條規定：「人民有受國民教育之權利與義務。」如義大利憲法（一九九三年）第三四條：「國民得享教育權。初級教育為強迫及免費教育，其時間至少八年。」西班牙憲法（一九七八年）第二七條：「人民有受教育之權利……國民教育為免費義務教育。」日本憲法（一九四七年）第二六條：「所有國民均有依法律之規定，按其能力接受均等教育之權利。所有國民均有依法律規定，使其所保護的子女接受普通教育之義務。義務教育為免費。」

1. **受教育的權利**。如我國憲法規定：「國民受教育之機會一律平等。」（第一五九條）「六歲之十二歲之學童，一律受基本教育，免納學費。其貧苦者，由政府供給書籍。已逾學齡未受基本教育之國民一律受補習教育，免納學費，其書籍亦由政府供給。」（第一六〇條）「各級政府應廣設獎學金名額，以扶助學行俱優無力升學之學生。」（第一六一條）政府並制定「高級中等以上學校學生就學貸款辦法」，以協助高級中等以上學校在學學生順利完成學業（第一條），符合條件核准貸款之利息負擔，分別由中央或省（市）主管機關編列預算負擔（第五條）。如符合(1)學生本人及其法定代理人，已成年學生及其父母，或已婚學生及其配偶，家庭收入符合中低收入家庭標準或其他特殊情況經學校認定有貸款必要者；(2)學生本人及其兄弟姊妹有二人以上就讀高級中學以上學校者。經核准後，符合第一款者，利息全部或一半由各級主管機關負擔，符合第二款，利息自行負擔（第八條）。另在九十四年八月十一日，教育部令頒「重大災害地區學生升學優待辦法。」，如學校因地區發生重大災害受損嚴重影響正常運作，妨礙學校上課、學生學習，且無法透過教育措施改善，經直轄市、縣（市）政府認定足以影響當學年度升學公平性者，經過資料評估，報請中央主管機關經過審查後，核定其地區範圍及辦理期限，由縣、市政府核發受災情形證明文件（第二條）。重大災害地區學生報考高級中等以上學校新生入學考試，除研究所及學士後各系招生不予優待外，其優待方式得以外加名額、增加總分、放寬申請條件或專案辦理招生等方式為之（第三條）。

2. **受教育的義務**。訂有「強迫入學條例」，規定：六歲至十五歲國民強迫入學（第二條），故適齡國民之父母或監護人有督促子女或受監護人入學之義務，並配合學校實施家庭教育（第六條）。凡應入學而未入學之適齡國民、已入學而中途輟學或長期缺課之適齡國民，學校應報請鄉（鎮、市、區）強迫入學委員會派員作家庭訪問，勸告入學，其父母或監護人勸告仍不送入學者，應由學校報請強迫入學委員會予以書面警告，並限期入學，經警告後，仍不遵行者，處一百元以下罰鍰並限期入學復學，如未遵限入學復學，得繼續處罰至入學復學為止（第九條）。

第五節、參政權

參政權係指國民參與國家政事，行使統治權的權利。但參政權並非所有的國民均得享有，而必須具備法定年齡及法定資格的公民，始得行使，其行使的內容包括選舉權、罷免權、創制權、複決權與應考試、服公職的權利。

我國憲法第一七條規定：「人民有選舉、罷免、創制、複決之權。」第一八條規定：「人民有應考試、服公職之權。」

一、選舉權

選舉權係指公民以投票方式，選舉民意機關代表或政府機關官吏的權利，同時包括公民被選為民意機關代表或政府機關官吏的權利。

1. 選舉方法

我國憲法第一二九條規定：「本憲法所規定之各種選舉，除本憲法別有規定外，以普通、平等、直接及無記名投票之方法行之。」

(1) **普通選舉**。凡公民皆享有選舉權，而不受種族、財產、性別、教育程度等的限制。

(2) **平等選舉**。所有選民在一次選舉中，只能投一張選票，而且每票等值，效力完全相同。而在過去曾出現過不平等選舉的複數投票制（一般選民只能投一票，但具有特殊資格的選民有兩個投票權）及等級投票制（選民雖都只有一個投票權，但其價值隨選民所屬等級而不同）。

(3) **直接選舉**。由選民直接選出民意機關的代表或政府機關的官吏。和其相對的是間接選舉；由選民選出選舉人或選舉團體，再由其選舉被選舉人。如我國依照憲法第二六、二七條規定，由選民選出國民大會，再由國民大會選舉總統、副總統；但現憲法增修條文則改為總統、副總統由中華民國自由地區全體人民，直接選舉之。（第二條）

(4) **無記名選舉**：選民在選票上不必記名，並親自投入密封票箱。無記名選舉可保障選舉人自由表達意思，而其相對的記名選舉，則易使選舉人受到威脅、利誘。

2. **選舉制度**

(1) **地區代表制與職業代表制**。地區代表制係以居住區域為選舉單位，而選舉代表的制度，其選區與行政區域相配合，易於選舉的進行，並能反映選民的意志，但可能陷於偏狹的地域觀念。職業代表制係以選民所屬職業團體，如工會、商會、農會、漁會等為選舉單位，而選舉代表的制度，其優點為現代立法內容日漸複雜與專門化，如採取職業代表制，可羅致各方專門人才，更能適應立法的需要及反映社會利益於議會之內；但缺點為職業團體眾多，其重要性與各別成員數難以確定，從而代表人數不易分配，並且職業代表既然代表不同利益的職業團體，往往將所屬職業團體的利益放在優先地位，增加議事衝突。

我國憲法原本規定選舉兼採地區代表制與職業代表制，如憲法第六四條規定立法委員選舉，由各省、各直轄市選出者，其人口在三百萬以下者五人；但同時亦規定職業團體選出者，其名額以法律定之。唯在憲法增修條文中取消職業代表制。

(2) **大選區制與小選區制**。大選區制係每一選區可以選出二名以上的代表，其優點是選區大，人才多，選民可從中選擇；應選名額較多，小黨候選人也有當選的機會；選民較多，威脅利誘等非法手段較難奏效；缺點是選區大，花費太多及對候選人難有深入瞭解，並易形成派系操縱。小選區制係每一選區只能選出一名代表，其優點為選區小，花費較少，對候選人品德才能較易判斷，對當選人容易監督；缺點則是選區小，賄賂威脅等情事較易發生；當選人易受地方利害影響，忽視整體利益；有些選區缺乏人才，平庸者亦能當選，有些選區優秀者雖多，卻無從當選。

我國憲法原本規定國民大會代表的選舉採小選區制，即每縣市及其同等區域各選出代表一人；立法委員的選舉則採大選區制，各省、直轄市人口在三百萬以下者，選出五人。但現根據增修條文，國民大會代表改為每直轄市、縣各二人。

(3) **政黨比例代表制**。係指依政黨得票比例分配議員席次的選舉制度，但只能適用於大選區。其優點是能反映出各政黨的政治勢力，並選出口才不佳的人才；缺點是小黨或非政黨人士的空間較小。

我國憲法增修條文，對中央民意代表（國民大會代表、立法委員）的選舉，增設全國不分區代表制，採政黨比例方式選出之（增修條文第一條），唯各該政黨之得票比率未達百分之五以上者，不予分配當選名額。至於政黨得票數的計算採取一票制，以各政黨得票數相加之和，除各該政黨得票數，求得各該政黨得票比率（公職人員選舉罷免法第六七條）。

3. 選舉人的資格

(1) **積極條件**。取得選舉權必須要具備的條件：A.國籍：具有中華民國國籍。B.年齡：年滿二十歲。C.居住：在選舉區繼續居住四個月以上。

(2) **消極條件**。取得選舉權不得具有的條件：A.褫奪公權尚未復權者。B.受監護產宣告尚未撤銷者。（公職人員選舉罷免法第一四、一五條）

4. 被選舉人的資格

(1) **積極條件**。A.國籍：具有中華民國國籍。至於回復中華民國國籍者，因歸化取得中華民國國籍者，不得登記為總統、副總統候選人（總統副總統選舉罷免法第二〇條）。B.年齡：須年滿二十三歲，但鄉（鎮、市）長、原住民區長候選人須年滿二十六歲；直轄市長、縣（市）長候選人須年滿三十歲、（公職人員選舉罷免法第二四條）；總統副總統候選人須年滿四十歲。C.僑居國外之中華民國國民年滿二十三歲，未設有戶籍或已將戶籍遷出國外連續八年以上者，得由依法設立之政黨登記為全國不分區及僑居國外國立法委員選舉之僑居國外國民之候選人。D.政黨登記為全國不分區及僑居國外國民立法委員選舉候選人者，應為該黨黨員（公職人員選舉罷免法第二四條）。

(2) **消極條件**。有下列情形之一者，不得登記為候選人：A.曾犯內亂外患罪，經判刑確定者；B.曾犯貪汙罪，經判決確定者；C.曾犯刑法第一四二條妨害投票自由罪、第一四四條投票行賄罪，經判刑確定；D.犯前三款以外之罪，判處有期以上之刑確定，尚未執行或執行未畢。但受緩刑宣告者，不在此限；E.受保安處分或感訓處分之裁判確定，尚未執行或執行未畢者；F.受破產宣告確定，尚未復權者G.依法停止任用或受休職處分，尚未期滿者；H.褫奪公權，尚未復權者；I.受監護或輔助宣告，尚未撤銷者（公職人員選舉罷免法第二六條）。同時有下列身分者，不得登記為候選人：A.現

役軍人或警察；B.服替代役之現役役男；C.軍事學校學生；D.辦理選舉事務人員。（公職人員選舉罷免法第二七條）

經登記為候選人者，不得撤回其候選人登記，縱於登記後將戶籍遷出其選舉區，亦不影響其候選人資格，並仍在原選舉區行使選舉權（公職人員選舉罷免法第三一條）。

5. 公開競選

憲法第一三一條：「本憲法所規定各種選舉之候選人，一律公開競選。」據公職人員選舉罷免法的規定，如(1)選舉委員會應彙集各候選人之政見、號次、相片、姓名、年齡、性別、出生地、政黨、學歷、經歷、政見及選舉投票等有關規定編印選舉公報，於投票日二日前送達選舉區內各戶，並分別張貼適當地點（第四七條）。(2)選舉委員會應於競選活動期間內舉辦公辦政見發表會，候選人應親自到場發表政見（第四六條）。以便選民經過公開競選活動，能充分瞭解各候選人的能力及政見，俾作最佳選擇。

6. 選舉禁止行為

(1) 憲法第一三二條：「選舉應嚴禁威脅利誘。」

(2) 刑法第六章「妨害投票罪」，妨害選舉行為，有妨害投票自由罪、投票受賄罪、投票行賄罪、利誘投票罪、妨害投票正確罪、妨害投票秩序罪、妨害投票秘密罪等七種，視其情節分別處以罰金、拘役、有期徒刑。

(3)公職人員選舉罷免法則規定有：A.候選人或其助選員之競選言論，不得有下列情事：a.煽惑他人犯內亂罪或外患罪；b.煽惑他人以暴動破壞社會秩序；c.觸犯其他刑事法律規定之罪（第五五條）。B.辦理選舉、罷免期間，意圖妨害選舉或罷免，或對公務員依法執行職務時，施強暴脅迫者（第九五條）。C.對於候選人或具有候選人資格者，行求期約或交付賄賂或其他不正當利益，而約其放棄競選或為一定之競選活動者（第九七條）。D.以強暴、脅迫或其他非法方法妨害他人競選或使他人放棄競選者（第九八條）。E.對於有投票權之人，行求期約或交付賄賂或其他不正利益，而約其不行使投票權或為一定之行使者（第九九條）。F.意圖使候選人當選或不當選，以文字、圖畫、錄音、錄影、演講或他法，散布謠言或傳播不實之事，足以生損害於公眾或他人者（第一〇四條）。G.意圖妨害或擾亂投票、開票而抑留、毀壞、隱匿、調換或奪取投票匭、選舉票、罷免票、選舉人名冊、投票報告表、開票報告表、開票統計或圈選工具者（第一〇九條）。以上並各視情節處罰之。

7. 選舉訴訟

我國憲法第一三二條規定：「選舉應嚴禁威脅利誘，選舉訴訟，由法院審判之。」故選務機關、選務監察機關、選舉人或候選人，發現選舉有威脅利誘、循私舞弊或違背法令行為，足以使投票結果不正確時，即可向有關機關檢舉，或向法院提起選舉無效或當選無效之訴。

(1) **選舉無效之訴**。選舉委員會辦理選舉違法，足以影響選舉結果，檢察官、候選人得自當選人名單公告之日起十五日內，以各該選舉委員會為被告，向管轄法院提出選舉無效之訴，至選舉委員會辦理全國不分區及僑居國外國民立法委員選舉違法，足以影響選舉結果，申請登記之政黨亦得依規定提出選舉無效之訴（公職人員選舉罷免法第一一八條）。選舉無效之訴，經法院判決無效確定者，其選舉無效，並定期重行選舉。其違法屬選舉之局部者，局部之選舉無效，並就該局部無效部分定期重行投票。但局部無效部分顯不足以影響選舉結果者，不在此限（同法第一一九條）。

(2) **當選無效之訴**。A.當選人如有當選票數不實，足認有影響選舉結果之虞者；B.對於候選人、有投票權人或選務人員，以強暴、脅迫或其他非法之方法，妨害他人競選、自由行使投票權或執行職務者；C.其他行為之足認有影響選舉結果之虞者。選舉委員會、檢察官或同一選區之候選人得以當選人為被告，自公告當選人名單之日起三十日內，向該管轄法院提出當選無效之訴，至全國不分區及僑居國外國民立法委員選舉之當選人，因政黨得票數不實，而足認有影響選舉結果之虞，其他申請登記之政黨得依規定提起當選無效之訴（公職人員選舉罷免法第一二〇條）。當選無效之訴經判決無效確定者，其當選無效；已就職者，並應自判決確定之日起，解除職務（同法第一二一條）。

二、罷免權

罷免權指公民對自己所選出的民意代表或官吏，認為有嚴重違反民意或失職情事時，可在其任期屆滿前，透過投票方式，使之去職的權利。罷免權是人民監督、控制民意代表及官吏的重要利器。故我國憲法

第十七條規定人民有罷免權，第一三三條復規定：「被選舉人得由原選舉區依法罷免之。」茲就公職人員選舉罷免法說明如下：

1. **罷免對象**。公職人員之罷免，得由選舉區選舉人向選舉委員會提出罷免案。是罷免對象為原選區選出的民意代表與官吏，而全國不分區及僑居國外國民選舉之當選人不為罷免對象（第七五條），而大法官會議釋字第三三一號：以憲法增修條文第四條規定，僑居國外國民及全國不分區之中央民意代表，係按該次選舉政黨得票總數比例方式產生，而非由選舉區之選民以投票方式選出，自無從由選舉區之選民以投票方式予以罷免，故選舉罷免法的規定與憲法並無牴觸。「惟此種民意代表如喪失其所由選出之政黨黨員資格時，自應喪失其中央民意代表之資格，方符憲法增設此一制度之本旨」。

2. **罷免時間的限制**。對於當選人予以一定時間的觀察是否稱職，故「就職未滿一年者，不得罷免」（第七五條）。

3. **罷免案之提出**。罷免案應附理由書，以被罷免人原選舉區選舉人為提議人，其人數應為原選舉區選舉人總數百分之一以上（第七六條）。但現役軍人、服替代役之現役役男或公務人員不得為罷免案提議人（第七七條）。

4. **罷免案之成立**。選舉委員會收到罷免案提議後，應於二十五日內查對其提議人；如合於規定，即通知提議之領銜人領取連署人名冊徵求連署，其人數應為原選舉區選舉人總數百分之十以上。罷免案經查明連署合於規定後，選舉委員會應為罷免案成立宣告（第七九、八一、八三條）。

5. **罷免案之投票**。罷免案之投票，應於罷免案宣告成立後二十日起至六十日內為之（第八七條）。罷免案投票同意罷免票數多於不同意票數，且同意票數達原選舉區選舉人總數四分之一以上，即為通過（第九〇條）。

6. **罷免結果之公告**。罷免案經投票後，選舉委員會應於投票完畢七日內公告投票結果，罷免案通過者，被罷免人應自公告之日起，解除職務（第九一條），並自解除職務之日起，四年內不得為同一公職人員候選人（第九二條）。

7. **再罷免的限制**。罷免案否決者，在該被罷免人之任期內，不得對其再為罷免案之提議（第九二條）。

三、創制權

創制權係指公民得以法定人數的連署，提出法案，促令立法機關修改法律或經公民投票直接成為法律之權。創制權是立法機關怠於職守，人民藉以保障、增益本身權益的方法。

1. **創制權行使的方法**

(1) **直接創制**。公民提出的創制案，不經議會，直接交由公民投票表決。

(2) **間接創制**。公民所提創制案，先交由議會討論，如議會贊成表決通過，即成為法律，如議會不贊成，可將原創制案併同議會修正的法案，一起提交公民投票表決，從中擇一。

(3) **制憲創制**。公民得對憲法的修改，提出創制案，如瑞士。

(4) **立法創制**。公民對普通法律，提出創制案。

(5) **原則創制**。公民僅提出法案原則，再由議會據以制訂完整的法案。

(6) **條文創制**。公民的創制案，提出完整的法律條文。如義大利憲法（一九九三年）第七一條：「人民行使提案權至少需有五萬選舉人連署，並以擬成條文方式之法案為之。」

2. 創制權行使的限制

(1) **連署人的限制**。避免少數人濫用此權，動輒提出創制案。如瑞士創制案的提出需十萬公民的連署（瑞士憲法第一二一條）。

(2) **事項的限制**。各國大率規定預算案、租稅案、公務員俸給法案等，公民不得創制，以免人民為圖減輕稅負，卻影響國家政務的推動。

四、複決權

複決權係指公民對於立法機關通過的法律案或修憲案，以公民投票的方式決定其是否應成為法律或憲法的權利。複決權用以防止立法機關的專斷，通過違反民意或侵害人民權益的法律。

1. 複決權行使的方式

(1) **諮詢複決**。憲法或法律未制定、修改前，由立法機關先交付公民投票，以決定其是否需要制定或修改。

(2) **批准複決**。憲法或法律案經立法機關通過後，應交付公民複決通過。

(3) **強制複決**。立法機關通過的法律案或修憲案，必須交付公民複決通過，始能生效。如瑞士憲法（一九九三年）第一二三條：「修正之聯邦憲法或聯邦憲法之修正部分，經參加投票之多數瑞士公民及多數邦接受時才發生效力。」

(4) **任意複決**。立法機關通過的法律案或修憲案，如有公民或有關機關（總統、州議會）提出要求時，始交付公民複決通過。如義大利憲法（一九九三年）第七五條：「如有五十萬選舉人或五州議會之請求，應舉行全民複決投票，以決定法律或具有法律效力之法規之全部或一部分之廢止。」

2. 複決權行使的限制

(1) **連署人的限制**。如前述義大利需要五十萬選舉人的連署。

(2) **事項的限制**。如前述義大利憲法同條：「關於預算與財政之法律，大赦與持赦及批准國際條約之同意不得舉行全民複決投票。」葡萄牙憲法（一九八九年）第一一八條：「公民複決的標的必須是攸關國家利益的重大事項。……修憲……預算、稅務、財政問題為公民複決的除外事項。」

五、公民投票

我國憲法第一七條規定人民有創制、複決權。第一三六條規定：「創制、複決兩權之行使，以法律定之。」

民國九十二年十一月二十七日，立法院三讀通過公民投票法，並於十二月二十一日由總統公布。其內容如下：

1. 立法目的

依據憲法主權在民的原則，確保國民直接民權之行使（第一條）。

2. 議題範圍

(1)全國性公民投票適用事項：A.法律之複決。B.立法原則之創制。C.重大政策之創制或複決（第二條）。D.憲法修正案之複決（第一五條）。

(2)地方性公民投票適用事項：A.地方自治法規之複決。B.地方自治法規立法原則之創制。C.地方自治事項重大政策之創制或複決。

公民投票事項的認定由中央選舉委員會負責，但預算、租稅、投資、薪俸及人事事項不得作為公民投票之提案（第二條）。

3. 程序

(1) **提案**。由提案人之領銜人檢具公民投票案主文、理由書及提案人正本、影本名冊各一份，向主管機關提出（第九條），其提案人人數，應達提案時最近一次總統、副總統選舉人總數萬分之一以上（第一〇條）。

(2) **審核**。審議委員會應在收到公民投票提案後，六十日內完成審核。除不合規定者予以駁回外，在審核期間應函請戶政機關於十五日內查對提案人名冊，及依該提案性質分別函請立法院及行政機關，在收受函文後四十五日內提出意見書，而提案在審核完成符合規定者，主管機關應通知提案人之領銜人在十日內向中央選舉委員會領取連署人名冊格式，印製後徵求連署（第一〇條）。但在連署前，如經提案人數的二分之一以上同意，得書面撤回（第一一條）。

(3) **連署**。連署人數應達提案時最近一次總統、副總統選舉選舉人總數百分之一點五以上。並自領取連署人名冊格式之次日起六個月內向中央選舉委員會提出，逾期視為放棄連署（第一二條）。選舉委員會收到連署人名冊，經清查連署人數不足或未依規定格式提出者，應不予受理。合於規定者則函請戶政機關查對。全國性公民投票應在六十日內查對完成（第一三條）。

(4) **其他提案人**。除由公民連署提出公民投票案外，A.立法院對於立法原則之創制及重大政策之創制或複決有關事項，認有進行公民投票之必要者，得附具主文、理由書，經立法院院會通過後，交由中央選舉委員會辦理投票，而立法院提案如經否決，二年內不得就該事項重行提出（第一五條）。B.

總統當國家遭受外力威脅，致國家主權有改變之虞，得經行政院院會之決議，就攸關國家安全事項，交付公民投票（第一六條）。

(5) **成案公告**。連署人名冊經查對合於規定，選舉委員會應在十天內為公民投票成立之公告。公民投票案並予編號。連署人數不合規定者，通知十五日內補提，若仍不足或逾期不補提者，為公民投票案不成立之公告（第一三條）。

(6) **投票公告**。選舉委員會應於投票日九十日前公告下列事項：A.公民投票案投票日期，投票起、止時間。B.公民投票案之編號、主文、理由書。C.政府機關針對公民投票案提出之意見書。D.公民投票權行使範圍及方式（第一七條）。

(7) **活動過程**。A.選舉委員會應以公費，在全國性無線電視頻道提供時段，供正反意見支持代表發表意見或進行辯論（第一八條）。B.選舉委員會應彙集有關公告事項及其他投票有關規定，編印公民投票公報，在投票日二日前，送交各戶，並分別張貼適當地點（第一八條）。C.提案人及反對意見者，經許可者得設辦事處，從事意見宣傳並募集經費（第二〇條）。

(8) **投票**。公民投票應在公投票上刊印公民投票案編號、主文及同意、不同意等欄，由投票人以選舉委員會製備之工具圈定（第二一條）。

(9) **地方性公民投票**。向直轄市、縣（市）政府提出（第二六條），公民投票案相關事項，除本法已有規定外，由直轄市、縣（市）以自治條例定之（第二六條）。

(10) **結果公告**。A.投票結果，有效同意票多於不同意票，且有效同意票達投票權人數總人數四分之一以上者即為通過（第二九條）。B.公民投票案經通過者，各該選舉委員會應於投票完畢七日內公告結果，並依下列方式處理：a.有關法律、自治條例立法原則之創制案，行政院、直轄市政府、縣（市）政府應於三個月內研擬相關之法律、自治條例提案，並送立法院、直轄市議會、縣（市）議會審議，並應於下一會期休會前完成審議程序。b.有關法律、自治條例之複決案，原法律或自治條例於公告之日算至第三日起，失其效力。c.有關重大政策者，應由權責機關為實現該公民投票案內容之必要處置。d.有關憲法修正案之公民投票，應依憲法修正程序為之（第三〇條）。

4. 效果

公民投票案經通過或否決者，自公告結果之日起二年內，不得就同一事項重新提出（第三二條）。

5. 公民投票爭訟

由中央或地方性公民投票行為地的高等行政法院管轄，不服高等行政法院第一審裁判可上訴、抗告最高行政法院（第四七條）。

六、應考試與服公職權

我國憲法第一八條規定：「人民有應考試、服公職之權。」

1. 應考試權

應考試權係指人民只要具備一定的法定資格，得參加國家舉辦的各種考試，以取得公務員或專業人員資格的權利。為保障此種權利，故憲法第八六條規定，公務人員任用資格和專門職業及技術人員執業資格的取得，皆需經考試院依法考選銓定，並於第八五條再規定公務人員之選拔，應實行公開競爭之考試制度，其非經考試及格者，不得任用。但並非任何人皆得參加考試，依「公務人員考試法」，需具有法定資格：

(1) **年齡**。年滿十八歲（第一二條）。

(2) **應考資格的限制**。需具備相關考試所需的學歷，如：公立或立案之私立獨立學院以上學校或符合教育部採認之國外獨立學院以上學校相當系所畢業者，或普通考試相當類科及格滿三年者，得應公務人員高等考試三級考試（第一三條）。

(3) **有下列情事之一者不得應考**：A.動員戡亂時期終止後，曾犯內亂、外患罪，經有罪判決確定者，或通緝有案尚未結案者。B.曾服公務有貪汙行為，經有罪判刑確定者，或通緝有案尚未結案者。C.褫奪公權尚未復權者。D.受監護或輔助宣告，尚未撤銷者（第一二條）。另對專業人員考試則有「專門職業及技術人員考試法」。

2. 服公職權

服公職權係指人民具有法定資格者，均有擔任公職與公務人員的權利。所謂公職，依大法官會議釋字第四二號解釋，凡各級民意代表、中央與地方機關之公務員，及其他依法令從事於公務者皆屬之。但服公職亦需具備法定資格，公務員需經考試及格，訓練期滿成績及格分發任用（公務人員任用法第一〇條），民意代表則需符合「公職人員選舉罷免法」第三節「候選人」的各項積極、消極的條件。

第六節、人民自由權利的保障、限制與救濟

一、自由權利的保障與限制

對自由權利的保障有兩種方式：1.直接保障，又稱憲法保障，對人民應享有的自由權利，由憲法本身作詳細的規定，行政機關固不得侵犯，即立法機關亦不得制定限制人民自由權的法律。2.間接保障，即憲法上除規定人民的自由權利外，尚有「依法律」或「非依法律」不得限制等附加文句，即立法機關得以法律限制人民的自由權利。

我國憲法對自由權利的保障原則上採取直接保障，詳列述自由權利的項目，並唯恐未能周延，於第二二條再規定：「凡人民之其他自由及權利，不妨害社會秩序公共利益者，均受憲法之保障。」但是在第二三條，也規定：「以上各條列舉之自由權利，除為防止妨礙他人自由，避免緊急危難，維持社會秩序，或增進公共利益所必要者外，不得以法律限制之」，是為例外的間接保障，即自由權利的行使，在下列四種條件下，可由立法機關立法限制。

1. **妨止妨礙他人自由**。行使自由權利，以不妨礙他人的自由權利為範圍，如刑法有「妨害自由罪」專章（第二六章）：(1)使人為奴隸或使人居於類似奴隸之不自由地位（第二九六條）；(2)私行拘禁或以其他非法方法，剝奪人之行動自由（第三〇二條）；(3)以強暴、脅迫使人行無義務之事或妨害人行使權利者（第三〇四條）；(4)以加害生命、身體、自由、名譽、財產之事，恐嚇他人致生危害於安全（第三〇五條）；(5)無故侵入他人住宅、建築物或附連圍繞之土地（第三〇六條）；(6)不依法令搜索他人身體、住宅、建物等（第三〇七條），均屬妨礙他人自由，應依法受徒刑、拘役或罰金。

2. **避免緊急危難**。(1)有對國家發生者，如戰爭或叛亂發生時，戒嚴地區內，最高司令官得停止集會、結社及遊行、請願，並取締言論、講學、新聞、出版等認為與軍事有妨害者（戒嚴法第一一條）。(2)有對個人發生者，如民法第一五〇條有緊急避難權，「因避免自己或他人生命、身體、自由或財產上急迫之危險，所為之行為，不負損害賠償之責。但以避免危險所必要，並未逾越危險所能致之損害程度者為限。」另社會秩序維護法，第一二條：「對於現在不法之侵害，而出於防衛自己或他人權利之行為，不罰。」第一三條：「因避免自己或他人之緊急危難，而出於不得已之行為，不罰。」

3. 維持社會秩序。刑法有妨害秩序罪，如(1)以加害生命、身體、財產之事恐嚇民眾，致生危害於公安者（第一五一條）；(2)參與以犯罪為宗旨之結社者（第一五四條）。並為維護公共秩序，確保社會安寧，另訂有「社會秩序維護法。」其第三章為「妨害安寧秩序」，詳述其行為範圍及處罰。

就維持社會秩序所作限制，如大法官會議釋字第二八四號，以原道路交通管理處罰條例第六二條第二項規定：「汽車駕駛人如肇事致人受傷或死亡，應即採取救護或其他必要措施，並向警察機關報告，不得逃逸，違者吊銷其駕駛執照。」旨在增進行車安全，保護他人權益，以維持社會秩序，為憲法第二三條所許可，與憲法並不牴觸。

又如釋字第四一七號，以道路交通管理處罰條例第七八條第三款規定：行人在道路上不依規定，擅自穿越車道者，處一百二十元罰緩；或施一至二小時之道路交通安全講習，係為維持社會秩序及公共利益所必需，與憲法並無牴觸。

4. 增進公共利益。如土地法為公共事業的需要可徵收私人土地（第二〇八條），建築法之為實施建築管理，以維護公共安全、公共交通、公共衛生及增進市容觀瞻（第一條）。如大法官會議釋字第三〇一號，以教育人員任用條例第三一條第三款關於因案停止職務，其原因尚未消滅者，不得為教育人員的規定，乃因其暫不適宜繼續執行教育職務；此為增進公共利益所必要，與憲法並無牴觸。

又如釋字第三三六號，以所得稅法第一百十四條第二款前段：「扣繳義務人已依本法扣繳稅款，而未依第九十二條規定之期限按實填報或填發扣繳憑單者，除限期責令補報或填發外，應按扣繳稅額處百分之二十之罰鍰，但最低不得少於一千五百元；逾期自動申報或填發者，減半處罰」，旨在掌握稅源資料，維護租稅公平，就違反此項法律上作為義務應予制裁部分，為增進公共利益所必要，與憲法尚無牴觸。

二、自由權利損害的救濟

人民的自由權利如受私人侵害，自可提起民事、刑事的訴訟，但如受公務員侵害，應如何補救？我國憲法第二四條規定：「凡公務員違法侵害人民之自由或權利者，除依法律受懲戒外，應負刑事及民事責任。被害人民就其所受損害，並得依法律向國家請求賠償。」

1. 公務員的責任

(1) **懲戒責任**。公務員因違法失職，侵害人民自由權利時，可予以申誡、記過、罰俸、減俸、降級、休職、撤職、免除職務（公務員懲戒法第九條）。

(2) **刑事責任**。公務員侵害人民自由權利的違法行為如觸犯刑法的瀆職罪，如A.公務員或仲裁人對於職務上之行為要求，期約或收受賄賂或其他不正利益者（第一二一條）；B.公務員廢弛職務釀成災害者（第一三〇條）；C.在郵務或電報機關執行職務之公務員開拆或隱匿投寄之郵件或電報者（第一三三條）。另政府為嚴懲貪汙，澄清吏治，並訂有「貪汙治罪條例」。

(3) **民事責任**。公務員侵害人民的自由權利，如構成民事上的侵權行為，則應負民事的損害賠償責任。民法第一八六條規定：「公務員因故意違背對於第三人應執行之職務，致第三人之權利受損害者，負賠償責任。其因過失者，以被害人不能依他項方法受賠償時為限，負其責任。」

2. 國家的賠償責任

憲法第二四條規定當公務員違法侵害人民之自由權利時，被害人民就其所受損害，得依法律向國家請求賠償。而為確立國家賠償責任，加強對人民權利的保障，並促使公務員的善盡職守，於民國六十九年制頒「國家賠償法」，規定：(1)依法令從事於公務之人員（包括受委託行使公權力之團體，其執行職務之人於行使公權力時，視同委託機關之公務員）在執行職務行使公權力時，因故意或過失不法侵害人民自由或權利者，國家應負損害賠償責任。公務員怠於執行職務，致人民自由或權利遭受損害者亦同（第二、四條）。(2)公有公共設施因設置或管理有欠缺，致人民生命、身體或財產受損害者，國家應負賠償責任（第三條）。(3)公務員有故意或重大過失，或就損害原因有應負責任之人時，賠償義務機關對之有求償權（第二、三條）。

對於公務員的義務及國家賠償問題，大法官會議釋字第四六九號，認為法律規定之內容非僅屬授予國家機關推行公共事務之權限，而其目的係為保護人民生命、身體及財產等法益，且法律對主管機關應執行職務所行使公權力之事項規定明確，該管機關公務員依此規定對可得特定之人所負作為義務已無不作為之裁量餘地，猶因故意或過失怠於執行職務，致特定人之自由或權利遭損害，被害人得依國家賠償法第二條第二項後段，向國家請求損害賠償。最高法院在民國七十二年臺上字第七〇四號判例謂：「國家賠償法第二條第二項後段所謂公務員怠於執行職務，係指公務員對於被害人有應執行之職務而怠於執行者而言。換言之，被害人對於公務員為特定職務行為，有公法上請求權存在，經請求其執行而怠於執行，致自由或權利遭受損害者，始得依上開規定，請求國家負損害賠償責任。若公務員對於職務之執行，雖可使一般人享有反射利益，人民對公務員仍不得請求為該職務之行為者，縱公務員怠於執行該職務，人民尚無公法上請求權可資行使，以資保護其利益，自不得依上開規定請求國家賠償損害。」對於符合一定要件，而有公法上請求權，經由法定程序請求公務員作為而怠於執行職務者，自有其適用，惟與首開意旨不符部分，則係對人民請求國家賠償增列法律所無之限制，有違憲法保障人民權利之意旨，應不予援用。

第七節、人格權

對人格權的保障在現今的社會中顯然應受到特別的重視，而一般憲法中有關自由權、平等權、生存權等的保障內容中，相當部分也在於保障人格權。人格權所保障的在於人格尊嚴的維護，即身為一個人的獨立自主性及存在價值，不得以言語或動作予以歧視、嘲諷、凌虐。

德國基本法第一條規定：「(1)人之尊嚴不可侵犯，尊重及保護此項尊嚴為所有國家之義務。(2)因此，德意志人民承認不可侵犯與不可讓與之人權，為一切人類社會及世界和平與正義之基礎。」日本憲法第一三條則規定：「凡國民之人格均受尊重。」

我國憲法並未列舉出人民的人格權，但民法第一八條規定：「人格權受侵害時，得請求法院除去其侵害，有受侵害之虞時，得請求防止之」，以保全其人格，並對法律有特別規定者，得請求損害賠償或慰撫金。至在原民法草案第五一條以人格權者，是個人所享有私權，即關於生命、身體、名譽、自由、姓名、身分及能力等之權利。

此外，在我國有關社會政策的法律中，皆出現有「人格尊嚴」的相關用語，從中也得窺探人格權之內涵。

如老人福利法第一條明定：「為維護老人尊嚴與健康，延後老人失能，安定老人生活，保障老人權益，增進老人福利，特制定本法。」此老人尊嚴指在精神上能獲得合乎人格體面的生活內容及照顧扶持。因而該法再規定：「致力老人免於就業歧視。」（第二九條）老人福利機構有「虐待、妨害服務對象之身心健康或發現老人受虐事實未向直轄市、縣（市）主管機關通報」處新台幣六萬元以上三十萬元以下罰鍰（第四八條）。

如身心障礙者權益保障法，以「身心障礙者之人格及合法權益，應受尊重及保障，對其接受教育，應考進用、就業、居住、遷徙、醫療等權益，不得有歧視之對待。」（第一六條）「傳播媒體報導身心障礙者或疑似身心障礙者，不得使用歧視性之稱呼或描述，並不得有與事實不符或誤導閱聽人對身心障礙者產生歧視或偏見之報導。」（第七四條）

性別平等教育法，在「促進性別地位之實質平等，消除性別歧視，維護人格尊嚴、厚植並建立性別平等之教育資源與環境。」（第一條）並定義：1.性騷擾為「以明示或暗示之方式，從事不受歡迎且具有性意味或性別歧視之言詞或行為，致影響他人之人格尊嚴、學習、工作之機會或表現者。」2.性霸凌則「指透過語言、肢體或其他暴力，對於他人之性別特徵、性別特質、性傾向或性別認同進行貶抑、攻擊或威脅之行為且非屬性騷擾者。」（第二條）

此外，民、刑法中與人格權有關者，如民法：「姓名權受侵害者，得請求法院除去其侵害，並得請求損害賠償。」（第一九條）刑法第二七條為妨害名譽及信用罪，1.「公然侮辱人者，處拘役或三百元以下罰金。以強暴犯前項之罪者，處一年以下有期徒刑、拘役或五百元以下罰金。」即以言語或舉動足以使不特定或多數人得以共見共聞即行成立，並使被侮辱者造成身心之傷害。2.「意圖散布於眾，而指摘或傳述足以毀損他人名譽之事者，為誹謗罪，處一年以下有期徒刑、拘役或五百元以下罰金。」、「散布文字、圖畫犯前項之罪者，處二年以下有期徒刑、拘役或一千元以下罰金。」、「對於所誹謗之事，能證明其為真實者不罰。」但涉及私德而與公共利益無關者，不在此限。（第三〇一條）

由上可見人格權在於保障個人獨立而完整的尊嚴及存在價值的神聖性。因而言論表達的自由雖為憲法保障的基本人權，但權利兼負義務，對於惡意散布謠言，傳播不實言論，甚或言語暴力或動作，足以使他人心生恐懼或產生精神上嚴重創傷、長期焦慮，或使人在社會之形象及誠實信用蒙受損失者，即為對人格尊嚴的嚴重傷害。

第八節、人民的義務

義務係指人民在法律規定範圍內，必須服從國家統治權的支配，為一定作為的責任。此因義務仍與權利相對待，權利為權利主體應有法律上之效力，義務即義務主體應受法律上之約束，而有權利就有義務，有義務就有權利。如義大利憲法（一九九三年）第二條：「共和國無論對個人或對個人在發展其人格之社會組織中為成員，均承認並保障其不可侵犯之人權；並要求其履行政治、經濟及社會連帶之基本任務。」

一、納稅的義務

我國憲法第一九條規定：「人民有依法納稅的義務。」

納稅是人民有提供金錢以維持國家生存、政府運轉及各種公共建設所需資金的義務。此種納稅的義務則係指人民僅依法律所定之納稅主體、稅目、稅率、納稅方法及納稅期間等項而負之義務（大法官會議釋字第二一七號解釋）。因為納稅是一種義務，違反者將受處罰。

現行有關納稅的法律有：所得稅法、遺產及贈與稅法、營業稅法、土地稅法、證券交易稅條例等。如所得稅法第二條：「凡有中華民國來源所得之個人，應就其中華民國來源之所得，依本法規定，課徵綜合所得稅。」納稅義務人依本法規定應申報課稅之所得額有漏報或短報情事者，處以所漏稅額兩倍以下之罰鍰（第一〇八條），如逾限繳納稅款、滯報金及怠報金者，每逾二日按滯納之金額加徵百分之一滯納金；

逾期三十日仍未繳納者，由稽徵機關移送法院強制執行（第一一二條）。因人民有依法納稅之義務，故國家依法課徵所得稅時，納稅義務人應自行申報，並提示各種證明所得額之帳簿、文據，以便稽徵機關查核。凡未自行申報或提示證明文件者，稽徵機關得依查得之資料或同業利潤標準，核定其所得額。此項推計核定方法，在估計所得額時，在力求客觀、合理，使與納稅義務人之實際所得相當，以維持租稅公平原則，則與憲法有關規定之本旨並不牴觸（大法官會議釋字第二一八號）。

二、服兵役的義務

我國憲法第二〇條規定：「人民有依法律服兵役之義務。」

服兵役是人民為維護國家主權，保護領土完整，加入軍隊，捍衛國家的責任。兵役制度可分為募兵制與徵兵制，我國則採取徵兵制，並訂有兵役法，其第一條規定：「中華民國男子依法皆有服兵役之義務。」唯身心障礙或有痼疾不堪服役者，得免服兵役（第四條），曾判處五年以上有期徒刑者禁服兵役（第五條）。在營服役期間，學生保留學籍，職工保留底缺年資，因服戰時勤務或執行公務受傷殘廢者，政府應負教養之責（第四四條）。

至於宗教信仰是否能做為拒服兵役的理由，大法官會議釋字第四九〇號解釋文，認人民有依法律服兵役的義務，為憲法第二〇條所明定。惟人民如何履行兵役義務，憲法本身並無明文規定，有關人民服兵役之重要事項，應由立法者斟酌國家安全、社會發展之需要，以法律定之。憲法第一三條規定：「人民有信仰宗教之自由。」係指人民有信仰與不信仰任何宗教之自由，以及參與或不參與宗教活動之自由；國家不得對特定之宗教加以獎勵或禁制，或對人民特定信仰給予優待或不利益。立法者鑒於男女生理上之差異及因此種差異所生之社會生活功能角色之不同，於兵役法第一條規定：中華民國男子依法皆有服兵役之義務，係為實踐國家目的及憲法上人民之基本義務而為之規定；原屬立法政策之考量，非為助長、促進或限制宗教而設，且無助長、促進或限制宗教之效果。復次，服兵役之義務，並無違反人性尊嚴亦未動搖憲法價值體系之基礎，且為大多數國家之法律所明定，更為保護人民，防衛國家安全所必需，與憲法第七條平等原則及第一三條宗教信仰自由之保障，並無牴觸。

三、受國民教育的義務

我國憲法第二一條規定：「人民有受國民教育之權利與義務。」

受國民教育是一項權利，也是一項義務，國民教育法第二條規定：「凡六歲至十五歲之國民，應受國民教育；已逾學齡未受國民教育之國民，應受國民補習教育。」國民教育係屬強迫入學。

習題

1. 說明權利與義務的意義。
2. 說明現代平等權重視的方向。
3. 說明我國憲法有關平等權的規定內容。
4. 說明我國對人身自由的保障有哪些方法。
5. 說明我國憲法有關提審制度的規定內容。
6. 說明言論自由的意義。依照我國刑法的規定，對言論由有哪些禁止的規定。
7. 說明出版自由的意義。
8. 說明集會自由的意義及限制。
9. 說明生存權的意義。我國憲法對生存權有何規定。
10. 說明財產權的意義，為何要對財產權作一限制。我國對財產權的擁有、使用、收益、處分有哪些限制。
11. 說明請願權、訴願權及訴訟權的意義。
12. 訴訟權可分為幾種，說明其意義。
13. 何謂參政權？說明選舉、罷免、創制、複決四權的意義。
14. 說明我國各種法律，對於選舉禁止行為有哪些規定。

15. 說明創制權的行使，有哪些方式。
16. 說明應考試權與服公職權的意義。
17. 我國憲法規定，人民的自由權利在哪四種情況下得依法限制，一一說明之。
18. 說明依據國家賠償法，在哪兩種情況下，國家應負賠償責任。
19. 說明何謂人民的義務？我國憲法規定人民負哪些義務，說明之。

第六章、國民大會

自民國八十年四月第一次修憲至民國八十九年四月的第六次修憲，國民大會的職權及代表的產生方式迭有修改。而在民國九十四年六月七日經國民大會複決通過的第七次修憲，增修憲法第一條為：「憲法第二十五條至第三十四條及第一百三十五條之規定，停止適用。」即憲法本文第三章「國民大會」的有關條文停止適用，亦即在此後我國實際的中央政府體制裡，國民大會不再存在。然因只是停止適用，而憲法本文的相關國民大會的條文仍存在。故本章仍就憲法原規定條文，簡論如下。

第一節、國民大會的性質

孫中山先生倡導權能區分的學說，即人民擁有選舉、罷免、創制、複決四種政權，以有效的監督政府；政府則擁有行政、立法、司法、考試、監察五種治權，相互配合的發揮最高效率，來謀取人民的福祉，但我國疆域遼闊，地形複雜，如對全國性的人、事，經常實行直接民權，必然有所不便，故乃主張在

中央政府由國民大會代表人民行使四種政權，即「憲法頒布後，中央統制權即歸於國民大會行使之，即國民大會對於中央政府官員有選舉權、有罷免權，對於中央法律有創制權，有複決權。」（建國大綱第二四條）

故我國憲法第二五條規定：「國民大會依本憲法之規定，代表全國國民行使政權。」析言之，國民大會係：

一、**是最高政權機關**。國民大會是代表全國國民於中央政府行使政權，至於省固得召開省民代表大會（第一一二條）、設置省議會（第一一三條），縣則除設縣議會外，縣民關於縣自治事項及縣自治人員，並得依法行使四種政權，但其代表性則小於代表全國國民的國民大會，而省縣自治法與法規，都不得牴觸國民大會制定的憲法與創制的法律。

二、**是政權機關而非主權機關**。因憲法第二條規定：「中華民國之主權屬於國民全體。」而國民大會只是代表人民行使政權的機關，故人民得依法對國民大會代表提議罷免。

三、**是行使間接民權的政權機關**。是代表全國國民行使政權、罷免總統、副總統（現依增修條文規定，僅得提出罷免案），對總統提名之司法、考試、監察院之重要人事行使同意權，並修改憲法，及對中央法律行使創制權與複決權。

四、**代表人民行使政權的範圍是有限的**。國民大會行使政權的範圍，只能以憲法第二七條及增修條文第一、二條所列舉者為限，如除對總統、副總統提出罷免案外，對中央政府的其他官吏皆無罷免權。如對司法、考試、監察三院的重要人事又有同意權，但無罷免權。

五、**國民大會相當於民主國家的國會**。大法官會議釋字第七六號解釋：「我國憲法係依據孫中山先生之遺教而制定，於國民大會外並建立五院，與三權分立制度本難比擬。國民大會代表全國國民行使政權。立法院為國家最高立法機關，監察院為國家最高監察機關，均由人民直接間接選舉之代表或委員所組成。其所分別行使之職權，亦為民主國家國會重要之職權，雖其職權行使之方式，如每年定期集會、多數開議、多數決議等，不盡與各民主國家國會相同，但就憲法上之地位，及職權之性質而言，應認國民大會、立法院、監察院共同相當於民主國家之國會。」

第二節、國民大會的組織

一、國民大會代表

1. 國民大會代表的產生

(1) 代表的種類

依據憲法第二六條及第一三五條規定，國民大會以左列代表組織之：

A.每縣市及其同等區域各選出代表一人，但其人口逾五十萬人者，每增加五十萬人，增選代表一人。縣市同等區域以法律定之。

B.蒙古選出代表，每盟四人，每特別旗一人。

C.西藏選出代表，其名額以法律定之。

D.各民族在邊疆地區選出代表，其名額以法律定之。

E.僑居國外之國民選出代表，其名額以法律定之。

F.職業團體選出代表，其名額以法律定之。

G.婦女團體選出代表，其名額以法律定之。

H.內地生活習慣特殊之國民代表名額及選舉，其辦法以法律定之。

(2) **國民大會代表候選資格**。年滿二十三歲。唯憲法第二八條規定：「現任官吏不得於其任所所在地之選舉區當選為國民大會代表。」是縣市官吏不得在任職之縣市為國民大會代表候選人。

2. 國民大會代表之罷免

原選舉區選民對所選出的國民大會代表可提出罷免案。

3. 國民大會代表之任期

憲法第二八條規定：「國民大會代表每六年改選一次。每屆國民大會代表之任期，至次屆國民大會開會之日為止。」即國民大會代表(1)每六年改選一次；(2)任期至次屆國民大會開會之日為止。

4. 國民大會代表的兼職

(1)不得兼任監察委員。國民大會代表，代表國民行使政權，自係公職。依憲法第一〇三條規定，監察委員不得兼任。此外，憲法將對於總統、副總統之彈劾與罷免劃分，由監察院與國民大會分別行使。若監察委員得兼任國民大會代表，由同一人行使彈劾權與罷免權，是與憲法劃分其職權之原意相違（大法官會議釋字第一五號解釋）。

(2)不得兼任立法委員。憲法第二七條規定，國民大會複決立法院所提之憲法修正案，並制定辦法，行使創制、複決兩權，若立法委員得兼國民大會代表，是以一人而兼具提案與複決兩種性質不相容之職務。且立法委員既行使立法權，復可參與中央法律之創制與複決，亦顯與憲法第二五條（國民大會代表全國國民行使政權）及第六二條（立法院為國家最高立法機關）規定之精神不符（大法官會議釋字第三十號解釋）。

(3)不得兼任省縣議員。國民大會代表係各在法定選舉單位當選，依法集會，代表全國國民行使政權。而省縣議會議員乃分別依法集會，行使屬於各該省縣之立法權。為貫徹憲法分別設置各級民意機關，賦予不同職權之本旨，國民大會代表自不得兼任省縣議會議員（大法官會議釋字第七四號解釋）。

(4)得兼任官吏。制憲國民大會，對於國民大會代表不得兼任官吏，及現任官吏不得當選為國民大會代表之主張，均未採納。而憲法第三八條第三項，僅限制現任官吏，不得於其任所所在地之選舉區當選為國民大會代表。足見制憲當時，並無限制國民大會代表兼任官吏之意，故國民大會代表非不得兼任官吏（大法官會議釋字第七五號解釋）。

5. 國民大會代表的保障

國民大會代表全國國民行使政權，為使其能克盡職責，履行職能，乃有兩種保障。

(1) 言論及表決自由的保障。

憲法第三二條規定：「國民大會代表在會議時所為之言論及表決，對會外不負責任。」析言之。

A. 惟在會議時所為之言論及表決始受保障，此所指會議包括大會、委員會及小組會議等，至在會議外所為之言論則僅代表個人意思，自應負責。

B. 在會議時所為之言論，應指在會議中所為與執行職權有關之言論，而對於無關的不法言論，憲法中雖未作規定，但民國六十九年大法官會議釋字第一六五號解釋：「地方議會議員在會議時就有關會議事項所為之言論，應受保障，對外不負責任。但就無關會議事項所為顯然違法之言論，仍難免責。」其解釋理由書進一步指出：地方議會為發揮其功能，在其法定職掌範圍內具有自治、自律之權責，對於議員在會議時所為之言論，並宜在憲法保障中央民意代表言論之精神下，依法予以適當之保障，俾得善盡公意及監督地方政府之職責，惟上項保障，既在使地方議員順利執行職務，自應以與議案之討論，質詢等有關會議事項所為之言論為限，始有免責之權，如與會議事項無關，而為妨害名譽或其他顯然違法之言論，則係濫用言論免責權；而權利不得濫用，乃法治國家公法與私法之共同原則，即不應再予保障。此處所指雖為地方議員，但在法理上，亦可適用於國民大會代表。

C. 對會外不負責任，則是指在討論議案時，所為之言論，不負刑事上追訴及民事上損害賠償的責任。但國民大會代表的言論，對國民大會本身、所屬政黨及選民仍然要負紀律責任、政治責任及道德責任。

(2) **身體自由的保障**。憲法第三二條規定：「國民大會代表，除現行犯，在會期中，非經國民大會許可，不得逮捕或拘禁。」此因國民大會代表的身體自由，如無特別保障，恐將遭受威脅，致不敢行使其職權，況且如得任意逮捕或拘禁，或將影響國民大會及決議人數。但此項保障僅限於會期中，同時有兩種例外：

A. 現行犯不予保障。根據刑事訴訟法第八八條：a.現行犯，不問何人得逕行逮捕。b.犯罪在實施中或實施後即時發覺者，為現行犯。c.被追呼為犯罪人者，以現行犯論。d.因持有兇器、贓物或其他物件或於身體、衣服等處露有犯罪痕跡，顯烈疑為犯罪人者，以現行犯論。

B. 經國民大會許可，得逮捕拘禁。

二、國民大會的組織

1. 主席團與議長

國民大會在開會期間原本設主席團，由出席代表互選三十三人組成之，每次開會時互推一人為主席，主席團職掌根據未修改前國民大會組織法為：(1)關於議事程序事項；(2)關於國民大會行政事項；(3)擬定各種委員會之組織法；(4)議決懲戒代表案，交付紀律委員會審議後提出大會決定；(5)提出秘書處秘書長、副秘書長人選，提請大會決定；(6)訂定秘書處之組織及處務規程；(7)擬定大會議事規則，提請大會決定。

2. 委員會

國民大會為順利執行職務，必須設置委員會，分掌其事。

3. 秘書處

國民大會置秘書長一人，經議長遴選報告大會後，特派之，並另設副秘書長一人（國民大會組織法第九條）。秘書長承議長之命，處理國民大會事務，並指揮監督所屬職員（同前法第一〇條）。秘書處分組、室辦事，計有議事組、資料組、文書組、總務組、公共關係室、人事室、會計室等（同前法第一一、一三、一四條）。

三、國民大會的集會

1. 集會的類別

按憲法第二九條及第三〇條規定，國民大會之集會可分為常會與臨時會。

(1) **常會**。「國民大會於每屆總統任滿前九十日集會，由總統召集之。」（第二九條）是常會每六年召開一次，任務在選舉次屆總統、副總統。

(2) **臨時會**。國民大會有下列情形之一時，召集臨時會：A.依憲法第四九條規定，應補選總統、副總統時；B.依監察院之決議，對於總統、副總統提出彈劾案時。以上兩種情形，由立法院院長通告集會。C.依立法院之決議，提出憲法修正案時；D.國民大會代表五分之二以上請求召集時。以上兩種情形，由總統召集之（第三〇條）。

2. 開議與議決

(1) **開議**：非有代表三分之一以上人數之出席，不得開議（國民大會組織法第八條）。

(2) **議決**：

A.一般事項議決。出席代表過半數之同意為之（同前法第八條）。

B.修憲議決。國民大會代表總額五分之一之提議，三分之二之出席，及出席代表四分之三之決議，得修改之（憲法第一七四條）。

3. 集會地點

國民大會之開會地點在中央政府所在地。

四、國民大會的職權

茲依據憲法第二七條及有關條文，說明國民大會職權如下：

1. 選舉罷免總統、副總統。

2. 議決監察院所提對總統、副總統的彈劾案。

3. 修憲權。國民大會修改憲法有兩種方式：

(1) 由國民大會代表總額五分之一之提議，三分之二之出席，及出席代表四之三之決議得修改之。

(2) 由立法院立法委員四分之一之提議，四分之三之出席，及出席委員四分三之決議，擬定憲法修正案，提請國民大會複決（憲法第一七四條）。

(3) 創制複決法律。關於創制、複決兩權，除修改憲法及複決立法院所提憲法修正案外，俟全國有半數之縣市曾經行使創制、複決兩項政權時，由國民大會制定辦法並行使之（憲法第二七條）。

(4) 決議變更領土。中華民國領土，依其固有疆域，非經國民大會之決議，不得變更之（憲法第四條）。此變更指因割讓、取得、交換、合併而增加或喪失領土。

習題

1. 說明第六次修憲後，憲法增修條文有關國民大會的規定。
2. 說明我國憲法中國民大會原有之性質。

第七章、總統

第一節、總統的類型

總統為共和國的元首，但是因各共和國所採取制度的不同，因此總統的地位、職權亦隨之而異。茲說明如下：

一、**內閣制的總統**。1.為虛位元首，行政權屬於內閣，立法權屬於國會，而總統只在形式上代表國家，主持大典、接待外交使節。2.任命首相或總理，並無選擇自由，必需找一個能與國會配合的內閣，而非其喜歡的內閣，國會中如有多數黨，則其黨魁應為首相。3.國會通過的法律由總統簽署公布，但必須經首相或總理及相關閣員副署，副署者負責任。4.對國會通過的法律不應拒絕公布，因內閣制國家的法律案是由內閣會議之決定而提出國會討論，如拒絕公布，等於阻撓內閣推行政策。5.內閣總辭或提請解散國會，總統不得拒絕。

二、總統制的總統。1.行政權屬於總統、立法權屬於國會，分別由人民選舉產生，各有一定的任期。總統不能解散國會，國會亦不能以不信案迫總統辭職，雙方都向人民負責。2.總統獨攬行政權，亦負全責，雖可能有內閣，但閣員都是總統的下屬。雖然也有內閣會議，但總統是最後決策者，各閣員都向總統負責。3.總統可要求國會覆議通過的法案，如國會再度通過，總統便需接受。

三、混合制的總統。此為內閣制與總統制的混合，如法國現採此制：1.總統由人民直選，任期七年，可連選連任。2.總統可任命總理，主持部長會議，主持外交活動、將國會通過的法律案退回覆議、解散國會、緊急處分權及將有關公權組織的任何法律草案提交公民表決（由全民公決通過的法律案由總統在十五天內頒布，即成法律）。後三項權力的行使，使法國總統行使的權力在某些部分超過美國總統。3.但內閣向國會負責（國會可進行信任投票），總統公布法律、發布命令、統率軍隊、派遣使節、行使赦免權，均需內閣副署。然總統不受國會直接監督。

四、委員制的總統。如瑞士：1.最高行政機關為聯邦行政委員會，委員會設委員七人，分掌政務、軍事、司法及警察、財政與關務、內政、國家經濟及郵電等七部，皆由聯邦國會選出，任期四年，連選得連任。2.行政委員中有二人兼任總統及副總統，由聯邦國會選任之，任期一年，不得於次年連任。故總統不過是行政委員會的委員之一，並無特殊權力，不過為國家名義上的元首及主持會議。3.行政委員會不能解散國會，亦不能提出覆議。

五、我國的總統。我國總統是國家元首（憲法第三五條），現由人民直接選舉產生。然憲法第五三條規定：「行政院為全國最高行政機關。」顯然行政院院長為最高行政首長，並向立法院負責，立法院可提出不信任案；同時行政院對立法院決議之法律、預算、條約案，得經總統核可，移請立法院覆議（增修條文第三條）；而總統的依法公布法律、發布命令又須行政院院長副署（憲法第三七條），這些都類似內閣制的總統。但總統可召集五院院長會商解決院際間的爭執（憲法第四四條），任命行政院院長不需立法院同意，可宣告解散立法院、發布緊急命令、得設立國家安全會議及所屬國安局（增修條文第二條），並提名司法、考試、監察三院的重要人事，此權限又非虛位元首所有，又接近總統制。故我國總統的地位近似混合制的總統。

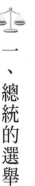

第二節、總統的選舉、任期與責任

一、總統的選舉

1. 總統的選舉方式

我國總統選舉方式，原採用間接選舉，即由人民選舉代表組成國民大會，再由國民大會選舉總統、副總統（憲法第二七條），但憲法增修條文第二條，則將選舉方式改為：總統、副總統由中華民國自由地區全體人民直接選舉之，總統、副總統候選人應聯名登記，在選票同列一組圈選，以得票最多之一組為當選。另據總統副總統選舉罷免法規定：如得票相同時，應定期重行投票。若候選人僅有一組時，其得票數須達選舉總人數百分之二十以上，始為當選。選舉結果未能當選時，應定期重行選舉（第六三條）。

總統、副總統之選舉，凡中華民國自由地區人民年滿二十歲，除受監護宣告尚未撤銷者外，皆有選舉權（總統副總統選舉罷免法第一一條）。

2. 總統候選人的資格

憲法第四五條規定：「中華民國國民年滿四十歲者，得被選為總統、副總統。」另依總統副總統選舉罷免法第二〇條綜合之，候選人的資格有二：(1)為中華民國國民，在中華民國自由地區繼續居住六個月以上且曾設籍十五年以上之選舉人。但為回復中華民國國籍、因歸化取得中華民國國籍者、大陸地區人民或香港、澳門居民經許可進入臺灣地區者，不得登記為候選人。(2)年滿四十歲。

此外，總統、副總統候選人應經由政黨推薦或連署人連署，並檢附政黨推薦書或連署人名冊。(1)為政黨推薦書之政黨，必須於最近任何一次總統、副總統或立法委員選舉，其所推薦候選人得票數之和，應達該次選舉有效票總和百分之五以上者，二個以上的政黨共同推薦一組總統、副總統候選人者，各該政黨推薦候選人之得票數，以推薦政黨數除其推薦候選人得票數計算之。（總統副總統選舉罷免法第二二條）。(2)為連署方式者，連署人數，須已達最近一次立委員選舉選舉人總數的百分之一・五以上（同前法第二三條）。

3. 總統的當選宣誓

總統、副總統當選人應於現任總統、副總統任滿之日就職（總統副總統選舉罷免法第六五條），總統應於就職時宣誓，誓詞如下：「余謹以至誠，向全國人民宣誓，余必遵守憲法，盡忠職務，增進人民福利，保衛國家，無負國民付託，如違誓言，願受國家嚴厲之制裁。謹誓。」（憲法第四八條）宣誓地點為中央政府所在地，由大法官會議主席監誓。

二、總統的任期、繼任與代理

1. 總統的任期

原總統、副總統之任期為六年，連選得連任一次（憲法第四七條）。但增修條文則改為任期四年，連選仍然只得連任一次（第二條）。

2. 總統、副總統的繼任

(1) 總統缺位（死亡、辭職、退位或被罷免）時，由副總統繼任，至總統任期屆滿為止（憲法四九條）。

(2)副總統缺位時，由總統於三個月內提名候選人，由立法院補選，繼任至原任期屆滿為止（增修條文第二條）。

(3)總統、副總統均缺位時，由行政院長代行其職權，並由中華民國自由地區全體人民補選總統、副總統，繼任至原任期屆滿為止（增修條文第二條）。

3. 總統、副總統的代行

(1)總統因故不能視事（生病、度假、出國等）時，由副總統代行其職權。

(2)總統、副總統均不能視事時，由行政院長代行其職權。

(3)總統於任滿之日解職，如屆期次任總統尚未選出，或選出後總統、副總統均未就職時，由行政院院長代行總統職權（憲法第五〇條），其期限不得逾三個月。

三、總統的罷免與責任

我國憲法第五二條規定：「總統除犯內亂或外患罪外，非經罷免或解職，不受刑事上之訴究。」此為總統的刑事豁免權。但總統仍然要負兩種責任：政治的及法律的責任，令其負政治責任的方法是罷免制度，令其負法律責任的方法是彈劾制度。

1. 總統的罷免

我國憲法第二七條，原規定國民大會可罷免總統、副總統，但在總統直選，國民大會虛級化後，根據憲法增修文第二條，「總統、副總統之罷免案，須經全體立法委員四分之一之提議，全體立法委員三分之二之同意後提出，並經中華民國自由地區選舉人總額過半數之投票，有效票過半數同意罷免時，即為通過。」

2. 總統的彈劾

憲法第一〇〇條規定，監察院有全體監察委員四分之一以上之提議，全體監察委員過半數之審議及決議，可向國民大會提出對總統、副總統的彈劾案。但據增修條文第四條，監察院此項對總統、副總統的彈劾權，改由立法院提出，並規定：「立法院對於總統、副總統之彈劾案，須經全體立法委員二分之一以上之提議，全體立法委員三分之二以上之決議，聲請司法院大法官審理，不適用憲法第九十條、第一百條及增修條文第七條第一項有關規定。」

唯就民事責任言，總統仍然保有人民身分，故與人民發生的民事糾紛，應適用民事訴訟法的規定。

第三節、總統的職權

一、有關外交方面的職權

1. 代表國家權

國家對外的意思表示，必須有自然人為之代表，故元首代表國家，是以憲法第三五條規定：「總統為國家元首，對外代表中華民國」。因此，有關外國元首貴賓的接待、國際典禮的參與、外國使節的接待、駐外使節的派遣等，均以總統名義行之。

2. 締約、宣戰及媾和權

我國憲法第三八條規定：「總統依本憲法之規定，行使締結條約及宣戰媾和之權。」條約是指二個或二個以上的國家，就相互間權利、義務的創設、變更或消滅，所締結的協定。宣戰是因兩個間關係的惡化，一國對他國宣布戰爭狀態的開始。媾和是指交戰國終止戰爭，恢復和平。依憲法規定，總統所為締結條約及宣戰媾和案，均需經行政院會議議決（第五八條），再經立法院議決（第六三條）。條約案的內容，如涉及領土變更時，除需經立法院決議，並需由中華民國自由地區選舉人投票複決（增修條文第四條）。

至於國際書面協定，是否亦需送立法院決議。據大法官會議釋字第三八號：憲法所稱之條約係指中華民國與其他國家或國際組織所締結之國際書面協定，包括用條約或公約之名稱，或用協定等名稱而其內容直接涉及國家重要事項或人民之權利義務且具有法律上效力者而言。其中名稱為條約或公約或用協定等名稱而附有批准條款者，當然應送立法院審議，其餘國際書面協定，除經法律授權或事先經立法院同意簽訂，或其內容與國內法律相同者外，亦應送立法院審議。

二、有關行政方面的職權

1. 任免文武官員權

我國憲法第四一條規定：「總統依法任免文武官員。」所謂依法是指必須依照憲法及公務人員任用的有關規定。

(1) 任命權

A. 不需其他機關同意者。行政院院長由總統任命之（增修條文第三條）。

B. 須經其他機關同意者。司法院院長、副院長、大法官；考試院院長、副院長、考試委員；監察院院長、副院長、監察委員，由總統提名，經立法院同意任命（增修條文第五、六、七條）。

C. 須由其他機關提請者。行政院副院長、各部會首長及不管部會之政務委員，由行政院院長提請總統任命之（憲法第五六條）。

D. 須具備法定資格者。除政務官以外，一般事務官須具有任用資格，始得任命。如具有公務員資格，或如大法官須具有司法院組織法第四條所列資格之一：a.曾任最高法院法官十年以上而成績卓著者。b.曾任立法委員九年以上而有特殊貢獻者。c.曾任大學法律主要科目教授十年以上而有專門著作者。d.曾任國際法庭法官或有公法學或比較法學之權威著作者。e.研究法學、富有政治經驗，聲譽卓著者。

(2) **免職權**。總統免職權的行使，有以下限制：

A. 以信任為進退者。行政院院長對立法院負責，故除非因立法院通過不信任案，而辭職（增修條文第三條），總統不能任意免職。

B. 以任期屆滿解職者。如大法官任期八年（增修條文第五條）、監察委員任期六年（增修條文第七條），非有法定原因，不得在任期未滿前予以免職。

C. 保障為終身職者。如法官為終身職，非受刑事或懲戒處分，或禁治產之宣告，不得免職（憲法第八一條）。

D. 依法任命為事務官者。除因考績免職，受懲戒處分或受刑之宣告而確定者，應予免職外，總統不能任意免職。

另憲法第三七條規定，總統發布任免命令，須經行政院院長副署，唯現增修條文第二條則規定：總統發布依憲法經國民大會或立法院同意任命人員之任免命令，無需行政院院長副署。

2. 發布命令權

命令是未經立法機關立法程序，而由行政機關所制定，並經總統公布，具有與法律同樣約束力者。

(1) **普通命令**。憲法第三七條，總統依法，發布命令，須經行政院院長之副署，或行政院院長及有關部會首長之副署。

A. 執行命令。行政機關在執行法律時，對於其不明確處，以命令補充，但以執行法律所必要為限，其精神須與執行之法律相符。

B. 委任命令。行政機關因法律的明白委任而頒布命令。如公職人員選舉罷免法第一一二條：「本法施行細則，由內政部擬訂，報請行政院核定之。」

(2) **緊急命令**。緊急命令是在國家有重大緊急事故發生時，為挽救國家災變，而由總統發布具有法律同等效力的命令。如憲法第四三條規定：「國家遇有天然災害、癘疫或國家財政經濟上有重大變故，須為急速處分時，總統於立法院休會期間，得經行政院會議之決議，依緊急命令法，發布緊急命令，為必要之處置，但須於發布命令後一個月內提交立法院追認。如立法院不同意時，該緊急命令立即失效。」此項緊急命令的發布限於立法院休會期間。

但憲法增修條文第二條規定：「總統為避免國家或人民遭遇緊急危難或應付財政經濟上重大變故，得經行政院會議之決議發布緊急命令，為必要之處置，不受憲法第四十三條之限制。但須於發布命令後十日內提交立法院追認，如立法院不同意時，該緊急命令立即失效。」是立法院非休會期間，總統亦可須布緊急命令。即：

A. 發布原因。為避免國家或人民遭遇緊急危難或應付財政經濟上重大變故。
B. 發布時間。任何必要時間。
C. 發布程序。得經行政院會議之決議發布緊急命令。
D. 須於發布命令後十日內提交立法院追認，如立法院不同意時，該緊急命令立即失效。

三、有關軍事方面的職權

1. 統率軍隊權

我國憲法第三六條規定：「總統統率全國陸海空軍。」但此所指統率權，係指軍令權，包括陸海空軍兵力的調遣與運用，訓練與勤務供應等，並以參謀總長為幕僚長。至於軍政權，如兵員的徵召、預算的編制、物質的採購，則隸行政院國防部。

2. 宣布戒嚴權

戒嚴是國家對外發生戰爭或國內發生叛亂，為維持國內安定，由總統宣布在全國或特定地區，限制人民的自由及其他權利，並將當地行政與司法機關，置於當地最高司令官指揮監督下的一種制度。茲就我國憲法及戒嚴法有關規定說明如下：

(1) **戒嚴時機**。戰爭或叛亂發生，對於全國或某一地域應施行戒嚴時（戒嚴法第一條）。

(2) **戒嚴宣布者**。總統依法宣布戒嚴（憲法第三九條）。

(3) **戒嚴程序**。須經行政院會議議決（憲法第五八條）、並經立法院之通過（憲法第三九條、第六三條、戒嚴法第一條）。但總統於情勢緊急時，得經行政院之呈請，宣告戒嚴，但應於一個月內提交立法院追認，在立法院休會期間，應於復會時即提交追認（憲法第三九條、戒嚴法第一條）。

(4) **解嚴**。戒嚴情況終止時，總統應宣布解嚴。如總統未宣布解嚴，而立法院認為必要時，得決議移請總統解嚴（憲法第三九條、戒嚴第一二條）。

四、有關立法方面的職權

1. 公布法律權

法律在立法機關完成立法程序後，尚須由總統署名公布後，始完成形式上的程序，正式生效。我國憲法第三七條規定總統依法公布法律，並須行政院長，或行政院及有關部會首長之副署。同時總統在收到立法院通過的法律案後，應於十日內公布之，或移請立法院覆議（憲法第七二條）。

2. 覆議核可權

憲法增修條文第三條規定：行政院對於立法院決議之法律案、預算案、條約案，如認為有窒礙難行時，得經總統之核可，於該決議案送達行政院十日內，移請立法院覆議。

3. 宣告解散立法院

憲法增修條文第二條規定：總統於立法院通過對行政院院長之不信任案後十日內，經諮詢立法院院長後，得宣告解散立法院。但總統於戒嚴或緊急命令生效期間，不得解散立法院。

五、有關司法方面的職權

我國憲法第四〇條規定：「總統依法行使大赦、特赦、減刑及復權之權。」此即一般所稱的赦免權，即總統行使赦免權，使國家對犯罪者拋棄刑罰權全部或一部的行為，以救濟法律之窮，以補救法院錯誤判決，並給予犯人自新的機會。

1. **大赦**。是對某一時期，觸犯某類罪的全體罪犯，已受刑之宣告者，其宣告為無效，未受刑之宣告者，其追訴權消滅（赦免法第二條）。因為大赦使犯罪者的犯罪行為完全歸於消滅，不但免除刑罰，再犯之時，也非累犯，影響甚大，故需經行政院會議議決（憲法第五八條）及立法院議決（憲法第六三條）。

2. **特赦**。指對受罪刑宣告之人，免除其刑之執行，其施用對象為個人，並僅能免除其刑之執行，至罪刑宣告的本身仍然存在。但對情節特殊者，得以其罪刑之宣告為無效（赦免法第三條）。此時，對於已執行之刑，並不生溯及既往之效力。其經宣告褫奪公權者，自赦免令生效之日起，回復其公權。至因有罪判決確定而喪失之公職，有無將有回復之可能者，得由當事人聲請主管機關，依有關法律處理（大法官會議釋字第二八三號）。

3. **減刑**。對受罪刑宣告的特定人，減輕其所宣告之刑（赦免法第四條）但如為全國性的減刑，為慎重起見，應依大赦程序辦理。

4. **復權**。係對依刑法被宣告褫奪公權者，回復其所被遞奪之公權（赦免法第五條），如選舉權、罷免權、創制權、複決權、應考試權、服公職權等。

六、其他職權

1. 授與榮典權

我國憲法第四二條規定：「總統依法授與榮典。」此係對有勳勞於國家或社會的人民或公務員予以表揚，激勵忠勤；另則對於外國在政治或社會上有成就者，頒與榮典，也可以增進鄰誼，敦睦邦交。總統的授與榮典應依照勳章條例與褒揚條例等規定。

2. 院際爭執調解權

我國憲法第四四條規定：「總統對於院與院間之爭執，除本憲法有規定者外，得召集有關各院院長會商解決之。」五院職權的行使雖各有規範，但難免因相互的關聯，而生爭執，其中有關法律性的爭執，自可申請大法官會議的解釋，但對政治的爭執，除憲法有規定者外（如增修條文第三條：行政院對於立法院決議法律案、預算案、條約案，如認為有窒礙難行時，得經總統核可，移請立法院覆議，立法院如維持原議，行政院院長應即接受），即可由總統以公正、超然的地位，居間調解。

3. **向立法院提國情報告權**。憲法增修條文第四條規定：「立法院於每年集會時，得聽取總統國情報告」，即向立法院有作國情報告之權。

4. **決定國家安全有關大政方針權**。總統為決定國家安全有關大政方針，得設國家安全會議及所屬國家安全局（增修條文第二條）。

5. **咨請立法院開臨時會**。憲法第六九條：立法院遇總統咨請得開臨時會。如總統在立法院休會期間頒布的緊急命令，須於發布命令後十日內提交立法院追認，如立法院仍尚未開會，則可咨請開臨時會。

習題

1. 根據憲法與增修條文對總統、副總統的繼任及代理有何規定。
2. 就我國原憲法條文及增修條文，說明對總統的罷免規定有何不同。
3. 說明何謂緊急命令，依照憲法增修條文的規定如何。
4. 說明何謂戒嚴，並說明我國戒嚴令發布的制度。
5. 依據憲法增修條文，說明總統的覆議核可權。
6. 說明大赦、特赦、減刑及復權的意義，及總統行使大赦的程序。
7. 說明我國總統的院際爭執調解權。

第八章、行政院

第一節、行政院的地位與性質

一、行政院的地位

我國憲法第五三條規定：「行政院為國家最高行政機關。」故國家所有行政機關，皆直接間接隸屬行政院，受其指揮監督，如1.各部會的重要決策皆須經行政院會議討論議決；2.行政機關向立法院提出的各種法案，皆需經由行政院提出（第五八條）；3.行政院及所屬部會皆以行政院名義，向立法院提出預算案（第五九條），向監察院提出決算案（第六〇條）；4.省主席、省諮議會議員，均由行政院院長提請總統任命之，省承行政院之命，監督縣自治事項（憲法增修條文第九條）；5.我國政體採取五院制，然憲法對總統與立法、司法、考試、監察各院的職權，皆採列舉規定，但對行政院之職權則採概括方式，則凡非總統及其他四院之職權者，都可歸為行政院之職權。此皆說明行政院為最高行政機關。

二、行政院的性質

各國中央政府的體制，主要分為內閣制與總統制。

1. **內閣制**。(1)採取虛位元首，元首不負實際政治責任；(2)元首公布法律、發布命令需內閣總理及閣員的副署，以示內閣向國會負責；(3)內閣總理與閣員由國會多數黨議員兼任，總理需經國會同意；(4)一切重要政策都由內閣議決施行；(5)內閣對國會有提案權，閣員可出席國會會議陳述意見；(6)內閣可請元首解散國會，國會也可對內閣提出不信任案。
2. **總統制**。(1)總統負實際行政責任，總攬國家行政權；(2)總統公布法律、發布命令，不須國務員副署；(3)國務員由總統任免，只對總統負責，而不對議會負責；(4)立法與行政分立，均由人民選出，互不侵犯，相互制衡，國會對總統無不信任投票，總統亦不得解散國會；(5)國務員不得兼任議員；(6)總統不列席國會備詢，亦無提案權；(7)總統可將國會移請公布的法案，退回國會覆議，此即否決權，此時非經國會三分之二的維持原議，不得推翻總統的否決權。
3. **我國行政院的性質**。就以上內閣制與總統制，考察我國行政院的性質，則：(1)行政院為最高行政機關（憲法第五三條）；(2)行政權屬於行政院，行政院會議由行政院長主持；(3)行政院會議可議決法律案、預算案、戒嚴案、大赦案、宣戰案、媾和案、條約案及其他重要事項之權，並提案立法院（憲法第五八條）；(4)總統依法公布發律，發布命令，須經行政院院長副署，或行政院院長及有關部會首長之副署（憲法第三七條）；(5)行政院有向立法院提出施政方針及施政報告之責。立法委員在開會時，有向行政院院長及各部會首長質詢之權；(6)立法院對行政院院長可提出不信任案，行政院院長可呈請總統解散立法院（憲法增修條文第三條）。這些都類似內閣制。

但下列數點又有總統制的色彩，(1)總統任命行政院院長，不需立法院同意；(2)行政院對立法院決議之法律案、預算案、條約案，如認為有窒礙難行時，得經總統核可，移請立法院覆議，如經立法院決議維持原案，行政院長應即接受該決議（憲法增修條文第三條）；(3)立法委員不得兼任官吏（憲法第七五條）。

綜合上述，我國中央體制較偏向內閣制，即行政院較類似內閣制的內閣。

第二節、行政院的組織

我國憲法第五四條規定：「行政院設院長、副院長各一人，各部會首長若干人，及不管部會之政務委員若干人。」第五八條規定：「行政院設行政院會議，由行政院院長、副院長、各部會首長及不管部會之政務委員組織之，以院長為主席。」

一、行政院院長

1. 行政院院長的任命、任期與出缺代理

(1) **行政院院長的任命**。憲法第五五條規定：「行政院院長由總統提名，經立法院同意任命之。」但依憲法增修條文第三條：「行政院院長由總統任命之」，不需再經過立法院的同意，但總統在任命行政院院長時，仍然須考慮民意及立法院的支持，否則立法院可對行政院院長提出不信任案。

(2) **行政院院長的任期**。憲法對行政院院長的任期並未作明白規定，但其任期可因下列原因而終止。A.總統發布命令免除行政院院長職務（憲法增修條文第二條）B.立法院對於行政院移請覆議案，決議維持原案時，行政院院長應即接受該決議，或自行主動辭職；C.立法院對行政院院長提出不信任案時（憲法增修條文第三條）；D.因事因病自行辭職獲准；E.因違法失職，經監察院彈劾，由公務員懲戒委員會決議撤職處分；F.因觸犯刑法，經判刑確定，被遞奪公權而去職；G.於新任總統就職時提出總辭，惟此基於尊重國家元首所為之禮貌性辭職，並非憲法上之義務，其處理，乃總統的裁量權限（大法官會議釋字第四一九號）。

(3) **行政院院長的出缺代理**。行政院院長辭職或出缺時，在總統未任命新行政院院長前，由行政院副院長暫行代理（憲法增修條文第三條）。

2. 行政院院長的職權

(1) 提請任命權。行政院院長為行政院的首長，居於領導地位，為貫徹其政策，故「行政院副院長、各部會首長及不管部會之政務委員，由行政院院長提請總統任命之。」（憲法第五六條）

(2) 主持行政院會議。行政院設行政院會議，以院長為主席，討論各項法案及重要施政事項（憲法第五八條）。

(3) 綜理院務，並監督所屬機關及人員（行政院組織法第一〇條）。

(4) 向立法院報告。行政院院長代表行政院向立法院提出施政方針及施政報告（憲法增修條文第三條）。

(5) 呈請總統解散立法院（憲法增修條文第三條）。

(6) 移請覆議。對立法院的決議案，經總統核可，移請覆議（憲法增修文第三條）。

(7) 副署權。副署總統公布的法律，發布的命令（憲法第三七條）。

(8) 代行總統職權。總統、副總統均缺位時，由行政院院長代行其職權（憲法增修條文第二條）。

(9) 參與總統為解決院際爭執所召開的會議（憲法第四四條）。

(10) 與立法、司法、考試、監察四院院長組織委員會，會商解決省自治法在施行中所發生的重大障礙問題（憲法第一一五條）。

二、行政院副院長

行政院副院長由行政院院長提請總統任命，其職權除在輔助院長，處理院務外，尚包括：1.行政院院長辭職或出缺時，在總統未任命新行政院長前，由行政院副院長暫行代理（憲法增修條文第三條）；2.行政院院長因事故不能視事時，由副院長代理其職務（行政院組織法第一〇條）；3.參加行政院會議，並在院長因事不能出席時，代理主席（行政院會議議事規則第二條）。

三、各部會首長及不管部會政務委員

各部會首長及不管部會政務委員，均由行政院院長提請總統任命之，其中各部會首長均同時身兼政務委員，並均出席行政會議，對於會議事項有發言及表決權，同時指揮監督所管部會。

不管部會政務委員除參與行政院會議外，並無一定職權，其設置目的在依專長主持專案，並以超然地位，進行政策協調工作，同時可羅致人才，溝通各方意見。

四、行政院會議

1. 行政院會議的組織

行政院會議，由行政院院長、副院長、各部會首長及不管部會之政務委員組織之，以院長為主席（憲法第五八條），院長因事不能出席時，由副院長代理；院長、副院長均因事不能出席時，由出席者公推其中一人代理主席（行政院會議議事規則第二條）。

此外有列席者，如行政院秘書長、副秘書長、新聞局局長、主計處主計長、行政院所屬機關首長、省及直轄市首長。並得邀請有關人員列席備詢。

2. 行政院會議的召開

行政院會議每週舉行一次，必要時行政院院長得召開臨時會。必須提出行政院會議之事項，以出席人數過半數之同意議決之，但如院長或主管部會首長有異議時，由院長決定之（行政院會議議事規則第五條）。其他屬於行政院職權範圍內事項，則大多由院長以裁量方式行之。

3. 行政院會議的議決事項

行政院會議為國家行政的決策機關，重要政策均須經會議討論通過，而下列事項也須提出行政院會議議決。

(1) **依法須提出立法院事項**。應行提出於立法院之法律案、預算案、戒嚴案、大赦案、宣戰案、媾和案、條約案，應先提出於行政院會議議決之（憲法第五八條）。

(2) **依法須提出行政院會議議決事項**。如A.總統為避免國家或人民遭遇緊急危難或應付財政經濟上重大變故時，所發布的緊急命令，須經行政院會議的決議（憲法增修條文第二條）B.行政院增設裁併各部各委員會或其他所屬機關，須經行政院會議決議。

(3) **涉及各部會共同關係事項**。行政院雖分設部會，各有專司，但行政事務的推行，往往互有牽連性，非一部一會所能解決，則提出於行政院會議議決之。如機關的權限、預算的分配等。

(4) **其他重要事項**。如政策的決定、稅則的修訂、官制的變更、規章的擬定、簡任以上官吏的任免等。

五、行政院的機關

行政院處理全國行政事務，事項繁多，故分設部會，各司其職。在民國一〇一年一月一日以前依照原行政院組織法共設八部二會（第三條），並設主計處及新聞局。

1. 內政部。掌理內政事務，如民政、戶政、役政、社會、勞工、地政、營建、警政等事務。
2. 外交部。管理國際事務及涉外事務，如條約、情報、禮賓、使領館等。
3. 國防部。主管全國國防事務，如有關國防之人力、物力、法制及軍法業務。
4. 財政部。掌理全國財政事務，如國庫、關稅、賦稅、國有財產、金融等。

5. 教育部。管理全國學術及教育行政事務，如高等教育、技術及職業教育、中等教育、國民教育，社會教育、國際文化教育事業等。
6. 法務部。主管全國檢察、監所、司法保護之行政事務，及行政院之法律事務。
7. 經濟部。管理全國經濟行政及建設事務，如礦業、商業、農業、水利、專利等事務。
8. 交通部。規劃建設管理經營全國國有鐵路、公路、電信、郵政、航空，並監督公有及民營交通事業。
9. 蒙藏委員會。管理蒙古、西藏之行政事務。
10. 僑務委員會。管理僑務行政及輔導僑民事業等工作。
11. 主計處。掌理全國歲計、會計、統計事宜。
12. 新聞局。掌理闡明國家政策、宣達政令及發布國內外新聞事項。

此外行政院基於事實需要，為處理特定事務，另設有中央銀行、人事行政局、衛生署、環境保護署、經濟建設委員會、國軍退除役官兵輔導委員會、青年輔導委員會、國立故宮博物院管理委員會、原子能委員會、國家科學委員會、研究發展考核委員會、北美事務協調委員會、農業委員會、文化建設委員會、勞工委員會、中央選舉委員會、大陸委員會、公平交易委員會、消費者保護委員會、體育委員會等機關。

自民國一〇一年一月一日起，按新行政院組織法，行政院下設內政部、外政部、國防部、財政部、教育部、法務部、經濟及能源部、交通及建設部、勞動部、農業部、衛生福利部、環境資源部、文化部、科技部。設下列各委員會：國家發展委員會、大陸委員會、金融監督管理委員會、海洋委員會、僑務委員會、國軍退除役官兵輔導委員會、原住民委員會、客家委員會（第三、四條）。

行政院置政務委員七人至九人特任，得兼任各委員會主任委員（第五條）。並設行政院主計處及行政院人事行政總處（第六條）。另有中央銀行（第七條）、國立故宮博物院（第八條）及二級獨立機關：中央選舉委員會、公平交易委員會、國家通訊傳播委員會（第九條）。

六、行政院的幕僚機關

行政院為處理本身的日常事務，置秘書長二人，特任，副秘書長一人，簡任。秘書長承院長之命，處理院內事務，並指揮監督所屬職員。副秘書長承院長之命，襄助秘書長處理院內事務。秘書處職掌為會議記錄、文書收發及保管、文書分配撰擬及編製、印信典守、出納庶務等事項，並配屬人員若干。

另置參事，職掌為撰擬法案命令、審核行政法規、審核所屬機關行政計劃及工作報告、調查事項、設計及編譯等事項。為輔助參事辦理前項事務，並配置人員若干。

此外行政院除置發言人一人，處理新聞發布及職繫事項外，並設訴願審議委員會、會計室、統計室、人事室。

第三節、行政院的職權

一、提出法案權

行政院有向立法院提出法律案、預算案、戒嚴案、大赦案、宣戰案、媾和案、條約案及其他重要事項之權（憲法第五八條）。

二、移請覆議權

行政院對立法院決議之法律案、預算案、條約案，如認為有窒礙難行時，得經總統之核可，於該決議送達行政院十日內，移請立法院覆議（憲法增修條文第三條）。此所謂窒礙難行不是指全部條文的窒礙難行，而是指其中有部分或某條窒礙難行時，亦可移請覆議。其次立法院決議之法律案，不僅限於行政院所提案者，可能是立法院本身所提案者，亦可移請立法院覆議。

三、提出預算權

行政院於會計年度開始三個月前，應將下年度預算案提出於立法院（憲法第五九條）。其編定過程係由中央主計機關將各類歲出預算及財政部綜合擬編之歲入預算，彙核整理，編成中央政府總預算案，並將各附屬單位預算，包括營業及非營業者彙案編成綜計表，加頁說明，連同各附屬單位預算，隨同總預算案，呈行政院提出行政院會議（預算法第四五條），經行政院會議決定後，交中央主計機關彙編，由行政院於於會計年度開始四個月前提出立法院審議，並附送施政計畫（預算法第四六條）。

四、提出決算權

行政院於會計年度結束後四個月內，應提出決算於監察院（憲法第六〇條）。即中央主計機關應就各單位決算，及國庫年度出納終結報告，參照總會計紀錄編成總決算書，並將各附屬單位決算包括營業及非營業者，彙案編成綜計表，加頁說明，隨同總決算，一併呈行政院提經行政院會議通過，於會計年度結束後四個月內，提出於監察院（決算法第二一條）。

五、重要政策決定權

行政院為最高行政機關，並負有實際政治責任（向立法院負責），故有決定重要政策之權。按憲法增修條文第三條規定，行政院有向立法院提出施政方針及施政報告之責，行政院院長及行政院各部會首長並須答覆立法委員之質詢。此種施政方針、施政報告及對質詢所為答覆，自包括重要決策在內。

六、行政事項執行權

行政院對國家行政事項有重要政策決定權，自亦有將此決策付諸執行之權。

七、監督所屬機關推動政務權

行政院可核定各機關施政計畫、核准各機關辦理事項，對重大施政計畫可由研究發展考核委員會進行列管，並經由省監督縣自治（憲法增修條文第九條）。

第四節、行政院的責任

一、負實際政治責任

法律案、預算案、戒嚴案、大赦案、宣戰案及其他重要事項，於提出立法院前，都先經行政院會議議決（憲法第五八條），行政院即負其責任。

二、對立法院負責

依憲法增修條文第三條，行政院依左列規定，對立法院負責：

1. 行政院有向立法院提出施政方針及施政報告之責。立法院在開會時，有向行政院院長及行政院各部會首長質詢之權，此為憲法基於民意政治及責任政治之原理所為制度性之設計。如國防部主管全國國防事務，立法委員就行政院提出施政方針及施政報告關於國防事務方面，自得向行政院院長及國防部部長質詢之（大法官會議釋字第四六一號）。
2. 行政院對於立法院決議之法律案、預算案、條約案，如認為有窒礙難行時，得經總統之核可，於該決議案送達行政院十日內，移請立法院覆議。立法院對於行政院移請覆議案，應於送達十五日內作成決議。如為休會期間，立法院應於七日內自行集會，並於開議十五日內作成決議。覆議案逾期未議決者，原決議失效。覆議時，如經全體立法委員二分之一以上決議維持原案，行政院院長應即接受該決議。

3. 立法院得經全體立法委員三分之一以上連署，對行政院院長提出不信任案。不信任案提出七十二小時後，應於四十八小時內以記名投票表決之。如經全體立法委員二分之一以上贊成，行政院院長應於十日提出辭職，並得同時呈請總統解散立法院。

就上述行政院所該負的責任，是應由行政院院長一人負責任，或由行政院院長、副院長及部會首長共同負責。憲法增修條文規定行政院對立法院負責，是指行政院整體，同時行政院副院長、各部會首長及不管部會之政務委員均由行政院院長提請總統任命之，而行政院重大政策均經行政院會議議決，為貫徹責任政治，行政院的責任應由行政院院長及各部會首長共同負責。

習題

1. 說明我國行政院的性質。
2. 說明行政院院長的職權。
3. 說明要經過行政院會議的議決事項，有哪些。
4. 說明行政院的職權有哪些。
5. 說明行政院對立法院負責的方式有哪三種。

第九章、立法院

第一節、立法院的地位與性質

一、立法院的地位

我國憲法第六二條規定：「立法院為國家最高立法機關，由人民選舉之立法委員組織之，代表人民行使立法權。」對立法院之為最高立法機關，可析言之：

1. 立法院為五院之一，在五權憲法體制下，屬於治權機關，在治權機關中，其他機關所需法律，均由立法院制定。而我國憲法原有之國民大會雖有創制權及複決權，但其並非經常性行使，而在於防止立法的怠惰與不當，並且國民大會依憲法規定為政權機關，並不影響立法院之為全國最高立法機關。

2. 立法權的行使，並不以立法院為限，如省議會行使省的立法權（憲法第一一三條）（根據憲法增修條文第九條，省虛級化後，此條條文已取消），縣議會行使縣的立法權（憲法第一二四條）。但省、縣立法權的範圍僅限於省、縣之事務，立法院所行使立法權的範圍則為全國之事務，並且省法規與縣單行規章與國家法律牴觸者皆無效（憲法第一一六條、第一二五條），此足以顯示立法院為國家最高立法機關。

3. 憲法第一七〇條規定：「本憲法所稱之法律，謂經立法院通過，總統公布之法律。」因此，只有立法機關之立法院通過的法案，才能稱為法律，至於省、縣及其他各級機關制頒的法案或命令，只能稱為規程、規則、細則、辦法、準則等。此又表示立法院為國家最高的立法機關。

二、立法院的性質

我國憲法本文依據權能區分的五權憲法原則，在中央設國民大會代表國民行使政權，另設行政、立法、司法、考試、監察五院掌理五種治權，故立法院為專職立法的治權機關，此與具有政權性質的歐美國會有所不同。

但立法委員由人民直接選出，立法院代表人民行使立法、預算及質詢權，並可對行政院長為不信任投票，只彈劾權劃歸監察院（依據憲法增修條文第四條，現立法院對於總統、副總統可提出彈劾），此與民主國家國會職權又大致相同，故大法官會議釋字第七六號解釋：「我國憲法係依據孫中山先生之遺教而制定，於國民大會外，並建立五院，與三權分立制度，本難比擬，國民大會代表全國國民行使政權，立法院為國家最高立法機關，監察院為國家最高監察機關，均由人民直接間接選舉之代表或委員所組成，其分別行使之職權，亦為民主國家國會重要之職權，雖其職權行使之方式，如每年定期集會，多數開議，多數決議等，不盡與各民主國家國會相同，但就憲法上之地位及職權之性質而言；應認國民大會、立法院、監察院共同相當於民主國家之國會。」即立法院與國民大會、監察院「共同相當」於民主國家之國會，而立法院單獨與民主國家的國會仍然稍有差別，況且立法委員由人民直接選出，不必便為政權機關，因治權機關的總統、省縣市長等亦均由人民直接選出。故傅肅良以我國立法院是兼具治權與政權的機關（傅肅良，中國憲法論），陳志華以立法院在五權憲法的結構中，是治權機關，但帶有政權機關的性質（陳志華，中華民國憲法）。

但在民國九十四年第七次修憲後，國民大會已不存在，故現今立法院幾已等於各國之國會。

第二節、立法院的組織

一、立法委員

1. 立法委員的選舉

憲法第六四條原規定：「立法院立法委員依左列規定選出：

(1) 各省、各直轄市選出者，其人口在三百萬以下者五人。其人口超過三百萬者，每滿一百萬人增選一人。

(2) 蒙古各盟旗選出者。

(3) 西藏選出者。

(4) 各民族在邊疆地區選出者。

(5) 僑居國外之國民選出者。

(6) 職業團體選出者。

立法委員之選舉及前項第二款至第六款立法委員名額之分配，以法律定之。婦女在第一項各款之名額，以法律定之。」

就上述規定分析，立法委員的選舉是採取大選舉區，以省及直轄市為選區，兼採地區代表制及職業代表制，並包括民族代表與華僑代表。

民國九十四年六月公布的第七次修憲之憲法增修第四條：「立法院立法委員自第七屆起一百一十三人，任期四年，連選得連任，於每屆任滿前三個月內，依左列規定選出之，不受憲法第六十四條及第六十五條之限制：(1)自由地區直轄市、縣市七十三人，每縣市至少一人。(2)自由地區平地原住民及山地原住民各三人。(3)全國不分區及僑居國外國民共三十四人。

前項第一款依各直轄市、縣市人口比例投票，並按應選名額劃分同額選舉區選出之。第三款依政黨名單投票選舉之，由獲得百分之五以上政黨選舉票之政黨依得票比例選出之，各政黨當選名單中，婦女不得低於二分之一。」

至於立法院經總統解散，在新選出的立法委員就職前，則視為休會（憲法增修條文第四條）。

2. 立法委員的罷免

依公職人員選舉罷免法，立法委員就職滿一年後，得由原選舉區選舉人向選舉委員會提出罷免案（第七五條），罷免案應附理由書，以被罷免人原選舉區選舉人為提議人，其人數應為原選區選舉人總數百分之一以上（第七六條），而若獲得原選區選舉人總數百分之十以上的連署，罷免案宣告成立（第八一條）。罷免案投票結果，有效同意票多於不同意票，且同意票數達原選舉區選舉人總數四分之一以上，即為通過（第九〇條）。立法委員在被罷免解除職務之日起，四年內不得再競選立法委員（第九二條）。

唯全國不分區，僑居國外國民選出的立法委員，不適用罷免之規定。

3. 立法委員的任期

憲法第六五條原規定：「立法委員之任期為三年，連選得連任，其選舉於每屆任滿前三個月內完成之。」是立法委員的任期為三年，但憲法增修條文第四條已改為任期四年，至全國不分區、僑居國外國民選出的立法委員，在就職後喪失其黨籍者，喪失其立法委員資格（公職人員選舉罷免法第七三條）。

4. 立法委員的兼職

(1) **不得兼任官吏**。憲法第七五條規定：「立法委員不得兼任官吏。」故立法委員如願就任官吏，應即辭去立法委員，其未經辭職而就任官吏者，顯有不繼續任立法委員之意思，應於其就任官吏之時視為辭職（大法官會議釋字第一號）。所謂官吏，是指凡受有俸給之文武職公務員、公營事業機關之董事、監察人及總經理、省銀行之董事及監察人（大法官會議釋字第二四、第二五號解釋），以及政府派充人員（大法官會議釋字第四號），均屬之。

(2) **不得兼任省縣議員**。立法委員代表人民在中央行使立法權，省縣議員代表人民在各該省縣行使立法權，為貫徹憲法分別設置各級民意機關，賦予不同職權之本旨，應參照大法官會議釋字第七四號：國民大會代表不得兼任省縣議會議員之解釋，立法委員自以不得兼任省縣議員為宜。

5. 立法委員的保障

(1) 言論及表決自由的保障。

憲法第七三條：「立法委員在院內所為之言論及表決，對院外不負責任。」此原本在保障立法委員本諸良心、民意勇於發言、質詢、提案、表決、以獨立行使職權，但此項言論免責權是否表示立法委員所有在院內之言論，皆不負民事及刑事責任？而得肆意公然侮辱、誹謗、恐嚇、造謠中傷他人。

大法官會議釋字第一六五號解釋：「地方議會議員在會議時就有關會議事項所為之言論，應受保障，對外不負責任。但就無關會議事項所為顯然違法之言論，仍難免責。」其解釋理由書進一步指出：「地方議會為發揮其功能，在其法定職掌範圍內具有自治、自律之權責，對於議員在會議時所為之言論，並宜在憲法保障中央民意代表言論之精神下，依法予以適當之保障，俾得善盡公意及監督地方政府之職責。惟上項保障，既在使地方議員順利執行職務，自應以與議案之討論、質詢等有關會議事項所為之言論為限，始有免責之權，如與會議事項無關，而為妨害名譽或其他顯然違法之言論，則係濫用言論免責權；而權利不得濫用，乃法治國家公法與私法之共同原則，即不應再予保障」。此處所指雖為地方議員，但在法理上，亦可適用於立法委員。而因原國大代表與地方議員言論免責權只限於在會議中所為之言論，但立法委員卻為在立法院院內所為之言論，對院外不負責任，故其言論免責權的範圍，似應為立法委員在會議中所言與會議有關之言論，及在院內所言與立法委員職權有關之言論為原則。

此外立法委員的言論，對立法院本身（可移送紀律委員會），所屬政黨及選民，仍然要負紀律責任及政治責任。

(2) **身體自由的保障**。憲法第七四條規定：「立法委員，除現行犯外，非經立法院許可，不得逮捕或拘禁。」因為立法委員只要在任期中，非經立法院許可，即不得逮捕或拘禁，致成為立法委員的護身符，故憲法增修條文第四條規定：「立法委員除現行犯外，在會期中，非經立法院許可，不得逮捕或拘禁。憲法第七十四條之規定，停止適用」，而將任期中改為會期中。

6. 立法委員的行為

為維護國會尊嚴，確立立法委員倫理風範及行為準則，健全民主政治的發展，立法院在民國八十八年一月制定立法委員行為法，並於同月二十五日經總統公布，共分七章三十一條。重要內容有：

(1) **倫理規範**：立法委員應秉持理性問政，共同維護議場及會議室秩序，如有下列行為之一者，主席得將其交紀律委員會議處。

A. 不遵守主席依規定所作之裁示。
B. 辱罵或涉及人身攻擊之言詞。
C. 發言超過時間，不聽主席制止。
D. 未得主席同意，插言干擾他人發言而不聽制止。
E. 破壞公物或暴力之肢體動作。
F. 佔據主席台或阻撓議事之進行。
G. 脅迫他人為議事之作為或不作為。

H. 攜入危險物品。

I. 對依法行使職權議事人員做不當之要求或干擾。

J. 其他違反委員應共同遵守之規章。（第七條）

(2) **遊說及政治捐獻**：立法委員受託對政府遊說或接受人民遊說，不得涉及財產上利益之期約或接受（第一六條）。

A. 政治遊說，指為影響政府機關或公營事業決策或處分之作成、修正、變更或廢止，所從事之任何與政府機關或公營事業人員之直接或間接接觸及活動。

B. 人民遊說，指人民為影響法律案、預算案或其他議案之審議所從事之任何與立法委員之直接或間接接觸及活動（第一五條）。

此外立法委員不得受託對進行中之司法案件進行遊說（第一七條），及非依法律不得收受政治捐獻（第一八條）。

(3) **利益之迴避**：立法委員行使職權所牽涉或辦理之事務，不當增加其本人或其關係人（立法委員之配偶、直系親屬及公費助理）金錢、物品或其他財產上之價值者，應行迴避；行使職權有利益迴避情事之議案，應迴避審議及表決。其應行迴避而不迴避時，利害關係人得向立法院紀律委員會舉發；紀律委員會亦得主動調查，若屬實，得請其迴避。（第一九～二三條）

立法委員行使職權時，不得為私人承諾，或給予特定個人或團體任何差別對待（第二一條）。

(4) **紀律**：立法院紀律委員會審議懲戒案，得按情節輕重提報院會決定為下列處分：

A.口頭道歉。

B.書面道歉。

C.停止出席院會四次至八次。

D.經出席院會委員三分之二以上同意，得予停權三個月至半年（第二八條）。

若紀律委員會召集委員或委員不依規定開會處理懲戒案件，應停止其出席院會四次（第二七條）。

7.立法委員行使職權的保護

立法委員行為法第一四條規定：「立法委員因行使職權，而受他人強暴、脅迫或恐嚇，致其本人或關係人之生命、身體、自由、名譽或財產受有危害之虞時，得通知治安機關予以保護。治安機關亦應主動予以保護。」故在民國八十九年五月，行政院立法院會同發布立法委員行使職權保護辦法。

(1)**保護之治安機關**。係指內政部警政署及其所屬或指揮監督機關（第二條）。

(2)**保護之措施**。治安機關接獲保護通知時，應即依其職權，並視案情需要，運用適當方法或協調相關機關，採取下列保護措施：A.人身保護。B.住居所保護。C.服務往所保護。D.立法院議場、會議室及會館安全維護。（第五條）

另立法委員行為法第一二條規定：「立法委員在院內依法行使職權所為之議事行為，依憲法規定，享有免責權。」

二、立法院院長、副院長

1. 立法院院長、副院長的產生

憲法第六六條規定：「立法院設院長、副院長各一人，由立法委員互選之。」院長、副院長分別進行選舉，全體立法委員均為當然候選人，得出席人數過半數票者為當選，任期均為三年。

2. 立法院院長的職權

(1) 對外代表立法院。

(2) 主持立法院會議（立法院組織法第四條），維持立法院秩序、處理議事（前法第三條）。

(3) 召集臨時會。A.總統咨請。如總統發布緊急命令後，須於十日內提交立法院追認（憲法增修條文第二條）。B.立法委員四分之一以上之請求。如對總統、副總統犯內亂或外患罪要提出彈劾時。

(4) 立法院會議之決議，可否同數時取決於主席（立法院職權行使法第六條）。

(5) 應總統之召集，會商解決立法院與他院間的爭執（憲法第四四條）。

(6) 參加司法院院長召集的五院院長所組成的委員會，以提出方案解決省自治法施行中，所發生的重大障礙（憲法第一一五條）。

(7) 遴選立法院秘書長、副秘書長各一人，報告院會後，由政府特派或簡任（立法院組織法第一四條）。

(8) 綜理立法院院務（立法院組織法第一三條）。

3. 立法院院長的代理

(1) 立法院會議，院長因事故不能出席時，以副院長為主席，院長、副院長均因事故不能出席時，由出席委員互推一人為主席（立法院組織法第四條）。

(2) 立法院院務，院長因事故不能視事時，由副院長代理其職務（立法院組織法第一三條）。

三、立法院的委員會

立法工作繁雜而趨於專門，故須設各種委員會，以從事各種法案的審議，藉收分工合作之效。故我國憲法第六七條規定：「立法院得設各種委員會。各種委員會得邀請政府人員及社會上有關係人員到會備詢。」

1. 常設委員會

立法院設有：(1)內政委員會。(2)外交及國防委員會。(3)經濟委員會。(4)財政委員會。(5)教育及文化委員會。(6)交通委員會。(7)司法及法制委員會。(8)社會福利及衛生環境委員會。另於必要時，得增設特種委員會（立法院組織法第一〇條）

各委員會人數至少為十三席，最高不得超過十五席，而每一委員以參加一委員會為限。各委員會各置召集委員二人，由各委員會委員互選之。至各黨團在委員會之席次，依其在院會中之席次比例分配之。未參加黨團之委員或其所參加黨團人數未達按比例分配一個委員會席次之委員，應抽籤平均參加各委員會。各黨團並提出所屬委員參加各委員會之名單（立法院各委員會組織法第三條）。

各委員會審議立法院會議交付審查之議案及人民請願書，並得於每會期開始時，邀請相關部會作業務報告（立法院各委員會組織法第二條）。各委員會議事，以出席委員過半數之同意決之，可否同數時，取決於主席，但在場出席委員不足三人者，不得議決，但若出席委員對於委員會決議不同意者，得提出異議，但缺席委員及出席而未當場聲明不同意者，不得異議，亦不得參與異議之連署或附議。各委員會於議案審查完畢後，應就該議案應否交由黨團協商，予以議決（立法院各委員會組織法第一〇條），同時各委員會審查議案之經過及決議，應以書面提報院會討論，並由決議時之主席或推定委員一人向院會說明（立法院各委員會組織法第一一條）。至若各委員會所議事項，有與其他委員會相關聯者，除由院會決定交付聯席審查者外，得由召集委員報請院會決定與其他有關委員會開聯席會議（立法院各委員會組織法第一三條）。

2. 特種委員會

立法院另設(1)程序委員會（立法院組織法第七條）：編列議事日程，將政府依憲法提出之議案或立法委員提出之法律案，提院會後，交付有關委員會審查，審查後再提院會討論。(2)修憲委員會（前法第九條）。(3)紀律委員會（前法第八條）：審議委員違反議事規則、妨礙議場秩序之行為，及立法委員行使職權應迴避而不迴避者，利害關係人向紀律委員會舉發之事件等（立法委員行為法第七、二〇、二三條）。(4)調閱委員會：立法院經院會決議，得設調閱委員會，要求有關機關就特定議案涉及事項提供參考資料，並於必要時，得經院會之決議，向有關機關調閱前項議案涉及事項之文件原本（立法院職權行使法第四五條）。

3. 全院委員會

此係專為審查總統、副總統罷免案及審計部審計長人選的同意案，及行政院移請覆議案而設，其與院會不同處有：(1)出席人數的規定較院會低；(2)院會發言有時間、次數的限制，全院委員會則無；(3)全院委員會審查通過的案件，仍須提報立法院院會。

四、立法院會議

立法院為合議制機關，一切職權均以會議議決後行之。

1. 會期

(1)常會。每年兩次，自行集會，第一次自二月至五月底，第二次自九月至十二月底，必要時得延長之。

(2)臨時會。A.總統之咨請，如追認緊急命令，B.立法委員四分之一以上之請求（憲法第六九條）。

2. 開議。須有立法委員總額三分之一出席，始得開會。此項立法委員總額，以每會期實際報到人數為計算標準。但會期中辭職、去職或亡故者，應減除之（立法院職權行使法第四條）。並以院長為主席。但立法院如經總統解散時，由新任委員於選舉結果公告後第三日起報到，第十日開議（立法院職權行使法第二條）。

3. 會議方式。立法院會議(1)公開舉行。(2)必要時得開秘密會議，行政院院長或各部會首長，得請開秘密會議。

4. 決議

(1)普通決議。以出席委員過半數行之，可否同數時取決於主席（立法院職權行使法第六條）。

(2)特別決議。憲法修正案及領土變更案的提出，須立法院立法委員四分之一的提議，四分之三之出席，及出席委員四分之三之決議（增修憲法條文第四條）。

5. 復議。在原案表決於二讀或三讀後，下次院會散會前，得對法律案及預算案的全部或部分提出復議（立法院議事規則第四四章）。

6. 立法院開會時，關係院院長及各部會首長得列席陳述意見（憲法第七一條）。

五、立法院的幕僚機關

為處理日常工作，置秘書長、副秘書長各一人。秘書長承院長之命，處理院內日常事務，指揮監督所屬職員。並設秘書處、議事處、公報處、總務處、法制局、預算中心、國會圖書館，此外並設人事處及會計處等。

法制局掌理：1.關於立法政策之研究、分析、評估及諮詢事項。2.關於法律案之研究、分析、評估及諮詢事項。3.關於外國立法例及制度之研究、編譯及整理事項。4.關於法學之研究事項。5.其他有關法制諮詢事項（立法院組織法第二〇條）。

預算中心掌理：1.關於中央政府預算、決算之研究、分析、評估及諮詢事項。2.關於預算相關法案之研究、分析、評估及諮詢事項。3.其他有關預、決算諮詢事項（立法院組織法第二一條）。

六、黨團及黨團辦公室

每屆立法委員選舉當選席次達三席且席次較多之五個政黨得各組成黨團，各委員依其所屬政黨參加黨團。至於未能依前項規定組成黨團之政黨或無黨籍之委員，得加入其他黨團。黨團未達五個時，得合組四人以上之政團。黨團總數以五個為限（立法院組織法第三三條）。

為協商議案或解決爭議事項，得由院長或各黨團向院長請求進行黨團協商。另立法院院會於審議不須黨團協商之議案時，如有出席委員提出異議，十人以上連署或附議，該議案即交黨團協商。各委員會審查議案遇有爭議時，主席得裁決進行協商（立法院職權行使法第六八條）。黨團協商經由各黨團代表達成共識後，應即簽名，作成協商結論，並經各黨團負責人簽名，於院會宣讀後，列入紀錄，刊登公報。議案自交黨團協商逾一個月無法達成共識者，由院會定期處理（立法院職權行使法第七一條）。黨團協商結論於院會宣讀後，如有出席委員提議，八人以上之連署或附議，得對其全部或一部提出異議，並由院會就異議部分表決。黨團協商結論經院會宣讀通過或依前項異議議決結果，出席委員不得再提出異議；逐條宣讀時，亦不得反對（立法院職權行使法第七二條）。

對協商之議案於廣泛討論時，除經黨團要求依政黨比例派員發言外，其他委員不得請求發言。對經協商留待議會表決之條文，得依政黨比例派員發言後，逕行處理（立法院職權行使法第七三條）。

第三節、立法院的職權

一、立法權

立法院主要的職權就在於立法，但法律的制定，要經過一定的程序。

1. 提案

是有法律提案權者，向立法院提出法律草案，以供討論。在我國有提案權者，包括：

(1) 行政院。行政院可經行政院會議議決，向立法院提出法律案（憲法第五八條）。

(2) 考試院。考試院關於所掌事項，得向立法院提出法律案（憲法第八七條）。

(3) 監察院。監察院關於所掌事項，得向立法院提出法律案（大法官會議釋字第三號解釋）。

(4) 司法院。司法院就其所掌有關司法機關之組織及司法權行使之事項，得向立法院提出法律案（大法官會議釋字第一七五號解釋）。

(5) 立法院。立法委員提出之法律案，應有一五人以上連署；其他提案，除另有規定外，應有十人以上連署。（立法院議事規則第八條）。出席委員提出臨時提案，以極待解決事項為限，應於當次會議上午十時前，以書面提出，並應有十人以上之連署（同前法第九條）。

2. 審查（第一讀會）

由主席將議事日程中所列議案宣付朗讀後：

(1) 政府機關提出之議案及立法院提出的法律案，應先送交程序委員會，提報院會，於朗讀標題後，即應交付有關委員會審查。但有出席委員提議，二十人以上連署或附議，經表決通過，得逕付二讀。

(2) 立法委員提出之其他議案，於朗讀標題後，提案人得說明其旨趣，經大體討論，議決交付審查或逕付二讀或不予審議（立法院職權行使法第八條）。

3. 討論（第二讀會）

對於各委員會已審查之議案，或經院會議決不經審查逕付二讀之議案，進行朗讀，依次或逐條提付討論，在就審查意見或原案要旨進行廣泛討論後，如有出席委員提議，十五人以上連署或附議，經表決通過，得重付審查或撤銷之（立法院職權行使法第九條）。

法律案在第二讀會逐條討論，有一部分已經通過，其餘仍在進行中時，如對本案立法之原旨有異議，由出席委員提議，二十五人以上連署或附議，經表決通過，得將全案重付審查，但以一次為限（立法院職權行使法第一〇條）。

4. 議決（第三讀會）

第三讀會，除發現議案內容有相互牴觸，或與憲法及其他法律相牴觸者外，只得為文字之修正，並將全案付表決。至於第三讀會，應於第二讀會之下次會議行之。但如有出席委員提議，十五人以上連署或附議，經表決通過，亦得於二讀後繼續進行三讀（立法院職權行使法第一一條）。

5. 公布

立法院法律案通過後，移送總統及行政院，總統應於收到十日內公布之（憲法第七二條），並須經行政院院長之副署，或經行政院院長及有關部會首長之副署（憲法第三七條）。

每屆立法委員任期屆滿時，除預（決）算案及人民請願案外，尚未議決之議案，下屆不予繼續審議（立法院職權行使法第一三條）。

二、監督財政權

1. 議決預算

預算的提案權屬於行政院，但議決權則屬於立法院。

(1) 行政院於會計年度開始三個月前，應將下年度預算案提出立法院（憲法第五九條）。

(2) 立法院審議總預算案時，由行政院長、主計長及財政部長列席，分別報告施政計畫及歲入、歲出預算編製之經過（預算法第四八條）。

(3) 立法院對於行政院所提預算案，不得為增加支出之提議（憲法第七〇條）。

(4) 總預算案應於會計年度開始前一個月由立法院議決，並在會計年度開始十五日前由總統公布之（預算法第五一條）。

(5) 總預算案之審議，如有一部分未經通過，致總預算全案不能依期限完成時，由立法院議定補救辦法，通知行政院。依下列規定為之：A.收入部分暫依上年度標準及實際發生數，覈實收入。B.支出部分：a.新興資本支出及新增計畫，須俟本年度預算完成審議程序後始得動支。但如為正常業務之確實需要或經立法院同意者，不在此限。b.前項以外計畫得依已獲授權之原訂計畫或上年度執行數，覈實動支。c.履行其他法定義務收支（預算法第五四條）。

(6)立法院在審議預算中附加條件或期限者，除為法律所不許者，所為附帶決議，應由各該機關單位參照法令辦理（預算法第五二條）。

2.審核決算

決算由行政院提出於監察院，監察院完成審核，提出審核報告於立法院。

(1)行政院於會計年度結束後四個月，應提出決算於監察院（憲法第六〇條）。

(2)監察院審計長應於行政院提出決算後三個月內，依法完成其審核，並提出審核報告於立法院（憲法第一〇五條）。

(3)立法院對審核報告中有關預算之執行，政策之實施及特別事件之審核、救濟等事項，予以審議（決算法第二七條）。

(4)立法院審議時，審計長應答覆質詢，並提供資料；對原編造決算之機關，於必要時，亦得通知其列席備詢，或提供資料（決算法第二七條）。

(5)立法院應於審議報告送達後一年內，完成其審議，如未完成，視同審議通過，送交監察院，諮請總統公告（決算法第二八條）。

三、議決國家重要事項之權

依憲法第六三條規定，除法律案、預算案外，立法院還有議決戒嚴案、大赦案、宣戰案、媾和案、條約案及國家其他重要事項之權。

1. 戒嚴案。總統依法宣布戒嚴，但須經立法院之通過或追認。立法院認為必要時，得決議移請總統解嚴（憲法第三九條）。
2. 大赦。總統依法行使大赦（憲法第四〇條），但大赦是使罪刑歸於消滅，影響深遠，故需經行政院會議（憲法第五八條）及立法院議決。
3. 宣戰案、媾和案、條約案影響國家安危、涉及國家權益，故亦需立法院議決。
4. 其他重要事項。如總統頒布的緊急命令須於十日內提交立法院追認，如立法院不同意時，該緊急命令立即失效（憲法增修條文第二條）。

四、監督權

行政院對立法院負責，而立法院除可經由預算、法案的審查對行政院進行監督外，尚有以下方式：

1. 質詢權

行政院有向立法院提出施政方針及施政報告之責。立法委員在開會時，有向行政院院長及行政院各部會首長質詢之權。

另行政院遇有重要事項發生，或施政方針變更時，行政院院長或有關部會首長應向立法院院會提出報告，並備質詢。前項情事發生時，如有立法委員提議，十五人以上連署或附議，經院會議決，亦得邀請行政院院長或有關部會首長向立法院報告，並備質詢（立法院職權行使法第一七條）。

質詢，分為口頭或書面質詢。口頭質詢又分為政黨質詢與立法委員個人質詢，均以即問即答方式為之，並得採用聯合質訊，但人數不得超過三人。質詢時，政黨質詢先於個人質詢進行（前法第一八條）。政黨質詢時，行政院院長及各部會首長皆應列席備詢（前法第一九條），立委個人質詢時，行政院院長及議題相關之部會首長應列席備詢（前法第二〇條）。

2. 決議覆議案

行政院對於立法院決議之法律案、預算案、條約案，如認為有窒礙難行時，得經總統之核可，於該決議送達行政院十日內，移請立法院覆議。覆議時，如經全體立法委員二分之一以上決議維持原案，行政院院長應即接受該決議。（憲法增修條文第三條）

立法院得經全體立法委員三分之一以上連署，對行政院院長提出不信任案。（以上見憲法增修條文第三條）

3. 不信任案

依立法院職權行使法，不信任案之處理程序如下：

(1) **審查**。A.不信任案應於院會報告事項進行前提出，主席收受後應即報告院會，並不經討論，交付全院委員會審查。B.全院委員會應自不信任案報院會七十二小時後，立即召開審查，審查後提報院會表決。C.全院委員會審查及提報院會表決時間，應於四十八小時內完成，未於時限完成者，視為不通過（第三七條）。

(2) **撤回**。A.不信任案於審查前，連署人得撤回連署，未連署人亦得參加連署，提案人撤回原提案須經連署人同意。B.不信任案經主席宣告審查後，提案人及連署人均不得撤回提案或連署。C.審查時如不足全體立法委員三分之一以上連署者，該不信任案視為撤回（第三八條）。

(3) **通過**。不信任案之表決，以記名投票表決之，如經全體立法委員二分之一以上贊成，方為通過（第三九條）。

(4) **結果處理**。處理不信任案之結果，應咨送總統（第四〇條）。

(5) 不信任未獲通過，則一年內不得對同一行政院院長再提不信任案（第四一條）。

五、決議領土變更權

中華民國之領土，依其固有之疆域，但經全體立法委員四分之一之提議，全體立法委員四分之三之出席，及出席委員四分之三之決議，得提出領土變更案，並在公告半年後，由中華民國自由地區選舉人投票複決（憲法增修條文第四條）。

六、聽取總統國情報告權

立法院於每年集會時，得聽取總統國情報告（憲法增修條文第四條）。

因此立法職權行使法第一五規定：1.立法院經全體立法委員四分之一以上提議，院會決議後，由程序委員會排定議程，就國家安全大政方針，聽取總統國情報告。2.總統就其職權相關之國家大政方針，得咨請立法院同意後，至立法院進行國情報告。

七、罷免總統、副總統權

立法院對總統、副總統之罷免案，經全體立法委員四分之一之提議，全體立法委員三分之二之同意提出，由中華民國自由地區選舉人投票決定（憲法增修條文第二條）。另依立法院職權行使法第四四條規定，經全體立法委員四分之一提議，附具罷免理由，交付全院委員會於十五日內完成審查。審查前，立法院應通知被提議罷免人於審查前七日內提出答辯書。被提議罷免人不提出答辯書時，全院委員會仍得逕行審查。全院委員會審查後，記名投票表決，經全體立法委員三分之二，記名表決投票同意後，罷免案成立，當即宣告，並咨復被提議罷免人。

八、彈劾總統、副總統權

立法院對於總統、副總統之彈劾案，須經全體立法委員二分之一以上之提議，全體立法委員三分之二以上之決議，聲請司法院大法官審理（憲法增修條文第四條）。依立法院職權行使法立法院對總統、副總統，患內亂或外患罪，得提出彈劾案。彈劾案之提議，需以書面詳列彈劾理由，交由程序委員會編列議程提報院會，並不經討論，交付全院委員會審查，並得由立法院邀請被彈劾人列席說明（第四三條）。全院委員會審查後，提出院會以無記名投票表決，如經全體立法委員三分之二以上贊成，向司法院大法官提出彈劾案（第四四條）。

九、提出憲法修正案領土變更案之權

立法院立法委員四分之一之提議，四分之三之出席，及出席委員四分之三之決議，擬定憲法修正案，並於公告半年後，經中華民國自由地區選舉人投票複決，有效同意票過選舉人總數半數，即通過之（憲法增修條文第一、一二條）。

十、解決中央與地方權限爭議之權

對於憲法有關中央與省、縣之權限列舉事項外，如有未列舉事項發生時，其事務有全國一致之性質者屬於中央，有全省一致之性質者屬於省，有一縣之性質者屬於縣。遇有爭議時，由立法院解決之（憲法第一一一條）。

十一、議決國庫補助省經費之權

省在辦理省教育、衛生、實業及交通事務，其經費不足時，經立法院議決，由國庫補助之（憲法第一〇九條）。

十二、任命同意權

司法院院長、副院長、大法官，考試院院長、副院長、考試委員，監察院院長、副院長、監察委員、審計長由總統提名，經立法院同意任命之（憲法第一〇四條）（憲法增修條文第五、六、七條）。

據立法院職權行使法，在行使同意權時，不經討論，交付全院委員會審查，審查後提出院會以無記名投票表決，經全體委員二分之一以上的同意通過（第二九條）。全院委員會就被提名人之資格及是否適任之相關事項進行審查與訊問時，由立法院咨請總統通知被提名人列席說明與答詢；並於必要時，得就司法院院長副院長、考試院院長副院長及監察院院長副院長與其他被提名人分開審查（第三〇條）。同意權行使之結果，由立法院咨復總統。如被提名人未獲同意，總統應另提他人咨請立法院同意（第三一條）。

十三、受理人民請願權

人民依憲法第一六條之規定，得向立法院請願。

依據立法院職權行使法第十一章「請願文書之審查」規定：請願文書應否成為議案，由程序委員會逕送有關委員會審查，審查時得邀請請願人列席說明。審查結果，認為應成為議案者，送程序委員會列入討論事項，經大體討論後，議決交付審查或逕付二讀或不予審議，如審查結果，認為不應成為議案者，應敘明理由及處理經過，送由程序委員會報請院會存查，並通知請願人。

十四、調閱文件權

大法官會議釋字第三二五號解釋：調查權仍應專由監察院行使，立法院為行使憲法所賦予之職權，除依憲法第五十七條第一款及第六十七條第二款辦理外，得經院會或委員會之決議，要求有關機關就議案涉及事項提供參考資料，必要時並得經院會決議調閱文件原本，受要求之機關非依法律規定或其他正當理由不得拒絕。但國家機關獨立行使職權受憲法之保障者，如司法機關審理案件所表示之法律見解、考試機關對於應考人成績之評定、監察委員為糾彈或糾正與否之判斷，以及訴訟案件在裁判確定前就偵查、審判所為之處置及其卷證等，監察院對之行使調查權，本受有限制。基於同一理由，立法院之調閱文件，亦同受限制。

據立法院職權行使法，立法院經院會決議，得設調閱委員會，或經委員會之決議，得設調閱專案小組，就特定議案涉及事項要求有關機關提供參考資料，必要時得經院會決議，向有關機關調閱涉及事項之文件原本（第四五條）。受要求調閱文件之機關，除依法律或其他正當理由得拒絕外，應於五日內提供之。但相關資料或文件原本業經司法機關或監察機關先為調取時，應敘明理由，並提供複本。如有正當理由，無法提供複本者，應提出已被他機關調取之證明（第四七條）。政府機關或公務人員違反本法規定，於立法院調閱文件時拒絕、拖延或隱匿不提供者，得經院會決議，移送監察院依法提出糾正、糾舉或彈劾（第四八條）。立法院所調取之文件，限由各該調閱委員會、調閱專案小組之委員或院長指派之專業人員親自查閱之，前項查閱人對機密文件不得抄錄、攝影、影印、誦讀、錄音或為其他複製行為，亦不得將文件攜離查閱場所（第五〇條），並負有保密之義務。調閱委或調閱專務小組應於文件調閱處理終結後二十日內，分向院會或委員會提出調閱報告書及處理意見，作為處理該特定議案之依據（第五一條）。

十五、行政命令的審查權

各機關依其法定職權或基於法律授權訂定之命令，應視其性質分別下達成或發布，並即送立法院（中央法規標準法第七條）。立法院會議如有出席委員對前項命令，認為有違反、變更或牴觸法律者，或應以法律規定事項而以命令定之者，如有十五人以上連署或附議，交付有關委員會審查（立法院職權行使法第六〇條），確然者，提報院會，經議決後，通知原訂頒之機關更正或廢止；若無前項情形之行政命令，由委員會報請院會存查（立法院職權行使法第六二條）。

十六、委員會公聽會的舉行

憲法第六七條規定：「立法得設各種委員會。各種委員會得邀請政府人員及社會上有關係人員到會備詢。」

立法院職權行使法以各委員會為審查院會交付之議案依憲法前條規定，得舉行公聽會，如涉及外交、國防或其他依法令應秘密事項者，則以秘密會議行之（第五四條）。

公聽會須經各委員會輪值之召集委員同意，或經各委員會全體委員三分之一以上之連署或附議，並經議決，方得舉行（第五五條），以召集委員為主席，並得邀請政府人員及社會上有關係人員出席表達意見，其出席人員應依正反意見之相當比例邀請，並以不超過十五人為限，人選則由委員會決定之。至應邀出席人員非有正當理由，不得拒絕出席（第五六條），但應於開會日五日前，將開會通知、議程等相關資料，以書面送達出席人員，並請其提供口頭或書面意見（第五七條）。

委員會在公聽會終結後十日內，應依出席者所提供正、反意見提出公聽會報告，送交全院所有委員及出席者，並作為審議該特定議案之參考（第五八、五九條）。

習題

1. 依據憲法增修條文，立法委員的選舉包括哪些代表。
2. 說明立法院院長的職權有哪些。
3. 說明立法院何以要設置各種委員會？列舉常設委員會的名稱。
4. 列舉立法院職權的名稱。
5. 說明立法院制定法律的程序。
6. 說明立法院在議決預算案時，有何限制。
7. 說明立法院對行政院監督權的方式有哪些。
8. 說明立法院對人民請願案的處理。
9. 就立法委員行為法，說明立法委員不遵守哪些倫理規範，得移送紀律委員會議處。
10. 就立法委員行為法，說明立法委員在遊說和政治捐獻方面的限制。
11. 說明立法院罷免總統、副總統之程序。

第十章、司法院

第一節、司法院的地位

我國憲法第七七條規定：「司法院為國家最高司法機關，掌理民事、刑事、行政訴訟之審判，及公務員之懲戒。」第七八條規定：「司法院解釋憲法，並有統一解釋法律與命令之權。」因此：

司法院為最高司法機關，即在司法院之上，別無其他擁有司法權的機關，故掌理民事、刑事訴訟的各級法院，掌理行政訴訟的行政法院，及負責公務員懲戒的公務員懲戒委員會，雖都獨立行使職權，但在組織體制上，仍然隸屬於司法院。

司法院為最高司法機關，故對國家根本大法的憲法在適用時發生的疑義，可加以解釋。司法院依據五權體制，雖然與其他四院立於平等地位，但對立法院制定的法律、行政院制定的法規命令，可進行違憲違法的審查，一旦解釋結果為違憲或違法，該項法令即告無效。

第二節、司法院的組織

一、司法院院長、副院長

1. 司法院院長、副院長的產生

憲法第七九條原規定：「司法院院長、副院長各一人，由總統提名，經監察院同意任命之。」但憲法增修條文第五條則改為：「司法院設大法官十五人，並以其中一人為院長，一人為副院長，由總統提名，經立法院同意任命」。除同意任命機關由監察院改為國民大會再改為立法院外，院長、副院長，並同時具有大法官身分。

2. 司法院院長的職權

(1) 綜理院務及監督所屬機關（司法院組織法第七條）。
(2) 憲法法庭審理案件時擔任審判長（憲法訴訟法第二條）。
(3) 以大法官會議主席身分、監誓總統、副總統的就職（總統、副總統宣誓條例第四條）。
(4) 參加總統對於院與院間之爭執，召集有關各院院長會商解決之會議（憲法第四四條）。
(5) 省自治法施行中，如因其中某條發生重大障礙，經司法院召集有關方面陳述意見後，由五院院長組織委員會，以司法院院長為主席，提出方案解決之（憲法第一一五條）。

3. 司法院院長的出缺代理

(1) 憲法法庭審理案件，以並任司法院院長之大法官擔任審判長；其因故不能不能擔任時，由並任司法院副院長之大法官任之。三人均不能擔任時，由參與案件審理之資深大法官任之；資同由年長者任之（憲法訴訟法第二條）。以院長為主席，院長不能主持時，以副院長為主席。院長、副院長均不能主持時，以出席會議之資深大法官為主席，資同以年長者充之（司法院大法官審理案件法第一六條）。

(2) 司法院院務，院長因故不能視事時，由副院長代理其職務。院長出缺時，由副院長代理，其代理期間至總統提名繼任院長經立法院同意，總統任命之日止（司法院組織法第七條）。

(3) 院長、副院長同時出缺時，由總統就大法官指定一人代理院長，其代理期間至總統提名繼任院長、副院長，經立法院同意，總統任命之日止（司法院組織法第七條）。

二、憲法法庭

我國憲法規定「司法院解釋憲法，並有統一解釋法律及命令之權。」並設定大法名額。因此在司法院組織法中有大法官會議的組織，並有「司法院大法官審理案件法」，以行使憲法職權。但立法院在民國一〇七年十月十八日除將該法內容修正外，並改名為「憲法訴訟法」，於民國一〇八年一月四日由總統公佈，並於公佈期滿三年後施行，即在民國一一一年一月四日該法正式施行後，原司法院大法官會議及其職權由憲法法庭取代。

1. 憲法法庭的組成

(1) 憲法法庭的組織

A. 由司法院大法官組成憲法法庭（第一條）。

B. 憲法法庭審理案件，以並任司法院院長之大法官擔任審判長；其因故不能擔任時由並任司法院副院長之大法官任之。二人均不能擔任時，由參與案任審理之資深大法官任之；資同由年長者任之（第二條）。

C. 憲法法庭得設置數審查庭，由大法官三人組成之。審查庭審判長除由並任司法院院長、副院長之大法官擔任外，餘由資深大法官任之；資同由年長者任之。各審查庭大法官之組成，每二年調整一次（第三條）。

(2) 憲法法庭的大法官

A. 大法官的產生

憲法原規定司法院設大法官若干人，由總統提名，經監察院同意任命（憲法第七九條）。現依憲法增修條文第五條，自中華民國九十二年起，則為由總統提名，經立法院同意任命，名額並定為十五人。

B. 大法官的任期

a. 大法官任期八年，不分屆次，個別計算，並不得連任。但為院長、副院長之大法官，不受任期之保障。

b. 中華民國九十二年總統提名之大法官，其中八位大法官，含院長、副院長任期四年。其餘大法官任期為八年，不受前項任期之規定（憲法增修條文第五條）。

C. 大法官的資格

大法官應具有下列資格之一：

a. 曾任實任法官十五年以上而成績卓著者。

b. 曾任實任檢察官十五年以上而成績卓著者。

c. 曾實際律師業務二十五年以上而聲譽卓著者。

d. 曾任教育部審定合格之大學或獨立學院專任教授十二年以上，講授法官法第五條第四項所定主要法律科目（憲法、民法、刑法、國際私法、商事法、行政法、民事訴訟法、刑事訴訟法、行政訴訟法、強制執行法、破產法等）八年以上，有專門著作者。

e. 曾任國際法庭法官或在學術機關從事公法學或比較法學之研究而有權威著作者。

f. 研究法學、富有政治經驗，聲譽卓著者。

具有前項任何一款資格之大法官，其人數不得過總名額三分之一（司法院組織第四條）。

2. 憲法法庭的職權

憲法第七八條規定：「司法院解釋憲法，並有統一解釋法律及命令之權。」

憲法增修條文第五條「司法院大法官，除依憲法第七八條之規定外，並組成憲法法庭審理總統、副總統之彈劾案及政黨違憲之解散事項。」

(1) 法規範憲法審查及裁判憲法審查案件

A. 聲請者

a. 國家最高機關，因本身或下級機關行使職權，就所適用之法規範，認為有牴觸憲法者。

b. 下級機關，因行使職權，就所適用之法規範，認為有牴觸憲法者，得報請上級機關為前項之申請（第四七條）。

c. 立法委員現有總額四分之一以上，就其行使職權，認法律位階法規範牴觸憲法者（第四九條）。

d. 各法院就其審理之案件，對裁判上所應適用之法律位階法規範，依其合理確信，認為牴觸憲法，且於該案件之裁判結果有直接影響者（第五五條）。

e. 人民就其依法定程序用盡審級救濟之案件，對於受不利確定終局裁判所適用之法規範或該裁判，認有抵觸憲法者（第五九條）。

B. 判決結果

a. 憲法法庭認法規範牴觸憲法者，應於判決主文宣告法規範違憲（第五二條）。判決宣告法規範違憲且應失效者，該法規範自判決生效日起失效。但主文另有諭知溯及失效或定期失效者依其諭知（第五二條）。

b. 判決宣告法規立即失效者，於判決前已繫屬於各法院尚未終結之案件，各法院應依判決意旨為裁判。至於判決前已適用前項法規範作成之刑事確定裁判，檢察總長得依職權或被告之聲請，提起非常上訴。而對於已判決確定，但尚未執行或執行未完畢者，於違憲範圍內不得再予執行（第五三條）。

(2) 機關爭議案件

A. 聲請者

國家最高機關，因行使職權，與其他國家最高機關發生憲法上權限之爭議，經爭議之機關協商未果者，得聲請憲法法庭為機關爭議之判決（第六五條）。

B. 判決結果

憲法法庭應予判決主文確認相關機關之權限；亦得視案件情形，另於主文為其他適當之諭知（第六七條）。

(3) 總統、副總統彈劾案件

A. 聲請者

立法院得依憲法增修條文第四條第七項規定就總統、副總統提出彈劾案聲請憲法法庭為宣告彈劾成立之判決，其聲請書應記載下列事項：a.彈劾案決議作成之程序。b.彈劾之原因事實、證據及應予解職之理由。c.關係文書之名稱及件數（第六八條）。

唯在宣示判決前，經立法院全體委員三分之二以上之決議可撤回（第七〇條）。

B. 判決結果

a. 宣告彈劾成立之判決，其評決應經大法官現有總額三分之二以上同意；主文並應諭知被彈劾人解除職務。評決未達前項同意人數者，應為彈劾不成立之判決（第七五條）。

b. 彈劾案程序之進行，不因被彈劾人卸任、立法院之解散或該屆立法委員任期屆滿而受影響。但被彈劾人於判決宣示前辭職或死亡者，憲法法庭應裁定不予受理。

(4) 政黨違憲解散案件

A. 聲請者

政黨之目的或行為，危害中華民國之存在或自由民主之憲政秩序者，主管機關得聲請憲法法庭為宣告政黨解散之判決（第七七條）。

聲請書應載明政黨應予解散之原因事實及證據。憲法法庭於言詞辯論期日前，認為聲請機關所舉事證顯有不足時，應定期間命其補正；逾期未補正者，得裁定不受理（第七九條）。

B. 判決結果

宣告政黨解散之判決，其評決應經大法官現有總額三分之二以上同意。若未達前項同意人數時，應為不予解散之判決（第八〇條）。

(5) 地方自治保障案件

A. 聲請者

地方自治團體之立法或行政機關，因行使職權，認所應適用之中央法規範牴觸憲法，對其受憲法所保障之地方自治權有造成損害之虞者（如 a.自治法規，經監督機關函告無效或函告不予核定。b.立法機關議決之自治事項，經監督機關函告無效。c.其行政機關辦理之自治事項，經監督機關撤銷、變更、廢止或終止其執行）得聲請憲法法庭為宣告違憲之判決（第八二、八三條）。

(6) 統一解釋及命令的案件

A. 聲請者

人民就其依法定程序用盡審級救濟之案件，對於受不利確定終局裁判適用法規範所表示之見解，認與不同審判權終審法院之確定終局裁判適用同一法規範已表示之見解有異，得聲請憲法法庭為統一見解之判決（第八四條）。

B. 判決結果

a. 案件之受理及其評決，應有大法官現有總額過半數參與評議，參與評議大法官過半數同意，未達同意受理人數者，應裁定不受理（第八七條）。

b. 憲法法庭判決就法規範所表示之見解與原因案件確定終局裁判有異時，聲請人得依法定程序或判決意旨請求救濟，原因案件為刑事裁判者，檢察總長亦得據以提起非常上訴（第八八條）。

c. 憲法法庭就法規範見解所為之統一解釋判決，各法院應依判決意旨為裁判（第八九條）。

3. 憲法法庭的判決效力

(1) 裁判，自宣示或公告之日起發生效力。未經宣示或公告之裁定，自送達之日起發生效力（第三七條）。

(2) 判決，有約束各機關及人民之效力；各機關並有實現判決內容之義務（第三八條）。

(3) 對於憲法法庭及審查庭之裁判，不得聲明不服（第三九條）。

(4) 案件經憲法法庭為判決或實體裁定者，聲請人不得更行聲請（第四〇條）。

三、普通法院

法院負責民事、刑事等訴訟案件的審理，與人民權益關係甚大，故為求審判的慎重，採取三級三審制，即法院分為地方法院、高等法院、最高法院三級；在審判上，地方法院為第一審，高等法院為第二審，最高法院為終極審。

1. 法院的組織

(1) 地方法院

A. 地方法院的設立。直轄市或縣（市）各設地方法院。但得視其地理環境及案件多寡，增設地方法院分院；或合設地方法院（法院組織法第八條）。

B. 地方法院的組織。置法官若干人，院長則由法官兼任，除分設民事庭、刑事庭、行政訴訟庭、簡易庭、專業法庭外，並設民事執行處、公設辯護室、司法事務官室、調查保護室、公證處、提存所、登記室、書記處、通譯、法警、人事室、會計室、統計室等。

C. 地方法院管轄事件

a. 民事、刑事第一審訴訟案件。但法律別有規定者，不在此限。

b. 其他法律規定之訴訟案件。

c. 法律規定之非訴事件。（法院組織法第九條）

(2) 高等法院

A. 高等法院的設立。省、直轄市或特別區域各設高等法院。但得視其地理環境及案件多寡，增設高等法院分院，或合設高等法院（法院組織法第三一條）。

B. 高等法院的組織。置法官若干人，院長由法官兼任，綜理院務，另設民事庭、刑事庭、公設辯護人室、書記處等單位。

C. 高等法院管轄事件

a. 關於內亂、外患及妨害國交之刑事第一審訴訟案件。

b. 不服地方法院及其分院第一審判決而上訴之民事、刑事訴訟案件，但法律另有規定者，從其規定。

c. 不服地方法院及其分院裁定而抗告之案件。

d. 其他法律規定之訴訟事件。（法院組織法第三二條）

(3) 最高法院

A. 最高法院的設立地點。最高法院設於中央政府所在地（法院組織法第四七條）。

B. 最高法院的組織。最高法院置院長一人，特任，綜理全院行政事務，並任法官（法院組織法第五〇條）。並置法官、設民事庭、刑事庭各單位。

C. 最高法院管轄事件

a. 不服高等法院及分院第一審判決而上訴之刑事訴訟案件。

b. 不服高等法院及其分院第二審判決而上訴之民事、刑事訴訟案件。

c. 不服高等法院及其分院裁定而抗告之案件。

d. 非常上訴案件。

e. 其他法律規定之訴訟案件。（法院組織法第四八條）

2. 法　官

法官職司審判，為維護審判品質、保護當事人權益，故對法官的任用資格、職權行使及身分地位都應有所限制和保障。

(1) 法官的範圍。狹義的法官，專指有審判任務的推事；廣義的法官，則包括檢察官在內，但大法官會議釋字第一三號解釋：「憲法第八十一條所稱之法官，係指同法第八十條之法官而言，不包含檢察官在內。」另據大法官會議釋字第一六二號解釋：「行政法院評事、公務員懲戒委員會委員，就行政訴訟或公務員懲戒案件，分別依據法律，獨立行使審判或審議之職權，不受任何干涉，依憲法第七十七條、第八十條規定，均應認係憲法上所稱之法官。其保障，應本發揮司法功能及保持法官職位安定之原則，由法律妥為規定，以符憲法第八十一條之意旨。」是法官包括推事、行政法院評事、公務員懲戒委員會委員。

(2) 法官的任用資格

A. 地方法院法官，應具有左列資格之一：

a. 經司法官考試及格者。

b. 曾任推事、法官、檢察官經銓敘合格者。

c. 經律師考試及格，並執行律師職務三年以上，成績優良，具有薦任職任用資格者。

d. 大學法律系或法律研究所畢業，具有在大學或學院任教授、副教授三年或講師五年，講授主要法律科目二年以上，有法律專門著作，經司法院或法務部審查合格，並經律師考試及格或具有薦任職任用資格二年者（司法人員人事條例第九條）。

B. 高等法院法官，應就實任地方法院法官二年以上，成績優良者任用之，或經律師考試及格，並執行律師職務十四年以上，成績優良，具有轉任薦任職任用資格者（司法人員人事條例第一一條）。

C. 最高法院法官，需具有下列資格之一：

a. 曾任高等法院法官四年以上，成績優良，具有簡任職任用資格者。

b. 曾任高等法院法官、地方法院法官合計四年以上，成績優良，具有簡任職任用資格者。

c. 大學法律系或法律研究所畢業，而在大學或獨立學院專任教授，講授主要法律科目，有法律專門著作，經司法院或法務部審查合格，並曾任高等法院法官，具有簡任任用資格者（司法人員人事條例第一二條）。

(3) **法官地位的保障**。憲法第八一條規定：「法官為終身職，非受刑事或懲戒處分，或禁治產之宣告，不得免職。非依法律，不得停職、轉任或減俸。」

A. 不得免職。司法官非有左列原因之一，不得免職：

a. 因內亂、外患、貪汙、瀆職行為或不名譽之罪，受刑事處分之裁判確定者。

b.因前款以外之罪，受有期徒刑以上刑事處分之裁判確定者。但宣告緩刑或准予易科罰金者，不在此限。

c.受撤職之懲戒處分者。

d.受禁治產之宣告者。（司法人員人事條例第三二條）

B.不得為地區調動。法官除經本人同意者外，非有左列原因，不得為地區調動：

a.因法院設立、裁併或編製員額增減者。

b.因審判業務增加，急需人員補充者。

c.在同一法庭連續任職四年以上者。

d.調兼同級法院庭長或院長者。

e.受休職處分期滿或依法停止職務之原因消滅而復職者。

f.有事實足認不適在原地區任職者。（司法人員人事條例第三五條）

C.不得為審級調動。法官除調至上級法院者外，非經本人同意，不得為審級之調動（司法人員人事條例第三六條）。

D.不得降級減俸。法官非依法律受降級或減俸處分者，不得降級或減俸（司法人員人事條例第三七條）。

E.不適用公務人員退休法中有關退休的規定。法官除自願按照公務人員退休法退休外，年滿七十歲者，應停止辦理案件，從事研究工作；滿六十五歲者得減少辦理案件。但如為停止辦理案件，仍為現職法官，支領法官之給與（司法人員人事條例第四〇條），除非經公立醫院證明身體衰弱，不能勝任職務者，得依公務人員任用法，有關資遣之規定資遣（司法人員人事條例第四二條）。

(4) 法官的獨立審判：憲法第八〇條規定：「法官需超出黨派以外，依據法律獨立審判，不受任何干涉。」

A. 超出黨派。法官需超出黨派之外，有兩種不同解釋，一為法官不能加入任何政黨，一為法官可加入任何政黨，但不得參與政黨活動，一般都贊成次說。

B. 依據法律獨立審判。此處所指法律涵蓋範圍如何？大法官會議釋字第三八號解釋：「憲法第八十條之規定旨在保障法官獨立審判，不受任何干涉。所謂依據法律者，係以法律為審判之主要依據，並非除法律以外與憲法或法律不相牴觸之有效規章，均行排斥而不用。」

另依大法官會議釋字第五三〇號解釋文以憲法規定法官須超出黨派以外，依據法律獨立審判，不受任何干涉，明文揭示法官從事審判僅受法律之拘束，不受其他任何形式之干涉；法官之身分或職位不因審判之結果而受影響；法官唯本良知，依據法律獨立行使審判職權。審判獨立乃自由民主憲政秩序全力分立與制衡之重要原則，為審視審判獨立，司法機關應有其自主性；本於司法自主性，最高司法機關就審理事項並有發布規則之權；又基於保障人民有依法定程序提起訴訟，受充分而有效公平審判之權利，以維護人民之司法受益權，最高司法機關自有司法行政監督之權限。但司法自主性與司法行政監督權之行使，均應以維護審判獨立為目標，因是最高司法機關於達成上述司法行政監督之目的範圍內，雖得發布命令，但不得違反審判獨立之原則。另最高司法機關依司法自主性，得就審理程序有關之細節性、技術性事項為規定；或本於司法行政監督權而發布之命令，除司法行政事務外，提供相關法令、有權解釋之資料或司法實務上之見解，作為所屬司法機關人員執行職務之依據，亦屬法之所許。惟各該命令之內容不得牴觸法律，非有法律具體明確之授權亦不得對人民自由權利增加法律所無之限制；若有涉及審判上之法律見解者，法官於審判案件時，並不受其約束。司法院於司法行政監督權之行使所發布之各注意事項及實施要點，亦不得有違審判獨立之原則。

四、行政法院

行政法院掌理全國行政訴訟審判事務。

1. 據行政法院組織法，分高等行政法院及最高行政法院。

(1) 高等行政法院

高等行政法院的設立：省、直轄市及特別區域各設高等行政法院。但其轄區狹小或事務較簡者，得合數省、市或特別區域設一高等行政法院，其轄區遼闊或事務較繁者，得增設之（第六條）。

B. 高等行政法院的組織：置院長一人綜理全院行政事務（第八條）。其庭數視事務之繁簡定之，必要時得設專業法庭。各庭置庭長一人、法官三人，庭長除由兼任院長之法官兼任者外，餘就法官中遴選（第八、九、十條）。

另設司法事務官室，置司法事務官，以具有財經、稅務或會計專業者為限。辦理下列事務：

a. 辦理稅務事件之資料蒐集、分析及提供財稅會計等專業意見。

b. 依法參與訴訟程序。

c. 其他法律所定之事務。（第十條）

C. 高等行政法院管轄事件如下：

a. 不服訴願決定或法律規定視同訴願決定，提起之行政訴訟通常訴訟程序事件。但法律另有規定者從其規定。

b. 不服地方法院行政訴訟庭第一審判決而上訴之事件。

c. 不服地方法院行政訴訟庭裁定而抗告之事件。

d. 其他依法律規定由高等行政法院管轄之事件。（第七條）

(2) 最高行政法院

A. 最高行政法院設於中央政府所在地（第十一條）。

B. 最高行政法院的組織：最高行政法院置院長一人，特任，綜理全院行政事務，並任法官。（第十三條）。

每庭各置庭長一人、法官五人，庭長除由院長兼任者外，餘就法官中遴選之（第十四、十五條）。

最高行政法院必要時，得置法官助理，協助該庭辦理訴訟案件程序之進行、程序重點之分析、資料之蒐集分析等事項（第十五條）。

C. 最高行政法院管轄事件如下：

a. 不服高等行政法院裁判而上訴或抗告之事件。

b. 其他依法律規定由最高行政法院管轄之事件。（第十二條）

2. 行政訴訟的程序

依行政訴訟法的規定。

(1) 行政訴訟的提出

人民因中央或地方機關之違法行政處分，認為損害其權利或法律上之利益，經依訴願法提起訴願而不服其決定，或提起訴願逾三個月不為決定，或延長訴願決定期間逾二個月不為決定者，得向行政法院提起撤銷訴訟（第四條）。

人民因中央或地方機關對其依法申請之案件，於法令所定期間內應作為而不作為，認為其權利或法律上利益受損害者，經依訴願程序後，得向行政法院提起請求該機關應為行政處分或應為特定內容之行政處分之訴訟。此外，人民因中央或地方機關對其依法申請之案件，予以駁回，而認其權利或利益受損時，亦得提出（第五條）。

人民與中央或地方機關間，因公法上原因發生財產上之給付或請求作成行政處分以外之其他非財產上之給付，得提起給付訴訟。因公法上契約發生之給付亦同（第八條）。

人民為維護公益，就無關自己權利及法律上利益之事項，對於行政機關之違法行為，得提起行政訴訟。但以法律有特別規定者為限（第九條）。

選舉罷免事件之爭議，除法律別有規定外，得依本法提起行政訴訟（第十條）。

(2)行政訴訟的第一審程序

起訴應以訴狀提出，行政法院除依前條規定駁回原告之訴或移送者外，應將訴狀送達於被告。並得命被告以答辯狀陳述意見（第一〇八條），必要時得進行言詞辯論。

行政法院認原告之訴為有理由者，除別有規定外，應為其勝訴之判決；認為無理由者，應以判決駁回之。撤銷訴訟之判決，如係變更原處分或決定者，不得為較原處分或決定不利於原告之判決（第一九五條）。行政處分已執行者，行政法院為撤銷行政處分判決時，經原告聲請，並認為適當者，得於判決中命行政機關為回復原狀之必要處置。撤銷訴訟進行中，原處分已執行而無回復原狀可能或已消滅者，於原告有即受確認判決之法律上利益時，行政法院得依聲請，確認該行政處分為違法（第一九六條）。並依原告之聲明，將其因違法處分或決定所受之損害，於判決內命被告機關賠償（第一九九條）。

(3) 行政訴訟的上訴審程序

對於高等行政法院之終局判決，除本法或其他法律別有規定外，得上訴於最高行政法院。於上訴審程序，不得為訴之變更、追加或提起反訴（第二三八條）。此外，除非以下違背法令理由，不得提起上訴：

a. 判決法院之組織不合法。

b. 依法律或裁判應迴避之法官參與裁判。

c. 行政法院於權限之有無辨別不當或違背專屬管轄之規定。

d. 當事人於訴訟未經合法代理或代表。

e. 違背言詞辯論公開之規定。

f. 判決不備理由或理由矛盾（第二四三條）。

除別有規定外，最高行政法院應以高等行政法院判決確定之事實為判決基礎（第二五四條），認為上訴為無理由者，應為駁回之判決（第二五五條）。認為有理由者，就該部分應廢棄原判決（第二五六條）。除別有規定外，經廢棄原判決者，應將該事件發回原高等行政法院或發交其他高等行政法院（第二六〇條）。

(4) 抗告程序

抗告是對未確定的裁定聲明不服的方法，其目的等同上訴，在求裁判的正確與法律見解的統一。因此除對受命法官或受託法官之裁定外，得向為裁定之原行政法院或原審判長所屬行政法院提出抗告狀為之（第二六九條）。

(5) 再審程序

有下列各款情形之一者，得以再審之訴對於確定終局判決聲明不服。

a. 適用法規顯有錯誤。
b. 判決理由與主文顯有矛盾。
c. 判決法院之組織不合法。
d. 依法律或裁判應迴避之法官參與裁判。
e. 當事人於訴訟未經合法代理或代表。
f. 當事人知他造之住居所，指為所在不明而與涉訟。但他造已承認其訴訟程序者，不在此限。
g. 參與裁判之法官關於該訴訟違背職務，犯刑事上之罪。
h. 當事人之代理人、代表人、管理人或他造或其代理人、代表人、管理人關於該訴訟有刑事上應罰之行為，影響於判決。
i. 為判決基礎之證物係偽造或變造。
j. 證人、鑑定人或通譯就為判決基礎之證言、鑑定或通譯為虛偽陳述。

k. 為判決基礎之民事或刑事判決及其他裁判或行政處分，依其後之確定裁判或行政處分已變更。

l. 當事人發現就同一訴訟標的在前已有確定判決或和解或得使用該判決或和解。

m. 當事人發現未經斟酌之證物或得使用該證物。但以如經斟酌可受較有利益之裁判為限。

n. 原判決就足以影響於判決之重要證物漏未斟酌。

確定終局判決所適用之法律或命令，經司法院大法官依當事人之聲請解釋為牴觸憲法者，其聲請人亦得提起再審之訴（第二七三條）。

(6) 重新審理

因撤銷或變更原處分或決定之判決，而權利受損害之第三人，如非可歸責於己之事由，未參加訴訟，致不能提出足以影響判決結果之攻擊或防禦方法者，得對於確定終局判決聲請重新審理（第二八四條）。

(7) 保全程序

為保全公法上金錢給付之強制執行，得聲請假扣押（第二九三條）。

(8) 強制執行

撤銷判決確定者，關係機關應即為實現判決內容之必要處置（第三〇四條）。但若行政訴訟之裁判命債務人為一定之給付，經裁判確定後，債務人不為給付者，債權人得以之為執行名義，聲請地方法院行政訴訟庭強制執行（第三〇五條）。

3. 最高行政法院的判例

最高行政法院之裁判，其所持之法律見解，認有編為判例之必要者，應經由院長、庭長、法官組成之會議決議後，報請司法院備查（行政法院組織法第十六條）。

五、智慧財產及商業法院

為保障智慧財產權，優化經商環境，妥善處理智慧財產及商業案件，促進國家科技與經濟發展，在民國一〇九年一月公佈「智慧財產及商業法院組織法」，專設智慧財產及商業法院掌理關於智慧財產之民事訴訟、刑事訴訟及行政訴訟之審理事務及商業之民事訴訟與非訟事件（第一、二條）。

1. **智慧財產及商業法院的設立**。其設置地點由司法院定之，並得按地理環境及案件多寡增設分院（第四條）。

2. **智慧財產及商業法院的組織**。置院長，由法官兼任，綜理全院行政事務（第八條）。智慧財產法院之庭數，視事務之繁簡定之（第九條）。另應業務需要設置技術審查官室與商業調查官室等。

3. **智慧財產法院法官的資格**。應具有下列資格之一，並具有擬任職務任用資格者。

(1) 曾任智慧財產及商業法院法官。

(2) 曾任實任法官或或實任檢察官。

(3)曾任法官、檢察官職務並任薦任以上公務人員合計八年以上。

(4)曾實際執行智慧財產或商業訴訟律師業務八年以上，具擬任職務任用資格。

(5)公立或經立案之私立大學、獨立學院法律、政治、行政學系或其研究所畢業，曾任教育部審定合格之大學或獨立學院專任教授、副教授或助理教授合併八年以上，講授智慧財產權或商事法類之相關法律課程五年以上，有上述相關之專門著作，具擬任職務任用資格。

(6)公立或經立案之私立大學、獨立學院法律、政治、行政學系或其研究所畢業，曾任中央研究院特聘研究員、研究員、副研究員、助研究員合計八年以上有智慧財產權或商事法類之相關法律專門著作，具擬任職務任用資格。

(7)公立或經立案之私立大學、獨立學院法律、政治、行政學系或其研究所畢業，曾任簡任公務員，辦理有關智慧財產、商業管理、證券交易或管理、期貨交易或管理之審查、訴願或法制業務合計十年以上，有智慧財產或商事法類之相關法律專門著作（第一四條）。

對符合前述資格者，在改任與遴選審查時，應注意其品德、經驗與專業法學術養（第一五條）。

4. 技術審查官及商業調查官的資格

智慧財產及商業法院設技術審查官室與商業調查官室分別置技術審查官及商業調查官，辦理(1)案件技術或商業問題之判斷、資料之蒐集、分析及提供意見。(2)其他法令所定之事務（第一六條）。

(1)技術調查官，應就具有下列資格之一，並有擬任職務資格者任用之。

A. 擔任專利審查官或商標審查官合計三年以上，成績優良並具證明者；或經公立或立案之私立大學、獨立學院研究所或經教育部承認之外國大學、獨立學院研究所畢業，具相關系所碩士以上學位，擔任專利或商標審查官或助理審查官合計六年以上，成績優良並具證明者；或公立或立案之私立專科以上學校或教育部承認之國外專科以上學校相關系科畢業擔任專利或商標審查官或助理審查官合計八年以上，成績優良並具證明者。

B. 現在或曾任公立或立案之私立大學、獨立學院相關系所講師六年以上，助理教授、副教授、教授計三年以上或公、私立專業研究機構研究人員六年以上，有智慧財產權類專門著作並具證明者。

(2) 商業調查官，應就具下列資格之一，並具有擬任職務任用資格者任用之。

A. 曾於行政院經濟部、金融監督管理委員會、台灣證券交易所、證券櫃檯買賣中心、台灣期貨交易所股份有限公司、台灣集中保管結算所或其他相當單位任職合計三年以上，具會計、投資、財務分析、經濟及金融市場專業，成績優良並具證明者。

B. 經公立或立案之私立大學、獨立學院研究所或經教育部承認之外國大學、獨立學院研究所畢業，具相關系所碩士以上學位，曾於行政院經濟部、金融監督管理委員會、台灣證券交易所、證券櫃檯買賣中心、台灣期貨交易股份有限公司、台灣集中保管結算所或其他相關單位任職合計二年以上，具會計、投資、財務分析、經濟及金融市場專業，成績優良並具證明者。

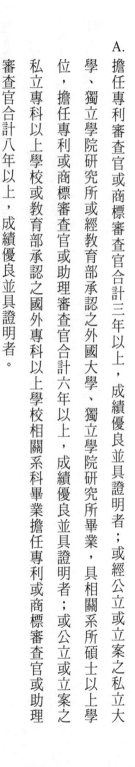

C.現任或曾任公立或私立大學、獨立學院相關系所講師三年以上，助理教授、副教授、教授合計二年以上或公、私立專業研究機構研究人員三年以上，有會計、投資、財務分析、經濟及金融市場專業著作並具證明者（第一七條）。

5. 智慧財產及商業法院管轄案件

(1) 依專利法、商標法、著作權法、光碟管理條例、營業秘密法、積體電路電路布局保護法、植物品種及種苗法或公平交易法所保護之智慧財產權益所生之第一審及第二審民事訴訟事件及依商業事件審理法規定由商業法院管轄之商業事件。

(2) 因刑法第二百五十三條（意圖欺騙他人而偽造或仿造已登記之商標商號）、第二百五十四條（明知為偽造或仿造之商標、商號之貨物而販賣或意圖販賣而陳列或自外國輸入者）、第二百五十五條（意圖欺騙他人，而就商品之原產國或品質，為虛偽之標記或其他表示者）、第三百一十七條（依據法令或契約有守因業務知悉或持有工商秘密之義務，而無故洩露之者）、第三百一十八條（公務員或曾任公務員之一，無故洩露因職務知悉或持有他人之工商秘密者）之罪或違反商標法、著作權法、公平交易法第三十五條第一項關於第二十條第一項者（事業就其營業所提供之商品或服務係以相關事業或消費者所普遍認知之他人姓名、商號或公司名稱、商標、商品容器、包裝、外觀或其他顯示他人商品之表徵，為相同或類似之使用，致與他人商品混淆或販賣、運送、輸出或輸入使用該表徵之商品者，經中央主管機關依規定限期命其停止、改正其行為或採取必要更正措施，而逾期未停止、改正其行為或未採取必要更正措施，或停止後再為相同或類似違反行為）、及第三十六條關於第十九條第五款（以脅迫、利誘或其他不正當方法，獲取他事業之產銷機密、交易相對人資料或其他有關技術秘密之行為，經中央主管機關依規定限期命其停止、改正其行為或採取必要更正措施，而逾期未停止、改正其行為或未採取必要更正措施，或停止後再為相同或類似違反行為者）案件，不服地方法院依通常、簡式審判或協商程序所為之第一審裁判而上訴或抗告之刑事案件。

(3) 因專利法、商標法、著作權法、光碟管理條例、積體電路電路布局保護法、植物品種及種苗或公平交易法涉及智慧財產權法所生之第一審行政訴訟事件及強制執行事件。

(4) 其他依法律規定或經司法院指定由智慧財產及商業法院管轄之案件（第三條）。

六、少年及家事法院

為保障未成年人健全之自我成長、妥適處理家事紛爭，並增進司法專業效能，於民國九十七年十二月通過「少年及家事法院組織法」，專設少年及家事法院。

1. 少年及家事法院的設立。其設置地點由司法院定之，並得視地理環境及事件多寡，增設少年及家事法院分院。另高等法院及其分院設少年法庭、家事法庭。但得視實際情形由專人兼辦（第三條）。

2. 少年及家事法院的組織

(1) 少年及家事法院置院長一人，由法官兼任。簡任第十職等至第十二職等，綜理全院行政事務（第七條）。

(2)少年及家事法院置法官，必要時得置法官助理，依相關法令聘用各種專業人員充任，承法官之命，辦理訴訟案件程序之審查，法律問題之分析，資料之蒐集等事務（第六條）。

(3)少年及家事法院設少年法庭、家事法庭，其中少年法庭得分設保護庭、刑事庭。家事法庭得依法律規定或業務特性，分設專庭（第八條）。

(4)少年及家事法院得設執行處（第一〇條）、公設辯護人室（十一條）。並設調查保護室，置少年調查官、少年保護官、家事調查官、心理測驗員、心理輔導員及佐理員（第一三條），其任用皆需具備一定之資格（第二一、二二、二三、二四條）。

3. **少年及家事法院管轄案件**。除法律別有規定外，管轄下列第一審事件：(1)少年事件處理法之案件。(2)家事事件法之事件。(3)其他法律規定由少年及家事法院、少年法院、地方法院少年法庭或家事法庭處理之事件（第二條）。

七、公務員懲戒委員會

公務員懲戒委員會掌理全國公務員之懲戒（公務員懲戒委員會組織法第一條）。

1. 公務員懲戒委員會的組織

(1)置委員九人至一五人。

(2) 委員長一人，並兼任委員（公務員懲戒委員會組織法第二條），公務員懲戒委員會審議懲戒案件，以委員長為主席（公務員懲戒委員會組織法第五條）。

(3) 置書記官長一人、書記官若干人及設人事室、會計室、統計室。

2. 公務員懲戒委員會委員

(1) 公務員懲戒委員會委員的資格。應就具有左列資格之一者任用之：

A. 曾任公務員懲戒委員會委員者。

B. 曾任簡任司法官、行政法院簡任評事八年以上，或曾任簡任司法官並任、行政法院簡任評事簡任行政官合計八年以上者。

C. 曾任教育部審定合格之大學教授，講授法律主要科目八年以上，具有簡任公務員任用資格者（公務員懲戒委員會組織法第三條）。

(2) 公務員懲戒委員會委員的保障

A. 依法審議懲戒案件，不受任何干涉（公務員懲戒委員會組織法第五條）。

B. 適用關於法官保障及給與的規定（公務員懲戒委員會組織法第六條）。

C. 年滿七十歲，應停止辦理案件，仍支領原給與（公務人員懲戒委員會組織法第八條）。

3. 公務員的懲戒

(1) 公務員懲戒的事由。公務員違法、廢弛職務或其他失職行為（公務員懲戒法第二條）。

(2) 公務員懲戒的審議程序

A. 公務員懲戒的提出

a. 監察院認為公務員有第二條所定情事，應付懲戒者，應將彈劾案連同證據，移送公務員懲戒委員會審議（公務員懲戒法第二三條）。

b. 各院、部、會長官，地方最高行政長官或其他相關之主管長官，認為所屬公務員有第二條所定情事者，應備文聲敘事由，連同證據送請監察院審查。但對於所屬九職等或相當於九職等以下公務員，得逕送公務員懲戒委員會審議（公務員懲戒法第二四條）。

B. 公務員懲戒的審議

a. 公務人員懲戒委員會收受移送案件後，應將移送書繕本送達被付懲戒人，並命其於指定期間內提出申辯書，必要時得通知被付懲戒人到場申辯（公務員懲戒法第四三條）。

b. 公務人員懲戒委員會審議案件，依職權自行調查之，並得囑託其他機關調查（公務員懲戒法第四二條）。

(3) 公務員懲戒處分，分為免除職務，撤職、剝奪、減少退休（職、伍）金、休職、降級、減俸、罰款記過、申誡。

第三節、司法院的職權

有關司法院的職權，除在前述「司法院的組織」中已論述的一、解釋權。二、政黨違憲審查權。三、民事刑事裁判權。四、行政訴訟審判權。五、公務員懲戒權。六、召集五院院長會議解決省自治法施行中障礙之權外，尚有：

七、宣布省自治法違憲條文無效權。憲法第一一四條：「省自治法制定後，須即送司法院。司法院如認為有違憲之處，應將違憲條文宣布無效。」然民國八十六年憲法增修條文第九條，將省虛級化，而在民國八十七年十二月二十日以後，省不再為自治單位，此第一一四條將因而失其效用。

八、法律提案權。大法官會議釋字第一七五號解釋：「司法院為國家最高司法機關，基於五權分治彼此相維之憲政體制，就其所掌有關司法機關之組織及司法權行使之事項，得向立法院提出法律案。」

九、預算獨立權。憲法增修條文：「司法院所提出之年度司法概算，行政院不得刪減，但得加註意見，編入中央政府總預算案，送立法院審議。」

習題

1. 說明司法院的地位。
2. 說明大法官會議解釋憲法的範圍如何。
3. 說明統一解釋法律與命令的聲請者有哪些？理由為何。
4. 說明憲法法庭的職權。政黨違憲宣告後，如何執行。
5. 說明對法官地位的保障有那些內容。
6. 說明法官獨立審判的意義。
7. 說明行政訴訟的程序及判決。
8. 說明公務員懲戒案件由誰提出。公務員的懲戒處分方式有哪些。
9. 說明司法院的職權有哪些，簡單解釋之。

第十一章、考試院

第一節、我國考試制度的沿革

我國在漢代考試制度已逐漸成形，其選拔人才方法有二：一為詔舉賢能方正直言極諫之士，如董仲舒應舉對策而聞名；一為察舉孝廉，即由州縣官員察其賢能者舉薦為官吏。至東漢，孝廉的察舉由有選無試變為選而後試，並限制年齡以符實際的需要。到了東漢末年，天下大亂，所有舉賢選士的措施，幾乎全面停頓，至魏文帝時，乃行九品中正之法，於州郡皆署中正，擇州郡人才加以品評，上報朝廷選用，其流弊則為到晉時成為「上品無寒門，下品無世族」，仕途為門閥專占。

到隨煬帝大業二年，初置進士科，策試諸士，即招聚天下士子集中京師公開考試，以定取捨。這種不問出身門第，無需州郡推舉，由朝廷公開考試選士的制度也是古代科舉制度的正式開端，並奠定考試權獨立行使的精神。

唐朝，因襲隋朝的科舉制度，而考試則分為：一、常科，由禮部負責，考生有兩種來源：館生徒，即京師及各地學館的學生；鄉貢，是先經州縣初考及格者，通稱為舉人。常科每年舉行，科目有秀才、明經、進士等，而進士科特受重視。制科是皇帝臨時詔令設置的科目，如直言極諫、賢良方正、明於體用等科，應試者可以是現職官吏，可以是常科及格者，也可以是普通百姓。但考試及格者尚需經過吏部考試才能授以官職。

宋代正式建立殿試制度，即禮部考試由皇帝在殿廷主持最高一層的考試，殿試及格即可直接授官。考試分為州府試、禮部試、殿試三級。元代科舉制度也分鄉試、會試、御試三級。

明清，科舉制度已然十分完備，並且明清科舉制度有一個特點，即將學校與科舉制度作一結合，進學校是參加考試的必經之路。如清代應試士子來源有二：一是由府、州、縣學生員參與縣考、府考，再應鄉試、會試，一是由太學，選拔優異學生參加會試。至為舉辦考試，在各省設提督學政，專司科舉考試。考試則分四級：科試在省城舉行，及格者為秀才；鄉試由欽派主考官在各省舉行，及格者為舉人；會試舉行於京師，由欽派的總裁主持，及格者為貢士；殿試舉行於天子殿廷，由皇帝親自選定最優者名次，一甲三名，賜進士及第，二甲若干名，賜進士出身，三甲若干名，賜同進士出身。

歷史上的科舉考試最大的優點是消除階級特權，使人人均可經過本身的努力求學，力圖上進的精神，在機會均等之下，角逐試場，施展抱負。雖然應試或中試者，未必即為賢能之士，但終究是提供真正的人才一個可能的管道。

所以孫中山先生說：「考試之法，尤為良善。稽諸古昔，泰西各國大都係貴族制度，非貴族不能作官。我國昔時雖亦有此弊，然自世祿之制廢，考試之制行，無論貧民貴族，一經考試合格，即可作官，備位卿相，亦不為僭。此制最為平允，為泰西各國所無。厥後英人首倡文官考試，實取法於我，而法、德諸國繼之。……有考試制度以拔選真才，則國人僥進之心必可稍稍歛抑。」（採用五權分立制以救三權鼎立之弊）故主張：「設獨立機關專掌考試權，大小官吏必須考試，定了他的資格，無論那官吏是由選舉的，抑或由委任的，必須合格之人，方得有效。」（三民主義與中國民族之前途）

第二節、考試院的地位

我國憲法增修條文第六條規定：「考試院為國家最高考試機關，掌理左列事項，不適用憲法第八十三條之規定：一、考試。二、公務人員之銓敘、保障、撫卹、退休。三、公務人員任免、考績、級俸、陞遷、褒獎之法制事項。」即考試院不僅專司考試工作，尚包括其他一切有關公務員的銓敘、任免等職掌。

一、考試院是國家最高考試機關。一切公務員資格的取得，都要經過考試院所舉辦或委託其他機關所舉辦的公開考試。

二、**考試院是國家最高考試機關**。因此對經由考試院所舉辦的公開考試而獲得公務員資格者，其一切的銓敘、保障、撫卹、退休的權益，及有關其任免、考績、級俸、陞遷、褒獎的法律保障，均由考試院負責。因此，也是全國人事行政的總機關。

三、**考試院是國家最高考試機關**。依照五權體治，考試院與行政院、立法院、司法院、監察院立於同等地位，獨立行使考試權。

第三節、考試院的組織

一、考試院院長、副院長

1. 考試院院長、副院長的產生與任期

憲法第八四條原規定：「考試院設院長、副院長各一人，考試委員若干人，由總統提名，經監察院同意任命之。」但依憲法增修條文第六條，改為「由總統提名，經立法院同意任命之」。任期為六年（考試院組織法第五條）。

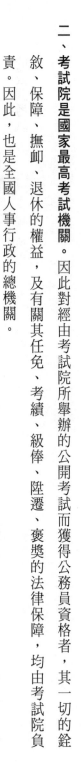

2. 考試院院長、副院長的職權

考試院院長的職權包括：

(1) 綜理院務，並監督所屬機關（考試院組織法第八條）。

(2) 為考試院會議主席（考試院組織法第七條）。

(3) 參加總統召集會商解決院與院間之爭執的會議（憲法第四四條）。

(4) 參加司法院院長所召集的五院院長組織的委員會，提出方案以解決省自治法施行中，所發生的重大障礙（憲法第一一五條）。

(5) 立法院開會時，得列席陳述意見（憲法第七一條）。

考試院副院長除出席考試院會議外，在院長因事故不能視事時，代理其職務（考試院組織法第八條）。

二、考試委員

1. 考試委員的產生與任期

考試委員由總統提名，經立法院同意後，任命之，任期四年。

考試委員名額定為七人至九人（考試院組織法第三條）。

2. 考試委員的資格

考試委員應具有左列各款資格之一：

(1) 曾任大學教授十年以上聲譽卓著，有專門著作者。
(2) 高等考試及格二十年以上，曾任簡任職滿十年，成績卓著，而有專門著作者。
(3) 學識豐富，有特殊著作或發明者（考試院組織法第四條）。

3. 考試委員的職權及其行使。

(1) 考試委員的職權。考試委員出席考試院會議，以決定憲法增修條文第六條第一項所定職掌之政策及其有關重大事項及憲法所賦予之職權（考試院組織法第二、第七條）。
(2) 考試委員職權的行使。考試委員須超出黨派以外，依據法律獨立行使職權（憲法第八八條）。

三、考試院會議

考試院設考試院會議，以院長、副院長、考試委員、考選部部長、銓敘部部長、公務人員保障及培訓委員會主任委員、公務人員退休撫卹基金監理委員會主任委員組織之，決定憲法所定職掌之政策及其有關重大事項（考試院組織法第七條）。

考試院會議以院長為主席，每週開會一次，會議以法定人數過半，始得開會，以出席人數過半為決議，可否同數時，取決於主席。

四、考選部、銓敘部

考試院設考選部、銓敘部，各部均置部長一人，綜理部務，監督所屬職員；另置政務次長、常務次長各一人，輔助部長處理部務；並各置若干司，分掌業務。

1. **考選部**。掌理全國考選行政事宜，如：(1)考選公務人員事務，(2)考選專門職業及技術人員事項，(3)檢定考試事務，(4)考區的劃分，(5)各種考試典試委員會之組織，(6)應考人之冊報及登記事項等。
2. **銓敘部**。掌理全國文職公務員之銓敘，及各機關人事機構之管理事項，如：(1)公務員職位分類，(2)公務員資格之銓定，(3)公務人員之成績考核登記，(4)公務人員之任免、升降、轉調之審核，(5)公務人員級俸之審查登記，(6)公務人員之保障、撫卹、退休及養老等事項。

五、典試委員會

1. **典試委員會的設立**。考法院依法舉行考試時，設典試委員會。同一年度同一考試舉辦二次以上者，得視需要設常設典試委員會（典試法第二條）。
2. **典試委員會的組成**。典試委員會由典試委員長、典試委員、考選部部長組成（典試法第三條）。
3. **典試委員會的職權**。典試委員會依照法令及考試院會議之決定，行使其職權。左列事項由典試委員會決議行之：

(1) 命題標準、評閱標準及審查標準之決定。

(2) 擬題及閱卷之分配。

(3) 考試成績之審查。

(4) 分數轉換之方式及標準之採用。

(5) 錄取或及格標準之決定。

(6) 彌封姓名冊、著作發明及有關文件密號之開拆與核對。

(7) 錄取或及格人員之榜示。

(8) 其他應行討論事項。（典試法第九條）

4. **典試委員會的撤銷**。典試委員會於考試公告後成立，於考試完畢，將辦理典試情形及有關文件，送由考選部轉報考試院核備後裁撤（典試法第三〇條）。

5. **辦理考試人員的責任**

(1) 迴避原則。典試委員、命題委員、閱卷委員、審查委員、口試委員、心理測驗委員、體能測驗委員、實地測驗委員，如有配偶或三親等內血親、姻親應考者，對其所應考試類科有關命題、閱卷、審查、口試、心理測驗、體能測驗、實地測驗等事項，應行迴避（典試法第二九條）。

(2) 法律責任。辦理考試人員應嚴守秘密，不得徇私舞弊，潛通關節、洩漏試題；違者依法懲處，其因而觸犯刑法者，依刑法論處（典試法第三一條）。

六、公務人員保障暨培訓委員會

考試院依據考試院組織法第六條於民國八十五年七月成立「公務人員保障暨培訓委員會」，置主任委員一人，綜理會務，並設保障處、培訓處。該會統籌處理全國公務人員保障暨培訓事宜，如：1.公務人員保障政策、保障法規之研擬、規劃、解釋、宣導事項；2.公務人員基本身分、工作條件、官職等級，俸給之保障及再復審之擬議事項；3.公務人員再申訴案件之審查、擬議及協調聯繫事項；4.公務人員訓練、進修政策及法規之研擬規劃及解釋事項等。

七、其他機關

1. **幕僚機構**

(1) **考試院秘書長**、**副秘書長**。考試院置秘書長一人，承院長之命，處理本院事務，並指揮監督所屬職員。副秘書長一人，承院長之命，襄助秘書長處理本院事務。秘書長及副秘書長列席考試院會議（考試院組織法第九條）。

(2) **秘書處**。秘書處下分設組、室，掌理A.會議議程及記錄，B.本院綜合政策、計畫之研擬，C.各機關函院案件之擬辦事項，D.各機關之協調、聯繫及新聞發布，E.文書收發分配、撰擬、編製、保管等事項，F.各種報告、資料之審編、考銓法規、圖書之蒐集出版，G.證書發給及證書資料之建立與保管等事項，H.印信典守事項，I.出納、庶務事項，J.其他事項（考試院組織法第一〇條）。

2. 公務人員退休撫卹基金管理委員會

管理委員會隸屬於銓敘部，負責公務人員退休撫卹基金之收支、管理及運用（公務人員退休撫卹基金管理委員會組織條例第二條），並得視業務需要，遴聘專家學者若干人為顧問（同法第一三條）。

3. 公務人員退休撫卹基金監理委員會

監理委員會，隸屬考試院，負責公務人員退休撫卹基金收支、管理、運用之審議、監督及考核（公務人員退休撫卹基金監理委員會組織條例第二條），並設業務組及稽察組，分別掌理有關業務（同法第四條）。

第四節、考試院的職權

憲法增修條文第六條規定考試院掌理「一、考試。二、公務人員之銓敘、保障、撫卹、退休。三、公務人員任免、考績、級俸、陞遷、褒獎之法制事項。」

一、考試權

憲法第八五條規定：「公務人員之選拔，應實行公開競爭之考試制度，並應按省區分別規定名額，分區舉行考試。非經考試及格者不得任用。」但依憲法增修條文第六條：「憲法第八十五條有關按省區分別規定名額，分區舉行考試之規定，停止適用。」

憲法第八六條規定：「左列資格，應經考試院依法考選銓定之：1.公務人員任用資格。2.專門職業及技術人員執業資格。」

1. 公務人員任用資格考試

(1) **公務人員考試的原則**。公務人員之考試，以公開競爭方式行之，其考試成績之計算，除本法另有規定外，不得因身分而有特別規定。其他法律與本法規定不同時，適用本法（公務人員考試法第二條）。

(2) **公務人員考試的類別**

A. 公務人員之考試，分高等考試、普通考試、初等考試三等。高等考試按學歷分為一、二、三級。

B. 為因應特殊性質機關之需要及保障身心障礙者、原住民之就業權益，得比照前項考試之等級舉行一、二、三、四、五等之特種考試，除依法另有規定外，及格人員於六年內不得轉調申請舉辦特種考試機關及其所屬機關學校以外之機關學校任職（公務人員考試法第六條）。

(3) **公務人員考試的應考資格**

A. 中華民國國民，年滿十八歲，具有考試法所定應考資格者。

B. 有左列情事之一者，不得應考：

a. 動員戡亂時期終止後，曾犯內亂、外患罪，經判刑確定者，或通緝有案尚未結案者。

b. 曾服公務有貪汙行為，經判刑確定者，或通緝有案尚未結案者。

c. 褫奪公權尚未復權者。

d. 受監護或輔助宣告，尚未撤銷者。（公務人員考試法第一二條）

(4) **公務人員考試的禁止事項**。應考人有左列各款情事之一者：

A. 有考試法第一二條所規定不得應考情事之一者。

B. 冒名頂替者。

C. 偽造或變造應考證件者。

D. 不具備應考資格者。

E. 以詐術或其他不正當方法，使考試發生不正確之結果者。

考試前發現者，取消其應考資格。考試時發現者，予以扣考。考試後榜示前發現者，不予錄取。考試訓練階段發現者，撤銷其錄取資格。考試及格後發現者，撤銷其考試及格資格，並註銷其及格證書。其涉及刑事責任者，移送檢察機關辦理（公務人員考試法第二二條）。

(5)公務人員考試錄取資格的保留。正額錄取人員如有下列情況之一，無法立即接受分發訓練者，得檢具事證申請保留錄取資格：

A.服兵役者，其保留期限不得逾法定役期。

B.進修碩士，其保留期限不得逾二年；進修博士，其保留期限不得逾三年。

C.疾病、懷孕、生產、父母病危、子女重症及其他不可歸責事由，其保留期限不得逾二年（第四條）。

2.專門職業及技術人員考試

(1)專門職業及技術人員的範圍：A.律師、會計師、專利師。B.建築師、各科技師。C.醫師、中醫師、牙醫師、藥師、醫事檢驗師、護理師、助產師、臨床心理師、諮商心理師、呼吸治療師、醫事放射師、營養師、物理治療師、職能治療師、語言治療師、聽力師、牙體技術師、護士、助產士、公證人、記帳士。D.獸醫師。E.社會工作師F.不動產估價師、地政士、不動產經紀人。G.保險代理人、保險經紀人、保險公證人。H.導遊人員、領隊人員。I.民間之公證人、法醫師。J.牙體技術生。K.引水人、驗船師、航海人員。L.消防設備師、消防設備士。M.專責報關人員。N.其他依法律應經考試及格領有證書始能執業之專門職業及技術人員。（專門職業及技術人員考試法施行細則第二條）

(2)專門職業及技術人員考試的類別：A.分高等考試、普通考試二等。B.為適應特殊需要，得舉行特種考試（專門職業及技術人員考試法第三條）。

(3) **專門職業及技術人員考試的方式**：各種考試，得採筆試、口試、心理測試、體能測驗、實地測驗、審查著作或發明或所需知能有關學歷、經歷證明或其他方式行之。除筆試外，其他應採兩種以上方式。筆試除有特殊規定者外，應用本國文字（專門職業及技術人員考試法第四條）。

(4) **專門職業及技術人員考試的應考資格**。中華民國國民，具有本法所定應考資格者得報告應考。但應考人如有各種職業管理法規規定不得充任該專門職業及技術人員之情事者不得應考（專門職業及技術人員考試法第七條）。

3. **檢定考試（本規則已於97年廢止）**

(1) **檢定考試的性質**。在高等考試、普通考試及專門職業及技術人員考試舉辦前，先辦理檢定考試，使考試及格者具備參加高等考試、普通考試、專門職業及技術人員考試的資格（檢定考試規則第一條）。

(2) **檢定考試的類別**

A. 檢定考試分高等檢定考試、普通檢定考試、及中醫師檢定考試。

B. 高等檢定考試及格者，取得高等考試或相當於高等考試之特種考試相當類科應考資格。

C. 普通檢定考試及格者，取得普通考試或相當於普通考試之特種考試相當類科應考資格。

D. 中醫師檢定考試及格者，取得特種考試中醫師考試應考資格。（檢定考試規則第二條）

(3) **檢定考試年齡**。中華民國國民年滿二十二歲者，得應高等檢定考試；年滿十八歲者，得應普通檢定考試；年滿二十二歲者，得應中醫師檢定考試（檢定考試規則第三條）。

(4) **檢定考試成績計算方式**。

A. 檢定考試各類科各科目之成績，以各滿六十分為及格。

B. 檢定考試成績，發給成績單；其未及格之科目，得於三年次內繼續補考之。

C. 全部科目及格者，由考選部發給應考資格證明。（檢定考試規則第八條）

二、銓敘權

憲法增修條文第六條規定，考試院掌理公務人員之銓敘、保障、撫恤、退休及公務人員任免、考績、級俸、陞遷、褒獎之法制事項。

1. **銓敘**。公務人員之任用，應本專才、專業、適才、適所之旨，故對各機關進用公務人員的資格、官等、職等、職務、職系等，應為人與事的適切配合（公務人員任用法第二條）。如各機關組織法規所定之職務，應就其工作職責及所需資格，依職等標準列入職務列等表、依機關層次、業務性質及職責程度，由考試院定之（公務人員任用法第六條）。

2. **保障**。對公務人員身分、官職等級、工作條件、俸給、管理措施等有關權益予以保障（公務人員保障法第二條），如：

(1) 公務人員之身分應予保障，非依法律不得停職。於停職、休職或留職停薪期間，仍具公務人員身份。但不得執行執務（公務人員保障法第九條）。

(2) 公務人員因機關裁撤，組織變更或業務緊縮時，除法律另有規定從其規定外，其具有考試及格或銓敘合格之留用人員，應由上級機關或承受其業務之機關辦理轉任或派職，必要時先予輔導、訓練（公務人員保障法第一二條）。

(3) 公務人員長官或主管對於公務人員不得作違法之工作指派，亦不得以強暴脅迫或其他不正當方法，使公務人員為非法行為（公務人員保障法第一六條）。

(4) 公務員對服務機關或人事主管機關所為之行政處分，認為違法或顯然不當，致損害其權利或利益者，得提起複審、申訴、再申訴（公務人員保障法第四、二五條）。

有關公務人員保障的最後機關為公務人員保障暨培訓委員會。

3. **撫卹**。對公務人員病故或意外死亡或因公死亡者，給與遺族撫卹金（公務人員退休資遣撫卹法第五二條）。公務人員撫卹金應由政府與公務人員共同按月撥繳費用建立之退休撫卹基金支付之，並由政府負最後支給保證責任（公務人員退休資遣撫卹法第七條）。

4. **退休**。公務人員之退休按「公務人員退休資遣撫卹法」可分：

(1) 自願退休：A.任職五年，年滿六十歲。B.任職滿二十五年。C.擔任具有危險及勞力等特殊性質職務，經銓敘部核備後得調降自願退休年齡，但不得低於五十歲（第一七條）。D.公務人員配合機關裁撤、組織變更或業務緊縮，經其服務機關依法令辦理精簡，並符合下列情形之一者，可自願退休：a.任職滿二十年。b.任職滿二十年，且年滿五十五歲。c.任本職務最高職等年功俸最高級滿三年且年滿五十五歲（第一八條）。

(2) 屆齡退休：任職滿五年，且年滿六十五歲者（第一九條）。

(3) 命令退休：公務人員任職滿五年且有下列情事之一者，由其服務機關主動申辦命令退休。A.未符合前述自願退休條件，並受監護或輔助宣告尚未撤銷。B.有身心傷病或障礙情事，經服務機構出具其不能從事本職工作，亦無法擔任其他相當工作之證明者（第二〇條）。

公務人員退休時，退休金之領取分：(1)一次退休金。(2)月退休金。(3)兼領二分之一之一次退休金與二分之一月退休金。（第二六條）

5. **任免**。對於考試及格人員的分發、任用資格、調任等，均須依公務人員任用法之規定。

6. **考績**。公務人員之考績，應本綜覈名實、信實必罰之旨，作準確客觀之考核（公務人員考績法第二條），故應就其工作、操行、學識、才能行之，考核之細目，由銓敘機關訂定。但性質特殊職務之考核得視各職務需要，由各機關訂定，並送銓敘機關備查（公務人員考績法第五條）。

7. **級俸**。對於公務人員的官等、職務、俸給予以核定。經銓敘部銓敘審定之等級，非依公務員懲戒法及其他法律之規定，不得降級（公務人員俸給法第二三條）。俸級未經權責機關核准而自定機關標準支給或不依規定項目及數額標準支者，審計機關應不准核銷，並予追繳（公務人員俸給法第一九條）。

8. **陞遷**。

(1) 依年終考績晉升俸級，甲等晉本俸一級，乙等晉本俸一級，丙等留原俸級。

(2) 經公務人員升等考試而升等，其詳「公務人員升等考試法」。

9. 褒獎。對於盡忠職守，表現優異的公務人員予以褒獎。平時考核可分嘉獎、記功、記大功（公務人員考績法第一二條），有特殊事蹟者，依獎章條例，頒給功績或楷模獎章。

三、提案權

考試院關於所掌事項，得向立法院提出法律案（憲法第八七條）。

習題

1. 說明考試院的地位。
2. 說明辦理考試人員的責任如何。
3. 說明有哪些情形者不得應公務人員考試。
4. 說明檢定考試的性質、類別及成績計算方式。
5. 說明考試院的銓敘權有哪些？大要內容如何。
6. 說明公務人員考試的原則及考試的類別。

第十二章、監察院

第一節、我國監察制度的沿革

秦滅六國，廢封建，行郡縣，成立一個強而有力的中央政府，為統治這一個大帝國，乃將政府權力劃分為政務、軍事、監察三個部門，由丞相、太尉、御史大夫分別職掌，這也是我國最早的三權分立。

西漢繼承秦制，加以充實發展，使成為完備的監察制度，置御史大夫，與丞相、太尉並稱三公，並兼副丞相，其主要職掌為：典政法度、查察計簿、功績考課、商議大政、草擬詔令、保舉人才，並與丞相一起向皇帝負責，國家有事時，丞相從行政得失的觀點，考量應採取的措施，御史大夫則從法令規章的角度，以審查丞相所採取的方案，是否違法。在御史大夫之下有御史中丞，對一般公卿，以至州郡刺史太守的奏章，都可以舉劾按章。在地方則有部刺史，其任務和職權限於以下六項：一、強宗豪右，田宅踰制，以強凌弱，以眾暴寡。二、二千石不奉詔書，倍公向私，旁詔牟利，侵漁百姓，聚歛為姦。三、二千石不恤疑獄，風厲殺人，怒則任刑，喜則任賞，煩擾刻暴，剝削黎元，為百姓所疾，山崩石裂，妖祥訛言。四、二千石選署不平，苟阿所愛，蔽賢寵頑。五、二千石子弟，怙倚勞勢，請託所監。六、二千石違公下比，阿附豪強，通行貨賂割損政命。

東漢，建三公之官，御史大夫轉為司空，御史中丞負責御史臺。魏晉南北朝，雖亦設有御史，但職權減弱，到唐代御史臺置御史大夫一人，御史中丞二人，其屬有三院：一、臺院，侍御史六人，掌糾舉百僚；二、殿院，殿中侍御史九人，掌殿庭供奉之儀；三、察院，監察御史十五人，掌分察百僚，巡按州縣，獄訟、軍戎、祭祀、營作、太廟、出納等職務。

唐代御史獨立行使職權，御史彈劾，事先不必告知御史大夫，並且可以彈劾直屬長官的御史大夫或中丞，而對皇帝所下的制詔，可以拒絕接受。此外，唐代以監察御史分察吏、戶、禮、兵、刑、工六部，將監察權的對象由人及於事，將六部的一切設施也包括在內。

另一方面，從秦漢開始，我國的給諫制度也逐漸確立，有了給事中與諫議大夫。御史是監察百官的，諫官是監察皇帝的。在唐朝開國之後，因為魏徵的犯顏直諫，匡正了唐太宗的許多過失，所以太宗及其之後的幾位皇帝，對諫官都特別重視，制度也更為完善，職責也隨著擴大。他們對朝廷的詔書有封駁之權，封就是封還詔書使不下行，駁就是駁正詔書的失誤之處。而對皇帝本人的不當言行，也能面諫諷勸。此外，為了保證諫官行使職責，還規定每當丞相及三品以上大臣入朝議論軍政大事，都要諫官隨入，遇有失誤，即行論諫；諫官要十日一上封書，直論得失；諫官所獻封書，不限早晚，隨時可進，有關門司，不得滯留，諫議大夫所論之事，不須令宰相先知，可直報皇帝。這種給諫制度可以有效減少政府重大政策的失誤，及約束皇帝的任意作為。

宋朝御史臺仿唐制，也設三院，其中監察御史，掌分察六曹及百司之事，糾其謬誤，大事則奏劾，小事則舉正。小事則舉正，似可視為今日的糾正權。另置言事御史，使御史兼此職，開臺諫合一之始。

元代除中央政府的御史臺外，又設行御史臺兩處，以加強地方監察，又分全國為三大監察區，每區復分數道肅政廉訪司，全國共二十二道，每道置廉訪使二員，副使二員。但不設諫官。

明代改御史臺為都察院，置左右都御史，左右副都御史，左右僉都御史各一人，都御史職司糾劾百司，提督各道，道為十三道監察御史一百一十人，每年領敕巡按地方，大事奏裁，小事立斷，凡軍政得失，軍民利病，皆得直言無避。另一方面於六部各設都給事中，直接隸屬皇帝，各部一切章疏均須經過給事中，一切經辦事項，也需經過給事中的審核，從而給事中有了很大的監察權。

清朝延襲明制，不設諫官，並將給事中隸入都察院，與御史同任監察之職，故元明清三代的監察制度，僅有對百官的監察，而無對天子的監察。（以上參見陶百川、陳少廷，中外監察制度之比較）

孫中山先生對我國古代的這種監察制度，非常推崇的指出：「中國君主時代，有專管彈劾的官，像唐朝諫議大夫和清朝御史之類，就是遇到君主有過，也可冒死直諫。這種御史都是耿直得很，風骨凜然。譬如廣州廣雅書局裡頭有一間十先生祠，那就是祭祀清朝諫臣的，有張之洞的題額「抗風軒」三個字，這三個字的意思，就是說諫臣有風骨，能抗君主。可見從前設御史臺諫的官，原來是一種很好的制度。從前美國有一位學者叫做巴直氏，他是很有名望的，著過了一本書，叫做自由與政府，說明中國的彈劾權，是自由與政府中間的一種最良善的調和方法。由此可見中國從前的考試權和彈劾權都是很好的制度，憲法裏頭是決不可少的。」（五權憲法）又指出當時「立憲各國，沒有不是立法機關兼有監督的權限；那權限雖然有強有弱，總是不能獨立，因此生出無窮弊病。比方美國糾察權歸議院掌握，往往擅用此權，挾制行政機關，使他不得不順首聽命，因此常常成為議院專制」（三民主義與中國民族之前途）。故主張把監察權自立法權中拿出來獨立行使，與行政、立法、司法、考試四權合成五權分立的制度。

第二節、監察院的地位

一、監察院為國家最高監察機關。憲法第九〇條：「監察院為國家最高監察機關，行使同意、彈劾、糾舉及審計權。」增修條文第七條則取消同意權。但其彈劾、糾舉權行使的範圍，包括其他四院及所屬機關的公務人員。

二、監察委員原由省市議會選出（憲法第九一條），其所行使職權，亦為民主國家國會重要之職權，故大法官會議釋字第七六號解釋：監察院與國民大會，立法院共同相當於民主國家的國會。但依憲法增修條文，監察委員改由總統提名，經立法院同意任命之，監察院已非中央民意機關，自然也失去國會的地位，但就職權行使的內容言，可謂為一準司法機關。

第三節、監察院的組織

一、監察委員

1. 監察委員的產生與任期

憲法第九一條規定：監察院設監察委員，由各省市議會、蒙古西藏地方議會及華僑團體選舉之。其名額分配依左列之規定：

(1) 每省五人。

(2) 每直轄市二人。

(3) 蒙古各盟旗共八人。

(4) 西藏八人。

(5) 僑居國外之國民八人。

是監察委員係由間接選舉產生，包括地區代表及華僑代表。

現據憲法增修條文第七條，監察委員，由總統提名，經立法院同意任命之，其名額則定為二九人。任期則為六年。

2. 監察委員的資格

監察院監察委員，須年滿三十五歲，並具有左列資格之一：

(1) 曾任立法委員一任以上或直轄市議員二任以上，聲譽卓著者。

(2) 任本俸十二級以上之法官、檢察官十年以上，並曾任高等法院、高等行政法院以上法官或高等檢察署以上檢察官，成績優異者。

(3) 曾任簡任職公務員十年以上，成績優異者。

(4) 曾任大學教授十年以上，聲譽卓著者。

(5) 國內專門職業及技術人員高等考試及格，執行業務十五年以上，聲譽卓著者。

(6) 清廉正直，富有政治經驗或主持新聞文化事業，聲譽卓著者。

(7) 對人權議題及保護有專門研究或貢獻，聲譽卓著者；或具與促進及保障人權有關之公民團體實務經驗，著有聲望者。

前項所稱之服務或執業年限，均計算至次屆監察委員就職前一日止。（監察院組織法第三條之一）

3. 監察委員獨立行使職權

監察委員職司彈劾、糾舉公務人員的違法失職，故憲法增修條文第七條規定：「監察委員須超出黨派以外，依據法律獨立行使職權。」

4. 監察委員兼職的限制

為貫徹監察權的行使，保持監察委員的超然地位，憲法第一○三條規定：「監察委員不得兼任其他公職或執行業務。」大法官會議釋字第四二號解釋，公職：凡各級民意代表、中央與地方機關之公務員、及其他依法令從事於公務者皆屬之。釋字第二四號解釋，公營事業機關之董事、監察人及總經理，均適用公務員服務法之規定，應屬公職，監察委員不得兼任。釋字第八一號解釋，民營公司之董事、監察人及經理人所執行之業務，應屬於憲法第一○三條所稱執行業務範圍之內。又釋字第二○號解釋，醫務人員，既須領取證書始得執業，且經常受主管官廳之監督。其業務與監察權顯不相容，應認係同條之業務。公立醫院為國家或地方醫務機關，其院長及醫生並係公職，均在同條限制之列。

5. 監察委員的保障

(1) 言論與表決自由的保障。憲法第一○一條：「監察委員在院內所為之言論及表決，對院外不負責任。」

(2) 身體自由的保障。憲法第一○二條：「監察委員除現行犯外，非經監察院許可，不得逮捕或拘禁。」

但依憲法增修條文第七條，監察院不再為民意機關，故在第六項仍規定：憲法第一○一條及第一○二條之規定，停止適用。

二、監察院院長、副院長

1. 監察院院長、副院長的產生與任期

憲法原規定，監察院設院長、副院長各一人，由監察委員互選之（第九二條）。現依增修條文第七條，由總統提名，經立法院同意任命之，其本身亦兼監察委員，任期六年。

2. 監察院院長的職權

(1) 綜理院務，並監督所屬機關（監察院組織法第六條）。

(2) 監察院會議，以院長為主席（監察院組織法第七條）。

(3) 參加由司法院所召集的五院院長組織之委員會，以提出方案解決省自治法施行中所發生的重大障礙（憲法第一一五條）。

(4) 立法院開會，討論有關監察事項的法律案時，得列席陳述意見（憲法第七一條）。

(5) 應總統召集，會商解決院與院間的爭執（憲法第四四條）。

3. 監察院副院長的職權

(1) 監察院院長因事故不能視事時，由副院長代理其職務。

(2) 監察院院長出缺時，由副院長代理；其代理期間至總統提名繼任院長經立法院同意，總統任命之日

為止。（監察院組織法第六條）

(3) 監察院院長、副院長同時出缺時，由總統就監察委員中指定一人代理院長；其代理期間至總統提名繼任院長、副院長經立法院同意，總統任命之日止（監察院組織法第六條）。

三、委員會

監察院得按行政院及其各部會之工作，分設若干委員會，調查一切設施，注意是否違法或失職（憲法第九六條）。故監察院現設十個委員會：內政、外交、國防、財政、經濟、教育、交通、司法、邊政、僑政等。各委員會採合議制，並由監察委員分任之，每一委員以參加三個委員會為限，每一委員會人數不得超過十四人。委員會的開議，需由召集人或委員三人以上之提議，除外出調查視察者外，需有委員會委員過半數為法定人數，決議則須經出席委員過半數之同意。

四、監察院會議

監察院會議由院長、副院長及監察委員組織之，以院長為主席（監察院組織法第七條）。院長不能出席時，以副院長為主席，院長、副院長皆因事不能出席時，由出席委員互推一人為主席（監察院會議規則第五條）。每月舉行一次，須有全體委員二分之一以上之出席，方得開議，以出席過半數之同意為決議。

其職權則有修訂監察和審計法規、審議中央及地方政府總決算之審核報告事項，舉行年度總檢討會議。

五、幕僚機構

監察院置秘書長一人，由院長就監察委員外，遴選人員提請任命之。祕書長承院長之命，處理院內事務，並指揮監督所屬職員（監察院組織法第九條）。並設監察業務處、監察調查處、公職人員財產申報處、祕書處、會計處、統計室及人事室。

六、審計部

憲法第一〇四條規定，「監察院設審計長，由總統提名，經立法院同意任命之。」監察院組織法第四條規定：「監察院設審計部，審計長綜理審計部事務。」審計部則監督各機關預算之執行、審核各機關收支及審定決算等，並置副審計長，輔助審計長處理部務，並有審計、稽察、審計員、稽察員等。

第四節、監察院的職權

憲法第九〇條規定：「監察院為國家最高監察機關，行使同意、彈劾、糾舉、及審計權。」第九四條規定：「監察院依本憲法行使同意權時，由出席委員過半數之議決行之。」但憲法增修條文第七條則規定：「監察院為國家最高監察機關，行使彈劾、糾舉及審計權，不適用憲法第九〇條及第九四條有關同意權之規定。」因為監察院在民國八十一年以後，已失去民意機關的地位，自不宜再行使同意權。另依憲法第九五條、第九六條及第九七條的規定，監察院尚有調查權及糾正權。

一、彈劾權

1. **彈劾案的對象**。中央、地方公務人員及司法院、考試院、監察院人員之失職或違法者（憲法增修條文第七條）。其中因監察委員不再具有民意代表身分，自然也成為被彈劾的對象。
2. **彈劾案的提出**。應經監察委員二人以上之提議，並以書面為之，應詳述事實。在未經審查決定前，提案委員得以書面補充之（監察法第七條），或聲請撤回，但經開會審查者，不得撤回（監察法施行細則第六條）。
3. **彈劾案的審查**。彈劾案的審查，應由全體監察委員按序輪流擔任（監察法第九條），而經提案委員外之監察委員九人以上之審查及決定後，監察院應即向懲戒機關提出之（監察法第八條）。但彈劾案審查認為不成立而提案委員有異議時，應即將該彈劾案另付其他監察委員九人以上審查，為最後之決定（監察法第一〇條）。

4. 彈劾案的處理

(1) 被彈劾人員違法或失職之行為有涉及刑事或軍法者，除向懲戒機關提出外，並應逕送各該管司法或軍法機關依法辦理（監察法第一五條），各該管機關應急速辦理，並將辦理結果迅即通知監察院轉知原提案委員（監察法第一六條）。

(2) 懲戒機關於收到被彈劾人員答辯時，應即通知監察院轉知原提案委員，原提案委員接獲通知後如有意見，應於十日內提出轉送懲戒機關（監察法第一六條）。

(3) 懲戒機關對彈劾案逾三個月尚未結案者，監察院得質問之，經質問後並經調查確有故意拖延之事實者，監察院對懲戒機關主辦人，可以違法或失職理由，進行彈劾（監察法第一七條）。

(4) 凡經彈劾而受懲戒之人員，在停止任用期間，任何機關不得任用。

(5) 被彈劾人員在懲戒進行期間，如有依法升遷應於懲戒處分後撤銷之，但其懲戒處分為申誡者不在此限。（監察法第一八條）

5. 彈劾案提出與審查時的注意事項

(1) 彈劾案之審查委員與該案有關係者，應行迴避（監察法第一一條），如原提案委員。

(2) 監察院院長對於彈劾案，不得指使或干涉（監察法第一二條）。

(3) 監察人員對於彈劾案，在未經移付懲戒機關前，不得對外宣洩（監察法第一三條）。

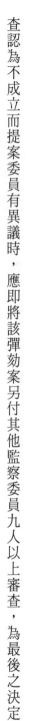

二、糾舉權

1. 糾舉案的提出。監察委員對於公務人員認為有違法或失職之行為，應先予以停職或急速處分時，得以書面糾舉，必要時得通知該主管長官或其上級長官予以注意（監察法第一九條）。

2. 糾舉案的審查。糾舉案的審查，經三人以上之審查與決定，由監察院送交被糾舉人員之主管長官或其上級長官，其違法行為涉及刑事或軍法者，應逕送各該管司法或軍法機關依法辦理（監察法第一九條）。

3. 糾舉案的處理

(1) 被糾舉人員之主管長官或上級長官接到糾舉書後，至遲應於一個月內依公務員懲戒法之規定予以處理，並得先予停職或為其他急速處分，其認為不應處分者，應即向監察院聲復理由（監察法第二一條）。

(2) 被糾舉人員之主管長官或上級長官，對於糾舉案，不依前條規定處理，或處理後監察委員二人以上認為不當時，得改提彈劾案（監察法第二二條）。

(3) 被糾舉人員之主管長官或其上級長官接到糾舉書後，不依前條規定處分或決定不應處分，如被糾舉人員因改被彈劾而受懲時，其主管長官或其上級長官應負失職責任（監察法第二二條）。

4. 糾舉案與彈劾案的不同

(1) 糾舉案成立後逕送被糾舉人之主管長官或其上級長官；彈劾案成立後，則送公務員懲戒委員會。

(2) 糾舉案是對公務員有違法失職情節者，先予停職或其他急速處分；彈劾案則在成立後，移送懲戒機關，依法處理。

(3) 糾舉案只須監察委員一人提出，三人以上的審查決定；彈劾案則需要監察委員二人以上的提出，九人以上的審查決定。

(4) 糾舉案的處理較有急迫性，被糾舉人之主管長官或上級長官接到糾舉書，至遲應於一個月內予以處理；彈劾案，則懲戒機關應於三個月內結案。

三、糾正權

1. 糾正權的依據

(1) 憲法第九六條規定：「監察院得按行政院及其各部會之工作，分設若干委員會，調查一切設施，注意其是否違法或失職。」

(2) 憲法第九七條規定：「監察院經各該委員會之審查及決議，得提出糾正案，移送行政院及其有關部會，促其注意改善。」

(3) 監察法第二四條規定：「監察院於調查行政院及其所屬各機關之工作或設施後，經各有關委員會之審查及決議，得由監察院提出糾正案，移送行政院或有關部會，促其注意改善。」

2. 糾正案的對象。為行政院及其所屬機關之工作或設施，有違法或失職者。是以事而非以人為對象。

3. 糾正案的審議。糾正案是由監察院的各委員會行使，由各有關委員會審查及決議，再由監察院提出糾正案，移送行政院或有關部會，促其注意改善（監察法第二四條）。

4. 糾正案的處理

(1) 行政院或有關部會接到糾正案後，應即為適當之改善與處置，並應以書面答覆監察院，如逾二個月仍未將改善與處置之事實答覆監察院時，監察院得質問之（監察法第二五條）。

(2) 糾正案於行政院或有關部會將應行改善或處置情形答覆監察院後，有關委員會應先交由提案委員核簽意見再行召開會議討論，但提案委員未於一個月內提出核簽意見者，委員會得逕行處理。委員會審查後認為適當者，即決議製定結案報告書，提報監察院會議，如認為尚需查明者，得決議由監察院行文有關機關查詢或推派委員調查，經查詢或調查後認為適當，再決議製定結案報告書（監察法施行細則第二一條）。

四、調查權

監察院要行使監察權，往往須要調查各機關的文件、檔案，故憲法第九五條規定：「監察院為行使監察權，得向行政院及其各部會調閱其所發布之命令及各種有關文件。」為貫徹調查權，俾掌握真相，故監察法規定：

1. 監察院為行使監察職權，得由監察委員持監察證或派員持調查證，赴各機關、部隊、公私團體調查檔案、冊籍及其他有關文件，各該機關部隊或團體主管人員及其他關係人員，不得拒絕，遇有詢問時，應就詢問地點負責為詳實答覆，作成筆錄，由受詢人署名簽押（監察法第二六條）。
2. 調查人員必要時得臨時封存有關證件，或攜去其全部或一部，唯應經該主管長官之允許，除有妨害國家利益者外，該主管長官不得拒絕（監察法第二七條）。
3. 調查人員必要時，得知會當地政府法院或其他有關機關協助，並於調查證據遭遇抗拒或為保全證據時，得通知憲警當局協助，作必要之措施（監察法第二八條）。
4. 監察院於必要時，得就指定案件或事項，委託其他機關調查。各機關接受委託後，應即進行調查，並以書面答覆（監察法第三〇條）。

五、審計權

審計權是對國家財政收支的稽核督查。預算案由行政院向立法院提出，決算是由行政院在會計年度結束後，提出決算於監察院，而監察院審計長則在「行政院提出決算三個月內，依法完成其審核，並提出審核報告於立法院。」（憲法第一〇五條）依照監察院組織法第四條及審計法第二條，審計權如左：

1. 監督預算之執行。
2. 核定收支命令。

3. 審核財務收支，審定決算。

4. 稽察財物及財政上之不法或不忠於職務之行為。

5. 考核財務效能。

6. 核定財務責任。

7. 其他依法律應行辦理之審計事項。

六、公職人員財產申報

為端正政風，確立公職人員清廉之作為，建立公職人員利害關係的規範，對一定職位以上的公職人員，乃要求申報財產，並定期刊登於政府公報。其包括：

1. 總統、副總統。

2. 行政、立法、司法、考試、監察各院院長、副院長。

3. 政務人員。

4. 有給職之總統府資政、國策顧問及戰略顧問。

5. 各級政府機關之首長、副首長及職務列簡任第十職等以上之幕僚長、主管；公營總、分支機構之首長、副首長及相當簡任第十職等以上之主管；代表政府或公股出任私法人之董事及監察人。

6. 各級公立學校之校長、副校長；其設有附屬機構者，該機構首長、副首長。

7. 軍事單位上校編階以上之各級主官、副主官及主管。
8. 依公職人員選舉罷免法選舉產生之鄉（鎮、市）級以上政府機構首長。
9. 各級民意機關民意代表。
10. 法官、檢查官、行政執行官、軍法官。
11. 政風及軍事監察主管人員。
12. 司法警察、稅務、關務、地政、會計、審計、建築管理、工商登記、都市計畫、金融監督暨管理、公產管理、金融授信、商品檢驗、商標、專利、公路監理、環保稽查、採購業務等之主管人員；其範圍由法務部會商各該中央主管機關定之；其屬國防及軍事單位之人員，由國防部定之。
13. 其他職務性質特殊，經主管府、院核定有申報財產必要之人員（公職人員財產申報法第二條）。

公職人員應申報之財產為：(1)不動產、船舶、汽車及航空器。(2)一定金額以上之現金、存款、有價證券、珠寶、古董、字畫及其他具有相當價值之財產。(3)一定金額以上之債權、債務及對各種事業之投資。(4)公職人員之配偶及未成年子女所有之前項財產應一併申報（公職人員財產申報法第四條）。

有申報義務之人故意隱匿財產為不實之申報者，處新台幣二十萬元以上四百萬元以下罰鍰。若無正當理由未依規定期限申報或故意申報不實者，處新台幣六萬元以上一百二十萬元以下罰鍰。受前兩項處罰，經受理申報機關通知限期申報或補正，無正當理由仍未申報或補正者，處一年以下有期徒刑、拘役或科新台幣十萬元以上五十萬元以下罰金（公職人員財產申報法第一二條）。

七、監試權

依監試法，考試院或委託有關機關辦理考試時，應請監察院派監察委員監試（監試法第一條），監試時如發現有潛通關節，改換試卷或其他舞弊情事者，應由監試人員報請監察院依法處理（監試法第四條）。考試事竣，監試人員應將監察經過情形，呈報監察機關（監試法第五條）。

八、法律案提出權

依據大法官會議釋字第三號解釋，監察院關於所掌事項，得向立法院提出法律案。

習題

1. 說明監察委員的產生方式及監察委員的資格條件有哪些。
2. 列舉監察院職權的項目。
3. 說明彈劾權行使的對象有哪些及彈劾的處理內容。
4. 說明彈劾案提出與審查時，應注意哪些事項。
5. 說明糾舉案的處理內容。
6. 說明糾舉案與彈劾案的不同。
7. 說明糾正案的對象及糾正案的處理內容。
8. 說明審計權的內容。

第十三章、地方制度

第一節、中央與地方之權限

一、中央集權制與地方分權制

1. **中央集權制**。認為全國的政治是一體的，所有的治權皆歸中央政府所有，而地方政府不過是中央為了施政方便而設置的分支機構，如法國的省、市議會都有相當的決定權，但省、市議會的決議要經過上級機關的批准。至於執行機關的省、市政府也在中央嚴密的控制中，如市長雖由選舉產生，然省長可對其作停職一個月的處分，內政部長可對其停職三個月，總統可將其下令免職；省長人選，則由內政部長推薦總統任命。

中央集權制的優點是行政制度統一，中央政策能迅速貫徹於地方，並減少地方間的糾紛；缺點則是事權過於集中，難以適應地方實情，甚致妨礙地方發展。

2. 地方分權制。中央與地方各有一定的權限，在權限內的決定不受他方干涉，而此項權限的劃定，不僅規定於憲法條文中，並且它的變更，必須要得到雙方的同意。如美國各州的州長與州議會都有自主權，州長與議會所作的決定，只要不違憲，就是最後的決定，故州長與州議會和總統與國會間，沒有統屬關係，國會不能否決州議會的決議，總統也不能阻止州長的行動。

地方分權制的優點是可切合地方人民的需要，給與人民參與地方事務的興趣，從而地方人民處理地方事務，在政治上作有效的措施；缺點則是中央政府往往要在地方設置分支機構，形成人員上不必要的重覆，也可能導致管轄權的衝突，甚致地方權力為豪強、派系所把持。

二、均權制

孫中山先生認為我國今日當採單一國制，以保持國家的統一，唯「在單一國制，立法權固當屬諸中央，然中國地方遼闊，各省情形各異，不能不稍事變通。故各省除省長所掌之官治行政外，當有若干行政，必須以地方自治團體掌之，以為地方自治行政……至於自治行政之範圍，則當以與地方關係密切之積極行政為限」。故為了適應遼闊疆域的需要，增進人民幸福的要求，政府「權力的分配，不當挾一中央或地方之成見，而惟以其本身之性質為依歸。事之非舉國一致不可者也，以其權屬於中央；事之因地制宜者，以其權屬於地方。易地域的分類，而為科學的分類」，即「權之宜屬於中央者，屬之中央可也；權之宜屬於地方者，屬之地方可也。例如軍事外交，宜統一不宜紛歧，此權之宜屬於中央者也。教育、衛生，隨地方情況而異，此權之宜屬於地方者也。更分析以言，同一軍事也，國防固宜屬之中央，然警備隊之設施，豈中央所能代勞，是又宜屬之地方矣。同一教育也，濱海之區，宜側重水產，山谷之地，宜側重礦業或林業，是固宜予地方以措置之自由，然學術及義務年限，中央不能不為之畫一範圍，是中央亦不能不過問教育事業矣。是則同一事實，猶當於某程度以上屬之中央，某程度以下屬之地方。」（中華民國建設之基礎）故因為事務有全國一致之性質者，劃歸中央，則可保持統一；有因地制宜之性質者，劃歸地方，故可滿足地方的需要，而不偏於中央集權制或地方分權制。

三、我國憲法的均權制

我國憲法對於中央地方權限之劃分，係依均權制的原則，分為五種：

1. 中央立法並執行之事項（憲法第一〇七條）：

(1) 外交。

(2) 國防與國防軍事。

(3) 國籍法及刑事、民事、商事之法律。

(4) 司法制度。

(5) 航空、國道、國有鐵路、航政、郵政及電政。
(6) 中央財政與國稅。
(7) 國稅與省稅、縣稅之劃分。
(8) 國營經濟事業。
(9) 幣制及國家銀行。
(10) 度量衡。
(11) 國際貿易政策。
(12) 涉外之財政經濟事項。
(13) 其他依本憲法所定關於中央之事項。

以上所列各項或涉及國家主權或有全國一致的需要，至於其他依本憲法所定關於中央之事項，如人民的權利義務、選舉制度等。

2. 中央立法並執行之，或交由省縣執行之事項（憲法第一〇八條）：
(1) 省縣自治通則。
(2) 行政區劃。
(3) 森林、工礦及商業。
(4) 教育制度。
(5) 銀行及交易所制度。

(6) 航業及海洋漁業。
(7) 公用事業。
(8) 合作事業。
(9) 二省以上之水陸交通運輸。
(10) 二省以上之水利、河道及農牧事業。
(11) 中央及地方官吏之銓敘、任用、糾察及保障。
(12) 土地法。
(13) 勞動法及其他社會方法。
(14) 公用徵收。
(15) 全國戶口調查及統計。
(16) 移民及墾殖。
(17) 警察制度。
(18) 公共衛生。
(19) 賑濟、撫卹及失業救濟。
(20) 有關文化之古籍、古物及古蹟之保存。

前項各款，省於不抵觸國家法律內，得制定單行法規。

以上所列二十項，有全國一致的性質，故由中央立法，但實際的執行，則有因地制宜的需要，故可交給省、縣執行，省、縣並得基於需要制定單行法規。

3. 省立法並執行之，或交由縣執行之事項（第一〇九條）：

(1) 省教育、衛生、實業及交通。
(2) 省財產之經營及處分。
(3) 省市政。
(4) 省公營事業。
(5) 省合作事業。
(6) 農林、水利、漁牧及工程。
(7) 省財政及省稅。
(8) 省債。
(9) 省銀行。
(10) 省警政之實施。
(11) 省慈善及公益事項。
(12) 其他依國家法律賦予之事項。

前項各款，有涉及二省以上者，除法律別有規定外，得由有關各省共同辦理。

各省辦理第一項各款事物，其經費不足時，經立法院議決，由國庫補助之。

以上所列十二項為省專有事權，即省有立法權及執行權，並且採取均權制度，對於有因縣而制宜之事項，可交由縣執行。

4. 縣立法並執行之事項（憲法第一一〇條）：

(1) 縣教育、衛生、實業及交通。
(2) 縣財產之經營及處分。
(3) 縣公營事業。
(4) 縣合作事業。
(5) 縣農林、水利、漁牧及工程。
(6) 縣財政及縣稅。
(7) 縣債。
(8) 縣銀行。
(9) 縣警衛之實施。
(10) 縣慈善及公益事項。
(11) 其他依國家法律及省自治法賦予之事項。

前項各款，有涉及二縣以上者，除法律別有規定外，得由有關各縣共同辦理。

以上十項為縣專屬權限，但第十一項，亦概括規定，縣應執行中央法律及省自治法規所賦予之事項。

5. 未列舉事項（剩餘權之分配）

憲法從第一〇七條到一一〇條，雖然分別列舉中央、省、縣的事權，但難免有漏而未列的事權，也可能有隨著社會發展新增的事權，這些未列舉的事權，謂之「剩餘權」，對於剩餘權的分配，憲法第一一一條依據均權制的原則，就事權的性質而作規定：「除第一〇七條、第一〇八條、第一〇九條及第一一〇條列舉事項外，如有未列舉事項發生時，其事務有全國一致之性質者屬於中央，有全省一致之性質者屬於省，有一縣之性質者屬於縣。遇有爭議時，由立法院解決之。」

第二節、地方自治的演變

一、省縣自治的演變

1. 概說

地方自治團體，是指一定地區的人民，依據國法的授權，在國家的監督下，自定規章，自組機關，以管理地方公共事務的法人。而依照憲法的規定，地方自治團體分為省、縣兩級。憲法第一一二條規定：「省得召集省民代表大會，依據省縣自治通則，制定省自治法」。第一二一條：「縣實行縣自治。」第一二二條：「縣得召集縣民代表大會，依據省縣自治通則，制定縣自治法」。

但作為省、縣自治基礎的省縣自治通則始終未完成立法，省自治法與縣自治法也因而無從制定，致臺灣地區在過去四十多年的地方自治，是依照行政院所制頒的「臺灣省各縣市實施地方自治綱要」，而臺灣省則根據「臺灣省議會組織規程」，設置省議會。

2. 民國八十一年憲法增修條文

民國八十一年，第二次修憲時，憲法增修條文第一七條規定：

「省、縣地方制度，應包括左列各款，以法律定之，不受憲法第一〇八條第一項第一款、第一一二條至第一一五條及第一二二條之限制：

(1) 省設省議會，縣設縣議會，省議會議員、縣議會議員分別由省民、縣民選舉之。

(2) 屬於省、縣之立法權，由省議會、縣議會分別行之。

(3) 省設省政府，置省長一人，縣設縣政府，置縣長一人，省長、縣長分別由省民、縣民選舉之。

(4) 省與縣之關係。

(5) 省自治之監督機關為行政院，縣自治之監督機關為省政府。」

依本條規定，關於省、縣的自治制度，改由中央政府直接立法定之，而不必再先行制定省縣自治通則，再由省民、縣民分別召開代表大會以制定省及縣的自治法。因此立法院乃制定「省縣自治法」，並由總統於民國八十三年七月二十九日公布施行。

3. 省縣自治法

省縣自治法共分七章六十六條，包括總則，省、縣（市）、鄉（鎮、市）民之權利與義務，自治事項，自治組織，自治財政，自治監督及負責。除有關自治事項的內容外，主要特點有二：

(1) 省、縣、市、鄉、鎮及縣轄市均為法人，各依本法辦理自治事項（省縣自治法第二條）。

(2) 規定省、縣（市）、鄉（鎮、市）民之權利與義務。

A. 權利。a.對於地方公共設施有使用之權。b.對於地方教育文化、社會福利，有依法享受之權。c.對於地方自治事項，有依法行使創制、複決之權。d.對於地方政府資訊，有依法請求公開之權。e.其他法律及自治法規賦予之權利（省縣自治法第一〇條）。

B. 義務。a.遵守自治法規之義務。b.繳納自治稅捐之義務。c.其他法律及自治法規所課之義務（省縣自治法第一一條）。

4. 民國八十六年憲法增修條文

民國八十六年七月十八日通過的憲法增修條文第九條，則將省制作了徹底變更，該條規定：「

(1) 省、縣地方制度，應包括左列各款，以法律定之，不受憲法第一〇八條第一項第一款、第一百零九條、第一一二條至第一一五條及第一二二條之限制：

A. 省設省政府，置委員九人，其中一人為主席，均由行政院院長提請總統任命之。

B. 省設省諮議會，置省諮議會議員若干人，由行政院院長提請總統任命之。

C. 縣設縣議會，縣議會議員由選民選舉之。

D. 屬於縣之立法權，由縣議會行之。

E. 縣設縣政府，置縣長一人，由縣民選舉之。

F. 中央與省、縣之關係。

G. 省承行政院之命，監督縣自治事項。

H. 第十屆臺灣省議會議員及第一屆臺灣省省長之任期至中華民國八十七年十二月二十日止，臺灣省議會議員及臺灣省省長之選舉自第十屆臺灣省議會議員及第一屆臺灣省省長任期之屆滿日起停止辦理。

I. 臺灣省議會議員及臺灣省省長之選舉停止辦理後，臺灣省政府之功能、業務與組織之調整，得以法律為特別之規定。」

臺灣省真正實施自治只有四年的時間。

二、直轄市自治的演變

憲法第一一八條規定：「直轄市之自治，以法律定之。」直轄市，係指直接隸屬行政院管轄之市，其地位與省相當。

民國五十五年底，行政院院會通會將原為臺灣省省轄市之台北市改制升格為直轄市，並經總統核定於次年六月一日正式實施，同時行政院並令頒「臺北市各級組織及實施地方自治綱要」及「臺北市議會組織規程」，市議員由市民選舉產生，任期四年，連選得連任；至於市長則暫由行政院依法任命，後再修改為由行政院院會決議，提經市議會同意後，報請總統任命。後高雄市升格為直轄市後，其自治模式、市長與市議會之關係類同臺北市。

民國八十三年七月，省縣自治法公布，但因憲法並未規定直轄市可準用省的規定，故同時公布「直轄市自治法」。

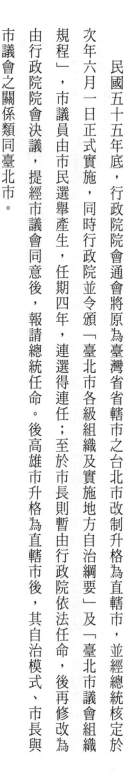

第三節、現行地方制度

依據憲法增修條文第九條，臺灣省自民國八十九年十二月二十一日停止省議員及省長選舉，致不再具有憲法第一〇九條規定由省立法並執行事項，亦不設行使省立法權之省議會。故為因應台灣省改制為非地方自治團體的制度變革，並配合政府整體再造的規劃，通盤調整中央與地方之關係，重新檢討省縣自治法、直轄市自治法所規劃之地方自治制度，仍重新規劃省的制度並整體規範地方政府組織體系及其運作關係，而經立法院三讀完成「地方制度法」，並於民國八十八年一月二十五日由總統公布施行，共分五章八十八條。

地方制度法將地方劃分為省、直轄市。省又劃分為縣、市；縣劃分為鄉、鎮、縣轄市；直轄市及市均劃分為區（地方制度法第三條）。其中省政府為行政院派出機關，非地方自治團體（前法第二條）。

一、省

1. 省政府

(1) 省政府的組織

A. 省政府置委員九人，組成省政府委員會議，行使職權，其中一人為主席，特任，綜理省政業務；其餘委員為無給職；均由行政院院長提請總統任命（地方制度法第九條）。

B. 省政府組織規程規定自民國八十八年七月一日起，省政府只設民政組、文教組、經建組、財務組、社會及衛生組、公共事務管理組、資料室、秘書室、會計室、政風室、人事室、訴願審議委員會、法規委員會、文獻委員會、以及分十二區設車輛行車事故鑑定委員會。

(2) 省政府的職權

省政府受行政院指揮監督，辦理以下事項：A.監督縣自治事項。B.執行省政府行政事務。C.其他法令授權或行政院交辦事項（地方制度法第八條）。

2. 省諮議會

(1) 省諮議會的組織

省諮議會置諮議員，任期三年，為無給職，其人數由行政院參酌轄區輻員大小、人口多寡及省政業務需要定之，至少五人，至多二十九人，並指定其中一人為諮議長，綜理會務，均由行政院院長提請總統任命（地方制度法第一一條）。

現按臺灣省諮議會組織規程，則置諮議員二十一人至二十九人，任期三年（第三條）。諮議會置秘書長、副秘書長各一人，並設議事組、研究組、行政組，掌理有關業務（第一二條）。

(2) 省諮議會的職掌

A. 關於省政府業務之諮詢及建議事項。

B. 關於縣（市）自治監督及建設規劃之諮詢事項。

C. 關於地方自治事務之調查、分析及研究發展事項。

D. 其他依法律或中央法規賦予之職權。（台灣省諮議會組織規程第二條）

諮議會每六個月開會一次，每次會期不得超過十五日，得邀請臺灣省政府主席列席報告。經諮議員總數三分之一以上之請求，或諮議長認為必要時，得召開臨時會，其會期則不得超過五日，每年則不得超過四次（臺灣省諮議會組織規程第六條）。

二、直轄市

1. 直轄市設立的要件

人口聚居達一百二十五萬人以上，且在政治、經濟、文化及都會區域發展上，有特殊需要之地區（地方制度法第四條）。

2. 直轄市自治事項

直轄市之組織及行政管理、財政、社會服務、教育文化及體育、勞工行政、都市計畫及營建、經濟服務、水利、衛生及環境保護、交通及觀光、公共安全、事業之經營及管理、其他依法律賦予之事項（地方制度法第一八條）。

3. 直轄市議會

是直轄市自治的立法機關。

(1) **直轄市議會的組織**。由市民依法選出的市議員組成，任期四年，其議員總額及選出對象：A.區域議員名額：直轄市人口扣除原住民人口在二百萬人以下者，不得超過五十五人；超過二百萬人者，不得超過六十二人。B.原住民議員名額：有平地原住民人口在二千人以上者，應有平地原住民選出之議員名額；有山地原住民人口在二千人以上或改制前有山地鄉者，應有山地原住民選出之議員名額

（地方制度法第三三條）。議會置議長、副議長各一人，由議員以記名投票分別互選產生或罷免（同法第四四條）。

(2) **直轄市議會的職權**。A.議決直轄市法規。B.議決直轄市預算。C.議決直轄市特別稅課、臨時稅課及附加稅課。D.議決直轄市財產之處分。E.議決直轄市政府組織自治條例及所屬事業機構組織自治條例。F.議決直轄市政府提案事項。G.審議直轄市決算之審核報告。H.議決直轄市議員提案事項。I.接受人民請願。J.其他依法律賦予之職權（地方制度法第三五條）。

此外，直轄市議會尚得：

K.邀請直轄市政府有關人員說明理由。市政府對市議會之議決案應予執行。如延不執行或執行不當，得請其說明理由，必要時得報請行政院、內政部邀請有關機關協商解決（地方制度法第三八條）。

L.決議覆議案。直轄市政府對前第A至F項及第J項之議決案，如認為窒礙難行時，應於該議決案送達市政府三十日內，就窒礙難行部分敘明理由送直轄市議會覆議。市議會對移送之覆議案，應於送達十五日內作成決議。如為休會期間，應於七日內召集臨時會，並於開議三日內作成決議，覆議案逾期未議決者，原決議失效。覆議時，如有出席議員三分之二維持原議決案，直轄市政府應即接受該決議（地方制度法第三九條）。

M. 質詢權。直轄市議會定期開會時，直轄市長應提出施政報告，各一級機關首長，均得應邀就主管業務提出報告，市議員則有向其就主管業務質詢之權。其質詢分為施政總質詢與業務質詢，業務質詢時，由相關業務主管備詢（地方制度法第四八條）。

N. 邀請首長列席說明。對特定事項有明瞭必要者，得邀請各該首長或單位主管列席說明（地方制度法第四九條）。

(3) 直轄市議員的身分保障

A. 對有關會議事項所為之言論及表決，對外不負責任。但就無關會議事項所為顯然違法之言論，不在此限（地方制度法第五〇條）。

B. 除現行犯、通緝犯外，在會期內，非經議會同意，不得逮捕與拘禁（地方制度法第五一條）。

(4) 直轄市議員的不得兼職。不得兼任其他公務員、公私立各級學校專任教師或其他民選公職人員，亦不得兼任直轄市政府及其所屬機關、事業機構任何職務或名義。但法律、中央法規另有規定者，不在此限。而有如前項不得任職情事者，應於就職前辭去原職，不辭去原職者，於就職時視同辭去原職，並由行政院、內政部通知其服務機關解除其職務、職權或解聘（地方制度法第五三條）。

4. 直轄市政府

是直轄市的行政機關。

(1)市政府置市長一人，綜理市政，由市民依法選舉之。置副市長二人，襄助市長處理市政，人口在二百五十萬人以上之直轄市，職務均比照簡任第十四職等，由市長任命，並報請行政院備查（地方制度法第五五條）。

(2)直轄市政府置秘書長一人，由市長依公務人員任用法任免；至所屬一級機關首長除主計、人事、警察及政風首長，依專屬人事管理法律任免外，其餘職務均比照簡任第十三職等，由市長任免之。

(3)副市長及職務比照簡任第十三職等之機關首長，於市長卸任、辭職、去職或死亡時，隨同離職。（地方制度法第五五條）

(4)市政府之下設區，區公所置區長一人，由市長依法任用，承市長之命綜理區政，並指揮監督所屬人員。但直轄市之區由鄉（鎮、市）改制者，改制前一日仍在職之鄉（鎮、市）長，由直轄市長以機要人員方式進用為區長，其任期自改制之日起，為期四年（地方制度法第五八條）。

(5)區以下設里，置里長一人，由里民依法選出，受區長指揮監督，辦理里公務及交辦事項（地方制度法第五九條），並得召集里民大會或基層建設座談會（前法第六〇條）。

另縣人口聚居達二百萬人以上，未改制為直轄市前，準用直轄市有關議會之召開、議會之組織、縣長之產生與任期、縣政府之組織及有關收入支出之辦理等有關直轄市規定之法律（第四條）。

省劃分為縣、市。人口聚居達五十萬人以上未滿一百二十五萬人，且在政治、經濟及文化上地位重要之地區，得設市（地方制度法第四條）。

三、縣（市）

1. 縣（市）自治事項

縣（市）之組織及行政管理、財政、社會服務、教育文化及體育、勞工行政、都市計劃及營建、經濟服務、水利、衛生及環境保護、交通及觀光、公共安全、事業之經營及管理、其他依法律賦予之事項（地方制度法第一九條）。

2. 縣（市）議會

為縣（市）自治的立法機關。

(1) 縣（市）議會的組織。由縣（市）民依法選出的縣（市）議員組成之。其議員總額，人口在一萬人以下者，不得超過十一人；人口在二十萬人以下者，不得超過十九人；人口在四十萬人以下者，不得超過三十三人；人口在八十萬人以下者，不得超過四十三人；人口在一百六十萬人以下者，不得超過五十七人；最多不得超過六十五人（地方制度法第三三條）。議會置議長、副議長各一人。

(2) 縣（市）議會的職權。A.議決縣（市）規章。B.議決縣（市）預算。C.議決縣（市）特別稅課、臨時稅課及附加稅課。D.議決縣（市）財產之處分。E.議決縣（市）政府組織自治條例及所屬事業機構組織自治條例。F.議決縣（市）政府提案事項。G.審議縣（市）決算之審核報告。H.議決縣（市）議員提案事項。I.接受人民請願。J.其他依法律或上級法規賦予之職權（地方制度法第三六條）。

縣（市）議會的其他職權，議員的身分保障、不得兼職等規定則同直轄市議會部分。

3.縣（市）政府

為縣（市）自治的行政機關。

(1) 縣（市）政府置縣（市）長一人，綜理縣（市）政，並指導監督所轄鄉（鎮、市）自治。置副縣（市）長一人，襄助縣（市）長處理縣（市）政，其人口在一百二十五萬人以上之縣（市），得增置副縣（市）長一人，均由縣（市）長任命，並報請內政部備查。

(2) 縣（市）政府置主任秘書一人，由縣（市）長依公務人員任用法任免。其一級單位主管及所屬機關首長，除主計、人事、警察、稅捐及政風之主管或首長，依專屬人事管理法律任免。一級單位主管中三人，得由各該縣（市）長以機要人員方式進用；人口在一百萬人以上，未滿一百二十五萬人者，得增置一人；人口在一百二十五萬人以上者，得增置二人外，其餘均由縣（市）長依法任免。

(3) 副縣（市）長及以機要人員方式進用之一級單位主管於縣（市）長卸任、辭職、去職或死亡時，隨同離職。（地方制度法第五六條）

(4) 縣以下設鄉、鎮、市（縣轄市），市以下設區。

四、鄉（鎮、市）

縣劃分為鄉、鎮、市（縣轄市）。人口聚居達十五萬人以上未滿五十萬人，且工商業發達，自治財源充裕、交通便利及公共設施完備之地區，得設縣轄市。

1. 鄉（鎮、市）自治事項

鄉（鎮、市）組織及行政管理、財政、社會服務、教育文化及體育、環境衛生、營建、交通及觀光、公共安全、事業之經營及管理、其他依法律賦予之事項（地方制度法第二〇條）。

2. 鄉（鎮、市）代表會

是鄉（鎮、市）自治的立法機關。

(1) 鄉（鎮、市）代表會的組織。代表名額，其人口在一千人以下者，不得超過五人；人口在一萬人以下者，不得超過七人；人口在五萬人以下者，不得超過十一人；人口在十五萬人以下者，不得超過十九人；最多不得超過三十一人（地方制度法第三三條）。代表會置主席、副主席各一人。

(2) 鄉（鎮、市）代表會的職權。A.議決鄉（鎮、市）規約。B.議決鄉（鎮、市）預算。C.議決鄉（鎮、市）臨時稅課。D.議決鄉（鎮、市）財產之處分。E.議決鄉（鎮、市）公所組織自治條例及所屬事業機構組織自治條例。F.議決鄉（鎮、市）公所提案事項。G.審議鄉（鎮、市）決算報告。

H.議決鄉（鎮、市）民代表提案事項。I.接受人民請願。J.其他依法律或上級法規、規章所賦予之職權（地方制度法第三七條）。

鄉（鎮、市）代表會的其他職權、代表的身分保障、不得兼職等規定則同直轄市議會部分。

3.鄉（鎮、市）公所

為鄉（鎮、市）的行政機關。

(1)鄉（鎮、市）公所置鄉（鎮、市）長一人，由鄉（鎮、市）民依法選出。人口在三十萬人以上之縣轄市，得置副市長一人，以機要人員方式進用，於市長卸任辭職、去職或死亡時，隨同離職。山地鄉鄉長則以山地原住民為限。

(2)鄉（鎮、市）公所除主計、人事、政風之主管依專屬人事管理法律任免外，其餘一級單位主管均由鄉（鎮、市）長依法任免（地方制度法第五七條）。

(3)鄉（鎮、市）以下設村或里，置村（里）長一人，辦理村（里）公務及交辦事項（地方制度法第五九條），並得召集村（里）民大會或基層建設座談（同法第六〇條）。

習題

1. 說明中央集權的意義及優缺點。
2. 說明地方分權制的意義及優缺點。
3. 說明均權制的意義。
4. 說明中央立法並執行之事項，依照憲法規定有哪些。
5. 說明剩餘權的意義及憲法如何規定其歸屬。
6. 說明民國八十六年的憲法增修條文對省制有何重大改變。
7. 省法規與國家法律發生牴觸時，效力如何？如對有無牴觸發生爭議時，如何解決。
8. 說明地方制度法對地方的劃分。
9. 說明省政府的組織。

第十四章、基本國策

第一節、概說

現代所要求的政府，不再是一個消極無為的政府，而是一個積極有為的政府，蓋除國防、外交非個人之力能有所作為外，其餘在社會生活、經濟生活中，因社會的快速變遷、工商業事業的急速發展、人際關係的日趨複雜多變所衍生的各種問題，也非個人所能解決，因此須要一隻有形的手，所以孫中山先生以保、教、養三者為現代政治活動中國家的目的，並主張「人民有向政府要求食衣住行的權利，政府有為人民提供食衣住行的義務。」

故作為根本大法的憲法，除規定人民的基本權利義務及政府的組織外，對上述問題也當作一規範，以為國家施政、立法的根據，以謀取人民的幸福，實現社會的正義。對於社會、經濟、教育文化事項的入憲，最早見於一九一九年德國的威瑪憲法，威瑪憲法除在第七條及第九條列舉聯邦立法事項中包括：救貧制度及行旅之保議、人口政策、公共衛生制度、勞工法、出征軍人及其家屬之保護、公用徵收法、天然資源與經濟企業之社會化政策、保險制度、商業、學校制度、土地法、土地分配法、居住與家產制度、土地負擔等外，在第二編「人民之基本權利及基本義務」，又設第二章「共同生活」、第四章「教育及學校」、第五章「經濟生活」作進一步政策的規定。此後各國憲法亦大多將相關事務納入憲法中，如葡萄牙憲法（一九八七年），有「經濟、社會及文化的權利與義務」專章，並於第二編專列「經濟組織」，前後全部共有五三條之多。又如荷蘭憲法（一九八三年）在第一章「基本權利」（第一九條至第二三條）、瑞士憲法（一九九三年）在第一章總則中，對相關事項也都有明確規定。

我國憲法則將相關事項規定於第十三章「基本國策」內。

所謂基本國策，是指國家施政（立法、行政）所應遵循的基本政策。政府施政的具體細節雖可因時代而改變，但對基本國策則不能改變，否則即有違憲之虞，除非透過修憲手段作一變更。但基本國策之未達成或已逾越憲法之規定，則不為違憲，此因憲法之規定基本國策，仍作為國家施政的一終極鵠的，俾有明確方向，可資遵循。

第二節、國　防

一、國防之目的

「中華民國之國防，以保衛國家安全，維護世界和平為目的。」（憲法第一三七條）即我國國防武力設置的目的，不在於對外進行侵略，而在於捍衛國家的生存，抵禦強權，維護世界的和平。

依民國八十九年一月公布的國防法第二條：「中華民國之國防，以發揮整體國力，建立國防武力，協助災害防救，達成保衛國家與人民安全及維護世界和平之目的。」

二、國防之組織

「國防之組織，以法律定之。」（憲法第一三七條）國防政策的擬訂，國防事務的綜理，軍隊的建立、編制、裝備、訓練、動員、復員等，均需透過立法成立國防組織以為負責。

依國防法第七條：「中華民國之國防體制，其架構如下：1.總統。2.國家安全會議。3.行政院。4.國防部。」第八條：「總統統率全國陸海空軍，為三軍統帥，行使統率權指揮軍隊，直接責成國防部部長，由部長命令參謀總長指揮執行之。」第九條：「總統為決定國家安全的有關之國防大政方針，或為因應國防重大緊急情勢，得召開國家安全會議。」第一〇條：「行政院制定國防政策，統合整體國力，督導所屬各機關辦理國防有關事宜。」第一一條：「國防部主管全國國防事務；應發揮軍政、軍令、軍備專業功能，本於國防之需要，提出國防政策之建議，並制定軍事戰略。」並置參謀總長承部長之命，負責軍令事項指揮軍隊（第一三條）。

三、國防報告

依國防法：

1. 國防部應根據國家目標、國際一般情勢、國防政策、國軍兵力整建、戰備整備、國防資源與運用、全民國防等，定期提出國防報告書。而在國防政策有重大改變時，應適時提出（第三〇條）。
2. 國防部應定期向立法院提出軍事政策、建軍備戰及軍備整頓等報告書（第三一條）。
3. 為提升國防預算之審查效率，國防部每年應編撰中共軍力報告書、中華民國五年兵力整建及施政計畫報告，與總預算書併同送交立法院（第三一條）。
4. 國防部應於每屆總統就職後十個月內，向立法院公開提出「四年期國防總檢討」（第三一條）。

四、軍隊國家化

「全國陸海空軍，須超出個人、地域及黨派關係以外，效忠國家，愛護人民。」（憲法第一三八條）即軍隊為國家所有，效忠國家，以防止個人的獨裁、地域的割據、黨爭的工具，故憲法第一三九條又規定：「任何黨派及個人，不得以武裝力量為政爭之工具。」

現國防法第六條規定：「中華民國陸海空軍，應超出個人、地域及黨派關係，依法保持政治中立。」故現役軍人不得為下列行為：1.擔任政黨、政治團體或公職候選人提供之職務。2.迫使現役軍人加入政黨、政治團體或參與、協助政黨、政治團體或公職候選人舉辦之活動。3.於軍事機關內部建立組織以推展黨務、宣傳政見或其他政治性活動。

五、文武分治

「現役軍人不得兼任文官。」（憲法第一四〇條）軍人職責在保衛國家，文官職責在服務國民，彼此各有專司、專長、專職，應該分別各負其責。故現役軍人如欲出任文官，即應先脫離軍職。

第三節、外　交

憲法第一四一條規定：「中華民國外交，應本獨立自主之精神，平等互惠之原則，敦睦邦交，尊重條約及聯合國憲章，以保護僑民權益，促進國際合作，提倡國際正義，確保世界和平。」

一、外交之精神

外交之精神，為獨立自主的精神，主權獨立完整，不受任何國家的支配，亦不干涉他國。

二、外交之原則

外交之原則，為平等互惠的原則，即與他國的交往，簽訂協定，互換條約，本於彼此平等、互惠的原則。

三、外交之方針

外交之方針，為敦睦邦交，尊重條約及聯合國憲章。我國外交的原則為平等互惠，故與他國交往的目的在於敦睦邦交，建立友好關係。條約則是國際社會協議彼此利益，經過一定程序所訂者，為維持國際社會秩序，必須信守履行。至於聯合國，我國是創始會員國，而聯合國成立的宗旨，在達成國際合作，解決國際間經濟、社會、文化、教育、衛生及人類福利問題，並不違背我國外交的精神與原則，故乃列明尊重聯合國憲章。

四、外交之目標

外交之目標，在保護僑民權益，促進國際合作，提倡國際正義，確保世界和平。保護僑民權益，不僅在於保障我國旅居他國之國民，亦包括他國居留我國之國民，亦應依條約及國際慣例，予以保護。促進國際合作，在參與國際組織，彼此共存共榮。並提倡國際正義，濟弱扶傾，以確保世界和平。

第四節、國民經濟

一、國民經濟之基本原則

「國民經濟應以民生主義為基本原則，實施平均地權，節制資本，以謀國計民生之均足。」（憲法第一四二條）故我國對於經濟活動的土地、資本問題的政策，是以民生主義為基本原則，採取平均地權、節制資本兩個方法，以謀求國計民生的均足。

二、平均地權

依憲法第一四三條：

1. **土地國有**。中華民國領土內之土地屬於國民全體。
2. **土地權的保障和限制**。人民依法取得的土地所有權，應受法律之保障與限制。
3. **礦及天然力屬國家所有**。附著於土地之礦，及經濟上可供公眾利用之天然力，屬於國家所有，不因人民取得土地所有權而受影響。
4. **照價納稅與收買**。私有土地應照價納稅，政府並得照價收買。

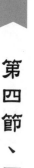

5. **漲價歸公**。土地價值非因施以勞力資本而增加者，應由國家徵收土地增值稅，歸人民共享之。

6. **耕者有其田**。國家對土地之分配與整理，應以扶植自耕農及自行用土地人為原則，並規定其適當經營之面積。

有關平均地權的實行，則先後制定有：實施耕者有其田條例、平均地權條例、土地法等。

三、節制資本

1. **節制私人資本**。(1)國家對於私人財富及私營事業，認為有妨害國計民生之平衡發展者，應以法律限制之。(2)合作事業應受國家之獎勵與扶助。(3)國民生產事業及對外貿易，應受國家之獎勵、指導及保護（憲法第一四五條）。

2. **發達國家資本**。公用事業及其他有獨占性之企業，以公營為原則，其經法律許可者，得由國家經營之（憲法第一四四條）。所謂公用事業如郵政、電信、鐵路等，所謂獨占性事業，如鋼鐵、石油等。

有關節制資本的實行，則先後制定有：國有財產法、公平交易法、國營事業管理法、民營公用事業監督條例、商業登記法等。

如公平交易法的制定在「維護交易秩序與消費者利益，確保自由與公平競爭，促進經濟之安定與繁榮」（第一條）。因而規定：

1. 獨占事業，不得有下列行為：(1)以不公平之方法，直接或間接阻礙他事業參與競爭。(2)對商品價格或服務報酬，為不當之決定、維持或變更。(3)無正當理由，使交易相對人給予特別優惠。(4)其他濫用市場地位之行為（第九條）。
2. 事業結合時，如有下列情形之一者，需向中央主管機關申請許可：(1)事業因結合而使其市場占有率達三分之一者。(2)參與結合之一事業，其市場占有率達四分之一者。(3)參與結合之事業，其上一會計年度之銷售金額，超過中央主管機關所公告之金額者（第一一條）。
3. 事業不得有下列限制競爭或妨礙公平競爭之虞的行為：(1)以損害特定事業為目的，促使他事業對該特定事業斷絕供給、購買或其他交易之行為。(2)無正當理由，對他事業給予差別待遇之行為。(3)以低價利誘或其他不正常方法，阻礙競爭者參與或從事競爭之行為。(4)以脅迫、利誘或其他不正當方法，使他事業不為價格之競爭、參與結合或聯合或為垂直限制競爭之行為。(5)以不正當限制交易相對人之事業活動為條件，而與其交易之行為（第二〇條）。
4. 事業就其營業所提供之商品或服務，不得有以下行為：(1)以相關事業或消費者所普遍認知之他人姓名、商號或公司名稱、商標、商品容器、包裝、包裹、外觀或其他顯示他人商品之表徵，為相同或類似之使用，致與他人商品混淆，或販賣、運送、輸出或輸入使用該項表徵之商品者。(2)以相關事業或消費者所普遍認知之他人姓名、商號或公司名稱、標章或其他表示他人營業、服務之表徵，於同一或類似之服務為相同或近似之使用，（第二二條）。

5. 事業不得在商品或其廣告上，或以其他使公眾得知之方法，對於商品之價格、數量、品質、內容、製造方法、製造日期、有效日期、使用方法、用途、原產地、製造者、製造地、加工者、加工地等，為虛偽不實或引人錯誤表示之商品，不得販賣、運送、輸入或輸出（第二一條）。

6. 事業不得為競爭之目的，而陳述或散布足以損害他人營業信譽之不實情事（第二四條）。

7. 事業不得以不正當提供贈品、贈獎之方法，爭取交易之機會。（第二三條）。

如民營公用事業監督條例，以公用事業具有寡占、獨占性質，並與大眾日常生活密切相關，故對其登記設立、營運監督都詳加規範。

1. **得許可民營的公用事業：**(1)電燈、電力及其他電氣事業。(2)電車。(3)市內電話、(4)自來水。(5)煤氣。(6)公共汽車及長途汽車。(7)船舶運輸。(8)航空運輸。(9)其他依法得由民營之公用事業（第二條）。

2. **設立與監督。**民營公用事業，除應由中央主管機關直接監督者外，以經營範圍所屬之直轄市、縣（市）主管機關為地方監督機關，以中央主管機關為最高監督機關（第三條）。其非經依法呈請地方監督機關轉呈中央主管機關核准登記、發給執照及營業區域圖後，不得開始營業（第四條）。非呈經地方監督機關，轉呈中央主管機關核准，不得變更其名稱或組織，並不得移轉營業權於他人（第六條）。

3. **營運監督。**(1)訂立或修正有關公眾用戶之收費及各項規章，應呈由地方監督機關簽具意見，轉呈中央主管機關核准（第七條）。(2)其一切技術標準，應依據中央主管機關公布之各種程序辦理（第九條）。(3)非攤提折舊作為營業費用後，不得分配盈餘（第一一條）。(4)全年純益超過實收資本總額百分之二十五時，其超過額之半數，應用以擴充或改良設備。其餘半數，應作為用戶公積金，以備減少收費之用（第一二條）。(5)如於業務、工務或財務上發生困難得請求中央或地方監督機關，予以協助（第一三條）。(6)辦理不善，致妨礙用戶利益，或損害社會安全時，經人民陳訴，由專門技師查明，確有實據者，地方監督機關得呈准中央主管機關限令改良（第一四條）。(7)不得加入外股或抵借外債，但經中央主管機關呈准行政院特許者不在此限（第一六條）。

4. **經營之保障**。(1)如其性質在同一區域內，不適於並營者，非經中央及地方監督機關認為原有營業者，確已不能再行擴充設備至足供公用之需要時，同一營業區內，不得有同種第二公用事業之設立（第一七條）。(2)民營公用事業營業期限，以三十年為標準，期滿時，中央或地方政府得備價收歸公營，但須於期滿之二年前通知。如未通知，該事業人得繼續享有營業權十年，並呈請換發執照。但政府仍得於此後再十年屆滿前，依照規定程序，收歸公營（第一九條）。

5. **罰則**。民營公用事業有違背條例相關規定者，地方監督機關得按其情節，處以一千元以下之罰鍰，或令股東會或董事會撤換其負責人員；如經行政院特許加入外股或抵借外債者，得停止其營業權之一部或全部（第二一條）。

四、金融機構的設立與管理

1. **金融機構之管理**。金融機構，應依法受國家之管理（憲法第一四九條）。

2. 公營金融機構的企業化。國家對於公營金融機構之管理，應本企業化經營之原則；其管理、人事、預算、決算及審計，得以法律為特別之規定（憲法增修條文第一〇條第四項）。

3. 平民金融機構。國家應普設平民金融機構，以救濟失業（憲法第一五〇條）。此平民金融機構，指公營當鋪、信用合作社，以便利平民金融流通為目的。

有關金融機構的設立與管理，則先後制定有：銀行法、金融控股公司法、票券金融管理法、金融機構合併法、信用合作社法、當鋪業管理規則等。

如銀行法的制定在「健全銀行業務經營，保障存款人權益，適應產業發展，並使銀行信用配合國家金融政策」（第一條），並對其設立、變更、停業、解散、經營業務、罰則等一一規範。如信用合作社法在「健全信用合作社經營，維護社員及存款人權益，適應國民經濟需求，配合國家金融政策」（第一條）。如儲蓄互助社法在「健全儲蓄互助社經營發展，維護社員權益，改善基層民眾互助資金之流通，發揮社會安全制度功能」（第一條），因而工作於同一公司、工廠或職業團體、或參加同一社團或宗教團體或原住民團體、或居住於同一鄉、鎮之自然人得依法設立（第二條）。

金融機構合併法，對金融機構的合併加以規範，以擴大金融機構經濟規模、經濟範疇與提升經營效率，及維護適當的經營環境（第一條）。其主要內容：

1. 金融機構及合併之定義。合併係指二家或二家以上之金融機構合為一家金融機構。至於金融機構包括：(1)銀行業：包括銀行、信用合作社、票券金融公司、信用卡業務機構及其他經主管機關核定之機構。(2)證券及期貨業：包括證券商、證券投資信託事業、證券投資顧問事業、證券金融事業、期貨商、槓桿交易商、期貨信託事業、期貨經理事業及期貨顧問事業。(3)保險業：包括保險公司及保險合作社。（第四條）。

2. 合併時的審酌因素。主管機關為合併之許可時，應審酌以下因素：(1)對擴大金融機構經濟規模、提升經營效率及提高國際競爭力之影響。(2)對金融市場競爭因素之影響。(3)存續機構或新設機構之財務狀況、管理能力及經營之健全性。(4)對增進公共利益之影響，包括促進金融安定、提升金融服務品質、提供便利性及處理問題金融機構（第六條）。

3. 合併申請書。向主管機關申請許可時，申請書應附具下列事件：(1)載明合併計畫內容（含合併方式、經濟效益評估、合併後業務區域概況、業務項目、業務發展計畫及未來三年財務預測等事項）、預期進度、可行性、必要性、合理性與適法性及各項審酌因素之評等分析。(2)合併或讓售或投資契約書：除應載事項外，尚應包括對受僱人之權益處理等重要事項。(3)存續機構及消滅機構股東大會、社（會）員（代表）大會會議記錄。(4)金融機構合併之決議內容及相關契約書應記載事項之公告（通知）等證明文件。(5)請求收買股份之股東或退還股金之社員資料及其股金金額清冊。(6)會計師對合併換股比例或讓售信用部或以信用部作價投資之評價合理性之意見書。(7)合併前一個月月底擬制性合併自有資本適足明細申報表。(8)合併換股或讓售或投資基準日會計師查核簽證之資產負債表、損益表、財產目錄、股東權益變動表及現金流量表。(9)律師之法律意見書。(10)其他經主管機關規定應提出之文件（第一二條）。

五、其他國民經濟政策

1. **農業之工業化**。國家應運用科學技術，以興修水利，增進地方，改善農業環境，規劃土地利用，開發農業資源，促成農業之工業化（憲法第一四六條）。
2. **促進產業升級**。國家應獎勵科學技術發展及投資，促進產業升級，推動農漁業現代化，重視水資源之開發利用，加強國際經濟合作（憲法增修條文第一〇條第一項）。
3. **經濟發展與環保兼顧**。經濟及科學技術發展，應與環境及生態保護兼籌並顧（憲法增修條文第一〇條第二項）。
4. **扶植中小事業**。國家對人民興辦之中小型經濟事業，應扶助並保護其生存與發展（憲法增修條文第一〇條第三項）。
5. **貨暢其流**。中華民國領域內，一切貨物應許自由流通（憲法第一四八條）。
6. **平衡經濟發展**。中央為謀省與省間之經濟平衡發展，對於貧瘠之省，應酌予補助。省為謀縣與縣間之經濟平衡發展，對於貧瘠之縣，應酌予補助（憲法第一四七條）。
7. **扶助僑民經濟事業**。國家對於僑居國外之國民，應扶助並保護其經濟事業之發展（憲法第一五一條）。

為實現上述政策，先後制定有：產業創新條例、中小企業發展條例、華僑回國投資條例、技術合作條例、農業發展條例、農產品市場交易法、漁業發展方案等。

如產業創新條例的制定目的在促進產業創新，改善產業環境，提升產業競爭力（第一條），其方法包括：

1. **基本方針**。(1)行政院應提出產業發展綱領，各中央目的事業主管機關應訂定產業發展方向及產業發展計畫，報行政院核定，並定期檢討（第四條）。(2)各中央目的事業主管機關應輔導或補助艱困產業、瀕臨艱困產業、傳統產業及中小企業，提升生產力及產品品質；並建立各該產業別標示其產品原產地為臺灣製造之證明標章（第七條）。

2. **所得稅額抵減**。為促進產業創新，最近三年內無違反環境保護、勞工或食品安全衛生相關法律且情節重大情事之公司投資於研究發展支出金額百分之十五限度內，抵減當年度應納營利事業所得稅額，並以不超過該公司當年度應納營利事業所得稅額百分之三十為限（第十條）。

3. **資金協助**，為加速產業創新加值，促進經濟轉型及國家發展，行政院應設置國家發展基金（第二九條）。

如中小企業發展條例在「協助中小企業改善經營環境，推動相互合作，並輔導其自立成長，以促進中小企業之健全發展」（第一條）。並提供融資與保證，經營管理、市場與產品之開發指導，稅捐之減免，公共採購或公共工程之配合發展。如主管機關為協助中小企業取得及確保生產因素及技術，應進行下列輔導：(1)資本之形成及累積。(2)資金之融通。(3)土地、廠房、設備、營業場所及資訊之取得。(4)人才培訓及勞動力之提升。(5)原料及技術之確保。(6)中小企業利用資本市場獲取資金之輔導。(7)服務技術水準之提高（第八條）。

如農業發展條例在「確保農業永續發展，因應農業國際化及自由化，促進農地合理利用，調整農業產業結構，穩定農業產銷，增進農民所得及福利，提高農民生活水準」（第一條）。其內容包括農地利用與管理，農業生產，農產運銷、價格及貿易，農民福利及農村建設，農業研究及推廣。

第五節、社會安全

社會安全的本質，乃在保障國民經濟的安全與國民生活的幸福，我國憲法對社會安全的規定，可分述如下：

一、保障工作機會

人民具有工作能力者，國家應予適當之工作機會（憲法第一五二條）。

如就業服務法第四條：「國民具有工作能力者，接受就業服務一律平等」。第五條：「為保障國民就業機會平等，雇主對求職人或所僱用員工，不得以種族、階級、語言、思想、宗教、黨派、籍貫、出生地、性別、性傾向、年齡、婚姻、容貌、五官、身心障礙、星座、血型或以往工會會員身分為由，予以歧視。」此外，公立就業服務機構應蒐集、整理、分析其業務區內之薪資變動，人力供需及未來展望等資料，提供就業市場資訊（第一六條）。公立就業服務機構為輔導缺乏工作知能之求職人就業，得推介其參加職業訓練；對職業訓練結訓者，應協助推介其就業（第一九條）。中央主管機關於經濟不景氣致大量失業時，得鼓勵雇主協商工會或勞工，循縮減工作時間、調整薪資、辦理教育訓練等方式，以避免裁減員工；並得視實際需要，加強實施職業訓練或採取創造臨時就業機會、辦理創業貸款利息補貼等輔導措施；必要時，應發給相關津貼或補助金，促其就業（第二三條）。

如身心障礙者權益保障法，為保障身心障礙者的就業權益，規定：1.各級勞工主管機關應依身心障礙者之就業意願，由職業重建個案管理員評估其能力與需求，訂定適切之個別化職業重建服務計畫，如職業重建個案管理服務、職業輔導評量、職業訓練、就業服務、職務再設計、創業輔導及其他職業重建服務（第三三條）。2.對具有就業意願及就業能力，但尚不足以獨立在競爭性就業市場工作者，應依其工作能力，提供個別化就業安置、訓練及其他工作協助等支持性就業服務。對具有就業意願，而就業能力不足，無法進入競爭性就業市場，需長期就業支持者，則依其職業輔導評量結果，提供庇護性就業服務（第三四條），並推動設立職業訓練機構，就業服務機構及庇護工場（第三五條）。3.各級政府機關、公立學校及公營事業機構員工總數在三十四人以上者，進用具有就業能力之身心障礙者人數不得低於數工總人員百分之三；私立學校、團體及民營事業機構員工人數在六十七人以上者，進用人數不得低於員工總人數百分之一，且不得少於一人（第三八條）。

如身心障礙者就業服務機構設立管理及補助準則，規定專為十五歲以上或國民中學畢業，領有身心障礙證明，具就業意願及能力之身心障礙者，提供下列服務事項：1.求職、就業機會開發、就業諮詢、職涯輔導、工作分析、職業分析與推介就業等個別化及專業化就業服務。其中專業化就業服務，包括依業務性質及個案就業需求，提供推介媒合、職場訓練與輔導、職務再設計諮詢、就業適應及追蹤輔導等服務。2.求才、僱用諮詢（第八條）。

如原住民族工作權保障法，其制定目的在保障原住民工作權及經濟生活（第一條）。各級政府機關、公立學校及公營事業機構，除位於澎湖、金門、連江縣外，在僱用：約雇人員、駐衛警察、技工、駕駛、工友、清潔工，收費管理員及其他不須具公務員任用資格之非技術工級職務等時，其人員總額每滿五十人未滿一百人應有原住民一人（第四條）；至原住民地區之各級政府機關、公立學校及公營事業機構雇用上述人員總額的三分之一以上應為原住民（第五條）。此外，政府依原住民群體工作習性，輔導原住民設立各種性質之原住民合作社，以開發各種工作機會（第七條）外，中央主管機關應定期辦理原住民就業狀況調查，各級主管機關應建立原住民人力資料庫及失業通報系統，以利推介原住民就業或參加職業訓練（第一四條）。

二、保護工農

國家為改良勞工及農民之生活，增進其生產技能，應制定保護勞工及農民之法律，實施保護勞工及農民之政策（憲法第一五三條）。

如制定有：勞動基準法、積欠工資墊償基金提繳及墊償管理辦法、勞工保險條例、職業安全衛生法、勞動檢查法、職工福利金條例、農民健康保險條例等。

如農業發展條例第五八條：「為安定農民收入，穩定農村社會，促進農業資源之充分利用，政府應舉辦農業保險。」「農民團體辦理之農業保險，政府應予獎勵與協助。」第六〇條：「農業生產因天然災害受損，政府得辦理現金救助、補助或低利貸款，並依法減免田賦，以協助農民迅速恢復生產。」如農產品市場交易法第一一條：「農民或農民團體辦理農產品共同運銷，出售其農產品，免徵印花稅和營業稅。」如農民健康保險條例第二條：「農民健康保險之保險事故，分為生育、傷害、疾病、殘廢及死亡五種；並分別給與生育給付、醫療給付、殘廢給付及喪葬津貼。」

如勞工保險條例，其立法目的在保障勞工生活、促進社會安全（第一條）。主要規定為：

1. **保險之分類及給付種類分為**：(1)普通事故：生育、傷病、失能、老年及死亡五種給付。(2)職業災害保險：分傷病、醫療、失能及死亡四種給付（第二條）。

2. **保險費**。依被保險人當月投保薪資及保險費率計算，(1)普通事故保險費率，為當月投保薪資百分之七點五至百分之十三；(2)職業災害保險費率，分為行業別災害費率及上、下班災害費率二種，由中央主管機關擬訂，報行政院核定後，送立法院查照（第一三條）。

3. **保險給付**。領取保險給付之請求權，自得請領之日起，因五年間不行使而消滅（第三〇條）。其給付項目有：(1)生育給付。被保險人或配偶分娩、早產或流產合於投保時間規定者得請領（第三一條）分娩費、生育補助費，但如難產已申請住院診療給付者，不再給予分娩費（第三二條）。(2)傷病給付。

A.被保險人遭遇普通傷害或普通疾病住院診療，不能工作，以致未能取得原有薪資，正在治療中者，自不能工作之第四日起，發給普通傷害補助費或普通疾病補助費（第三三條）。B.被保險人因執行職務而致傷害或職業病不能工作，以致未能取得原有薪資，正在治療中者，自不能工作之第四日起，發給職業傷害補償費或職業病補償費（第三四條），如經過一年尚未痊癒者，減為半數，但以一年為限（第三六條）。(3)醫療給付。分為門診及住院治療（第三九條），並應向保險人自設或特約醫療院、所申請診療（第四〇條）。A.門診給付包括：診察，藥劑或治療材料，處置、手術或治療，其費用由被保險人自行負擔百分之十。B.住院診療給付包括：診察，藥劑或治療材料，處置、手術或治療，膳食費用三十日內之半數，勞保病房以公保病房為準，除膳食費外，各項由被保險人自行負擔百分之五（第四三條）。(4)失能給付。A.被保險人遭遇普通傷害或罹患普通疾病，經治療後，症狀固定，再行治療仍不能期待其治療效果，經保險人自設或特約醫院診斷為永久失能，並符合失能給付標準規定者，得按其平均月投保薪資，依規定給付標準，請領失能補助費。但如被保險人為身心障礙者權益保險法所定之身心障礙者，得請領失能年金給付（第五三條）。B.被保險人遭遇職業傷害或罹患職業病，經診為永久失能並符合失能給付標準規定發給一次金者，依規定給付標準，增給百分之五十，請領失能補償費；如經評估為終身無工作能力，除請領失能年金給付外，另按其平均月投保薪資，一次發給二十個月職業傷病失能補償一次金（第五四條）。C.請領失能年金給付者，同時有符合條件之眷屬，每一人加發百分之二十五的眷屬補助，最多加計百分之五十，如配偶無謀生能力或扶養未成年、無謀生能力之子女（第五四之二條）。(5)老年給付。年滿六十歲有保險年資者，保險年資合計滿十五年者，請領老年給付。保險年資合計未滿十五年者，請領年老一次金給付。請領老年給付者，應辦理離職退休，並且不得再參加勞工保險（第五八條）。被保險人逾六十歲繼續工作者，其逾六十歲以後之保險年資，最多以五年合計，合併六十歲以前之一次請領老年給付，最高以五十個月為限（第五九條）。(6)死亡給付。A.喪葬津貼，被保險人死亡，按其平均月投保薪資一次發給五個月，但其遺屬不符合請領遺屬年金給付或遺屬津貼條件，或無遺屬者，一次發給十個月（第六三之二條）。若被保險人之父母、配偶或子女死亡時，亦得按規定請領。B.遺屬年金。被保險人在保險有效期間死亡時，遺有配偶、子女、父母、祖父母、受其扶養之孫子女或其扶養之兄弟、姊妹者，得申請遺屬年金給付（第六三條）。C.遺屬津貼。在民國九十七年七月十七日前有保險年資者，其遺屬保險除得依規定請領年金給付外，亦得選擇一次請領遺屬津貼（第六三條）。

對於老年給付部分，勞工退休金條例規定勞工退休金事項優先適用本條例，本條例未規定者適用其他法律之規定（第一條）。而在勞工退休時除領一次退休金外，可選領月退休金。即勞工年滿六十歲，工作年資滿十五年以上者，得請領退休金。但工作年資未滿十五年者，應領一次退休金（第二四條）。

如就業保險法的目的在提升勞工就業技能、促進就業、保障勞工職業訓練及失業一定期間之基本生活（第一條）。其：

1. **投保對象**。年滿十五歲以上，六十五歲以下，受僱之本國籍勞工，應以其雇主或所屬機構為投保單位，參加本保險為被保險人，但下列人員不得參加：(1)依法應參加公務人員保險或軍人保險者。(2)已領取勞工保險老年給付或公務人員保險養老給付者。(3)受僱於依法免辦登記且無核定課稅或依法免辦登記且無統一發票購票證之雇主或機構者。如受僱於二個以上雇主者，得擇一參加（第五條）。

2.保險給付共分四種：(1)失業給付：被保險人非自願離職辦理退保當日前三年內，保險年資合計滿一年以上，具有工作能力及繼續工作意願，向公立就業服務機構辦理求職登記，自求職登記之日起十四日內仍無法推介就業或安排職業訓練者。至於所稱非自願離職，係指因投保單位關廠、遷廠、休業、解散、破產宣告離職，及勞資雙方各自以符合勞動基準法規定方式預告或不預告終止勞動契約而離職之勞工。另被保險人因定期契約屆滿離職，逾一個月未能就業，且離職前一年內，契約期間合計滿六個月以上者，視為非自願離職（第一一條）。此外，對公立就業服務機構推介之工作，有下列情事之一而不接受者，仍得請領失業給付：A.工資低於其離職退保前六個月平均月投保薪資百分之六十。B.工作地點距離申請人日常居住處所三十公里以上（第一三條）；如無，則得拒絕受理其申請（第一五條）。另申請人對公立就業服務機構安排之就業諮詢或職業訓練，有下列情事之一而不接受者，仍得請領失業給付：A.因傷病診療，持有證明而無法參加者。B.為參加職業訓練，需要變更現在住所，經公立就業服務機構認定顯有困難者（第一四條）。失業給付之發放，每月按申請人離職辦理本保險退保之當月起前六個平均月投保薪資百分之六十，最長發給六個月。領滿六個月失業給付者，本保險年資應重行起算（第一六條）。(2)提早就業獎助津貼。符合失業給付請領條件，於失業給付請領期限屆滿前受僱工作，並依規定參加本保險為被保險人滿三個月以上者，得向保險人申請，按其尚未請領之失業給付金額之百分之五十，一次發給提早就業獎助津貼（第一八條）。(3)職業訓練生活津貼。被保險人非自願離職，向公立就業服務機構辦理求職登記，經安排參加全日制職業訓練，於受訓期間，每月按申請人離職辦理本保險退保之當月起前六個月平均月投保薪資百分之六十發給職業訓練生活津貼，最長發給六個月（第一九條）。(4)失業之被保險人及隨同被保險人辦理加保之眷屬全民健康保險保險費補助（第一〇條）。

如職業訓練法，其訂立目的在實施職業訓練，以培養國家建設技術人力、提高工作技能、促進國民就業（第一條）。職業訓練機構包括政府機關設立者，事業機構、學校或社團法人等團體所附設者，以財團法人設立者（第五條）。其實施方式包括：1.養成訓練，係針對十五歲以上或國民中學畢業之國民，所實施有系統之職前訓練（第七條），其訓練課程、時數及應具設備應依中央主管機關規定（第九條）。2.技術生訓練，係事業機構為培養其基層技術人力，招收十五歲以上或國民中學畢業之國民，所實施之訓練（第一一條），並應先擬訂訓練計畫，並依有關法令規定，與技術生簽訂書面訓練契約（第一二條），訓練期滿，經測驗成績及格者，由事業機構發給結訓證書（第一四條）。3.進修訓練，係為增進在職技術員工專業技能與知識，以提高勞動生產力所實施之訓練（第一五條），其可由事業機構自行辦理，委託辦理或指派其參加國內外相關之專業訓練（第一六條）。4.轉業訓練，係為職業轉換者獲得轉業所需之工作技能與知識，所實施之訓練（第一八條）；主管機關為因應社會經濟變遷，得辦理轉業訓練需要之調查及受理登記，配合社會福利措施，訂定訓練計畫（第一九條）。5.對於直接擔任職業技能與相關知識教學之人員，其名稱、等級、資格、甄審及遴聘辦法，由中央主管機關定之（第二四條）。此外對參加職業訓練者應辦理技能檢定及發證。

如職業安全衛生法的制定，在防止職業災害，保障勞工安全與健康（第一條）1.必要預防設備或措施：雇主使勞工從事工作，應在合理可行範圍內，對機械、設備、器具、原料、材料等物件之設計、製造或輸入者，及工程之設計或施工者，應於設計、製造、輸入或施工規劃階段實施風險評估，致力防止此等物件於使用或工程施工時，發生職業災害（第五條）。雇主對於具有危害性之化學品應予標示、製備清單及揭示安全資料表，並採取必要之通識措施（第十條）。雇主對於經中央主管機關指定具有危險性之機械或設備，非經勞動檢查機構或中央主管機關指定之代行檢查機構檢查合格，不得使用；其使用超過規定期間者，非經再檢查合格，不得繼續使用（第一六條）。2.停止作業：工作場所有立即發生危險之虞時，雇主或工作場所負責人應即令停止作業，並使勞工退避至安全場所（第一八條）。3.健康管理措施：雇主對勞工體格檢查發現應僱勞工不適於從事某種工作，不得僱用其從事該項工作。健康檢查發現勞工有異常情形者，應由醫護人員提供其健康指導；其經醫師健康評估結果，不能適應原有工作者，應參採醫師之建議，變更其作業場所、更換工作或縮短工作時間，並採取健康管理措施（第二一條）。雇主並應對勞工施以從事工作及預防災變必要之安全衛生教育訓練（第三二條）。4.監督與檢查：(1)主管機關及勞檢查機構對於各事業單位勞動場所得實施檢查。其有不合規定者，應告知其違反法令條款，並通知限期改善；屆期未改善或已發生職業災害，或有發生職業災害之虞時，得通知其部分或全部停工。勞工於停工期間應由雇主照給工資（第三六條）。(2)工作者發現有A.事業單位違反本法令或有關安全衛生規定，B.疑似罹患職業病，C.身體或精神遭受侵害之現象，得向雇主、主管機關或勞動檢查機關申訴，雇主則不得對提出申訴工作者予以解僱、調職或其他不利之處分（第三九條）。

基本工資審議辦法，規定由勞動部設基本工資審議委員會，除由勞動部部長兼任主任委員外，另置委員二十一人，任期二年。分由勞動部代表一人、經濟部代表一人、國家發展委員會代表一人勞方代表七人、資方代表七人、專家學者四人組成之（第二條）。於審議基本工資時，應蒐集下列資料並研究之：1.國家經濟發展狀況。2.躉售物價指數。3.消費者物價指數。4.國民所得與平均每人所得。5.各業勞動生產力及就業狀況。6.各業勞工工資。7.家庭收支調查統計（第四條）。審議通過之基本工資經勞動部報行政院核定後公告實施（第五條）。

職工福利金條例第一條：「凡公營私營之工廠礦場或其他企業組織，均應提撥職工福利金，辦理職工福利事業。」

如勞動基準法的制定在規定勞動條件最低標準、保障勞工權益、加強勞雇關係、促進社會與經濟發展（第一條），並明定「雇主對於僱用之勞工，應預防職業上災害，建立適當之工作環境及福利措施」（第八條），至該法適用於農林漁牧業、礦業及土石採取業、製造業、營造業、水電煤氣業、運輸倉儲及通信業、大眾傳播業、其他經中央主管機關指定之事業（第三條）。該法主要內容如下：

1. **勞動契約**。勞動契約，分為定期契約及不定期契約。臨時性、短期性、季節性及特定性工作得為定期契約；有繼續性工作者應為不定期契約；但定期契約屆滿後，勞工繼續工作而雇主不即表示反對意思者，視為不定期契約（第九條）。定期契約屆滿後或不定期契約因故停止履行後，未滿三個月而訂定新約或繼續履行原約時，勞工前後年資應合併計算（第一〇條）。對於勞動契約之終止，除定期契約期滿外，勞雇均有主動權。(1)非有下列情形之一者，雇主不得預告勞工終止勞動契約：A.歇業或轉讓時。B.虧損或業務緊縮時。C.不可抗力暫停工作在一個月以上時。D.業務性質變更，有減少勞工之必要，又無適當工作可供安置時。E.勞工對於所擔任之工作確不能勝任時（第一一條）。(2)勞工有下列情形之一者，雇主得不經預告終止契約：A.於訂立勞動契約時為虛偽意思表示，使雇主誤信而有受損害之虞者。B.對於雇主、雇主家屬、雇主代理人或其他共同工作之勞工，實施暴行或有重大侮辱之行為者。C.受有期徒刑以上刑之宣告確定，而未諭知緩刑或未准易科罰金者。D.違反勞動契約或工作規則，情節重大者。E.故意損耗機器、工具、原料、產品或其他雇主所有物品，或故意洩漏雇主技術上、營業上之秘密，致雇主有損害者。F.無正當理由繼續曠工三天，或一個月內曠工達六日者。其中依A、B、D、F四款規定終止契約者，應自知悉其情形之日起，三十日內為之（第一二條）。(3)有下列情形之一者，勞工得不經預告終止契約：A.雇主於訂立勞動契約時為虛偽之意思表示，使勞工誤信而有受損害之虞者。B.雇主、雇主家屬、雇主代理人對於勞工實施暴行或有重大侮辱之行為者。C.契約所訂之工作，對於勞工健康有危害之虞，經通知雇主改善而無效果者。D.雇主、雇主代理人或其他勞工患有惡性傳染病、有傳染之虞者。E.雇主不依勞動契約給付工作報酬，或對於按件計酬之勞工不供給充分之工作者。F.雇主違反勞動契約或勞告法令，致有損害勞工權益之虞者。唯勞工依上述第A、F款規定終止契約者，應自知悉其情形之日起，三十日內為之；依第B、D款情形，雇主已將該代理人解僱或已將患有惡性傳染病者送醫或解僱，則勞工不得終止契約（第一四條）。雇主終止勞動契約者，應發給勞工資遣費（第一七條）。勞動契約終止時，勞工如請求發給服務證明，雇主或其代理人不得拒絕（第一九條）。

2. **工資**。工資由勞雇雙方議定之，但不得低於基本工資，而基本工資，由中央主管機關設基本工資審議委員會擬訂後，報請行政院核定之（第二一條）。雇主延長勞工工作時間者，其延長工作時間之工資應加額給付（第二四條）。雇主對勞工不得因性別而有差別之待遇，工作相同、效率相同者，給付同等工資（第二五條）。雇主不得預扣勞工工資作為違約金或賠償費用（第二六條）。雇主因歇業、清算或宣告破產時，本於勞動契約所積欠之工資未滿六個月部分，有最優先受清償之權（第二八條）。

3. **工作時間、休息、休假**。(1)勞工每日正常工作時間不得超過八小時，每週工作總時數不得超過四十小時。但雇主經工會同意，如事業單位無工會者，經勞資會議同意後，得將其二週內二日之正常工作時數，分配於其他工作日，但每日不得超過二小時，每週工作總時數不得超過四十八小時（第三〇條）。(2)雇主有使勞工在正常工作時間以外工作之必要者，雇主經工會同意，如事業單位無工會者，經勞資會議同意後，得將工作時間延長，連同正常工作時間，一日不得超過十二小時，延長之工作時間，一個月不得超過四十六小時。如因天災、事變或突發事件，雇主有使勞工在正常工作時間以外工作之必要者，得將工作時間延長，但應於延長開始後二十四小時內通知工會或報當地主管機關備查，並於事後補給勞工以適當休息（第三二條）。(3)勞工繼續工作四小時，至少應有三十分鐘之休息，但實行輪班制或其工作有連續性或緊急性者，雇主得在工作時間內，另行調配其休息時間（第三五條）。勞工每七日中至少應有二日之休息，其中一日為例假，一日為休息日（第三六條）。紀念日、勞動節日及其他由中央機關規定應放假之日，均應休假（第三七條）。勞工在同一雇主或事業單位繼續工作滿一定期間者，每年應按年資給予特別休假（第三八條）。雇主經徵得勞工同意於休假日工作者，工資應加倍發給（第三九條）。勞工因健康或其他正當理由，不能接受正常工作時間以外工作者，雇主不得強制其工作（第四二條）。

4. 童工、女工。(1)十五歲以上未滿十六歲之受僱從事工作者為童工，不得從事繁重或危險性工作（第四四條）。工作時間不得超過八小時，例假日不得工作（第四七條），並不得在午後八時至翌晨六時之時間內工作（第四八條）。(2)雇主不得使女工於午後十時至翌晨六時之時間內工作，但雇主經工會或勞資會議同意並符合下列規定者不在此限：A.提供必要之安全衛生設施；B.無大眾運輸工具可資運用時，提供交通工具或安排女工宿舍。但如有天災、事變或突發事件，不受此限（第四九條）。此外分娩、流產者應給予產假，而在妊娠，如有較輕易工作，得申請改調（第五一條），至子女未滿一歲須親自哺乳者，雇主應每日另給哺乳時間兩次，每次三十分鐘，並視為工作時間（第五二條）。

5. 退休。(1)勞工有下列情形，得自請退休：A.工作十五年以上年滿五十五歲者。B.工作二十五年以上者C.工作十年以上滿六十歲者（第五三條）。(2)勞工非有下列情形之一，不得強制其退休：A.年滿六十五歲者。B.身心障礙不堪勝任工作者（第五四條）。(3)勞工退休金之給予標準：A.按其工作年資，每滿一年給予兩個基數，但超過十五年之工作年資，每滿一年給予一個基數，最高總數以四十五個基數為限，但身心障礙係因執行職務所致者，則加給百分之二十（第五五條）。B.雇主應按月提撥勞工退休準備金，專戶存儲，並不得作為讓與、扣押、抵銷或擔保之標的；其提撥之比率、程序及管理等事項之辦法，由中央主管機關擬訂，報請行政院核定。至於雇主提撥之準備金彙集勞工退休基金，由中央主管機關設勞工退休基金監理委員會管理之（第五六條）。

6. 職業災害賠償。勞工因遭遇職業災害而致死亡、失能、傷害或疾病時，雇主應依下列規定予以補償，但如同一事故，依勞工保險條例或其他法令規定，已由雇主支付費用補償者，雇主得予以抵充之：(1)勞工受傷或罹患職業病時，雇主應補償其必需之醫療費用。職業病之種類及其醫療範圍，依勞工保險條例有關之規定。(2)勞工在醫療中不能工作時，雇主應按其原領工資數額予以補償。但醫療期間屆滿二年仍未能痊癒，經指定之醫院診斷，審定為喪失原有工作能力，且不合下一款之失能給付標準者，雇主得一次給付四十個月之平均工資後，免除此項工資補償責任。(3)勞工經治療終止後，經指定之醫院診斷，審定其身體遺存障害者，雇主應按其平均工資及其失能程度，一次給予失能補償。失能補償標準，依勞工保險條例有關之規定。(4)勞工遭遇職業傷害或罹患職業病而死亡時，雇主除給予五個月平均工資之喪葬費外，並應一次給予其遺屬四十個月平均工資之死亡補償（第五九條）。

7. 工作規則。雇主僱用勞工人數在三十人以上者，應依其事業性質，就下列事項訂立工作規則，報請主管機關核備並公開揭示之：(1)工作時間、休息、休假、國定紀念日、特別休假及繼續性工作之輪班方法。(2)工資之標準、計算方法及發放日期。(3)延長工作時間。(4)津貼及獎金。(5)應遵守之紀律。(6)考勤、請假、獎懲及升遷。(7)受僱、解僱、資遣、離職及退休。(8)災害傷病補償及撫卹。(9)福利措施。(10)勞雇雙方應遵守勞工安全衛生規定。(11)勞雇雙方溝通意見加強合作之方法（第七〇條）。但工作規則違反法令之強制或禁止規定或其他有關該事業適用之團體協約規定者無效（第七一條）。

8. **監督與檢察**。(1)中央主管機關，為貫徹本法及其他勞工法令之執行，設勞工檢查機構或授權直轄市主管機關專設檢查機構辦理之；直轄市、縣（市）主管機關於必要時，亦得派員實施檢查（第七二條）。(2)檢查員執行職務，各事業單位不得拒絕。事業單位拒絕檢查時，檢查員得會同當地主管機關或警察機關強制檢查之。檢查員執行職務時，得就本法規定事項，要求事業單位提出必要之報告、紀錄、帳冊及有關文件或書面說明（第七三條）。(3)勞工發現事業單位違反本法及其他勞工法令規定時，得向雇主、主管機關或檢查機構申訴。雇主不得因勞工之申訴而予以解僱、調職、減薪、損害其依法令、契約或習慣上所應享有之權益，或其他不利之處分（第七四條）。

9. **罰則**。違反本法有關規定或拒絕、規避、阻撓，課以有期徒刑、拘役或罰金。

三、勞資協調

勞資雙方應本協調合作原則，發展生產事業。勞資糾紛之調解與仲裁，以法律定之（憲法第一五四條）。

如團體協約法，在規範雇主或有法人資格之雇主團體，與依工會法成立之工會，以約定勞動關係及相關事項為目的簽訂書面契約時之協商程序及效力，以穩定勞動關係、促進勞資和諧、保障勞資權益（第一、二條）。其規定要點：1.無正當理由不得拒絕協商。勞資雙方應本於誠實信用原則，進行團體協約之協商，如一方在他方提出協商時，如有下列原因之一，視為無正當理由：(1)對於他方提出合理適當協商內容、時間、地點及進行方式，拒絕進行協商。(2)未有六十日內針對協商書面通知提出對應方案，並進行協商。(3)拒絕提供進行協商所必要之資料（第六條）。2.團體協約得約定下列事項：(1)工資、工時、津貼、獎金、調動、資遣、退休、職業災害補償、撫卹等勞動條件。(2)企業內勞動組織之設立與利用、就業服務機構之利用、勞資爭議調解、仲裁機構之設立及利用。(3)團體協約之協商程序、協商資料之提供、團體協約之適用範圍、有效期間及和諧履行協約義務。(4)工會之組織、運作、活動及企業設施之利用。(5)參與企業經營與勞資合作組織之設置及利用。(6)申訴制度、促進勞資合作、升遷、獎懲、教育訓練、安全衛生、企業福利及其他關於促進勞資共同遵守之事項。(7)其他當事人間合意之事項（第一二條）。另團體協約不得有限制雇主採用新式機器、改良生產、買入製成品或加工品之約定（第一五條）。3.團體協約內容之變更或終止。團體協約簽訂後經濟情形有重大變化，如維持該團體協約有與雇主事業之進行或勞工生活水準之維持不相容，或因團體協約當事人之行為，致有無法達到協約目的之虞時，當事人之一方得向他方請求協商變更團體協約內容或終止團體協約（第三一條）。

如勞資爭議處理法，適用於雇主或雇主團體與勞工或勞工團體發生勞資爭議時（第三條）。1.爭議內容：(1)權利事項之勞資爭議，係指勞資雙方當事人基於法令、團體協約、勞動契約之規定所為權利義務之爭議。(2)調整事項之勞資爭議，係指勞資雙方當事人對於勞動條件主張繼續維持或變更之爭議事項（第五條）。2.爭議期間禁止事項：勞資爭議在調解或仲裁期間，(1)資方不得因該勞資爭議事件而歇業、停工、終止勞動契約或為其他不利於勞工之行為。(2)勞方不得因該勞資爭議事件而罷工、怠工或為其他影響工作秩序之行為（第八條）。3.調解：(1)提出。勞資爭議當事人申請調解時，應向直轄市或縣（市）主管機關提出調解申請書。至主管對於勞資爭議認為必要時，得依職權交付調解，並通知勞資爭議當事人（第九條）。(2)調解機關。勞資爭議調解委員會在組成後立即召開會議，並指派委員調查事實，除有特殊情形外，應在十日內，將調查結果及解決方案提出委員會。最後經委員過半數出席，出席委員過半數同意，作成調解方案（第一六、一八條）。(3)調解結果：A.調解方案，經當事人雙方同意在調解紀錄簽名，則調解成立（第一九條）。B.爭議當事人對調解方案不同意時，則調解不成立（第二〇條）。C.勞資爭議經調解成立者，視為當事人間之契約；當事人之一方為勞工團體時，視為當事人間之團體協約（第二三條）。4.仲裁：(1)提出。勞資爭議，調解不成立者，經爭議當事人雙方向主管機關申請，交付勞資爭議仲裁委員會仲裁；至主管機關認為情節重大有交付仲裁之必要時，亦得依職權交付仲裁，並通知勞資爭議當事人，另勞資爭執，經當事人雙方書面同意，得不經調解，逕付仲裁（第二五條）。(2)仲裁機關。主管機關應於收到仲裁申請書之日起五日內通知勞資爭議雙方當事人，於主管機遴聘之仲裁人員各冊中選定獨任仲裁人一人（第二七條）以組成仲裁委員會方式進行者，則通知爭議雙方自仲裁人員各冊中，各自選定仲裁委員一人具報，並由雙方各自選定的仲裁委員，於名冊中共同選定一人或三人組成（第三十條）。仲裁後，應在十日內作成仲裁判斷書，報由直轄市、縣（市）主管機關，送達勞資爭議雙方當事人（第三五條）。(3)仲裁結果。仲裁委員會就權利事項勞爭議所仲裁判斷於當事人間，與法院之確定判決有同一效力。就調查事所作仲裁判斷，視為當事人間之契約或團體協約（第三七條）。至如勞資爭議在仲裁程序進行中自行和解，並將和解內容函報仲裁委員會及主管機關，仲裁程序即告終止，和解成立者，具有成立調解的同效

（第三六條）。5.強制執行的裁定。(1)勞資爭議經調解成立或仲裁者，當事人之一方不履行其義務時，他方當事人得向該管法院聲請裁定強制執行並暫免繳裁判權；於聲請強制執行時，並暫免繳執行費（第五九條）。(2)聲請強制執行，非有下列情形之一，法院不得裁定駁回：A.調解或仲裁判斷，係使當事人為法律上所禁止之行為者。B.調解或仲裁判斷，與爭議標的顯屬無關或性質不適於強制執行者。C.依其他法律不得為強制執行者。（第六〇條）。

大量解僱勞工保護法，在「保障勞工工作權及調和雇主經營權，避免因事業單位大量解僱勞工，致勞工權益受損或有受損害之虞，並維持社會安定。」（第一條）其規定在大量解僱勞工時，必須依規定時間將解僱計畫通知主管機關和相關單位或人員，並公告揭示（第四條），並在十日內勞雇雙方應即本於勞資自治精神進行協商。勞雇雙方拒絕協商或無法達成協議時，主管機關應於十日內召集勞雇雙方組成協商委員會，就解僱計畫書內容進行協商，並適時提出替代方案（第五條）。協議效力及於個別勞工，並由主管機關將協議書送請管轄法院審核（第七條）。至在協商委員會成立後，主管機關應指派就業服務人員協助勞資雙方，提供就業服務與職業訓練之相關諮詢（第八條）。事業單位在大量解僱勞工後再僱用工作性質相近之勞工時，除法令另有規定外，應優先僱用經大量解僱之勞工（第九條）。

職業災害勞工保護法，其目的「為保障職業災害勞工權益，加強職業災害之預防，促進就業安全及經濟發展」（第一條）。雇主除能證明無過失，對勞工因職業災害所致之損害，應負賠償責任（第七條）。勞工保險之被保險人在保險有效期間，得向勞工保險局申請下列補助：1.罹患職業疾病，喪失部分或全部工作能力，經請領勞工保險各項職業災害給付後，得請領生活津貼。2.因職業災害致遺存障害，喪失部分或全部工作能力，適合勞工保險失能給付標準表第一等級至第七等級規定之項目，得請領失能生活津貼。3.發生職業災害後，參加職業訓練期間，未請領訓練補助津貼或前二項生活津貼，得請領生活津貼。4.因職業災害致遺存障害，必須使用輔助器具且未依其他法令規定領取器具補助，得請領器具補助。5.因職業災害致喪失全部或部分生活自理能力，確需他人照顧，且未依其他法令規定領取有關補助，得請領看護補助。6.因職業災害死亡，得給予其家屬必要之補助。7.其他經中央主管機關核定有關職業災害勞工之補助（第八條）。

四、社會保險與社會救濟

1. 國家為謀社會福利，應實施社會保險制度。人民之老弱殘廢、無力生活，及受非常災害者，國家應予以適當之扶助與救濟（憲法第一五五條）。
2. 國家對於身心障礙者之保險與就醫、無障礙環境之建構、教育訓練與就業輔導及生活維護與救助，應予保障，並扶助其自立與發展（憲法增修條文第一〇條第七項）。
3. 國家應重視社會救助、福利服務、國民就業、社會保險及醫療保健等社會福利工作；對於社會救助和國民就業等救濟性支出應優先編列（憲法增修條文第一〇條第八項）。

   對此制定有：社會救助法、老人福利法、國民年金法、身心障礙者權益保障法、法律扶助法。

如社會救助法以照顧低、中低收入及救助遭受急難或災害者，並協助其自立為目的（第一條）。其內容分為

1. **生活扶助**：如對低收入戶或中低收入戶提供下列特殊項目救助及服務：(1)產婦及嬰兒營養補助。(2)托兒補助。(3)教育補助。(4)喪葬補助。(5)居家服務。(6)生育補助。(7)其他必要之救助及服務（第一六條）。
2. **醫療補助**：低收入戶之傷、病患者；患嚴重傷、病，所需醫療費用非其本人或扶養義務人所能負擔者（第一八條）。
3. **急難救助**：可提出申請者包括(1)戶內人口死亡無力殮葬者。(2)戶內人口遭受意外傷害致生活陷於困境者。(3)負家庭主要生計責任者，罹患重病、失業、失蹤、應徵集召集入營服兵役或替代役現役、入獄服刑、因案羈押、依法拘禁或其他原因，無法工作致生活陷於困境者。(4)財產或存款帳戶因遭強制執行凍結或其他原因未能及時運用，致生活陷於困境。(5)其他因遭遇重大變故，致生活陷於困境，經主管機關訪視評估認定確有救助需要（第二一條）。
4. **災害救助**：對人民遭受水、火、風、雹、旱、地震及其他災害，致損害重大，影響生活者，予以災害救助（第二五條）。

如老人福利法之制定在「宏揚敬老美德，維護老人健康、安定老人生活，保障老人權益，增進老人福利為目的」（第一條）。主要內容為：(1)居家式服務，是協助失能之居家老人得到所需之連續性照顧，包括醫護服務、復健服務、身體照顧、家務服務、關懷訪視服務、電話問安服務、餐飲服務、緊急救援服

務、住家環境改善服務及其他相關之居家式服務（第十七條）。(2)社區式服務，是提高家庭照顧老人之意願及能力，提升老人在社區生活之自主性，其服務項目包括：保健、醫護、復健、輔具、心理諮商、日間照顧、餐飲、家庭托顧、教育、法律、交通、退休準備、休閒、資訊提供及轉介等社區式服務（第十八條）。(3)機構式服務，在滿足居住機構之老人多元需求，如住宿、醫護、復健、生活照顧、膳食、緊急送醫、社交活動、家屬教育、日間照顧及其他相關之機構式服務（第十九條）。(4)輔具服務，以協助老人維持獨立生活之能力，增進生活品質，如輔具之評估及諮詢、提供有關輔具、輔助性之生活用品及生活設施設備之資訊、協助老人取得生活輔具（第二三條）。(5)為保護老人之財產安全，應鼓勵其將財產交付信託。金融主管機關應鼓勵信託業者及金融業者辦理財產信託、提供商業型不動產逆向抵押貸款服務（第十四條）。(6)老人因無人扶養，致有生命、身體之危難或生活陷於困境者，主管機關應依老人之申請或依職權，予以適當安置（第四二條）。

為使老有所依，立法院在民國一〇四年五月十五日通過「長期照顧服務法」，以健全長期照顧服務體系提供長期照顧服務，確保照顧及支持服務品質，保障接受服務者與照顧者之尊嚴及權益（第一條）。身心失能持續已達或預期達六個月以上者，依其個人或其照顧者之需要提供生活支持，協助、社會參與、照顧及相關之醫護服務（第三條）者，家屬可透過長照機構聘僱受訓合格的長照人員或外籍看護，採居家式、社區式、機構住宿式或家庭照顧者支持服務（第九條），其中家庭照顧者服務，是指自行照顧失智失能家屬的人，可獲得「喘息服務」（第一三條），由專業長照人員提供定點，到宅服務，讓照顧者有休息時間，以提升生活品質。

如國民年金法，在確保未能於相關社會保險獲得適足保障之國民於老年及發生身心障礙時之基本經濟安全，並謀其遺屬生活之安定（第一條）。其有關要點如下：1.被保險人。未滿六十五歲國民，在國內設有戶籍者，除應參加或已參加相關社會保險外，有下列情形之一者，應參加本保險。(1)年滿二十五歲，且未領取相關社會保險老年給付。(2)本法施行前，領取相關社會保險老年給付之年資合計未達十五年或一次領取之相關社會保險老年給付總額未達五十萬元。但所領取勞工保險老年給付之年資或金額不列入計算。(3)本法施行後十五年內，領取相關社保險老年給付之年資合計未達十五年或一次領取之勞保險及其他社會保險老年給付總額未達新台幣五十萬元。但勞工保險年金制度實施前，所領取勞工保險老年給付之年資或金額不列入計算（第七條）。2.保險費之負擔，依對象不同：(1)被保險人為符合社會救助法規定之低收入戶，直轄市由主管機關全額負擔；在縣市由中央主管機關負擔百分之三十五，縣市主管機關負擔百分之六十五。(2)被保險人所得未達一定標準者，其自付額及各級政府主管機關負擔百分比另分別定之。(3)被保險人為符合法定身心障礙資格領有證明者，分別按極重度、重度、中度、輕度由中央或地方主管機關按比例負擔。(4)其餘被保險人自付百分之六十，中央主管機關負擔百分之四十（第一二條）。3.保險給付。被保險人非於保險效力開始後、停止或終止前，發生保險事故者，被保險人或其受益人不得依本法規定，請領保險給付。但請領老年年金給付或身心障礙者基本保證金不在此限（第一八條）。其給付種類則分：(1)老年年金給付，被保險人或曾參加本保險者，於年滿六十五歲時得請領之（第二九條）；另施行時年滿六十五歲國民在國內設有戶籍，且於最近三年內每年居住超過一百八十三日及無法令限制者，視同本法被保險人，得請領老年基本保證年金，每人每月新台幣三千元至死亡為止（第三一條）。(2)身心障礙年金給付。被保險人在保險期間遭受傷害或罹患傷病，經治療終止，症狀固定，經診斷為重度以上身心障礙，且經評估無工作能力者，得請領之（第三三條）；另被保險人在參加保險前，已符合規定之重度以上身心障礙且經評估無工作能力者，如前三年，每年居住國內超過一百八十三日，於參加本保險有效期間得請領身心障礙基本保證年金（第三五條）。(3)喪葬給付。被保險人死亡，按其月投保金額一次發給五個月喪葬給付，由支出殯葬費之人領取之，並以一人請領為限（第三九條）。(4)遺屬年金給付。被保險人死亡，或領取身心障礙或老年年金給付者死亡時，遺有配偶、子女、父母、祖父母、孫子女或兄弟、姊妹者，符合條件且無謀生能力者，其遺屬得請領遺屬年金給付（第四○條）。有關遺屬年金的給付標準：A.被保險人死亡，依被保險人之保險年資合計每滿一年，按其月投保金額發給百分之一點三之月給付金額。領取身心障礙年金或老年年金給付期間死亡，按被保險人身心障礙年金或老年年金金額之半數發給。但遺屬年金在計算後金額不足新台幣三千元者，按新台幣三千元發給。同一順序之遺屬有二人以上時，每多一次加發遺屬年金給付標準的百分之二十五，最多計至百分之五十（第四二條）。

如法律扶助法以保障人民權益，對於無資力，或因其他原因，無法受到法律適當保護者，提供必要之法律扶助（第一條），並認為國家負有推展法律扶助事務及提供必要資金之責任。各級法院、檢察署、律師公會及律師負有協助實施法律扶助事務之義務（第二條）。1.法律扶助事項：(1)法律諮詢。(2)調解、和解。(3)法律文件撰擬。(4)訴訟或仲裁之代理或辯護。(5)其他法律事務上必要之服務及費用。(6)其他經法律扶助基金會決議之事項（第四條）。2.法律扶助基金會：(1)基金來源。基金會之基金為新台幣一百億元。除鼓勵民間捐助外，由主管機關逐年編列預算捐助。創立基金新台幣五億元，由主管機關於第一個年度編足預算捐助（第六條）。(2)辦理事項。基金會辦理事項為：(a)訂定、修正及廢止法律扶助辦法。(b)規劃、執行法律扶助事務。(c)法律扶助經費之募集、管理及運用。(d)推廣法律扶助教育。(e)受理機關或其他團體委託執行法律扶助工作。(f)掌理不服分會審查委員會決定之覆議案件。(g)其他法律扶助事宜（第一〇條）。至按地方法院轄區設立的分會辦理事項：(1)法律扶助申請事件准駁、撤銷及終止之審議與執行。(2)律師酬金及其他費用之預付、給付、酌減、取消、返還、分攤或負擔之審議與執行。(3)受扶助人與擔任法律扶助律師間爭議之調解。(4)協助法律扶助經費之募集（第一一條）。3.法律扶助之申請者，為無資力者或因其他原因無法受到法律適當保護者（第一三條）；而有下列情況之一者，亦得申請法律扶助，無需審查其資力：(1)涉犯最輕本刑為三年以上有期徒刑或高等法院管轄第一審案件，於審判中未經選任辯護人者。(2)被告或犯罪嫌疑人具原住民身份，於偵查審判中未經選任辯護人。(3)因神經系統構造及精神、心智功能損傷或不全，無法為完全陳述，於偵查審判期間未經選任辯護人，而審判長認為有選任之必要。(4)前三款情形於少年事件調查、審理中，未經選任輔佐人。(5)其他審判、少年事件未經選任辯護人、代理人或輔佐人，審判長認為有選任之必要（第五條）。申請法律扶助應以言辭或書狀向分會提出，但申請事件急迫者，縱申請人未盡釋明請求法律扶助之要件，分會亦得依申請為暫時扶助之決定（第二〇條）。

五、婦孺福利政策

1. 國家為奠定民族生存發展之基礎，應保護母性，並實施婦女、兒童福利政策（憲法第一五六條）。

2. 婦女兒童從事勞動者，應按其年齡及身體狀態，予以特別之保護（憲法第一五三條）。
3. 國家應維護婦女之人格尊嚴，保障婦女之人身安全，消除性別歧視，促進兩性地位之實質平等（憲法增修條文第一〇條第六項）。

對此制定有：勞動基準法、兩性工作平等法、兒童及少年福利與權益保障法、性侵害犯罪防止法、兒童及少年性交易防制條例等。

如勞動基準法規定，「雇主對勞工不得因性別而有差別之待遇。工作相同、效率相同者，給付同等之工資。」（第二五條）女工原則上不得於午後十時至翌晨六時之時間內工作（第四九條）。如性別工作平等法第七條規定：「雇主對求職者或受雇者之招募、甄試、進用、分發、配置、考績或陞遷等，不得因性別或性傾向而有差別待遇。但工作性質僅適合特定性別者不在此限。」第一一條：「工作規則、勞動契約或團體協約，不得規定或事先約定受僱者有結婚、懷孕、分娩或育兒之情事時，應行離職或留職停薪；亦不得以其為解僱之理由。」

如兒童及少年福利與權益保障法的制定在「為促進兒童及少年身心健全發展，保障其權益，增進其福利」（第一條）。並明確指出父母或監護人對兒童及少年應負保護、教養之責任（第三條），政府及公私立機構、團體應協助兒童及少年之父母、監護人或其他實際照顧兒童及少年之人，維護兒童及少年健康，促進其身心健全發展，對於需要保護、救助、輔導、治療、早期療育、身心障礙重建及其他特殊協助之兒童及少年，應提供所需服務及措施（第四條）。

1. 福利措施：直轄市、縣（市）政府，應建立整合性服務機制(1)建立早產兒通報系統，並提供追蹤、訪視及關懷服務。(2)建立發展遲緩兒童早期通報系統，並提供早期療育服務。(3)辦理兒童托育服務。(4)對兒童、少年及其家庭提供諮詢服務。(5)對兒童、少年及其父母辦理親職教育。(6)對於無力撫育其未滿十二歲之子女或受監護人者，視需要予以托育、家庭生活扶助或醫療補助。(7)對於無謀生能力或在學之少年，無扶養義務人或扶養義務人無力維持其生活者，予以生活扶助、協助就學或醫療補助，並協助培養其自立生活之能力。(8)早產兒、罕見疾病、重病兒童、少年及發展遲緩兒童之扶養義務人無力支付醫療費用之補助。(9)對於不適宜在家庭內教養或逃家之兒童及少年，提供適當之安置。(10)對於無依兒童及少年，予以適當之安置。(11)對於因懷孕或生育而遭遇困境之兒童、少年及其子女，予以適當之安置、生活扶助、醫療補助、托育補助及其他必要協助。(12)辦理兒童課後照顧服務。(13)對結束安置無法返家之少年，提供自立生活適應協助。(14)辦理兒童及少年安全與事故傷害之防制、教育、宣導及訓練等服務。(15)其他兒童、少年及其家庭之福利服務（第二三條）。

2. 福利機構：(1)托嬰中心。(2)早期療育機構。(3)安置及教養機構。(4)心理輔導或家庭諮詢機構。(5)其他兒童及少年福利機構（第七五條）。並提供兒童課後照顧服務。

3. 保護措施：任何人對於兒童及少年不得有下列行為：(1)遺棄。(2)身心虐待。(3)利用兒童及少年從事有害健康等危害性活動或欺騙之行為。(4)利用身心障礙或特殊形體兒童及少年供人參觀。(5)利用兒童及少年行乞。(6)剝奪或妨礙兒童及少年接受國民教育之機會。(7)強迫兒童及少年婚嫁。(8)拐騙、綁架、買賣、質押兒童及少年。(9)強迫、引誘、容留或媒介兒童及少年為猥褻行為或性交。(10)供應兒童及少

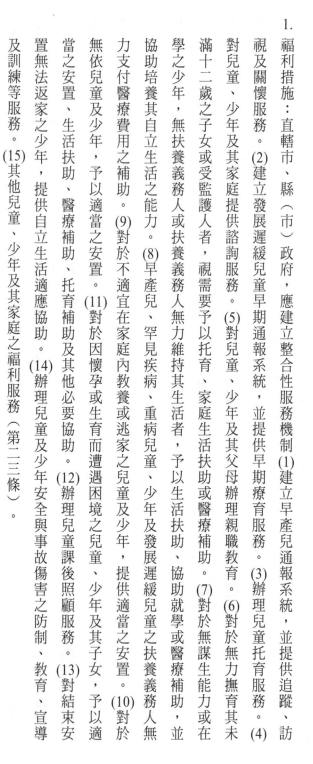

年刀械、槍砲、彈藥或其他危險物品。(11)利用兒童及少年拍攝或錄製暴力、血腥、色情、猥褻或其他有害兒童及少年身心健康之出版品、圖畫、錄影節目帶、影片、光碟、磁片、電子訊號、遊戲軟體、網際網路內容或其他物品。(12)迫使或誘使兒童及少年處於對其生命、身體易發生立即危險或傷害之環境。(13)帶領或誘使兒童及少年進入有礙其身心健康之場所。(14)強迫、引誘、容留或媒介兒童及少年為自殺行為。(15)其他對兒童及少年或利用兒童及少年犯罪或為不正當之行為(第四九條)。

如性侵害犯罪防治法在防治性侵害犯罪及保護被害人權益(第一條)。除明定各級主管機關掌理事項外,1.醫事人員、社工人員、教育人員、保育人員、警察人員、勞政人員、司法人員、移民業務人員、矯正人員、村(里)幹事人員於執行職務時知疑似性侵害犯罪情事者,應立即向當地主管機關通報,至遲不得超過二十四小時。對於通報內容、通報人之姓名、住居所及其他足資識別其身分之資訊,除法律另有規定外,應予保密(第八條)。2.醫院、診所對於被害人,不得無故拒絕診療及開立驗傷診斷書。醫院、診所對被害人診療時,應有護理人員陪同,並應保護被害人之隱私,提供安全及合適之就醫環境(第一〇條)。3.宣傳品、出版品、廣播、電視、網際網路內容或其他媒體,不得報導或記載被害人之姓名或其他足資識別被害人身分之資訊。但經有行為能力之被害人同意,檢察官或法官依法認為有必要者不在此限(第一三條)。4.法院、檢察署、軍事法院、軍事法院檢察署、司法、軍法警察機關及醫療機構,應由經專業訓練之專人處理性侵害事件(第一四條)。5.被害人之法定代理人、配偶、直系或三親等內旁系血親、家長、家屬、醫師、心理師、輔導人員或社工人員得於偵察或審判中,陪同被害人在場,並得陳述意見。如被害人為兒童或少年時,除顯無必要者外,主管機關應指派社工人員於偵查或審判中,陪同在場,並得陳述意見（第一五條）。6.對被害人之詢問或詰問，得依聲請或依職權在法庭外為之，或利用聲音、影像傳送之科技設備或其他適當隔離措施，將被害人與被告或法官隔離（第一六條）。

對性侵害被告判決假釋或緩刑，其觀護人對交付保護管束之加害人得採取下列一款或數款之處理方式：1.對於受保護管束之加害人實施約談、訪視，並得進行團體活動或問卷等輔助行為。2.對於有事實足認其有再犯罪之虞或需加強輔導及管束之受保護管束加害人，得密集實施約談、訪視；必要時，並得請警察機關派員定期或不定期查訪之。3.對於受保護管束之加害人有事實可疑為施用毒品時，得令其接受採驗尿液。4.受保護管束之加害人無一定之居住處所，或其居住處所不利保護管束之執行者，觀護人得報請檢察官、軍事檢察官許可，命其居住於指定之處所。5.受保護管束之加害人有於夜間犯罪之習性，或有事實足認其有再犯之虞時，觀護人得報請檢察官、軍事檢察官命於監控時段內，未經許可，不得外出。6.觀護人得報請檢察官、軍事檢察官之許可，對其實施測謊。7.觀護人報請檢察官、軍事檢察官許可對受保護管束之加害人實施科技設備監控。8.受保護管束加害人有固定犯罪模式，或有事實足認其有再犯罪之虞時，觀護人得報請檢察官、軍事檢察官許可，禁止其接近特定場所或對象。9.轉介適當機構或團體。（第二〇條）。至於按規定接受身心治療或輔導教育，經鑑定、評估其自我控制再犯預防仍無成效者，當地主管機關得檢具相關評估報告，送請該管地方法院檢察署檢察官、軍事檢察官依法聲請強制治療（第二二條）。

如性騷擾防治法之制定在防治性騷擾及保護被害人之權益（第一條）。1.所謂性騷擾，係指性侵害犯罪以外，對他人實施違反其意願而與性或性別有關之行為，且有下列情形之一者：(1)以該他人順服或拒絕該行為，作為其獲得、喪失或減損與工作、教育、訓練、服務、計畫、活動有關權益之條件。(2)以展示或播送文字、圖畫、聲音、影像或其他物品之方式，或以歧視、侮辱之言行，或以他法，而有損害他人人格尊嚴，或造成使人心生畏怖、感受敵意或冒犯之情境，或不當影響其工作、教育、訓練、服務、計畫、活動或正常生活之進行（第二條）。2.性騷擾之防治：(1)機關、部隊、學校、機構或僱用人，應防治性騷擾行為之發生，於知悉有性騷擾之情形時，應採取立即有效之糾正及補救措施。(2)中央主管機關為預防與處理性騷擾事件，應訂定防治之準則；其內容應包括性騷擾防治原則、申訴管道、懲處辦法、教育訓練方案及其他相關措施（第七條）。(3)機關、部隊、學校、機構或僱用人應定期舉辦或鼓勵所屬人員參與防治性騷擾之相關教育訓練（第八條）。3.性騷擾之責任：(1)對他人為性騷擾者，負損害賠償責任。其雖非財產上之損害，亦得請求賠償相當之金額，其名譽被侵害者，並得請求恢復名譽之適當處分（第九條）。(2)對於在性騷擾事件申訴、調查、偵查或審理程序中，為申訴、告訴、告發、提起訴訟、作證、提供協助或其他參與行為之人，不得為不當之差別待遇。違反者，負損害賠償責任（第一〇條）。(3)受僱人、機構負責人利用執行職務之便，對他人為性騷擾，依法對被害人為恢復名譽之適當處分時，雇主、機構應提供適當之協助。至若學生、接受教育或訓練之人員於學校、教育或訓練機構接受教育或訓練時，對他人為性騷擾，對被害人需為恢復名譽適當處分時，學校或教育訓練機構應提供適當之協助（第一一條）。(4)廣告物、出版品、廣播、電視、電子訊號、電腦網路或其他媒體，不得報導或記載被害人之姓名或其他足資識別被害人身分之資訊。但經有行為能力之被害人同意或犯罪偵查機關依法認為有必要者，不在此限（第一二條）。

如家庭暴力防治法之制定在防治家庭暴力行為及保護被害人權益（第一條）。1.家庭暴力之用詞定義：(1)家庭暴力：指家庭成員間實施身體或精神上不法侵害之行為。(2)家庭暴力罪：指家庭成員間故意實施家庭暴力行為而成立其他法律所規定之犯罪。(3)目睹家庭暴力：指看見或直接聽聞家庭暴力。(4)騷擾：指任何打擾、警告、嘲弄或辱罵他人之言語、動作或製造使他人心生畏怖情境之行為。(5)跟蹤：指任何以人員、車輛、工具、設備、電子通訊或其他方法持續性監視、跟追或掌控他人行蹤及活動之行為。(6)加害人處遇計畫：指對於加害人實施之認知教育輔導、親職教育輔導、心理輔導、精神治療、戒癮治療或其他輔導、治療（第二條）。2.家庭成員包括下列各員及其未成年子女：(1)配偶或前配偶。(2)現有或曾有同居關係、家長家屬或家屬間關係者。(3)現為或曾為直系血親或直系姻親。(4)現為或曾為四親等以內之旁系血親或旁系姻親（第三條）。3.家庭暴力防治中心。直轄市、縣（市）主管機關應整合各有關單位業務及人力設立家庭暴力防治中心，並協調司法相關機關，辦理以下事項：(1)提供二十四小時電話專線服務。(2)提供被害人二十四小時緊急救援、協助診療、驗傷、採證及緊急安置。(3)提供或轉介被害人經濟扶助、法律服務、就學服務、住宅輔導，並以階段性、支持性及多元性提供職業訓練與就業服務。(4)提供被害人及其未成年子女短、中、長期庇護安置。(5)提供或轉介被害人經評估有需要之目睹家庭暴力兒童及少年或家庭成員身心治療、諮商、社會與心理評估及處置。(6)轉介加害人處理或追蹤輔導。(7)追蹤及管理轉介服務案件。(8)推廣各種教育、訓練及宣導。(9)辦理危險評估，並召開跨機構網路會議。(10)其他家庭暴力防治有關之事項（第八條）。

家庭暴力受害人得向法院申請保護令：1.通常保護令：法院於審理終結後，認有家庭暴力之事實且有必要者，應依聲請或依職權核發包括下列一款或數款之通常保護令：(1)禁止相對人對於被害人、目睹家庭暴力兒童及少年或其特定家庭成員實施家庭暴力。(2)禁止相對人對於被害人、目睹家庭暴力兒童及少年或其特定家庭成員為騷擾、接觸、跟蹤、通話、通信或其他非必要之聯絡行為。(3)命相對人遷出被害人、目睹家庭暴力兒童及少年或其特定家庭成員之住居所；必要時，並得禁止相對人就該不動產為使用、收益或處分行為。(4)命相對人遠離下列場所特定距離：被害人、目睹家庭暴力兒童及少年或其特定家庭成員之住居所、學校、工作場所或其他被害人或其特定家庭成員經常出入之特定場所。(5)定汽車、機車及其他個人生活上、職業上或教育上必需品之使用權；必要時，並得命交付之。(6)定暫時對未成年子女權利義務之行使或負擔，由當事人之一方或雙方共同任之、行使或負擔之內容及方法；必要時，並得命交付子女。(7)定相對人對未成年子女會面交往之時間、地點及方式；必要時，並得禁止會面交往。(8)命相對人給付被害人住居所之租金或被害人及其未成年子女之扶養費。(9)命相對人交付被害人或特定家庭成員之醫療、輔導、庇護所或財物損害等費用。(10)命相對人完成加害人處遇計畫。(11)命相對人負擔相當之律師費用。(12)禁止相對人查閱被害人及受其暫時監護之未成年子女戶籍、學籍、所得來源相關資訊。(13)命其他保護被害人、目睹家庭暴力兒童及少年或其特定家庭成員之必要命令（第一四條）。通常保護令有效期為二年以下，其失效前，法院得依當事人或被害人之聲請撤銷、變更或延長，延長之時間為二年以下（第一五條）。2.暫時保護令：法院為保護被害人，得於通常保護令審理終結前，依聲請或依職權核發暫時保護令。3.緊急保護令：法院於受理緊急保護令之聲請後，依聲請人到庭或電話陳述家庭暴力之事實，足認被害人有受家庭暴力之急迫危險者，應於4小時內以書面核發緊急保護令，並得以電信傳真或其他科技設備傳送緊急保護令予警察機關（第一六條）。保護令核發後，警察機關應依保護令，保護被害人至被害人或相對人之住居所，確保其安全占有住居所、汽車、機車或其他個人生活上、職業上或教育上必需品（第二二條）。

另警察人員發現家庭暴力犯罪之現行犯時，應逕行逮捕之，並依刑事訴訟法規定解送檢察官。而檢察官、司法警察官或司法警察偵查犯罪認被告或犯罪嫌疑人犯家庭暴力罪或違反保護令罪嫌疑重大，且有繼續侵害家庭成員生命、身體或自由之危險，而情況急迫者，得逕行拘提之（第二九條）。

六、增進民族健康

1. 國家為增進民族健康，應普遍推行衛生保健事業及公醫制度（憲法第一五七條）。
2. 國家應推行全民健康保險，並促進現代和傳統醫藥之研究發展（憲法增修文第一〇條第五項）。

對此制定有：優生保健法（實施優生保健，提高人口素質，保護母子健康及增進家庭幸福）、精神衛生法（預防及治療精神疾病，保障病人權益，促進病人福利，以增進國民心理健康，維護社會和諧安寧）、醫療法（促進醫療事業之健全發展、合理分布醫療資源，提高醫療品質，保障病人權益，增進國民健康）、全民健康保險法（增進全體國民健康，辦理全民健康保險，以提供醫療保健服務）。

七、退役軍人的保障

國家應注重軍人對社會之貢獻，並對其退役後之就學、就業、就醫、就養予以保障（憲法增修條文第一〇條第九項）。

對此制定有兵役法、軍人及親屬優待條例、軍人撫卹條例、軍人保險條例、國軍退除役官兵就業安置辦法等。

如兵役法規定在戰時服勤務或執行公務受傷殘廢者，政府應負教養之責，或依其志願資送回鄉（第四四條）。又如軍人及親屬優待條例第四章後備軍人之優待項目則有：1.後備軍人因服役致學業技藝荒廢者，於復學復職或就學就職後，應予補習訓練之機會（第三三條）。2.後備軍人於就業前不能維持生活者，社會行政機關或兵役協會得視財力酌予救助（第三四條）。

第六節、教育文化

一、教育文化的宗旨

教育文化，應發展國民之民族精神，自治精神，國民道德，健全體格，科學及生活智能（憲法第一五八條）。

為貫徹憲法所訂教育文化的宗旨，在民國八十八年六月公布「教育基本法」，以保障人民學習及受教育的權利，並確立教育基本方針，以健全教育體制（第一條）。其主要內容為：1.教育之目的，以培養人民健全人格、民主素養、法治觀念、人文涵養、愛國教育、鄉土關懷、資訊知能、強健體魄及思考、判斷與創造能力，並促進其對基本人權之尊重、生態環境之保護及對不同國家、族群、性別、宗教、文化之瞭解與關懷，使其成為具有國家意識與國際視野之現代化國民。為實現前項教育目的，國家、教育機構、教師、父母應負協助之責任（第二條）。2.教育之實施，應本有教無類，因才施教之原則，以人文精神及科學方法，尊重人性價值，致力開發個人潛能，培養群性，協助個人追求自我實現（第三條）。

二、教育機會均等

1. **教育機會均等**。國民受教育之機會一律平等（憲法第一五九條）。
2. **基本教育免費**。六歲至十二歲之學齡兒童，一律受基本教育，免納學費。其貧苦者，由政府供給書籍（憲法第一六〇條）。
3. **推廣補習教育**。已逾學齡未受基本教育之國民，一律受補習教育，免納學費，其書籍亦由政府供給（憲法一六〇條）。
4. **廣設獎學金**。各級政府應廣設獎學金名額，以扶助學行俱優無力升學之學生（憲法第一六一條）。

對此制定有：教育基本法、強迫入學條例、補習及進修教育法、空中大學設置條例、高級中等以上學校學生就學貸款辦法等。

如教育基本法第四條規定，「人民無分性別、年齡、能力、地域、族群、宗教信仰、政治理念、社經地位及其他條件，接受教育之機會一律平等，對於原住民、身心障礙者及其他弱勢族群之教育，應考慮其自主性及特殊性，依法令予以特別保障，並扶助其發展。」

如補習及進修教育法第三條：「補習及進修教育區分為國民補習教育、進修教育及短期補習教育三種；凡已逾學齡未受九年國民教育之國民，予以國民補習教育；已受九年國民教育之國民，得受進修教育；志願增進生活知能之國民，得受短期補習教育。」又強迫入學條例第九條：「凡應入學而未入學、已入學而中途輟學或長期缺課之適齡國民，……其因家庭清寒或家庭變故而不能入學、已入學而中途輟學或長期缺課者，報請當地直轄市、縣（市）政府，依社會福利法規或以特別救助方式協助解決困難。」高級中等以上學校學生就學貸款辦法第七條規定：「學生本人及法定代理人（學生已婚者，為配偶）家庭年收入符合中低收入家庭標準或其他特殊情況經學校認定有貸款必要者」，可辦理學生就學貸款，順利完成學業。

三、教育文化之監督

全國公私立之教育文化機關，依法律受國家之監督（憲法第一六二條）。對此制定有：大學法、專科學校法、私立學校法等。

四、教育之均衡發展

國家應注重各地區教育之均衡發展，並推行社會教育，以提高一般國民之文化水準，邊遠及貧瘠地區之教育文化經費，由國庫補助之。其重要之教育文化事業，得由中央辦理或補助之（憲法第一六三條）。如教育基本法規定對偏遠及特殊地區之教育，應優先予以補助（第五條）。

五、教育文化經費

憲法第一六四條規定：「教育、科學、文化之經費，在中央不得少於其預算總額百分之十五，在省不得少於預算總額百分之二十五，在市、縣不得少於其預算總額百分之三十五。其依法設置之教育文化基金及產業，應予以保障。」但民國八十六年憲法增修條文第一〇條第一〇項則改為：「教育、科學、文化之經費，尤其國民教育之經費應優先編列，不受憲法第一百六十四條規定之限制。」

如教育基本法規定，各級政府應寬列教育經費，並合理分配及運用教育資源。對偏遠或特殊地區之教育應優先予以輔助。教育經費之編列應予保障，其編列與保障之方法，另以法律定之（第五條）。

六、教育文化工作者之保障

國家應保障教育、科學、藝術工作者之生活，並依國民經濟之進展，隨時提高其待遇（憲法第一六五條）。

如教育基本法第八條：「教育人員之工作、待遇及進修等權利義務，應以法律定之，教師之專業自主應予尊重。」第九條：「依憲法規定對教育事業、教育工作者，……提供獎勵、扶助或促其發展。」

七、科學、教育、文化的獎勵

1. 國家應獎勵科學之發明與創造，並保護有關歷史文化藝術之古蹟古物（憲法第一六六條）。
2. 國家對於下列事業或個人，予以獎勵或補助：(1)國內私人經營之教育事業成績優良者。(2)僑居國外國民之教育事業成績優良者。(3)於學術或技術發明者。(4)從事教育久於其職而成績優良者（憲法第一六七條）。

如教育基本法規定：「政府對於私人及民間團體興辦教育事業，應依法令提供必要之協助或經費補助，並依法進行財務監督。其卓有貢獻者，應予獎勵。」（第七條）

又如文化資產保存法的制定，在「保存及活用文化資產，保障文化資產保存普遍平等之參與權，充實國民精神生活，發揚多元文化」（第一條）。對有形文化資產的古蹟、歷史建築、紀念建築、聚落建築、考古遺址、史蹟、文化景觀、古物、自然地景加以審查、指定、登錄、維護、維修、再利用等。對無形文化資產的傳統表演藝術、傳統工藝、口述傳統、民俗、傳統知識與實踐等應定期普查、調查、採集、研究、傳承、推廣及活化（第三條、第九〇條）。

再如科學技術基本法，在「確立政府推動科學技術發展之基本方針及原則，以提升科學技術水準，持續經濟發展，加強生態保護，增進生活福祉，增強國家競爭力，促進人類社會之永續發展」（第一條）。政府為增進科學技術研究發展能力，鼓勵傑出科學技術研究發展人才、充實科學技術研究設施及資助研究發展成果之運用，並利掌握時效及發揮最大效用，行政院應設置國家科學技術發展基金，其運用應配合國家科學技術之發展與研究人員之需求，經公開程序審查，並應建立績效評估制度（第一二條）。政府對於進用且從事稀少性、危險性、重點研究項目或於特殊環境工作之科學技術人員，應優予待遇，提供保險或採取其他必要措施。對於從事科學技術研究著有功績之科學技術人員，應給予必要獎勵，以表彰其貢獻（第一五條）。政府應保障科學技術人員的研究自由（第一六條）。

八、教育多元化

國家肯定多元文化，並積極維護發展原住民語言及文化。（憲法增修條文第一〇條第一一項）如原住民族教育法確認「政府應依原住民之民族意願，保障原住民之民族教育權，以發展原住民之民族教育文化」（第一條）。為發展原住民之民族學術。培養原住民高等人才及培養原住民教育師資，以促進原住民於政治、經濟、教育、文化、社會等各方面之發展，政府應鼓勵大學設相關院、系、所、中心（第一七條）。各級各類學校相關課程及教材，應採多元文化觀點，並納入原住民各族歷史文化及價值觀，以增進族群間之瞭解及尊重（第二〇條）。地方政府得設立或輔導民間設立原住民族推廣教育機構，提供原住民下列教育：識字教育，各級學習補習或進修教育、民族技藝、特殊技能或職業訓練、家庭教育、語言文化教育、部落社區教育、人權教育、婦女教育其他成人教育（第二八條）。

九、性別平等教育

憲法增修條文第十條規定：「消除性別歧視。」而在「性別平等教育法」中明定其制定目的在促進性別地位之實質平等，消除性別歧視，維護人格尊嚴，厚植並建立性別平等之教育資源與環境（第一條）。

1. **有關用詞定義**：(1)性別平等教育：指以教育方式教導尊重多元性別差異，消除性別歧視，促進性別地位的實質平等。(2)學校：指公私立各級學校。(3)性侵害：指性侵害犯罪防治法所稱性侵害犯罪之行為。(4)性騷擾：指符合下列情形之一，且未達性侵害之程度者：A.以明示或暗示之方式，從事不受歡迎且具有性意味或性別歧視之言詞或行為，致影響他人之人格尊嚴、學習、或工作之機會或表現者。B.以性或性別有關之行為，作為自己或他人獲得、喪失或減損其學習或工作有關權益之條件者。(5)性霸凌：指透過語言、肢體或其他暴力，對於他人之性別特徵、性別特質、性傾向或性別認同進行貶抑、攻擊或威脅之行為且非屬性騷擾者。(6)性別認同：指個人對自我歸屬性別的自我認知與接受。(7)校園性侵害、性騷擾或性霸凌事件：指性侵害、性騷擾或性霸凌事件之一方為學校校長、教師、職員、工友或學生，他方為學生者（第二條）。

2. **主管機關**：教育部、直轄市政府、縣（市）政府應設性別平等教育委員會。至於各學校所設性別平等委員會之任務：(1)統整學校各單位相關資源，擬訂性別平等教育實施計畫，落實並檢視其實施成果。(2)規劃或辦理學生、教職員工及家長性別平等教育相關活動。(3)研發並推廣性別平等教育之課程、教學及評量。(4)研擬性別平等教育實施與校園性侵害及性騷擾之防治規定、建立機制，並協調及整合相關資源。(5)調查及處理與本法有關之案件。(6)規劃及建立性別平等之安全校園空間。(7)推動社區有關性別平等之家庭教育與社會教育。(8)其他有關學校或社區之性別平等教育事務(第六條)。

3. **學習環境與資源**：(1)學校應提供性別平等之學習環境，尊重及考量學生與教職員工之不同性別、性別特質、性別認同或性傾向，並建立安全之校園空間(第一二條)。(2)學校之招生及就學許可不得有性別、性別特質、性別認同或性傾向之差別待遇。但基於歷史傳統、特定教育目標或其他非因性別因素之正當理由經該管主管機關核准而設置之學校、班級、課程者，不在此限(第一三條)。(3)學校不得因學生之性別、性別特質、性別認同或性傾向而給予教學、活動、評量、獎懲、福利及服務上之差別待遇。但性質僅適合特定性別、性別特質、性別認同或性傾向者，不在此限。另對因上述原因而處於不利處境之學生積極提供協助，以改善其處境(第一四條)。(4)學校應積極維護懷孕學生之受教權，並提供必要之協助(第一四之一條)。

4. **課程、教材與教學**：(1)學校之課程設置及活動設計，應鼓勵學生發揮潛能，不得因性別而有差別待遇。國民中小學除應將性別平等教育融入課程外，每學期應實施性別平等教育相關課程或活動至少四小時。高級中等學校及專科學校五年制前三年應將性別平等教育融入課程。大專院校應廣開性別研究相關課程。學校應發展符合性別平等之課程規劃與評量方式(第一七條)。(2)教材之編寫、審查及選用，應符合性別平等教育原則，其內容應平衡反映不同性別之歷史貢獻及生活經驗(第一八條)。

5. **校園性侵害、性騷擾及性霸凌之防治**。(1)學校校長、教師、職員或工友知悉服務學校發生類似校園性侵害、性騷擾或性霸凌事件者，除應立即依學校防治規定所定權責，依性侵害犯罪防治法、兒童及少年福利法、身心障礙者權益保障法及其他相關法律規定通報外，並應向學校及當地直轄市、縣（市）主管機關通報，至遲不得超過二十四小時，此外並不得偽造、變造、湮滅或隱匿他人所犯事件之證據。學校或主管機關則應將該事件交由性別平等教育委員會調查處理（第二一條）。(2)處理過程，應秉持客觀、公正、專業之原則，給予雙方當事人充分陳述意見及答辯之機會。對當事人及檢舉人之姓名或其他足以辨識身分之資料，除有調查之必要或基於公共安全之考量者外，應予保密（第二二條）。(3)處理時，應告知當事人或其法定代理人其得主張之權益及各種救濟途徑，或轉介至相關機構處理，必要時，應提供心理輔導、保護措施或其他協助（第二四條）。(4)調查屬實後，應依相關法律或法規規定自行或將行為人移送其他權責機關懲處外，學校或主管機關應命行為人接受心理輔導之處置，並得命其為下列一項或數項之處置：A.經被害人或其法定代理人同意，向被害人道歉。B.接受八小時之性別平等教育相關課程。C.其他符合教育目的之措施（第二五條）。(5)學校或主管機關應建立校園性侵害、性騷擾或性霸凌事件之檔案資料。在行為人轉至其他學校就讀或服務時，主管機關及原就讀或服務之學校應於知悉後一個月內，通報行為人現就讀或服務之學校。接獲通報之學校，應對加害人實施必要之追蹤輔導，非有正當理由，不得公布行為人之姓名或其他足以識別其身分之資料。另學校在任用教育人員或進用、運用之其他人員，經學校性別平等教育委員會或依法組成之相關委員會調查確認有性侵害行為，或有重大性騷擾或性霸凌行為，學校應予解聘、免職、終止契約關係或終止運用關係（第二七條）。

第七節、邊疆地區

邊疆地區乃指鄰近國界的偏遠地區，經濟不發展、文化落後、生活艱困，故對此等區域的經濟、文化、建設、自治等事業，應予積極扶助。

一、邊疆民族的保障及自治事業的扶植

國家對於邊疆地區各民族之地位，應予以合法之保障，並於其地方自治事業，特別予以扶植（憲法第一六八條）。

如憲法第二六條及第六四條規定國民大會代表及立法委員的選舉包括蒙古、西藏及各民族在邊疆地區選出的代表名額。

二、積極舉辦邊疆地區事業

國家對於邊疆地區各民族之教育、文化、交通、水利、衛生及其他經濟、社會事業，應積極舉辦，並扶助其發展，對於土地使用，應依其氣候、土壤性質，及人民生活習慣之所宜，予以保障及發展（憲法第一六九條）。

三、原住民及金門馬祖人民之保障

國家應依民族意願，保障原住民族之地位及政治參與，並對其教育文化、交通水利、衛生醫療、經濟土地及社會福利事業予以保障扶助並促其發展，其辦法另以法律定之。對於金門、馬祖地區人民亦同（憲法增修條文第一〇條第一二項）。

因而在立法委員的名額中，平地原住民及山地原住民各三人（增修憲法條文第四條）。

有關原住民身分的認定、原住民權益的保障，則據「原住民身分法」：1.原住民身分之認定，(1)山地原住民：臺灣光復前原籍在山地行政區域內，且戶口調查簿登記其本人或直系血親尊親屬屬於原住民者。(2)平地原住民：臺灣光復前原籍在平地行政區域內，且戶口調查簿登記其本人或直系血親尊親屬屬於原住民，並申請戶籍所在地鄉（鎮、市、區）公所登記為平地原住民有案者（第二條）。2.原住民身分之取得，如因婚姻關係（原住民與非原住民結婚）、婚生子女、收養等。3.子女從具原住民身分之父、母之姓或原住民傳統名字，未成年時得由法定代理人協議或成年後依個人意願取得或變更，不受民法及姓名條例規定的限制，但在嗣後變更為非原住民父或母之姓名，喪失原住民身分（第七條）。4.原住民身分之喪失，(1)原住民與非原住民結婚者，(2)原住民為非原住民收養者，(3)年滿二十歲，自願拋棄原住民身分者，得申請喪失原住民身分。但在婚姻關係消滅或收養關係終止後，檢具證明文件可申請回復原住民身分（第九條）。

四、華僑的政治參與

國家對於僑居國外國民之政治參與，應予保障（憲法增修條文第一〇條第一三項）。故憲法增修條文第四條，立法委員的名額，「全國不分區及僑居國外國民共三十四人。」

習題

1. 說明基本國策的意義。
2. 說明外交的精神與原則。
3. 說明憲法在國民經濟一節中有關平均地權的規定。
4. 說明憲法在國民經濟一節中有關節制資本的規定。
5. 說明憲法中有關社會安全的規定有哪些。
6. 說明憲法中為實現教育機會均等，有哪些規定。

附錄一 中華民國憲法草案（五五憲草）

中華民國二十五年五月五日國民政府宣布
中華民國二十六年四月二十二日修正

中華民國國民大會受全體國民付託，遵照創立中華民國之孫先生之遺教，制茲憲法，頒行全國，永矢咸遵。

第一章 總綱

第一條 中華民國為三民主義共和國。

第二條 中華民國之主權，屬於國民全體。

第三條 具有中華民國之國籍者，為中華民國國民。

第四條 中華民國領土，為江蘇，浙江，安徽，江西，湖北，湖南，四川，西康，河北，山東，山西，河南，陝西，甘肅，青海，福建，廣東，廣西，雲南，貴州，遼寧，吉林，黑龍江，熱河，察哈爾，綏遠，夏，新疆，蒙古，西藏等固有之疆域。

中華民國領土，非經國民大會議決，不得變更。

第五條 中華民國各民族，均為中華國族之構成分子，一律平等。

第六條　中華民國國旗，定為紅地，左上角青天白日。

第七條　中華民國國都定於南京。

第二章　人民之權利義務

第八條　中華民國人民在法律上一律平等。

第九條　人民有身體之自由，非依法律不得逮捕拘禁審問或處罰。

人民因犯罪嫌疑被逮捕拘禁者，其執行機關，應即將逮捕拘禁原因，告知本人及其親屬，並至遲於二十四小時內移送於該管法院審問；本人或他人亦得聲請該管法院於二十四小時內向執行機關提審。

法院對於前項聲請，不得拒絕，執行機關對於法院之提審，亦不得拒絕。

第十條　人民除現役軍人外，不受軍事裁判。

第十一條　人民有居住之自由，其居住處所，非依法律不得侵入搜索或封錮。

第十二條　人民有遷徙之自由，非依法律，不得限制之。

第十三條　人民有言論著作及出版之自由，非依法律不得限制之。

第十四條　人民有秘密通訊之自由，非依法律不得限制之。

第十五條　人民有言仰宗教之自由，非依法律不得限制之。

第十六條　人民有集會結社之自由，非依法律不得限制之。

第十七條　人民之財產，非依法律不得征用征收查封或沒收。

第十八條　人民有依法律請願訴願及訴訟之權。

第十九條　人民有依法律選舉罷免創制複決之權。

第二十條　人民有依法律應考試之權。

第廿一條　人民有依法律納稅之義務。

第廿二條　人民有依法律服兵役及工役之義務。

第廿三條　人民有依法律服公務之義務。

第廿四條　凡人民之其他自由及權利不妨害社會秩序公共利益者，均受憲法之保障，非依法律不得限制之。

第廿五條　凡限制人民自由或權利之法律，以保障國家安全，避免緊急危難，維持社會秩序，或增進公共利益所必要者為限。

第廿六條　凡公務員違法侵害人民之自由利權者，除依法律懲戒外，應負刑事及民事責任；被害人民就其所受損害，並得依法律向國請求賠償。

第三章　國民大會

第廿七條　國民大會以左列國民代表組織之：

一、每縣市及其同等區域各選出代表一人，但其人口逾三十萬者，每增加五十萬人，增選代表一人。縣市同等區域以法定之。

二、蒙古西藏選出代表，其名額以法律定之。

三、僑居國外之國民選出代表，其名額以法律定之。

第廿八條　國民代表之選舉，以普通平等直接無記名投票之方法行之。

第廿九條　中華民國國民年滿二十歲者，有依法律選舉代表權；年滿二十五歲者，有依法律被選舉代表權。

第三十條　國民代表任期六年。

國民代表違法或失職時，原選舉區依法律罷免之。

第卅一條　國民大會每三年由總統召集一次，會期一月，必要時得延長一月。

國民大會經五分之二以上代表之同意，得自行召集臨時大會。

總統得召集臨時大會。

第卅二條　國民大會之開會地點，在中央政府所在地。

國民大會之職權如左：

一、選舉總統，副總統，立法院院長，副院長，監察院院長，副院長，立法委員，監察委員。
二、罷免總統，副總統，立法，司法，考試，監察，各院院長，副院長，立法委員，監察委員。
三、創制法律。
四、複決法律。
五、修改憲法。
六、憲法賦予之其他職權。

第卅三條　國民代表在會議時，所為之言論及表決，對外不負責任。

第卅四條　國民代表除現行犯外，在會議中非經國民大會許可，不得逮捕或拘禁。

第卅五條　國民大會之組織，國民代表之選舉罷免，及國民大會行使職權之程序，以法律定之。

第四章　中央政府

第一節　總　統

第卅六條　總統為國家元首，對外代表中華民國。

第卅七條　總統統率全國陸海空軍。

第卅八條　總統依法公布法律，發布命令，並須經關係院院長之副署。
第卅九條　總統依法律行使宣戰，媾和及締結條約之權。
第四十條　總統依法宣布戒嚴解嚴。
第四一條　總統依法行使大赦，特赦，減刑，復權之權。
第四二條　總統依法任免文武官員。
第四三條　總統依法授與榮典。
第四四條　國家遇有緊急事變，或國家經濟上有重大變故，須為急速處分時，總統得經行政會議之議決，發布緊急命令，為必要之處置；但應於發布命令後三個月內，提交立法院追認。
第四五條　總統得召集五院院長會商關於二院以上事項及總統諮詢事項。
第四六條　總統對國民大會負其責任。
第四七條　中華民國國民年滿四十歲者，得被選為總統副總統。
第四八條　總統副總統之選舉，以法律定之。
第四九條　總統副總統之任期，均為六年，連選得連任一次。
第五十條　總統應於就職日宣誓，誓詞如左：

「余正心誠意向國民宣誓，余必遵守憲法，盡忠職務，增進人民福利，保衛國家，無負國民付託，如違誓言，願受國法嚴厲制裁，謹誓。」

第五一條　總統缺位時，由副總統繼其任。總統因故不能視事時，由副總統代行其職權，總統副總統均不能視事時，由行政院院長代行其職權。

第五二條　總統於任滿之日解職。如屆期次任總統尚未選出，或選出後總統副總統均未能就職時，由行政院院長代行總統職權。

第五三條　行政院院長代行總統職權時，其期限不得逾六個月。

第五四條　總統除犯內亂或外患罪外，非經罷免或解職不受刑事上之訴究。

第二節　行政院

第五五條　行政院為中央政府行使政權之最高機關。

第五六條　行政院設院長副院長各一人，政務委員若干人，由總統任免之。

前項政務委員不管部會者，其人數不得超過五十八條第一項所定管會者之半數。

第五七條　行政院設各部委員會，分掌行政職權。

第五八條　行政院各部部長，各委員會委員長，由總統於政務委員中任命之。

行政院院長副院長得兼任前項部長或委員長。

第五九條　行政院院長副院長，政務委員，各部部長，各委員會委員長，各對總統負其責任。

第六十條　行政院設行政會議，由行政院院長副院長及政務委員組織之，以行政院院長為主席。

第六一條　左列事項，應經行政會議議決：（一）提出於立法院之法律案、預算案，（二）提出於立法院之戒嚴案、大赦案；（三）提出於立法院之宣戰案、媾和案、條約案，及其他關於重要國際事項之議案；（四）各部各委員會間共同關係之事項；（五）總統或行政院長交議之事項；（六）行政院副院長各政務委員各部各委員會提議之事項。

第六二條　行政院之組織，以法律定之。

第三節　立法院

第六三條　立法院為中央政府行使立法權之最高機關，對國民大會負其責任。

第六四條　立法院有議決法律案、預算案、戒嚴案、大赦案、宣戰案、媾和案、條約案，及其他關於重要國際事項之權。

第六五條　關於立法事項，立法院得向各院各部各委員會提出質詢。

第六六條　立法院設院長副院長各一人，任期三年，連選得連任。

第六七條　立法委員，由各省、蒙古、西藏及僑居國外國民所選出之國民代表舉行預選，依左列名額，各選出候選人名單，於國民大會選舉之，其人選不以國民代表為限。

一、各省人口未滿五百萬者，每縣四人；五百萬以上未滿一千萬者，每省六人；一千萬以上未滿一千五百萬者，每省八人，一千五百萬以上，未滿二千萬者，每省十人；二十萬以上未滿二千五百萬者，每省十二人，二千五百萬以上，未滿三千萬者，每省十四人；三千萬以上者，每省十六人。

二、蒙古西藏各八人。

三、僑居國外國民八人。

第六八條　立法委員任期三年，連選得連任。

第六九條　行政司法考試監察各院，關於其主管事項得向立法院提出議案。

第七十條　總統對於立法院之議決案，得於公布或執行前提交復議。

立法院對於前項提交復議之案，經出席委員三分之二以上之決議維持原案時，總統應即公布或執行之，但對於法律條約案得提請國民大會複決之。

第七一條　立法院送請公布之議決案，總統應於該案到達後三十日內公布之。

第七二條　立法委員於院內之言論及表決，對外不負責任。

第七三條　立法委員除現行犯外，非經立法院許可，不得逮捕或拘禁。

第七四條　立法委員不得兼任其他公職或執行業務。

第七五條　立法委員之選舉，及立法院之組織以法律定之。

第四節　司法院

第七六條　司法院為中央政府行使司法權之最高機關，掌理民事、刑事、行政訴訟之審判及司法行政。

第七七條　司法院設院長副院長各一人，任期三年，由總統任命之。

司法院院長對國民大會負其責任。

第七八條　關於特赦、減刑，復權事項，由司法院院長依法律提請總統行之。

第七九條　司法院有統一解釋法律命令之權。

第八十條　法官依法律獨立審判。

第八一條　法官非受刑罰，或懲戒處分，或禁治產之宣告，不得免職，非依法律不得停職轉任或減俸。

第八二條　司法院之組織，及各級法院之組織，以法律定之。

第五節　考試院

第八三條　考試院為中央政府行使考試權之最高機關，掌理考選銓敘。

第八四條　考試院設院長副院長各一人，任期三年，由總統任命之。

考試院院長對於國民大會負其責任。

第八五條　(一)左列資格，應經考試院依法考選銓定之：(二)公務人員任用資格；(三)公職候選人資格；(四)專門職業及技術人員執業資格。

第八六條　考試院之組織，依法律定之。

第六節　監察院

第八七條　監察院為中央政府行使監察權之最高機關，掌理彈劾，懲戒、審計，對國民大會負其責任。

第八八條　監察院為行使監察權，得依法向各院各部各委員會提出質詢。

第八九條　監察院設院長副院長各一人，任期三年：連選得連任。

第九十條　監察委員由各省、蒙古、西藏及僑居國外國民所選出之國民代表，各預選三人，提請國民大會選舉之，其人選不以國民代表為限。

第九一條　監察委員任期三年，連選得連任。

第九二條　監察院對於中央及地方公務員違法或失職時，經監察委員一人以上之提議，五人以上之審查決定，提出彈劾案；但對於總統副總統及行政、立法、司法、考試、監察院院長副院長之彈劾案，須有監案委員十人以上之提議，全體監察委員二分之一以上審查決定，始得提出。

第九三條　對於總統副總統，立法、司法、考試、監察各院院長副院長之彈劾案，依前條規定成立後，應向國民大會提出之；在國民大會閉會期間；應請國民代表依法召集臨時國民大會，為罷免與否之決議。

第九四條　監察委員於院內之言論及表決，對外不負責任。

第九五條　監察委員除現行犯外，非經監察院許可，不得逮捕或拘禁。
第九六條　監察委員不得兼任其他公職，或執行業務。
第九七條　監察委員之選舉，及監察院之組織，以法律定之。

第五章　地方制度

第一節　省

第九八條　省設省政府，執行中央法令及監督地方自治。
第九九條　省政府設省長一人，任期三年，由中央政府任免之。
第一〇〇條　省設省參議會，參議員名額每縣市一人，由各縣市議會選舉，任期三年，連選得連任。
第一〇一條　省政府之組織，省參議會之組織職權，及省參議員之選舉罷免，以法律定之。
第一〇二條　未經設省之區域，其政治制度，以法律定之。

第二節　縣

第一〇三條　縣為地方自治單位。

第一〇四條　凡事務有因地制宜性質者，劃為地方自治事項。地方自治事項，以法律定之。

第一〇五條　縣民關於縣自治事項，依法律行使創制，複決之權，對於縣長及其他縣自治人員，依法律行使選舉、罷免之權。

第一〇六條　縣設縣議會，議員由縣民大會選舉之，任期三年，連選得連任。

第一〇七條　縣單行規則，與中央法律或省規章牴觸者無效。

第一〇八條　縣設縣政府，置縣長一人，由縣民大會選舉之，任期三年，連選得連任。縣長候選人以經中央考試或銓定合格者為限。

第一〇九條　縣長辦理縣自治，並受省長之指揮，執行中央及省委辦事項。

第一一〇條　縣議會之組織職權，縣議員之選舉罷免，縣政府之組織，及縣長之選舉罷免，以法律定之。

第三節　市

第一一一條　市之自治，除本節規定外，準用關於縣之規定。

第一一二條　市設市議會，議員由市民大會選舉之。每年改選三分之一。

第一一三條　市設市政府，置市長一人，由市民大會選舉之，任期三年，連選得連任。市長候選人，以經中央考試或銓定合格者為限。

第一一四條　市長辦理市自治，並受監督機關之指揮，執行中央或省委辦事項。

第一一五條　市議會之組織職權，市議員之選舉罷免，市政府之組織，及市長選舉罷免，以法律定之。

第六章　國民經濟

第一一六條　中華民國之經濟制度，應以民生主義為基礎，以謀國民生計之均足。

第一一七條　中華民國領域內之土地，屬於國民全體；其經人民依法律取得所有權者，其所有權受法律之保障及限制。

國家對於人民取得所有權之土地，得按照土地所有權人申報，或政府估定之地價，依法律征稅或徵收之。土地所有權人對於其所有土地，負充分使用之義務。

第一一八條　附著於土地之礦，及經濟上可供公眾利用之天然力，屬於國家所有，不因人民取得土地所有權而受影響。

第一一九條　土地價值，非因施以勞力資本而增加者，應以征收土地增值稅方法，收歸人民公共享受。

第一二〇條　國家對於土地之分配整理，以扶植自耕農及自行使用土地人為原則。

第一二一條　國家對於私人之財富，及私營事業，認為有妨害國民生計之均衡發展時，得依法律節制之。

第一二二條　國家對於國民生產事業，及對外貿易，應獎勵指導及保護之。

第一二三條　公用事業，及其他有獨占性之企業，以國家公營為原則，但因必要，得特許國民私營之。國家對於前項特許之私營事業，因國防上之緊急需要，得臨時管理之，並得依法律收歸公營，但應予以適當之補償。

第一二四條　國家改良勞工生活，增進其生產技能，及救濟勞工失業，應實施保護勞工政策。婦女兒童從事勞動者，應按其年齡及身體狀態，施以特別之保護。

第一二五條　勞資雙方應本協調互助原則，發展生產事業。

第一二六條　國家為謀農業之發展，及農民之福利，應充裕農村經濟，改善農村生活，並以科學方法，提高農民耕作效能。

第一二七條　人民因服兵役，工役或公務而致殘廢或死亡者，國家應予以適當之救濟或撫卹。

第一二八條　老弱殘廢無力生活者，國家應予以適當之救濟。

第一二九條　左列各款事項：在中央應經立法院之議決，其依法律得以省區或縣市單行規章為之者，應經各該院法定機關之議決：⑴稅賦、捐費、罰金、罰鍰，或其他有強制性收入之設定，及其徵收率之變更；⑵募集公債，處分公有財產，或締結增加公庫負擔之契約；⑶公營專賣獨佔，或其他有營利性事業之設定或取銷；⑷專賣獨占，或其他特權之授予或取銷。省區及縣市政府，非經法律特許，不得募集外債，或直接利用外資。

第一三〇條　中華民國領區內一切貨物，應許自由流通，非依法律不得禁阻。
關稅為中央稅收，應於貨物出入國境時徵收之，以一次為限。
各級政府不得於國內徵收貨物通過稅。
對於貨物之一切稅捐，其徵收稅屬於中央政府，非依法律不得為之。

第七章　教　育

第一三一條　中華民國之教育宗旨，在發揚民族精神，培養國民道德，訓練自治能力，增進生活智能，以造成健全國民。

第一三二條　中華民國人民受教育之機會，一律平等。

第一三三條　全國公私立之教育機關，一律受國家之監督，並負推行國家所定教育政策之義務。

第一三四條　六歲至十二歲之學齡兒童，一律受基本教育，免納學費。

第一三五條　已逾學齡未受基本教育之人民，一律受補習教育，免納學費。

第一三六條　國立大學及國立專科學校之設立，應注重地區之需要，以維持各地區人民享受高等教育之機會均等，促進全國文化之平衡發展。

第一三七條　教育經費之最低限度，在中央為其預算總額百分之十五，在省區及縣市為其預算總額百分之三十，其依法律獨立之教育基金，並予以保障。

第一三八條　貧瘠省區之教育經費，由國庫補助之。
國家對於左列事業及人民，予以獎勵或補助：（一）國私人經營之教育事業，成績優良者；（二）僑居國外國民之教育事業；（三）於學術技術有發明者；（四）從事教育，成績優良，久於其職者；（五）學生學行俱優無力升學者。

第八章　憲法之施行修正

第一三九條　憲法所稱之法律，謂經立法院通過，總統公布之法律。

第一四〇條　法律與憲法牴觸者無效。
法律與憲法有無牴觸，由監察院於該法律施行後六個月內，提請司法院解釋，其詳以法律定之。

第一四一條　命令與憲法或法律牴觸者，無效。

第一四二條　憲法之解釋，由司法院為之。

第一四三條　在全國完成自治之省區未達半數以上時，立法委員及監察委員，依左列規定，選舉任命之：
一、立法委員，由各省、蒙古、西藏及僑居國外國民所選出之國民代表，依照第六十七條所定名額，各預選半數提請國民大會選舉之；其餘半數由立法院院長請總統任令之。

二、監察委員，由各省、蒙古、西藏及僑居國外國民所選出之國民代表，依照第九十條所定名額，各預選半數，提請國民大會選出之；其餘半數，由監察院院長提請總統任命之。

第一四四條　在地方自治未完成之縣，其縣長由中央政府任命之。

前項規定，於自治未完成之市，準用之。

第一四五條　促成地方自治之程序，以法律定之。

第一四六條　憲法非由國民大會全體代表四分之一以上之提議，四分之三以上之出席，及出席代表三分之二以上之決議，不得修改之。

修改憲法之提議，應由提議人於國民大會開會前一年公布之。

第一四七條　憲法規定事項，有另定實施程序之必要者，以法律定之。

（原第一四六條規定「第一屆國民大會之職權，由制定憲法之國民大會行使之。」經修正刪除。）

附錄二 政治協商會議「憲草修改原則」

中華民國三十五年一月三十一日
政治協商會議通過於重慶

一、國民大會

1. 全國選民行使四權，名之曰國民大會。
2. 在未實行總統普選制以前，總統由省級及中央議會合組選舉機關選舉之。
3. 總統之罷免，以選舉總統同樣方法行之。
4. 創制複決兩權之行使，另以法律定之。

（附註）第一次國民大會之召集，由政治協商會議協議之。

二、立法院為國家最高立法機關，由選民直接選舉之；其職權相當於各民主國家議會。

三、監察院為國家最高監察機關，由各省級議會及各民族自治區議會選舉之；其職權為行使同意、彈劾及監察權。

四、司法院即為國家最高法院，不兼管司法行政，由大法官若干人組織之。大法官由總統提名，經監察院同意任命之。各級法官須超出於黨派以外。

五、考試院用委員制，其委員由總統提名，經監察院同意任命之。其職權著重於公務人員及專業人員之考試。考試院委員須超出黨派以外。

六、行政院

1. 行政院為國家最高行政機關，行政院長由總統提名，經立法院同意任命之，行政院對立法院負責。
2. 如立法院對行政院全體不信任時，行政院長或辭職，或提請總統解散立法院，但同一行政院長，不得再提請解散立法院。

七、總統

1. 總統經行政院決議，得依法發緊急命令，但須於一個月內，報告立法院；
2. 總統召集各院院長會商，不必明文規定。

八、地方制度

1. 確定省為地方自治之最高單位。
2. 省與中央權限之劃分，依照均權主義規定。
3. 省長民選。
4. 省得制定省憲，但不得與國憲牴觸。

九、人民之權利義務

1. 凡民主國家人民應享之自由及權利，均應受憲法之保障，不受非法之侵犯。

2. 關於人民自由，如用法律規定，須出之於保障自由之精神，非以限制為目的。

3. 工役應規定於自治法內，不在憲法內規定。

4. 聚居於一定地方之少數民族，應保障其自治權。

十、選舉應列專章，被選年齡，定為二十三歲。

十一、憲草上規定基本國策章，應包括國防、外交、國民經濟、文化教育各項目。

1. 國防之目的，在保障國家安全，維護世界和平，全國陸海空軍，須忠於國家，愛護人民，超出於個人、地方及黨派關係以外。

2. 外交原則，本獨立自主精神，敦睦邦交，履行條約義務，遵守聯合國憲章，促進國際合作，確保世界和平。

3. 國民經濟，應以民生主義為基本原則，國家應保障耕者有其田，勞動者有職業，企業者有發展之機會，以謀國計民生之均足。

4. 文化教育，應以發展國民之民族精神，民主精神，與科學智識為基本原則，普及並提高一般人民之文化水準，實行教育機會均等，保障學術自由，致力科學發展。

（附註）以上四項之規定，不宜過於煩瑣。

十二、憲法修改權，屬於立監兩院聯席會議，修改後之條文，應交選舉總統之機關複決之。

附錄三　中華民國憲法

中華民國三十五年十二月二十五日國民大會制定

中華民國三十六年一月一日國民政府公布同年十二月二十五日施行

中華民國國民大會受全體國民之付託，依據孫中山先生創立中華民國之遺教，為鞏固國權，保障民權，奠定社會安寧，增進人民福利，制定本憲法，頒行全國，永矢咸遵。

第一章　總綱

第一條　中華民國基於三民主義，為民有民治民享之民主共和國。

第二條　中華民國之主權屬於國民全體。

第三條　具有中華民國國籍者為中華民國國民。

第四條　中華民國領土，依其固有之疆域，非經國民大會之決議，不得變更之。

第五條　中華民國各民族一律平等。

第六條　中華民國國旗定為紅地，左上角青天白日。

第二章　人民之權利義務

第七條　中華民國人民，無分男女，宗教，種族，階級，黨派，在法律上一律平等。

第八條　人民身體之自由應予保障。除現行犯之逮捕由法律另定外，非經司法或警察機關依法定程序，不得逮捕拘禁。非由法院依法定程序，不得審問處罰。非依法定程序之逮捕，拘禁，審問，處罰，得拒絕之。人民因犯罪嫌疑被逮捕拘禁時，其逮捕拘禁機關應將逮捕拘禁原因，以書面告知本人及其本人指定之親友，並至遲於二十四小時內移送該管法院審問。本人或他人亦得聲請該管法院，於二十四小時內向逮捕之機關提審。

法院對於前項聲請，不得拒絕，並不得先令逮捕拘禁之機關查覆。逮捕拘禁之機關，對於法院之提審，不得拒絕或遲延。人民遭受任何機關非法逮捕拘禁時，其本人或他人得向法院聲請追究，法院不得拒絕，並應於二十四小時內向逮捕拘禁之機關追究，依法處理。

第九條　人民除現役軍人外，不受軍事審判。

第十條　人民有居住及遷徙之自由。

第十一條　人民有言論，講學，著作及出版之自由。

第十二條　人民有秘密通訊之自由。

第十三條　人民有信仰宗教之自由。

第十四條　人民有集會及結社之自由。

第十五條　人民之生存權，工作權及財產權，應予保障。
第十六條　人民有請願，訴願及訴訟之權。
第十七條　人民有選舉，罷免，創制及複決之權。
第十八條　人民有應考試服公職之權。
第十九條　人民有依法律納稅之義務。
第二十條　人民有依法律服兵役之義務。
第廿一條　人民有受國民教育之權利與義務。
第廿二條　凡人民之其他自由及權利，不妨害社會秩序公共利益者，均受憲法之保障。
第廿三條　以上各條列舉之自由權利，除為防止妨礙他人自由，避免緊急危難，維持社會秩序，或增進公共利益所必要者外，不得以法律限制之。
第廿四條　凡公務員違法侵害人民之自由或權利者，除依法律受懲戒外，應負刑事及民事責任。被害人民就其所受損害，並得依法律向國家請求賠償。

第三章　國民大會

第廿五條　國民大會依本憲法之規定，代表全國國民行使政權。

第廿六條　國民大會以左列代表組織之：

一、每縣市及其同等區域各選出代表一人，但其人口逾五十萬人者每增加五十萬人，增選代表一人。縣市同等區域以法律定之。

二、蒙古選出代表，每盟四人，每特別旗一人。

三、西藏選出代表，其名額以法律定之。

四、各民族在邊疆地區選出代表，其名額以法律定之。

五、僑居國外之國民選出代表，其名額以法律定之。

六、職業團體選出代表，其名額以法律定之。

七、婦女團體選出代表，其名額以法律定之。

第廿七條　國民大會之職權如左：

一、選舉總統副總統。

二、罷免總統副總統。

三、修改憲法。

四、複決立法院所提之憲法修正案。

關於創制複決兩權，除前項第三第四兩款規定外，俟全國有半數之縣市曾經行使創制複決兩項政權時，由國民大會制定辦法並行使之。

第廿八條　國民大會代表每六年改選一次。
每屆國民大會代表之任期至次屆國民大會開會之日為止。
現任官吏不得於其任所所在地之選舉區當選為國民大會代表。

第廿九條　國民大會於每屆總統任滿前九十日集會，由總統召集之。

第三十條　國民大會遇有左列情形之一時，召集臨時會：
一、依本憲法第四十九條之規定，應補選總統副總統時。
二、依監察院之決議，對於總統副總統提出彈劾案時。
三、依立法院之決議，提出憲法修正案時。
四、國民大會代表五分之二以上請求召集時。
國民大會臨時會，如依前項第一款或第二款應召集時，由立法院院長通告集會。依第三款或第四款應召集時，由總統召集之。

第卅一條　國民大會之開會地點在中央政府所在地。

第卅二條　國民大會代表在會議時所為之言論及表決，對會外不負責任。

第卅三條　國民大會代表，除現行犯外，在會期中，非經國民大會許可，不得逮捕或拘禁。

第卅四條　國民大會之組織，國民大會代表之選舉罷免，及國民大會行使職權之程序，以法律定之。

第四章 總統

第卅五條 總統為國家元首，對外代表中華民國。

第卅六條 總統統率全國陸海空軍。

第卅七條 總統依法公布法律，發布命令，須經行政院院長之副署，或行政院院長及有關部會首長之副署。

第卅八條 總統依本憲法之規定，行使締結條約及宣戰媾和之權。

第卅九條 總統依法宣布戒嚴，但須經立法院之通過或追認。立法院認為必要時，得決議移請總統解嚴。

第四十條 總統依法行使大赦，特赦，減刑及復權之權。

第四一條 總統依法任免文武官員。

第四二條 總統依法授與榮典。

第四三條 國家遇有天然災害，癘疫，或國家財政經濟上有重大變故，須為急速處分時，總統於立法院休會期間，得經行政院會議之決議，依緊急命令法，發布緊急命令，為必要之處置，但須於發布命令後一個月內提交立法院追認。如立法院不同意時，該緊急命令立即失效。

第四四條 總統對於院與院間之爭執，除本憲法有規定者外，得召集有關各院院長會商解決之。

第四五條 中華民國國民年滿四十歲者得被選為總統副總統。

第四六條 總統副總統之選舉，以法律定之。

第四七條　總統副總統之任期為六年，連選得連任一次。

第四八條　總統應於就職時宣誓，誓詞如左：

「余謹以至誠，向全國人民宣誓，余必遵守憲法，盡忠職務，增進人民福利，保衛國家，無負國民付託。如違誓言，願受國家嚴厲之制裁。謹誓。」

第四九條　總統缺位時，由副總統繼任，至總統任期屆滿為止。總統副總統均缺位時，由行政院院長代行其職權，並依本憲法第三十條之規定，召集國民大會臨時會，補選總統副總統，其任期以補足原任總統未滿之任期為止。總統因故不能視事時，由副總統代行其職權。總統副總統均不能視事時，由行政院院長代行其職權。

第五十條　總統於任滿之日解職。如屆期次任總統尚未選出，或選出後總統副總統均未就職時，由行政院院長代行總統職權。

第五一條　行政院院長代行總統職權時，其期限不得逾三個月。

第五二條　總統除犯內亂或外患罪外，非經罷免或解職，不受刑事上之訴究。

第五章　行　政

第五三條　行政院為國家最高行政機關。

第五四條　行政院設院長副院長各一人，各部會首長若干人，及不管部會之政務委員若干人。

第五五條　行政院院長由總統提名，經立法院同意任命之。
立法院休會期間，行政院院長辭職或出缺時，由行政院副院長代理其職務，但總統須於四十日內咨請立法院召集會議，提出行政院院長人選徵求同意。行政院院長職務，在總統所提行政院院長人選未經立法院同意前，由行政院副院長暫行代理。

第五六條　行政院副院長，各部會首長及不管部會之政務委員，由行政院院長提請總統任命之。

第五七條　行政院依左列規定，對立法院負責：
一、行政院有向立法院提出施政方針及施政報告之責。立法委員在開會時，有向行政院院長及行政院各部會首長質詢之權。
二、立法院對於行政院之重要政策不贊同時，得以決議移請行政院變更之。行政院對於立法院之決議，得經總統之核可，移請立法院覆議。覆議時，如經出席立法委員三分之二維持原決議，行政院院長應即接受該決議或辭職。
三、行政院對於立法院決議之法律案，預算案，條約案，如認為有窒礙難行時，得經總統之核可，於該決議案送達行政院十日內，移請立法院覆議。覆議時，如經出席立法委員三分之二維持原案，行政院院長應即接受該決議或辭職。

第五八條　行政院設行政院會議，由行政院院長，副院長，各部會首長及不管部會之政務委員組織之，以院長為主席。行政院院長，各部會首長，須將應行提出於立法院之法律案，預算案，戒嚴案，大赦案，宣戰案，媾和案，條約案及其他重要事項，或涉及各部會共同關係之事項，提出於行政院會議議決之。

第五九條　行政院於會計年度開始三個月前，應將下年度預算案提出於立法院。

第六十條　行政院於會計年度結束後四個月內，應提出決算於監察院。

第六一條　行政院之組織，以法律定之。

第六章　立　法

第六二條　立法院為國家最高立法機關，由人民選舉之立法委員組織之，代表人民行使立法權。

第六三條　立法院有議決法律案，預算案，戒嚴案，大赦案，宣戰案，媾和案，條約案及國家其他重要事項之權。

第六四條　立法院立法委員依左列規定選出之：

一、各省，各直轄市選出者，其人口在三百萬以下者五人，其人口超過三百萬者，每滿一百萬人增選一人。

二、蒙古各盟旗選出者。

三、西藏選出者。
四、各民族在邊疆地區選出者。
五、僑居國外之國民選出者。
六、職業團體選出者。
立法委員之選舉及前項第二款至第六款立法委員名額之分配，以法律定之。婦女在第一項各款之名額，以法律定之。

第六五條　立法委員之任期為三年，連選得連任，其選舉於每屆任滿前三個月內完成之。

第六六條　立法院設院長副院長各一人，由立法委員互選之。

第六七條　立法院得設各種委員會。
各種委員會得邀請政府人員及社會上有關係人員到會備詢。

第六八條　立法院會期，每年兩次，自行集會，第一次自二月至五月底，第二次自九月至十二月底，必要時得延長之。

第六九條　立法院遇有左列情事之一時，得開臨時會：
一、總統之咨請。
二、立法委員四分之一以上之請求。

第七十條　立法院對於行政院所提預算案，不得為增加支出之提議。

第七一條　立法院開會時，關係院院長及各部會首長得列席陳述意見。

第七二條　立法院法律案通過後，移送總統及行政院，總統應於收到後十日內公布之，但總統得依照本憲法第五十七條之規定辦理。

第七三條　立法委員在院內所為之言論及表決，對院外不負責任。

第七四條　立法委員，除現行犯外，非經立法院許可，不得逮捕或拘禁。

第七五條　立法委員不得兼任官吏。

第七六條　立法院之組織，以法律定之。

第七章　司　法

第七七條　司法院為國家最高司法機關，掌理民事，刑事，行政訴訟之審判及公務員之懲戒。

第七八條　司法院解釋憲法，並有統一解釋法律及命令之權。

第七九條　司法院設院長副院長各一人，由總統提名，經監察院同意任命之。

司法院設大法官若干人，掌理本憲法第七十八條規定事項，由總統提名，經監察院同意任命之。

第八十條　法官須超出黨派以外，依據法律獨立審判，不受任何干涉。

第八一條　法官為終身職，非受刑事或懲戒處分，或禁治產之宣告，不得免職。非依法律，不得停職，轉任或減俸。

第八二條　司法院及各級法院之組織，以法律定之。

第八章　考　試

第八三條　考試院為國家最高考試機關，掌理考試，任用，銓敘，考績，級俸，陞遷，保障，褒獎，撫卹，退休，養老等事項。

第八四條　考試院設院長副院長各一人，考試委員若干人，由總統提名，經監察院同意任命之。

第八五條　公務人員之選拔，應實行公開競爭之考試制度，並應按省區分別規定名額，分區舉行考試。非經考試及格者，不得任用。

第八六條　左列資格，應經考試院依法考選銓定之：

一、公務人員任用資格。

二、專門職業及技術人員執業資格。

第八七條　考試院關於所掌事項，得向立法院提出法律案。

第八八條　考試委員須超出黨派以外，依據法律獨立行使職權。

第八九條　考試院之組織，以法律定之。

第九章　監　察

第九十條　監察院為國家最高監察機關，行使同意，彈劾，糾舉及審計權。

第九一條　監察院設監察委員，由各省市議會，蒙古西藏地方議會，及華僑團體選舉之。其名額分配依左列之規定：

一、每省五人。

二、每直轄市二人。

三、蒙古各盟旗共八人。

四、西藏八人。

五、僑居國外之國民八人。

第九二條　監察院設院長副院長各一人，由監察委員互選之。

第九三條　監察委員之任期為六年，連選得連任。

第九四條　監察院依本憲法行使同意權時，由出席委員過半數之議決行之。

第九五條　監察院為行使監察權，得向行政院及其各部會調閱其所發布之命令及各種有關文件。

第九六條　監察院得按行政院及其各部會之工作，分設若干委員會，調查一切設施，注意其是否違法或失職。

第九七條　監察院經各該委員會之審查及決議，得提出糾正案，移送行政院及其有關部會，促其注意改善。

第九八條　監察院對於中央及地方公務人員，認為有失職或違法情事，得提出糾舉案或彈劾案，如涉及刑事，應移送法院辦理。

第九九條　監察院對於中央及地方公務人員之彈劾案，須經監察委員一人以上之提議，九人以上之審查及決定，始得提出。

第一〇〇條　監察院對於司法院或考試院人員失職或違法之彈劾，適用本憲法第九十五條，第九十七條，及第九十八條規定。

第一〇〇條　監察院對於總統副總統之彈劾案，須有全體監察委員四分之一以上之提議，全體監察委員過半數之審查及決議，向國民大會提出之。

第一〇一條　監察委員在院內所為之言論及表決，對院外不負責任。

第一〇二條　監察委員，除現行犯外，非經監察院許可，不得逮捕或拘禁。

第一〇三條　監察委員不得兼任其他公職或執行業務。

第一〇四條　監察院設審計長，由總統提名，經立法院同意任命之。

第一〇五條　審計長應於行政院提出決算後三個月內，依法完成其審核，並提出審核報告於立法院。

第一〇六條　監察院之組織，以法律定之。

第十章　中央與地方之權限

第一〇七條　左列事項，由中央立法並執行之：

一、外交。

二、國防與國防軍事。

三、國籍法，及刑事民事商事之法律。

四、司法制度。

五、航空，國道，國有鐵路，航政，郵政及電政。

六、中央財政與國稅。

七、國稅與省稅縣稅之劃分。

八、國營經濟事業。

九、幣制及國家銀行。

十、度量衡。

十一、國際貿易政策。

十二、涉外之財政經濟事項。

十三、其他依本憲法所定關於中央之事項。

第一〇八條　左列事項，由中央立法並執行之，或交由省縣執行之：

一、省縣自治通則。
二、行政區劃。
三、森林，工礦及商業。
四、教育制度。
五、銀行及交易所制度。
六、航業及海洋漁業。
七、公用事業。
八、合作事業。
九、二省以上之水陸交通運輸。
十、二省以上之水利，河道及農牧事業。
十一、中央及地方官吏之銓敘，任用，糾察及保障。
十二、土地法。
十三、勞動法及其他社會立法。
十四、公用徵收。
十五、全國戶口調查及統計。

十六、移民及墾殖。
十七、警察制度。
十八、公共衛生。
十九、振濟，撫卹及失業救濟。
廿、有關文化之古籍，古物及古蹟之保存。
前項各款，省於不牴觸國家法律內，得制定單行法規。

第一〇九條　左列事項，由省立法並執行之，或交由縣執行之：
一、省教育，衛生，實業及交通。
二、省財產之經營及處分。
三、省市政。
四、省公營事業。
五、省合作事業。
六、省農林，水利，漁牧及工程。
七、省財政及省稅。
八、省債。
九、省銀行。

十、省警政之實施。

十一、省慈善及公益事項。

十二、其他依國家法律賦予之事項。

前項各款，有涉及二省以上者，除法律別有規定外，得由有關各省共同辦理。

各省辦理第一項各款事務，其經費不足時，經立法院議決，由國庫補助之。

第一一〇條　左列事項，由縣立法並執行之：

一、縣教育，衛生，實業及交通。

二、縣財產之經營及處分。

三、縣公營事業。

四、縣合作事業。

五、縣農林，水利，漁牧及工程。

六、縣財政及縣稅。

七、縣債。

八、縣銀行。

九、縣警衛之實施。

十、縣慈善及公益事項。

十一、其他依國家法律及省自治法賦予之事項。

前項各款，有涉及二縣以上者，除法律別有規定外，得由有關各縣共同辦理。

第一一一條 除第一〇七條，第一〇八條，第一〇九條及第一一〇條列舉事項外，如有未列舉事項發生時，其事務有全國一致之性質者屬於中央，有全省一致之性質者屬於省，有一縣之性質者屬於縣。遇有爭議時，由立法院解決之。

第十一章　地方制度

第一節　省

第一一二條 省得召集省民代表大會，依據省縣自治通則，制定省自治法，但不得與憲法牴觸。

省民代表大會之組織及選舉，以法律定之。

第一一三條 省自治法應包含左列各款：

一、省設省議會。省議會議員由省民選舉之。

二、省設省政府，置省長一人，省長由省民選舉之。

三、省與縣之關係。

屬於省之立法權，由省議會行之。

第一一四條　省自治法制定後，須即送司法院。司法院如認為有違憲之處，應將違憲條文宣布無效。

第一一五條　省自治法施行中，如因其中某條發生重大障礙，經司法院召集有關方面陳述意見後，由行政院院長，立法院院長，司法院院長，考試院院長與監察院院長組織委員會，以司法院院長為主席，提出方案解決之。

第一一六條　省法規與國家法律牴觸者無效。

第一一七條　省法規與國家法律有無牴觸發生疑義時，由司法院解釋之。

第一一八條　直轄市之自治，以法律定之。

第一一九條　蒙古各盟旗地方自治制度，以法律定之。

第一二〇條　西藏自治制度，應予以保障。

第二節　縣

第一二一條　縣實行縣自治。

第一二二條　縣得召集縣民代表大會，依據省縣自治通則，制定縣自治法，但不得與憲法及省自治法牴觸。

第一二三條　縣民關於縣自治事項，依法律行使創制複決之權，對於縣長及其他縣自治人員，依法律行使選舉罷免之權。

第一二四條　縣設縣議會。縣議會議員由縣民選舉之。於縣之立法權，由縣議會行之。

第一二五條　縣單行規章，與國家法律或省法規牴觸者無效。

第一二六條　縣設縣政府，置縣長一人。縣長由縣民選舉之。

第一二七條　縣長辦理縣自治，並執行中央及省委辦事項。

第一二八條　市準用縣之規定。

第十二章　選舉、罷免、創制、複決

第一二九條　本憲法所規定之各種選舉，除本憲法別有規定外，以普通、平等、直接及無記名投票之方法行之。

第一三〇條　中華民國國民年滿二十歲者，有依法選舉之權。除本憲法及法律別有規定者外，年滿二十三歲者，有依法被選舉之權。

第一三一條　本憲法所規定各種選舉之候選人，一律公開競選。

第一三二條　選舉應嚴禁威脅利誘。選舉訴訟，由法院審判之。

第一三三條　被選舉人得由原選舉區依法罷免之。

第一三四條　各種選舉，應規定婦女當選名額，其辦法以法律定之。

第一三五條　內地生活習慣特殊之國民代表名額及選舉，其辦法以法律定之。

第一三六條　創制複決兩權之行使，以法律定之。

第十三章　基本國策

第一節　國　防

第一三七條　中華民國之國防，以保衛國家安全，維護世界和平為目的。

國防之組織，以法律定之。

第一三八條　全國陸海空軍，須超出個人、地域及黨派關係以外，效忠國家，愛護人民。

第一三九條　任何黨派及個人不得以武裝力量為政爭之工具。

第一四〇條　現役軍人不得兼任文官。

第二節　外　交

第一四一條　中華民國之外交，應本獨立自主之精神，平等互惠之原則，敦睦邦交，尊重條約及聯合國憲章，以保護僑民權益，促進國際合作，提倡國際正義，確保世界和平。

第三節　國民經濟

第一四二條　國民經濟應以民生主義為基本原則，實施平均地權，節制資本，以謀國計民生之均足。

第一四三條　中華民國領土內之土地屬於國民全體。人民依法取得之土地所有權，應受法律之保障與限制。私有土地應照價納稅，政府並得照價收買。附著於土地之礦，及經濟上可供公眾利用之天然力，屬於國家所有，不因人民取得土地所有權而受影響。土地價值非因施以勞力資本而增加者，應由國家徵收土地增值稅，歸人民共享之。國家對於土地之分配與整理，應以扶植自耕農及自行使用土地人為原則，並規定其適當經營之面積。

第一四四條　公用事業及其他有獨佔性之企業，以公營為原則，其經法律許可者，得由國民經營之。

第一四五條　國家對於私人財富及私營事業，認為有妨害國計民生之平衡發展者，應以法律限制之。合作事業應受國家之獎勵與扶助。國民生產事業及對外貿易，應受國家之獎勵，指導及保護。

第一四六條　國家應運用科學技術，以興修水利，增進地力，改善農業環境，規劃土地利用，開發農業資源，促成農業之工業化。

第一四七條　中央為謀省與省間之經濟平衡發展，對於貧瘠之省，應酌予補助。省為謀縣與縣之間之經濟平衡發展，對於貧瘠之縣，應酌予補助。

第一四八條　中華民國領域內，一切貨物應許自由流通。

第一四九條　金融機構，應依法受國家之管理。

第一五〇條　國家應普設平民金融機構，以救濟失業。

第一五一條　國家對於僑居國外之國民，應扶助並保護其經濟事業之發展。

第四節　社會安全

第一五二條　人民具有工作能力者，國家應予以適當之工作機會。

第一五三條　國家為改良勞工及農民之生活，增進其生產技能，應制定保護勞工及農民之法律，實施保護勞工及農民之政策。

婦女兒童從事勞動者，應按其年齡及身體狀態，予以特別之保護。

第一五四條　勞資雙方應本協調合作原則，發展生產事業。勞資糾紛之調解與仲裁，以法律定之。

第一五五條　國家為謀社會福利，應實施社會保險制度。人民之老弱殘廢，無力生活，及受非常災害者，國家應予以適當之扶助與救濟。

第一五六條　國家為奠定民族生存發展之基礎，應保護母性，並實施婦女兒童福利政策。

第一五七條　國家為增進民族健康，應普遍推行衛生保健事業及公醫制度。

第五節　教育文化

第一五八條　教育文化，應發展國民之民族精神，自治精神，國民道德，健全體格，科學及生活智能。

第一五九條　國民受教育之機會一律平等。

第一六〇條　六歲至十二歲之學齡兒童，一律受基本教育，免納學費。其貧苦者，由政府供給書籍。已逾學齡未受基本教育之國民，一律受補習教育，免納學費，其書籍亦由政府供給。

第一六一條　各級政府應廣設獎學金名額，以扶助學行俱優無力升學之學生。

第一六二條　全國公私立之教育文化機關，依法律受國家之監督。

第一六三條　國家應注重各地區教育之均衡發展，並推行社會教育，以提高一般國民之文化水準，邊遠及貧瘠地區之教育文化經費，由國庫補助之。其重要之教育文化事業，得由中央辦理或補助之。

第一六四條　教育，科學，文化之經費，在中央不得少於其預算總額百分之十五，在省不得少於其預算總額百分之二十五，在縣市不得少於其預算總額百分之三十五。其依法設置之教育文化基金及產業，應予以保障。

第一六五條　國家應保障教育，科學，藝術工作者之生活，並依國民經濟之發展，隨時提高其待遇。

第一六六條　國家應獎勵科學之發明與創造，並保護有關歷史文化藝術之古蹟古物。

第一六七條　國家對於左列事業或個人，予以獎勵或補助：

一、國內私人經營之教育事業成績優良者。

二、僑居國外國民之教育事業成績優良者。

三、於學術或技術有發明者。

四、從事教育久於其職而成績優良者。

第六節　邊疆地區

第一六八條　國家對於邊疆地區各民族之地位，應予以合法之保障，並於其地方自治事業，特別予以扶植。

第一六九條　國家對於邊疆地區各民族之教育，文化，交通，水利，衛生，及其他經濟，社會事業，應積極舉辦，並扶助其發展，對於土地使用，應依其氣候，土壤性質，及人民生活習慣之所宜，予以保障及發展。

第十四章　憲法之施行及修改

第一七〇條　本憲法所稱之法律，謂經立法院通過，總統公布之法律。

第一七一條　法律與憲法牴觸者無效。

法律與憲法有無牴觸發生疑義時，由司法院解釋之。

第一七二條　命令與憲法或法律牴觸者無效。

第一七三條　憲法之解釋，由司法院為之。

第一七四條　憲法之修改，應依左列程序之一為之：

一、由國民大會代表總額五分之一之提議，三分之二之出席，及出席代表四分之三之決議，得修改之。

二、由立法院立法委員四分之一之提議，四分之三之出席，及出席委員四分之三之決議，擬定憲法修正案，提請國民大會複決。此項憲法修正案應於國民大會開會前半年公告之。

第一七五條　本憲法規定事項，有另定實施程序之必要者，以法律定之。

本憲法施行之準備程序由制定憲法之國民大會議定之。

附錄四

動員戡亂時期臨時條款初次制定

中華民國三十七年四月十八日第一屆國民大會第一次會議所通過
中華民國三十七年五月十日國民政府公布

茲依照寫法第一百七十四條第一款程序，制定動員戡亂時期臨時條款如左：

總統在動員戡亂時期，為避免國家或人民遭遇緊急危難，或應付財政經濟上重大變故，得經行政院會議之議決，為緊急處分，不受憲法第三十九條或第四十三條所規定程序之限制。

前項緊急處分，立法院得依憲法第五十七條第二款規定之程序，變更或廢止之。

動員戡亂時期之終止，由總統宣告，或由立法院咨請總統宣告之。

第一屆國民大會應由總統至遲於民國三十九年十二月二十五日以前召集臨時會，討論有關修改憲法各案，如屆時動員戡亂時期，尚未依前項規定宣告終止，國民大會臨時會應決定臨時條款應否延長或廢止。

附錄五　動員戡亂時期臨時條款第一次修訂

中華民國三十七年四月十八日第一屆國民大會第一次會議所通過
中華民國四十九年三月十一日，第一屆國民大會舉行第三次會議決議
中華民國四十九年三月十一日總統令公布

茲依照憲法第一百七十四條第一款程序，制定動員戡亂時期臨時條款如左：

總統在動員戡亂時期，為避免國家或人民遭遇緊急危難或應付財政經濟上重大變故，得經行政院會議之決議，為緊急處分。不受憲法第三十九條或第四十三條所規定程序之限制。

前項緊急處分，立法院得依憲法第五十七條第二款規定之程序，變更或廢止之。

動員戡亂時期，總統、副總統得連選連任，不受憲法第四十七條連任一次之限制。

國民大會創制複決兩權之行使，於國民大會第三次會議閉會後，設置機構，研擬辦法，連同有關修改憲法各案，由總統召集國民大會臨時會討論之。

國民大會臨時會由第三任總統於任期內適當時期召集之。

動員戡亂時期之終止，由總統宣告之。

臨時條款之修訂或廢止，由國民大會決定之。

附錄六 動員戡亂時期臨時條款第二次修訂

中華民國五十五年二月七日國民大會臨時會第三次大會決議
中華民國五十五年二月十二日總統令公布

茲依照憲法第一百七十四條第一款程序，制定動員戡亂時期臨時條款如左：

一、總統在動員戡亂時期，為避免國家或人民遭遇緊急危難或應付財政經濟上重大變故，得經行政院會議之決議，為緊急處分，不受憲法第三十九條或第四十三條所規定程序之限制。

二、前項緊急處分，立法院得依憲法第五十七條第二款規定之程序之限制。

三、動員戡亂時期，總統，副總統得連選連任，不受憲法第四十七條連任一次之限制。

四、動員戡亂時期，國民大會得制定辦法，創制中央法律原則與複決中央法律，不受憲法第二十七條第二項之限制。

五、在戡亂時期，總統對於創制案複決案認為有必要時，得召集國民大會臨時會討論之。

六、國民大會於閉會期間，設置研究機構，研討憲政有關問題。

七、動員戡亂時期之終止，由總統宣告之。

八、臨時條款之修訂或廢止，由國民大會決定之。

附錄七 動員戡亂時期臨時條款第三次修訂

中華民國五十五年三月十九日第一屆國民大會第四次會議決議

中華民國五十五年三月二十二日總統令公布

茲依照憲法第一百七十四條第一款程序，制定動員戡亂時期臨時條款如左：

一、總統在動員戡亂時期，為避免國家或人民遭遇緊急危難，或應付財政經濟上重大變故，得經行政院會議之決議，為緊急處分，不受憲法第三十九條或第四十三條所規定程序之限制。

二、前項緊急處分，立法院得依憲法第五十七條第二款規定之程序變更或廢止之。

三、動員戡亂時期，總統、副總統得連選連任，不受憲法第四十七條連任一次之限制。

四、動員戡亂時期，本憲政體制，授權總統得設置動員戡亂機構，決定動員戡亂有關大政方針，並處理戰地政務。

五、總統為適應動員戡亂需要，得調整中央政府之行政機構及人事機構，並對於依選舉產生之中央公職人員，因人口增加或因故出缺，而能增選或補選之自由地區及光復地區，均得訂頒辦法實施之。

六、動員戡亂時期，國民大會得制定辦法，創制中央法律原則與複決中央法律，不受憲法第二十七條第二項之限制。

七、在戡亂時期，總統對於創制案或複決案認為有必要時，得召集國民大會臨時會討論之。
八、國民大會於閉會期間，設置研究機構，研討憲政有關問題。
九、動員戡亂時期之終止，由總統宣告之。
十、臨時條款之修訂或廢止，由國民大會決定之。

附錄八 動員戡亂時期臨時條款第四次修訂

中華民國六十一年三月十七日第一屆國民大會第五次會議決議
中華民國六十一年三月二十三日總統令公布

茲依照憲法第一百七十四條第一款程序，制定動員戡亂時期臨時條款如左：

一、總統在動員戡亂時期，為避免國家或人民遭遇緊急危難，或應付財政經濟上重大變故，得經行政院會議之決議，為緊急處分，不受憲法第三十九條或第四十三條所規定程序之限制。

二、前項緊急處分，立法院得依憲法第五十七條第二款規定之程序變更或廢止之。

三、動員戡亂時期，總統、副總統得連選連任，不受憲法第四十七條連任一次之限制。

四、動員戡亂時期本憲政體制授權總統得設置動員戡亂機構，決定動員戡亂有關大政方針，並處理戰地政務。

五、總統為適應動員戡亂需要，得調整中央政府之行政機構、人事機構及其組織。

六、動員戡亂時期，總統得依下列規定，訂頒辦法充實中央民意代表機構，不受憲法第二十六條、第六十四條及第九十一條之限制：

㈠在自由地區增加中央嚴意代表名額，定期選舉，其須由僑居國外國民選出立法委員及監察委員，事實上不能辦理選舉者，得由總統訂定辦法遴選之。

㈡第一屆中央民意代表，係經全國人民選舉所產生，依法行使職權，其增選、補選者亦同。大陸光復地區次第辦理中央民意代表之選舉。

㈢增加名額選出之中央民意代表，與第一屆中央民意代表，依法行使職權。增加名額選出之國民大會代表，每六年改選，立法委員每三年改選，監察委員每六年改選。

七、動員戡亂時期，國民大會得制定辦法，創制中央法律原則與複決中央法律，不受憲法第二十七條第二項之限制。

八、在戡亂時期，總統對於創制案或複決案認為有必要時，得召集國民大會臨時會討論之。

九、國民大會於閉會期間，設置研究機構，研討憲政有關問題。

十、動員戡亂時期之終止，由總統宣告之。

十一、臨時條款之修訂或廢止，由國民大會決定之。

附錄九 中華民國憲法增修條文（第一條至第十條）

中華民國八十年四月二十二日第一屆國民大會第二次臨時會第六次大會通過
中華民國八十年五月一日總統公布

為因應國家統一前之需要，依照憲法第二十七條第一項第三款及第一百七十四條第一款之規定，增修本憲法條文如左：

第一條　國民大會代表依左列規定選出之，不受憲法第二十六條及第一百三十五條之限制：
一、自由地區每直轄市、縣市各二人，但其人口逾十萬人者，每增加十萬人增一人。
二、自由地區平地山胞及山地山胞各三人。
三、僑居國外國民二十人。
四、全國不分區八十人。
前項第一款每直轄市、縣市選出之名額及第三款、第四款各政黨當選之名額，在五人以上十人以下者，應有婦女當選名額一人，超過十人者，每滿十人應增婦女當選名額一人。

第二條　立法院立法委員依左列規定選出之，不受憲法第六十四條之限制：
一、自由地區每省、直轄市各二人，但其人口逾二十萬人者，每增加十萬人增一人；逾一百萬人者，每增加二十萬人增一人。
二、自由地區平地山胞及山地山胞各三人。
三、僑居國外國民六人。
四、全國不分區三十人。
前項第一款每省、直轄市選出之名額及第三款、第四款各政黨當選之名額，在五人以上十人以下者，應有婦女當選名額一人，超過十人者，每滿十人應增婦女當選名額一人。
第三條　監察院監察委員由省、市議會依左列規定選出之，不受憲法第九十一條之限制：
一、自由地區臺灣省二十五人。
二、自由地區每直轄市各十人。
三、僑居國外國民二人。
四、全國不分區五人。
前項第一款臺灣省、第二款每直轄市選出之名額及第四款各政黨當選之名額，在五人以上十人以下者，應有婦女當選名額一人，超過十人者，每滿十人應增婦女當選名額一人。
省議員當選為監察委員者，以二人為限；市議員當選為監察委員者，各以一人為限。

第四條　國民大會代表、立法院立法委員、監察院監察委員之選舉罷免，依公職人員選舉罷免法之規定辦理之。僑居國外國民及全國不分區名額，採政黨比例方式選出之。

第五條　國民大會第二屆國民大會代表應於中華民國八十年十二月三十一日前選出，其任期自中華民國八十一年一月一日起至中華民國八十五年國民大會第三屆於第八任總統任滿前依憲法第二十九條規定集會之日止，不受憲法第二十八條第一項之限制。

依動員戡亂時期臨時條款增加名額選出之國民大會代表，於中華民國八十二年一月三十一日前，與國民大會第二屆國民大會代表共同行使職權。

立法院第二屆立法委員及監察院第二屆監察委員應於中華民國八十二年一月三十一日前選出，均自中華民國八十二年二月一日開始行使職權。

第六條　國民大會為行使憲法第二十七條第一項第三款之職權，應於第二屆國民大會代表選出後三個月內由總統召集臨時會。

第七條　總統為避免國家或人民遭遇緊急危難或應付財政經濟上重大變故，得經行政院會議之決議發布緊急命令，為必要之處置，不受憲法第四十三條之限制。但須於發布命令後十日內提交立法院追認，如立法院不同意時，該緊急命令立即失效。

第八條　動員戡亂時期終止時，原僅適用於動員戡亂時期之法律，其修訂未完成程序者，得繼續適用至中華民國八十一年七月三十一日止。

第九條　總統為決定國家安全有關大政方針，得設國家安全會議及所屬國家安全局。行政院得設人事行政局。

前二項機關之組織均以法律定之，在未完成立法程序前，其原有組織法規得繼續適用至中華民國八十二年十二月三十一日止。

第十條　自由地區與大陸地區間人民權利義務關係及其他事務之處理，得以法律為特別之規定。

附錄十 中華民國憲法增修條文（第十一條至第十八條）

中華民國八十一年五月二十七日第二屆國民大會臨時會第二十七次大會三讀通過
中華民國八十一年五月二十八日總統公布

第十一條　國民大會之職權，除依憲法第二十七條之規定外，並依增修條文第十三條第一項、第十四條第二項及第十五條第二項之規定，對總統提名之人員行使同意權。
前項同意權之行使，由總統召集國民大會臨時會為之，不受憲法第三十條之限制。
國民大會集會時，得聽取總統國情報告，並檢討國是，提供建言；如一年內未集會，由總統召集臨時會為之，不受憲法第三十條之限制。
國民大會代表自第三屆國民大會代表起，每四年改選一次，不適用憲法第二十八條第一項之規定。

第十二條　總統、副總統由中華民國自由地區全體人民選舉之，自中華民國八十五年第九任總統、副總統選舉實施。
前項選舉之方式，由總統於中華民國八十四年五月二十日前召集國民大會臨時會，以憲法增修條文定之。

總統、副總統之任期，自第九任總統、副總統起為四年，連選得連任一次，不適用憲法第四十七條之規定。

總統、副總統之罷免，依左列規定：

一、由國民大會代表提出之罷免案，經代表總額四分之一之提議，代表總額三分之二之同意，即為通過。

二、由監察院提出之彈劾案，國民大會為罷免之決議時，經代表總額三分之二之同意，即為通過。

副總統缺位時，由總統於三個月內提名候選人，召集國民大會臨時會補選，繼任至原任期屆滿為止。

總統、副總統均缺位時，由立法院院長於三個月內通告國民大會臨時會集會補選總統、副總統，繼任至原任期屆滿為止。

第十三條 司法院設院長、副院長各一人，大法官若干人，由總統提名，經國民大會同意任命之，不適用憲法第七十九條之有關規定。

司法院大法官，除依憲法第七十八條之規定外，並組成憲法法庭審理政黨違憲之解散事項。

政黨之目的或其行為，危害中華民國之存在或自由民主之憲政秩序者為違憲。

第十四條　考試院為國家最高考試機關，掌理左列事項，不適用憲法第八十三條之規定：

一、考試。

二、公務人員之銓敘、保障、撫卹、退休。

三、公務人員任免、考績、級俸、陞遷、褒獎之法制事項。

考試院設院長、副院長各一人，考試委員若干人，由總統提名，經國民大會同意任命之，不適用憲法第八十四條之規定。

憲法第八十五條有關按省區分別規定名額，分區舉行考試之規定，停止適用。

第十五條　監察院為國家最高監察機關，行使彈劾、糾舉及審計權，不適用憲法第九十條及第九十四條有關同意權之規定。

監察院設監察委員二十九人，並以其中一人為院長、一人為副院長，任期六年，由總統提名，經國民大會同意任命之。憲法第九十一條至第九十三條、增修條文第三條，及第四條、第五條第三項有關監察委員之規定，停止適用。

監察院對於中央、地方公務人員及司法院、考試院人員之彈劾案，須經監察委員二人以上之提議，九人以上之審查及決定，始得提出，不受憲法第九十八條之限制。

監察院對於監察院人員失職或違法之彈劾，適用憲法第九十五條、第九十七條第二項及前項之規定。

監察院對於總統、副總統之彈劾案，須經全體監察委員過半數之提議，全體監察委員三分之二以上決議，向國民大會提出，不受憲法第一百條之限制。

監察委員須超出黨派以外，依據法律獨立行使職權。

憲法第一百零一條及第一百零二條之規定，停止適用。

第十六條　增修條文第十五條第二項之規定，自提名第二屆監察委員時施行。

第二屆監察委員於中華民國八十二年二月一日就職，增修條文第十五條第一項及第三項至第七項之規定，亦自同日施行。

增修條文第十三條第一項及第十四條第二項有關司法院、考試院人員任命之規定，自中華民國八十二年二月一日施行。中華民國八十二年一月三十一日前之提名，仍由監察院同意任命，但現任人員任期未滿前，無須重新提名任命。

第十七條　省、縣地方制度，應包含左列各款，以法律定之，不受憲法第一百零八條第一項第一款、第一百十二條至第一百十五條及第一百二十二條之限制：

一、省設省議會，縣設縣議會，省議會議員、縣議會議員分別由省民、縣民選舉之。

二、屬於省、縣之立法權，由省議會、縣議會分別行之。

三、省設省政府，置省長一人，縣設縣政府，置縣長一人，省長、縣長分別由省民、縣民選舉之。

四、省與縣之關係。

五、省自治之監督機關為行政院，縣自治之監督機關為省政府。

第十八條

國家應獎勵科學技術發展及投資，促進產業升級，推動農漁業現代化，重視水資源之開發利用，加強國際經濟合作。

經濟及科學技術發展，應與環境及生態保護兼籌並顧。

國家應推行全民健康保險，並促進現代和傳統醫藥之研究發展。

國家應維護婦女之人格尊嚴，保障婦女之人身安全，消除性別歧視，促進兩性地位之實質平等。

國家對於殘障者之保險與就醫、教育訓練與就業輔導、生活維護與救濟，應予保障，並扶助其自立與發展。

國家對於自由地區山胞之地位及政治參與，應予保障；對其教育文化、社會福利及經濟事業，應予扶助並促其發展。對於金門、馬祖地區人民亦同。

國家對於僑居國外國民之政治參與，應予保障。

附錄十一

中華民國憲法增修條文（八十三年）

中華民國八十三年七月二十八日第二屆國民大會第四次臨時會第三十二次大會三讀通過
（原增修條文第一條至第十八條修訂為第一條至第十條）
中華民國八十三年八月一日總統公布

為因應國家統一前之需要，依照憲法第二十七條第一項第三款及第一百七十四條第一款之規定，增修本憲法條文如左：

第一條　國民大會代表依左列規定選出之，不受憲法第二十六條及第一百三十五條之限制：
一、自由地區每直轄市、縣市各二人，但其人口逾十萬人者，每增加十萬人增一人。
二、自由地區平地原住民及山地原住民各三人。
三、僑居國外國民二十人。
四、全國不分區八十人。
前項第三款及第四款之名額，採政黨比例方式選出之。第一款每直轄市、縣市選出之名額及第三款、第四款各政黨當選之名額，在五人以上十人以下者，應有婦女當選名額一人，超過十人者，每滿十人應增婦女當選名額一人。

國民大會之職權如左，不適用憲法第二十七條第一項第一款、第二款之規定：

一、依增修條文第二條第七項之規定，補選副總統。

二、依增修條文第二條第九項之規定，提出總統、副總統罷免案。

三、依增修條文第二條第十項之規定，議決監察院提出之總統、副總統彈劾案。

四、依憲法第二十七條第一項第三款及第一百七十四條第一款之規定，修改憲法。

五、依憲法第二十七條第一項第四款及第一百七十四條第二款之規定，複決立法院所提之憲法修正案。

六、依增修條文第四條第一項、第五條第二項、第六條第二項之規定，對總名任命之人員，行使同意權。

國民大會依前項第一款及第四款至第六款規定集會，或有國民大會代表五分之二以上請求召集會議時，由總統召集之；依前項第二款及第三款之規定集會時，由國民大會議長通告集會，國民大會設議長前，由立法院院長通告集會，不適用憲法第二十九條及第三十條之規定。

國民大會集會時，得聽取總統國情報告，並檢討國是，提供建言；如一年內未集會，由總統召集會議為之，不受憲法第三十條之限制。

國民大會代表自第三屆國民大會代表起，每四年改選一次，不適用憲法第二十八條第一項之規定。

第二條

國民大會第二屆國民大會代表任期至中華民國八十五年五月十九日止，第三屆國民大會代表任期自中華民國八十五年五月二十日開始，不適用憲法第二十八條第二項之規定。

國民大會自第三屆國民大會起設議長、副議長各一人，由國民大會代表互選之。議長對外代表國民大會，並於開會時主持會議。

國民大會行使職權之程序，由國民大會定之，不適用憲法第三十四條之規定。

總統、副總統由中華民國自由地區全體人民直接選舉之，自中華民國八十五年第九任總統、副總統選舉實施。總統、副總統候選人應聯名登記，在選票上同列一組圈選，以得票最多之一組為當選。在國外之中華民國自由地區人民返國行使選舉權，以法律定之。

總統發布依憲法經國民大會或立法院同意任命人員之任免命令，無須行政院院長之副署，不適用憲法第三十七條之規定。

行政院院長之免職命令，須新提名之行政院院長經立法院同意後生效。

總統為避免國家或人民遭遇緊急危難或應付財政經濟上重大變故，得經行政院會議之決議發布緊急命令，為必要之處置，不受憲法第四十三條之限制。但須於發布命令後十日內提交立法院追認，如立法院不同意時，該緊急命令立即失效。

總統為決定國家安全有關大政方針，得設國家安全會議及所屬國家安全局，其組織以法律定之。總統、副總統之任期，自第九任總統、副總統起為四年，連選得連任一次，不適用憲法第四十七條之規定。

副總統缺位時，由總統於三個月內提名候選人，召集國民大會補選，繼任至原任期屆滿為止。

總統、副總統均缺位時，由行政院院長代行其權，並依本條第一項規定補選總統、副總統，繼任至原任期屆滿為止，不適用憲法第四十九條之有關規定。

總統、副總統之罷免案，須經國民大會代表總額四分之一之提議，三分之二之同意後提出，並經中華民國自由地區選舉人總額過半數之投票，有效票過半數同意罷免時，即為通過。

監察院向國民大會提出之總統、副總統彈劾案，經國民大會代表總額三分之二同意時，被彈劾人應即解職。

第三條

立法院立法委員依左列規定選出之，不受憲法第六十四條之限制：

一、自由地區每省、直轄市各二人，但其人口逾二十萬人者，每增加十萬人增一人；逾一百萬人者，每增加二十萬人增一人。

二、自由地區平地原住民及山地原住民各三人。

三、僑居國外國民六人。

四、全國不分區三十人。

前項第三款、第四款名額，採政黨比例方式選出之。第一款每省、直轄市選出之名額及第三款、第四款各政黨當選之名額，在五人以上十人以下者，應有婦女當選名額一人，超過十人者，每滿十人應增婦女當選名額一人。

第四條　司法院設院長、副院長各一人，大法官若干人，由總統提名，經國民大會同意任命之，不適用憲法第七十九條之有關規定。

司法院大法官，除依憲法第七十八條之規定外，並組成憲法法庭審理政黨違憲之解散事項。

政黨之目的或其行為，危害中華民國之存在或自由民主之憲政秩序者為違憲。

第五條　考試院為國家最高考試機關，掌理左列事項，不適用憲法第八十三條之規定：

一、考試。

二、公務人員之銓敘、保障、撫卹、退休。

三、公務人員任免、考績、級俸、陞遷、褒獎之法制事項。

考試院設院長、副院長各一人，考試委員若干人，由總統提名，經國民大會同意任命之，不適用憲法第八十四條之規定。

憲法第八十五條有關按省區分別規定名額，分區舉行考試之規定，停止適用。

第六條　監察院為國家最高監察機關，行使彈劾、糾舉及審計權，不適用憲法第九十條及第九十四條有關同意權之規定。

監察院設監察委員二十九人，並以其中一人為院長、一人為副院長，任期六年，由總統提名，經國民大會同意任命之。憲法第九十一條至第九十三條之規定停止適用。

監察院對於中央、地方公務人員及司法院、考試院人員之彈劾案，須經監察委員二人以上之提議，九人以上之審查及決定，始得提出，不受憲法第九十八條之限制。

監察院對於監察院人員失職或違法之彈劾，適用憲法第九十五條、第九十七條第二項及前項之規定。

監察院對於總統、副總統之彈劾案，須經全體監察委員過半數之提議，全體監察委員三分之二以上之決議，向國民大會提出，不受憲法第一百條之限制。

監察委員須超出黨派以外，依據法律獨立行使職權。

憲法第一百零一條及第一百零二條之規定，停止適用。

第七條　國民大會代表及立法委員之報酬或待遇，應以法律定之。除年度通案調整者外，單獨增加報酬或待遇之規定，應自次屆起實施。

第八條　省、縣地方制度，應包含左列各款，以法律定之，不受憲法第一百零八條第一項第一款、第一百十二條至第一百十五條及第一百二十二條之限制：

一、省設省議會，縣設縣議會，省議會議員、縣議會議員分別由省民、縣民選舉之。

二、屬於省、縣之立法權，由省議會、縣議會別分行之。

三、省設省政府，置省長一人，縣設縣政府，置縣長一人，省長、縣長分別由省民、縣民選舉之。

四、省與縣之關係。

五、省自治之監督機關為行政院，縣自治之監督機關為省政府。

第九條　國家應獎勵科學技術發展及投資，促進產業升級，推動農漁業現代化，重視水資源之開發利用，加強國際經濟合作。

經濟及科學技術發展，應與環境及生態保護兼籌並顧。

國家對於公營金融機構之管理，應本企業化經營之原則；其管理、人事、預算、決算及審計，得以法律為特別之規定。

國家應推行全民健康保險，並促進現代和傳統醫藥之研究發展。

國家應維護婦女之人格尊嚴，保障婦女之人身安全，消除性別歧視，促進兩性地位之實質平等。

國家對於殘障者之保險與就醫、教育訓練與就業輔導、生活維護與救濟，應予保障，並扶助其自立與發展。

國家對於自由地區原住民之地位及政治參與，應予保障；對其教育文化，社會福利及經濟事業，應予扶助並促其發展。對於金門、馬祖地區人民亦同。

國家對於僑居國外國民之政治參與，應予保障。

第十條　自由地區與大陸地區間人民權利義務關係及其他事務之處理，得以法律為特別之規定。

附錄十二 中華民國憲法增修條文（八十六年）

中華民國八十六年七月十八日第三屆國民大會
第二次會議第三十二次大會三讀修正通過
中華民國八十六年七月二十一日總統公布

為因國家統一前之需要，依照憲法第二十七條第一項第三款及第一百七十四條第一款之規定，增修本憲法條文如左：

第一條　（國民大會代表之選舉、任期與職權）

㈠國民大會代表依左列規定選出之，不受憲法第二十六條及第一百三十五條之限制：

一、自由地區每省轄市、縣市各二人，但其人口逾十萬人者，每增加十萬人增一人。

二、自由地區平地原住民及山地原住民各三人。

三、僑居國外國民二十人。

四、全國不分區八十人。

㈡前項第一款每直轄市、縣市選出之名額，在五人以上十人以下者，應有婦女當選名額一人，超過十人者，每滿十人，應增婦女當選名額一人。第三款及第四款之名額，採政黨比例方式選出之，各政黨當選之名額，每滿四人，應有婦女當選名額一人。

㈢國民大會之職權如左，不適用憲法第二十七條第一項第一款、第二款之規定：

一、依增修條文第二條第七項之規定，補選副總統。

二、依增修條文第二條第九項之規定，提出總統、副總統罷免案。

三、依增修條文第二條第十項之規定，議決立法院提出之總統、副總統彈劾案。

四、依憲法第二十七條第一項第三款及第一百七十四條第一款之規定，修改憲法。

五、依憲法第二十七條第一項第四款及第一百七十四條第二款之規定，複決立法院所提之憲法修正案。

六、依增修條文第五條第一項、第六條第二項、第七條第二項之規定，對總統提名任命之人員，行使同意權。

㈣國民大會依前項第一款及第四款至第六款規定集會，或有國民大會代表五分之二以上請求召集會議時，由總統召集之；依前項第二款及第三款之規定集會時，由國民大會議長通告集會，不適用憲法第二十九條及第三十條之規定。

㈤國民大會集會時，得聽取總統國情報告，並檢討國是，提供建言；如一年內未集會，由總統召集會議為之，不受憲法第三十條之限制。

㈥國民大會代表每四年改選一次，不適用憲法第二十八條第一項之規定。

㈦國民大會設議長、副議長各一人，由國民大會代表互選之。議長對外代表國民大會，並於開會時主持會議。

㈧國民大會行使職權之程序，由國民大會定之，不適用憲法第三十四條之規定。

第二條（總統副總統之選舉罷免任期與彈劾）

㈠總統、副總統由中華民國自由地區全體人民直接選舉之，自中華民國八十五年第九任總統、副總統選舉實施。總統、副總統候選人應聯名登記，在選票上同列一組圈選，以得票最多之一組為當選。在國外之中華民國自由地區人民返國行使選舉權，以法律定之。

㈡總統發布行政院院長與依憲法經國民大會或立法院同意任命人員之任免命令及解散立法院之命令，無須行政院院長之副署，不適用憲法第三十七條之規定。

㈢總統為避免國家或人民遭遇緊急危難或應付財政經濟上重大變故，得經行政院會議之決議發布緊急命令，為必要之處置，不受憲法第四十三條之限制。但須於發布命令後十日內提交立法院追認，如立法院不同意時，該緊急命令立即失效。

㈣總統為決定國家安全有關大政方針，得設國家安全會議及所屬國家安全局，其組織以法律定之。

(五)總統於立法院通過對行政院院長之不信任案後十日內，經諮詢立法院院長後，得宣告解散立法院。但總統於戒嚴或緊急命令生效期間，不得解散立法院。立法院解散後，應於六十日內舉行立法委員選舉，並於選舉結果確認後十日內自行集會，其任期重新起算。

(六)總統、副總統之任期為四年，連選得連任一次，不適用憲法第四十七條之規定。

(七)副總統缺位時，由總統於三個月內提名候選人，召集國民大會補選，繼任至原任期屆滿為止。

(八)總統、副總統均缺位時，由行政院院長代行其職權，並依本條第一項規定補選總統、副總統，繼任至原任期屆滿為止，不適用憲法第四十九條之有關規定。

(九)總統、副總統之罷免案，須經國民大會代表總額四分之一之提議，三分之二之同意後提出，並經中華民國自由地區選舉人總額過半數之投票，有效票過半數同意罷免時，即為通過。

(十)立法院向國民大會提出之總統、副總統彈劾案，經國民大會代表總額三分之二同意時，被彈劾人應即解職。

第三條（行政院長之任命、負責與機關之組織）

(一)行政院院長由總統任命之。行政院院長辭職或出缺時，在總統未任命行政院院長前，由行政院副院長暫行代理。憲法第五十五條之規定，停止適用。

(二)行政院依左列規定，對立法院負責，憲法第五十七條之規定，停止適用：

一、行政院有向立法院提出施政方針及施政報告之責。立法委員在開會時，有向行政院院長及行政院各部會首長質詢之權。

二、行政院對於立法院決議之法律案、預算案、條約案，如認為有窒礙難行時，得經總統之核可，於該決議案送達行政院十日內，移請立法院覆議。立法院對於行政院移請覆議案，應於送達十五日內作成決議。如為休會期間，立法院應於七日內自行集會，並於開議十五日內作成決議。覆議案逾期未議決者，原決議失效。覆議時，如經全體立法委員二分之一以上決議維持原案，行政院院長應即接受該決議。

三、立法院得經全體立法委員三分之一以上連署，對行政院院長提出不信任案。不信任案提出七十二小時後，應於四十八小時內以記名投票表決之。如經全體立法委員二分之一以上贊成，行政院院長應於十日內提出辭職，並得同時呈請總統解散立法院；不信任案如未獲通過，一年內不得對同一行政院院長再提不信任案。

㈢ 國家機關之職權、設立程序及總員額，得以法律為準則性之規定。

㈣ 各機關之組織、編制及員額，應依前項法律，基於政策或業務需要決定之。

第四條（立法委員之選舉、對總統之彈劾與不逮捕特權）

㈠ 立法院立法委員自第四屆起二百二十五人，依左列規定選出之，不受憲法第六十四條之限制：

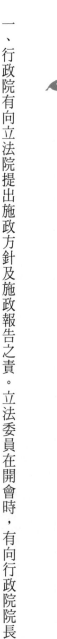

一、自由地區直轄市、縣市一百六十八人。每縣市至少一人。
二、自由地區平地原住民及山地原住民各四人。
三、僑居國外國民八人。
四、全國不分區四十一人。

(二)前項第三款、第四款名額，採政黨比例方式選出之。第一款每直轄市、縣市選出之名額及第三款、第四款各政黨當選之名額，在五人以上十人以下者，應有婦女當選名額一人，超過十人者，每滿十人應增婦女當選名額一人。

(三)立法院經總統解散後，在新選出之立法委員就職前，視同休會。

(四)總統於立法院解散後發布緊急命令，立法院應於三日內自行集會，並於開議七日內追認之。但於新任立法委員選舉投票日後發布者，應由新任立法委員於就職後追認之。如立法院不同意時，該緊急命令立即失效。

(五)立法院對於總統、副總統犯內亂或外患罪之彈劾案，須經全體立法委員二分之一以上之提議，全體立法委員三分之二以上之決議，向國民大會提出，不適用憲法第九十條、第一百條及增修條文第七條第一項有關規定。

(六)立法委員除現行犯外，在會期中，非經立法院許可，不得逮捕或拘禁。憲法第七十四條之規定，停止適用。

第五條（司法院之組織與政黨違憲之審查）

㈠司法院設大法官十五人，並以其中一人為院長、一人為副院長，由總統提名，經國民大會同意任命之，自中華民國九十二年起實施，不適用憲法第七十九條之有關規定。

㈡司法院大法官任期八年，不分屆次，個別計算，並不得連任。但並為院長、副院長之大法官，不受任期之保障。

㈢中華民國九十二年總統提名之大法官，其中八位大法官，含院長、副院長，任期四年，其餘大法官任期為八年，不適用前項任期之規定。

㈣司法院大法官，除依憲法第七十八條之規定外，並組成憲法法庭審理政黨違憲之解散事項。

㈤政黨之目的或其行為，危害中華民國之存在或自由民主之憲政秩序者為違憲。

㈥司法院所提出之年度司法概算，行政院不得刪減，但得加註意見，編入中央政府總預算案，送立法院審議。

第六條（考試院之組織與職權）

㈠考試院為國家最高考試機關，掌理左列事項，不適用憲法第八十三條之規定：

一、考試。

二、公務人員之銓敘、保障、撫卹、退休。

三、公務人員任免、考績、級俸、陞遷、褒獎之法制事項。

㈡考試院設院長、副院長各一人，考試委員若干人，由總統提名，經國民大會同意任命之，不適用憲法第八十四條之規定。

㈢憲法第八十五條有關按省區分別規定名額，分區舉行考試之規定，停止適用。

第七條

（監察院之組織與職權）

㈠監察院為國家最高監察機關，行使彈劾、糾舉及審計權，不適用憲法第九十條及第九十四條有關同意權之規定。

㈡監察院設監察委員二十九人，並以其中一人為院長、一人為副院長，任期六年，由總統提名，經國民大會同意任命之。憲法第九十一條至第九十三條之規定停止適用。

㈢監察院對於中央、地方公務人員及司法院、考試院人員之彈劾案，須經監察委員二人以上之提議，九人以上之審查及決定，始得提出，不受憲法第九十八條之限制。

㈣監察院對於監察院人員失職或違法之彈劾，適用憲法第九十五條、第九十七條第二項前項之用定。

㈤監察委員須超出黨派以外，依據法律獨立行使職權。

㈥憲法第一百零一條及第一百零二條之規定，停止適用。

第八條

（國大代表與立委之報酬或待遇）

國民大會代表及立法委員之報酬或待遇，應以法律定之。除年度通案調整者外，單獨增加報酬或待遇之規定，應自次屆起實施。

第九條 （省、縣地方制度）

㈠省、縣地方制度，應包括左列各款，以法律定之，不受憲法第一百零八條第一項第一款、第一百零九條、第一百十二條至第一百十五條及第一百二十二條之限制：

一、省設省政府，置委員九人，其中一人為主席，均由行政院院長提請總統任命之。

二、省設省諮議會，置省諮議會議員若干人，由行政院院長提請總統任命之。

三、縣設縣議會，縣議會議員由縣民選舉之。

四、屬於縣之立法權，由縣議會行之。

五、縣設縣政府，置縣長一人，由縣民選舉之。

六、中央與省、縣之關係。

七、省承行政院之命，監督縣自治事項。

㈡第十屆台灣省議會議員及第一屆台灣省省長之任期至中華民國八十七年十二月二十日止，台灣省議會議員及台灣省省長之選舉自第十屆台灣省議會議員及第一屆台灣省省長任期之屆滿日起停止辦理。

㈢台灣省議會議員及台灣省省長之選舉停止辦理後，台灣省政府之功能、業務與組織之調整，得以法律為特別之規定。

第十條（基本國策之充實）

㈠國家應獎勵科學技術發展及投資，促進產業升級，推動農漁業現代化，重視水資源之開發利用，加強國際經濟合作。

㈡經濟及科學技術發展，應與環境及生態保護兼籌並顧。

㈢國家對於人民興辦之中小型經濟事業，應扶助並保護其生存與發展。

㈣國家對於公營金融機構之管理，應本企業化經營之原則；其管理、人事、預算、決算及審計，得以法律為特別之規定。

㈤國家應推行全民健康保險，並促進現代和傳統醫藥之研究發展。

㈥國家應維護婦女之人格尊嚴，保障婦女之人身安全，消除性別歧視，促進兩性地位之實質平等。

㈦國家對於身心障礙者之保險與就醫、無障礙環境之建構、教育訓練與就業輔導及生活維護與救助，應予保障，並扶助其自立與發展。

㈧教育、科學、文化之經費，尤其國民教育之經費應優先編列，不受憲法第一百六十四條規定之限制。

㈨國家肯定多元文化，並積極維護發展原住民族語言及文化。

㈩ 國家應依民族意願，保障原住民族之地位及政治參與，並對其教育文化、交通水利、衛生醫療、經濟土地及社會福利事業予以保障扶助並促其發展，其辦法另以法律定之。對於金門、馬祖地區人民亦同。

⑪ 國家對於僑居國外國民之政治參與，應予保障。

第十一條　（特別授權制定兩岸關係法律）

自由地區與大陸地區間人民權利義務關係及其他事務之處理，得以法律為特別之規定。

附錄十三

中華民國憲法增修條文第一條、第四條、第九條、第十條修正條文（八十八年）

中華民國八十八年九月四日第三屆國民大會第四次大會三讀修正通過
中華民國八十八年九月十五日總統公布

第一條（國民大會代表之產生、任期與職權）

㈠國民大會代表第四屆為三百人，依左列規定以比例代表方式選出之。並以立法委員選舉，各政黨所推薦及獨立參選之候選人得票數之比例分配當選名額，不受憲法第二十六條及第一百三十五條之限制。比例代表之選舉方法以法律定之。

一、自由地區直轄市、縣市一百九十四人，每縣市至少當選一人。

二、自由地區原住民六人。

三、僑居國外國民十八人。

四、全國不分區八十二人。

㈡民國大會代表自第五屆起為一百五十人，依左列規定以比例代表方式選出之。並以立法委員選舉，各政黨所推薦及獨立參選之候選人得票數之比列分配當選名額，不受憲法第二十六條及第一百三十五條之限制。比例代表之選舉方法以法律定之。

一、自由地區直轄市、縣市一百人，每縣市至少當選一人。
二、自由地區原住民四人。
三、僑居國外國民六人。
四、全國不分區四十人。

(三)國民大會代表之任期為四年，但於任期中遇立法委員改選時同時改選，連選得連任。

(四)第三屆國民大會代表任期至第四屆立法委員任期屆滿之日止，不適用憲法第二十八條第一項之規定。

(五)第一項及第二項之第一款各政黨當選之名額，在五人以上十人以下者，應有婦女當選名額一人。第三款及第四款各政黨當選之名額，每滿四人，應有婦女當選名額一人。

(六)國民大會之職權如左，不適用憲法第二十七條第一項第一款、第二款之規定：
一、依增修條文第二條第七項之規定，補選副總統。
二、依增修條文第二條第九項之規定，提出總統、副總統罷免案。
三、依增修條文第二條第十項之規定，議決立法院提出之總統、副總統彈劾案。
四、依憲法第二十七修第一項第三款及第一百七十四條第一款之規定，修改憲法。
五、依憲法第二十七條第一項第四款及第一百七十四條第二款之規定，複決立法院所提之憲法修正案。

六、依增修條文第五條第一項、第六條第二項、第七條第二項之規定，對總統提名任命之人員，行使同意權。

(七)國民大會依前項第一款及第四款至第六款規定集會，或有國民大會代表五分之二以上請求召集會議時，由總統召集之；依前項第二款及第三款之規定集會時，由國民大會議長通告集會，不適用憲法第二十九條及第三十條之規定。

(八)國民大會集會時，得聽取總統國情報告，並檢討國是提供建言；如一年內未集會，由總統召集會議為之，不受憲法第三十條之限制。

國民大會設議長、副議長各一人，由國民大會代表互選之。議長對外代表國民大會，並於開會時主持會議。

國民大會行使職權之程序，由國民大會定之，不適用憲法第三十四條之規定。

第四條

（立法委員之選舉、對總統之彈劾與不逮捕特權）

(一)立法院立法委員自第四屆起二百二十五人，依左列規定選出之，不受憲法第六十四條之限制：

一、自由地區直轄市、縣市一百六十八人。每縣市至少一人。

二、自由地區平地原住民及山地原住民各四人。

三、僑居國外國民八人。

四、全國不分區四十一人。

㈡前項第三款、第四款名額，採政黨比例方式選出之。第一款每直轄市、縣市選出之名額及第三款、第四款各政黨當選之名額，在五人以上十人以下者，應有婦女當選名額一人，超過十人者，每滿十人應增婦女當選名額一人。

㈢第四屆立法委員任期至中華民國九十一年六月三十日止。第五屆立法委員任期自中華民國九十一年七月一日起為四年，連選得連任，其選舉應於每屆任滿前或解散後六十日內完成之，不適用憲法第六十五條之規定。

㈣立法院經總統解散後，在新選出之立法委員就職前，視同休會。

㈤總統於立法院解散後發布緊急命令，立法院應於三日內自行集會，並於開議七日內追認之。但於新任立法委員選舉投票日後發布者，應由新任立法委員於就職後追認之。如立法院不同意時，該緊急命令立即失效。

㈥立法院對於總統、副總統犯內亂或外患罪之彈劾案，須經全體立法委員二分之一以上之提議，全體立法委員三分之二以上之決議，向國民大會提出，不適用憲法第九十條、第一百條及增修條文第七條第一項有關規定。

㈦立法委員除現行犯外，在會期中，非經立法院許可，不得逮捕或拘禁。憲法第七十四條之規定，停止適用。

第九條（省、縣地方制度）

㈠省、縣地方制度，應包括左列各款，以法律定之，不受憲法第一百零八條第一項第一款、第一百零九條、第一百十二條至第一百十五條及第一百二十二條之限制：

一、省設省政府，置委員九人，其中一人為主席，均由行政院院長提請總統任命之。

二、省設省諮議會，置省諮議會議員若干人，由行政院院長提請總統任命之。

三、縣設縣議會，縣議會議員由縣民選舉之。

四、屬於縣之立法權，由縣議會行之。

五、縣設縣政府，置縣長一人，由縣民選舉之。

六、中央與省、縣之關係。

七、省承行政院之命，監督縣自治事項。

㈡台灣省政府之功能、業務與組織之調整，得以法律為特別之規定。

第十條（基本國策之充實）

㈠國家應獎勵科學技術發展及投資，促進產業升級，推動農漁業現代化，重視水資源之開發利用，加強國際經濟合作。

㈡經濟及科學技術發展，應與環境及生態保護兼籌並顧。

㈢國家對於人民興辦之中小型經濟事業，應扶助並保護其生存與發展。

㈣國家對於公營金融機構之管理，應本企業化經營之原則；其管理、人事、預算、決算及審計，得以法律為特別之規定。

㈤國家應推行全民健康保險，並促進現代和傳統醫藥之研究發展。

㈥國家應維護婦女之人格尊嚴，保障婦女之人身安全，消除性別歧視，促進兩性地位之實質平等。

㈦國家對於身心障礙者之保險與就醫、無障礙環境之建構、教育訓練與就業輔導及生活維護與救助，應予保障，並扶助其自立與發展。

㈧國家應重視社會救助、福利服務、國民就業、社會保險及醫療保健等社會福利工作；對於社會救助和國民就業等經濟性支出應優先編列。

㈨國家應注重軍人對社會之貢獻，並對其退役後之就學、就業、就醫、就養予以保障。

㈩教育、科學、文化之經費，尤其國民教育之經費應優先編列，不受憲法第一百六十四條規定之限制。

⑾國家肯定多元文化，並積極維護發展原住民族語言及文化。

⑿國家應依民族意願，保障原住民族之地位及政治參與，並對其教育文化、交通水利、衛生醫療、經濟土地及社會福利事業予以保障扶助並促其發展，其辦法另以法律定之。對於金門、馬祖地區人民亦同。

⒀國家對於僑居國外國民之政治參與，應予保障。

附錄十四

中華民國憲法增修條文（八十九年）

中華民國八十九年四月二十四日修正後之憲法增修條文
中華民國八十九年四月二十四日第三屆國民大會第五次會議三讀修正通過
中華民國八十九年四月二十五日總統公布

為因應國家統一前之需要，依照憲法第二十七條第一項第三款及第一百七十四條第一款之規定，增修本憲法條文如左：

第一條　國民大會代表三百人，於立法院提出憲法修正案、領土變更案，經公告半年，或提出總統、副總統彈劾案時，應於三個月內採比例代表制選出之，不受憲法第二十六條、第二十八條及第一百三十五條之限制。比例代表制之選舉方式以法律定之。

國民大會之職權如左，不適用憲法第四條、第二十七條第一項第一款至第三款及第二項、第一百七十四條第一款之規定：

一、依憲法第二十七條第一項第四款及第一百七十四條第二款之規定，複決立法院所提之憲法修正案。

二、依增修條文第四條第五項之規定，複決立法院所提之領土變更案。
三、依增修條文第二條第十項之規定，議決立法院提出之總統、副總統彈劾案。
國民大會代表於選舉結果確認後十日內自行集會，國民大會集會以一個月為限，不適用憲法第二十九條及第三十條之規定。
國民大會代表任期與集會期間相同，憲法第二十八條之規定停止適用。第三屆國民大會代表任期至中華民國八十九年五月十九日止。國民大會職權調整後，國民大會組織法應於二年內配合修正。

第二條

總統、副總統由中華民國自由地區全體人民直接選舉之，自中華民國八十五年第九任總統、副總統選舉實施。總統、副總統候選人應聯名登記，在選票上同列一組圈選，以得票最多之一組為當選。在國外之中華民國自由地區人民返國行使選舉權，以法律定之。
總統發布行政院院長與依憲法經立法院同意任命人員之任免命令及解散立法院之命令，無須行政院院長之副署，不適用憲法第三十七條之規定。
總統為避免國家或人民遭遇緊急危難或應付財政經濟上重大變故，得經行政院會議之決議發布緊急命令，為必要之處置，不受憲法第四十三條之限制。但須於發布命令後十日內提交立法院追認，如立法院不同意時，該緊急命令立即失效。
總統為決定國家安全有關大政方針，得設國家安全會議及所屬國家安全局，其組織以法律定之。

總統於立法院通過對行政院院長之不信任案後十日內，經諮詢立法院院長後，得宣告解散立法院。但總統於戒嚴或緊急命令生效期間，不得解散立法院。立法院解散後，應於六十日內舉行立法委員選舉，並於選舉結果確認後十日內自行集會，其任期重新起算。

總統、副總統之任期為四年，連選得連任一次，不適用憲法第四十七條之規定。

副總統缺位時，總統應於三個月內提名候選人，由立法院補選，繼任至原任期屆滿為止。

總統、副總統均缺位時，由行政院院長代行其職權，並依本條第一項規定補選總統、副總統，繼任至原任期屆滿為止，不適用憲法第四十九條之有關規定。

總統、副總統之罷免案，須經全體立法委員四分之一之提議，全體立法委員三分之二之同意後提出，並經中華民國自由地區選舉人總額過半數之投票，有效票過半數同意罷免時，即為通過。

立法院向國民大會提出之總統、副總統彈劾案，經國民大會代表總額三分之二同意時，被彈劾人應即解職。

第三條　行政院院長由總統任命之。行政院院長辭職或出缺時，在總統未任命行政院院長前，由行政院副院長暫行代理。憲法第五十五條之規定，停止適用。

行政院依左列規定，對立法院負責，憲法第五十七條之規定，停止適用：

一、行政院有向立法院提出施政方針及施政報告之責。立法委員在開會時，有向行政院院長及行政院各部會首長質詢之權。

二、行政院對於立法院決議之法律案、預算案、條約案，如認為有窒礙難行時，得經總統之核可，於該決議案送達行政院十日內，移請立法院覆議。立法院對於行政院移請覆議案，應於送達十五日內作成決議。如為休會期間，立法院應於七日內自行集會，並於開議十五日內作成決議。覆議案逾期未議決者，原決議失效。覆議時，如經全體立法委員二分之一以上決議維持原案，行政院院長應即接受該決議。

三、立法院得經全體立法委員三分之一以上連署，對行政院院長提出不信任案。不信任案提出七十二小時後，應於四十八小時內以記名投票表決之。如經全體立法委員二分之一以上贊成，行政院院長應於十日內提出辭職，並得同時呈請總統解散立法院；不信任案如未獲通過，一年內不得對同一行政院院長再提不信任案。

國家機關之職權、設立程序及總員額，得以法律為準則性之規定。

各機關之組織、編制及員額，應依前項法律，基於政策或業務需要決定之。

第四條

立法院立法委員自第四屆起二百二十五人，依左列規定選出之，不受憲法第六十四條之限制：

一、自由地區直轄市、縣市一百六十八人。每縣市至少一人。

二、自由地區平地原住民及山地原住民各四人。

三、僑居國外國民八人。

四、全國不分區四十一人。

前項第三款、第四款名額，採政黨比例方式選出之。第一款每直轄市、縣市選出之名額及第三款、第四款各政黨當選之名額，在五人以上十人以下者，應有婦女當選名額一人，超過十人者，每滿十人應增婦女當選名額一人。

立法院於每年集會時，得聽取總統國情報告。

立法院經總統解散後，在新選出之立法委員就職前，視同休會。

中華民國領土，依其固有之疆域，非經全體立法委員四分之一之提議，全體立法委員四分之三之出席，及出席委員四分之三之決議，並提經國民大會代表總額三分之二之出席，出席代表四分之三之複決同意，不得變更之。

總統於立法院解散後發布緊急命令，立法院應於三日內自行集會，並於開議七日內追認之。但於新任立法委員選舉投票日後發布者，應由新任立法委員於就職後追認之。如立法院不同意時，該緊急命令立即失效。

立法院對於總統、副總統之彈劾案，須經全體立法委員二分之一以上之提議，全體立法委員三分之二以上之決議，向國民大會提出，不適用憲法第九十條、第一百條及增修條文第七條第一項有關規定。

立法委員除現行犯外，在會期中，非經立法院許可，不得逮捕或拘禁。憲法第七十四條之規定，停止適用。

第五條　司法院設大法官十五人，並以其中一人為院長、一人為副院長，由總統提名，經立法院同意任命之，自中華民國九十二年起實施，不適用憲法第七十九條之規定。司法院大法官除法官轉任者外，不適用憲法第八十一條及有關法官終身職待遇之規定。

司法院大法官任期八年，不分屆次，個別計算，並不得連任。但並為院長、副院長之大法官，不受任期之保障。

中華民國九十二年總統提名之大法官，其中八位大法官，含院長、副院長，任期四年，其餘大法官任期為八年，不適用前項任期之規定。

司法院大法官，除依憲法第七十八條之規定外，並組成憲法法庭審理政黨違憲之解散事項。

政黨之目的或其行為，危害中華民國之存在或自由民主之憲政秩序者為違憲。

司法院所提出之年度司法概算，行政院不得刪減，但得加註意見，編入中央政府總預算案，送立法院審議。

第六條　考試院為國家最高考試機關，掌理左列事項，不適用憲法第八十三條之規定：

一、考試。

二、公務人員之銓敘、保障、撫卹、退休。

三、公務人員任免、考績、級俸、陞遷、褒獎之法制事項。

考試院設院長、副院長各一人，考試委員若干人，由總統提名，經立法院同意任命之，不適用憲法第八十四條之規定。

憲法第八十五條有關按省區分別規定名額，分區舉行考試之規定，停止適用。

第七條 監察院為國家最高監察機關，行使彈劾、糾舉及審計權，不適用憲法第九十條及第九十四條有關同意權之規定。

監察院設監察委員二十九人，並以其中一人為院長、一人為副院長，任期六年，由總統提名，經立法院同意任命之。憲法第九十一條至第九十三條之規定停止適用。

監察院對於中央、地方公務人員及司法院、考試院人員之彈劾案，須經監察委員二人以上之提議，九人以上之審查及決定，始得提出，不受憲法第九十八條之限制。

監察院對於監察院人員失職或違法之彈劾，適用憲法第九十五條、第九十七條第二項及前項之規定。

監察委員須超出黨派以外，依據法律獨立行使職權。

憲法第一百零一條及第一百零二條之規定，停止適用。

第八條 立法委員之報酬或待遇，應以法律定之，除年度通案調整者外，單獨增加報酬或待遇之規定，應自次屆起實施。國民大會代表集會期間之費用，以法律定之。

第九條　省、縣地方制度，應包括左列各款，以法律定之，不受憲法第一百零八條第一項第一款、第一百零九條、第一百十二條至第一百十五條及第一百二十二條之限制：

一、省設省政府，置委員九人，其中一人為主席，均由行政院院長提請總統任命之。

二、省設省諮議會，置省諮議會議員若干人，由行政院院長提請總統任命之。

三、縣設縣議會，縣議會議員由縣民選舉之。

四、屬於縣之立法權，由縣議會行之。

五、縣設縣政府，置縣長一人，由縣民選舉之。

六、中央與省、縣之關係。

七、省承行院院之命，監督縣自治事項。

台灣省政府之功能、業務與組織之調整，得以法律為特別之規定。

第十條　國家應獎勵科學技術發展及投資，促進產業升級，推動農漁業現代化，重視水資源之開發利用，加強國際經濟合作。

經濟及科學技術發展，應與環境及生態保護兼籌並顧。

國家對於人民興辦之中小型經濟事業，應扶助並保護其生存與發展。

國家對於公營金融機構之管理，應本企業化經營之原則；其管理、人事、預算、決算及審計，得以法律為特別之規定。

國家應推行全民健康保險，並促進現代和傳統醫藥之研究發展。

國家應維護婦女之人格尊嚴，保障婦女之人身安全，消除性別歧視，促進兩性地位之實質平等。

國家對於身心障礙者之保險與就醫、無障礙環境之建構、教育訓練與就業輔導及生活維護與救助，應予保障，並扶助其自立與發展。

國家應重視社會救助、福利服務、國民就業、社會保險及醫療保健等社會福利工作，對於社會救助和國民就業等救濟性支出應優先編列。

國家應尊重軍人對社會之貢獻，並對其退役後之就學、就業、就醫、就養予以保障。

教育、科學、文化之經費，尤其國民教育之經費應優先編列，不受憲法第一百六十四條規定之限制。

國家肯定多元文化，並積極維護發展原住民族語言及文化。

國家應依民族意願，保障原住民族之地位及政治參與，並對其教育文化、交通水利、衛生醫療、經濟土地及社會福利事業予以保障扶助並促其發展，其辦法另以法律定之。對於澎湖、金門及馬祖地區人民亦同。

國家對於僑居國外國民之政治參與，應予保障。

第十一條　自由地區與大陸地區間人民權利義務關係及其他事務之處理，得以法律為特別之規定。

附錄十五　中華民國憲法增修條文（九十四年）

中華民國九十三年八月二十三日立法院第五屆第五會期第一次臨時會議通過修正
中華民國九十四年六月七日國民大會複決通過
中華民國九十四年六月十日總統公布

第一條　中華民國自由地區選舉人於立法院提出憲法修正案、領土變更案，經公告半年，應於三個月內投票複決，不適用憲法第四條、第一百七十四條之規定。

憲法第二十五條至第三十四條及第一百三十五條之規定，停止適用。

第二條　總統、副總統由中華民國自由地區全體人民直接選舉之，自中華民國八十五年第九任總統、副總統選舉實施。總統、副總統候選人應聯名登記，在選票上同列一組圈選，以得票最多之一組為當選。在國外之中華民國自由地區人民返國行使選舉權，以法律定之。

總統發布行政院院長與依憲法經立法院同意任命人員之任免命令及解散立法院之命令，無須行政院院長之副署，不適用憲法第三十七條之規定。

總統為避免國家或人民遭遇緊急危難或應付財政經濟上重大變故，得經行政院會議之決議發布緊急命令，為必要之處置，不受憲法第四十三條之限制。但須於發布命令後十日內提交立法院追認，如立法院不同意時，該緊急命令立即失效。

總統為決定國家安全有關大政方針，得設國家安全會議及所屬國家安全局，其組織以法律定之。

總統於立法院通過對行政院院長之不信任案後十日內，經諮詢立法院院長後，得宣告解散立法院。但總統於戒嚴或緊急命令生效期間，不得解散立法院。立法院解散後，應於六十日內舉行立法委員選舉，並於選舉結果確認後十日內自行集會，其任期重新起算。

總統、副總統之任期為四年，連選得連任一次，不適用憲法第四十七條之規定。

副總統缺位時，總統應於三個月內提名候選人，由立法院補選，繼任至原任期屆滿為止。

總統、副總統均缺位時，由行政院院長代行其職權，並依本條第一項規定補選總統、副總統，繼任至原任期屆滿為止，不適用憲法第四十九條之有關規定。

總統、副總統之罷免案，須經全體立法委員四分之一之提議，全體立法委員三分之二之同意後提出，並經中華民國自由地區選舉人總額過半數之投票，有效票過半數同意罷免時，即為通過。

立法院提出總統、副總統彈劾案，聲請司法院大法官審理，經憲法法庭判決成立時，被彈劾人應即解職。

第三條　行政院院長由總統任命之。行政院院長辭職或出缺時，在總統未任命行政院院長前，由行政院副院長暫行代理。憲法第五十五條之規定，停止適用。

行政院依左列規定，對立法院負責，憲法第五十七條之規定，停止適用：

一、行政院有向立法院提出施政方針及施政報告之責。立法委員在開會時，有向行政院院長及行政院各部會首長質詢之權。

二、行政院對於立法院決議之法律案、預算案、條約案，如認為有窒礙難行時，得經總統之核可，於該決議案送達行政院十日內，移請立法院覆議。立法院對於行政院移請覆議案，應於送達十五日內作成決議。如為休會期間，立法院應於七日內自行集會，並於開議十五日內作成決議。覆議案逾期未議決者，原決議失效。覆議時，如經全體立法委員二分之一以上決議維持原案，行政院院長應即接受該決議。

三、立法院得經全體立法委員三分之一以上連署，對行政院院長提出不信任案。不信任案提出七十二小時後，應於四十八小時內以記名投票表決之。如經全體立法委員二分之一以上贊成，行政院院長應於十日內提出辭職，並得同時呈請總統解散立法院；不信任案如未獲通過，一年內不得對同一行政院院長再提不信任案。

國家機關之職權、設立程序及總員額，得以法律為準則性之規定。

各機關之組織、編制及員額，應依前項法律，基於政策或業務需要決定之。

第四條

立法院立法委員自第七屆起一百一十三人，任期四年，連選得連任，於每屆任滿前三個月內，依左列規定選出之，不受憲法第六十四條及第六十五條之限制：一、自由地區直轄市、縣市七十三人。每縣市至少一人。二、自由地區平地原住民及山地原住民各三人。三、全國不分區及僑居國外國民共三十四人。

前項第一款依各直轄市、縣市人口比例分配，並按應選名額劃分同額選舉區選出之。第三款依政黨名單投票選舉之，由獲得百分之五以上政黨選舉票之政黨依得票比率選出之，各政黨當選名單中，婦女不得低於二分之一。

立法院於每年集會時，得聽取總統國情報告。

立法院經總統解散後，在新選出之立法委員就職前，視同休會。

中華民國領土，依其固有疆域，非經全體立法委員四分之一之提議，全體立法委員四分之三之出席，及出席委員四分之三之決議，提出領土變更案，並於公告半年後，經中華民國自由地區選舉人投票複決，有效同意票過選舉人總額之半數，不得變更之。

總統於立法院解散後發布緊急命令，立法院應於三日內自行集會，並於開議七日內追認之。但於新任立法委員選舉投票日後發布者，應由新任立法委員於就職後追認之。如立法院不同意時，該緊急命令立即失效。

立法院對於總統、副總統之彈劾案，須經全體立法委員二分之一以上之提議，全體立法委員三分之二以上之決議，聲請司法院大法官審理，不適用憲法第九十條、第一百條及增修條文第七條第一項有關規定。

立法委員除現行犯外，在會期中，非經立法院許可，不得逮捕或拘禁。憲法第七十四條之規定，停止適用。

第五條　司法院設大法官十五人，並以其中一人為院長、一人為副院長，由總統提名，經立法院同意任命之，自中華民國九十二年起實施，不適用憲法第七十九條之規定。司法院大法官除法官轉任者外，不適用憲法第八十一條及有關法官終身職待遇之規定。

司法院大法官任期八年，不分屆次，個別計算，並不得連任。但並為院長、副院長之大法官，不受任期之保障。

中華民國九十二年總統提名之大法官，其中八位大法官，含院長、副院長，任期四年，其餘大法官任期為八年，不適用前項任期之規定。

司法院大法官，除依憲法第七十八條之規定外，並組成憲法法庭審理總統、副總統之彈劾及政黨違憲之解散事項。

政黨之目的或其行為，危害中華民國之存在或自由民主之憲政秩序者為違憲。

司法院所提出之年度司法概算，行政院不得刪減，但得加註意見，編入中央政府總預算案，送立法院審議。

第六條　考試院為國家最高考試機關，掌理左列事項，不適用憲法第八十三條之規定：

一、考試。

二、公務人員之銓敘、保障、撫卹、退休。

三、公務人員任免、考績、級俸、陞遷、褒獎之法制事項。

考試院設院長、副院長各一人，考試委員若干人，由總統提名，經立法院同意任命之，不適用憲法第八十四條之規定。

憲法第八十五條有關按省區分別規定名額，分區舉行考試之規定，停止適用。

第七條　監察院為國家最高監察機關，行使彈劾、糾舉及審計權，不適用憲法第九十條及第九十四條有關同意權之規定。

監察院設監察委員二十九人，並以其中一人為院長、一人為副院長，任期六年，由總統提名，經立法院同意任命之。憲法第九十一條至第九十三條之規定停止適用。

監察院對於中央、地方公務人員及司法院、考試院人員之彈劾案，須經監察委員二人以上之提議，九人以上之審查及決定，始得提出，不受憲法第九十八條之限制。

監察院對於監察院人員失職或違法之彈劾，適用憲法第九十五條、第九十七條第二項及前項之規定。

監察委員須超出黨派以外，依據法律獨立行使職權。

憲法第一百零一條及第一百零二條之規定，停止適用。

第八條　立法委員之報酬或待遇，應以法律定之。除年度通案調整者外，單獨增加報酬或待遇之規定，應自次屆起實施。

第九條　省、縣地方制度，應包括左列各款，以法律定之，不受憲法第一百零八條第一項第一款、第一百零九條、第一百十二條至第一百十五條及第一百二十二條之限制：

一、省設省政府，置委員九人，其中一人為主席，均由行政院院長提請總統任命之。
二、省設省諮議會，置省諮議會議員若干人，由行政院院長提請總統任命之。
三、縣設縣議會，縣議會議員由縣民選舉之。
四、屬於縣之立法權，由縣議會行之。
五、縣設縣政府，置縣長一人，由縣民選舉之。
六、中央與省、縣之關係。
七、省承行政院之命，監督縣自治事項。
台灣省政府之功能、業務與組織之調整，得以法律為特別之規定。

第十條

國家應獎勵科學技術發展及投資，促進產業升級，推動農漁業現代化，重視水資源之開發利用，加強國際經濟合作。
經濟及科學技術發展，應與環境及生態保護兼籌並顧。
國家對於人民興辦之中小型經濟事業，應扶助並保護其生存與發展。
國家對於公營金融機構之管理，應本企業化經營之原則；其管理、人事、預算、決算及審計，得以法律為特別之規定。
國家應推行全民健康保險，並促進現代和傳統醫藥之研究發展。
國家應維護婦女之人格尊嚴，保障婦女之人身安全，消除性別歧視，促進兩性地位之實質平等。

國家對於身心障礙者之保險與就醫、無障礙環境之建構、教育訓練與就業輔導及生活維護與救助，應予保障，並扶助其自立與發展。

國家應重視社會救助、福利服務、國民就業、社會保險及醫療保健等社會福利工作，對於社會救助和國民就業等救濟性支出應優先編列。

國家應尊重軍人對社會之貢獻，並對其退役後之就學、就業、就醫、就養予以保障。

教育、科學、文化之經費，尤其國民教育之經費應優先編列，不受憲法第一百六十四條規定之限制。

國家肯定多元文化，並積極維護發展原住民族語言及文化。

國家應依民族意願，保障原住民族之地位及政治參與，並對其教育文化、交通水利、衛生醫療、經濟土地及社會福利事業予以保障扶助並促其發展，其辦法另以法律定之。對於澎湖、金門及馬祖地區人民亦同。

國家對於僑居國外國民之政治參與，應予保障。

第十一條　自由地區與大陸地區間人民權利義務關係及其他事務之處理，得以法律為特別之規定。

第十二條　憲法之修改，須經立法院立法委員四分之一之提議，四分之三之出席，及出席委員四分之三之決議，提出憲法修正案，並於公告半年後，經中華民國自由地區選舉人投票複決，有效同意票過選舉人總額之半數，即通過之，不適用憲法第一百七十四條之規定。

參考書目

1. 王震南譯，美國憲法，陽明管理發展中心，一九九二年五月初版。
2. 朱諶，中華民國憲法與孫中山思想，五南出版公司，一九九八年十月增修二版一刷。
3. 李步雲主編，憲法比較研究，韋伯文化出版公司，二〇〇四年五月初版。
4. 李惠宗，憲法要義，元照出版公司，二〇〇四年一〇月二版二刷。
5. 肖澤晟，憲法學—關於人權保障與權力控制的學說，北京科學出版社，二〇〇三年三月初版一刷。
6. 林紀東，中華民國憲法逐條釋義一～四，三民書局。
7. 張治安，中華民國憲法最新釋義，政大書城經銷，一九九六年九月五版。
8. 殷嘯虎主編，憲法學，上海人民出版社，二〇〇三年九月初版一刷。
9. 曾繁康，比較憲法，三民書局，一九九三年八月六版。
10. 陳志華，中華民國憲法，三民書局，一九九七年九月三日修訂出版。
11. 謝瑞智，中華民國憲法與立國精神，文笙書局總經銷，一九九七年一〇月增訂第十六版。
12. 傅肅良，中國憲法論，三民書局，一九九一年八月增訂出版。
13. 薩孟武，中華民國憲法新論，三民書局，一九九〇年一月九版。

國家圖書館出版品預行編目資料

中華民國憲法與立國精神／經觀榮編著. －六版.－
新北市：新文京開發出版股份有限公司，2021.12
面；　公分

ISBN　978-986-430-792-0（平裝）

1.中華民國憲法

581.21　　110019445

中華民國憲法與立國精神（第六版）（書號：**E134e6**）

編著者	經觀榮
出版者	新文京開發出版股份有限公司
地址	新北市中和區中山路二段 362 號 9 樓
電話	(02) 2244-8188（代表號）
FAX	(02) 2244-8189
郵撥	1958730-2
二版	西元 2007 年 01 月 20 日
三版	西元 2009 年 09 月 05 日
四版	西元 2011 年 08 月 15 日
五版	西元 2016 年 08 月 15 日
六版	西元 2021 年 12 月 03 日

　建議售價：520 元

法律顧問：蕭雄淋律師

ISBN　978-986-430-792-0

NEW WCDP
新文京開發出版股份有限公司
新世紀 · 新視野 · 新文京 — 精選教科書 · 考試用書 · 專業參考書